Gerda Weiler

ICH VERWERFE IM LANDE DIE KRIEGE

Das verborgene Matriarchat im Alten Testament

Frauenoffensive

ZUM TITELBILD

Der רמון (rimmon/Granatapfelbaum) hatte im alten Israel kultische Bedeutung. Unter seinen Wurzeln sprudelte lebendiges Wasser. Seine Zweige symbolisierten das Himmelsgewölbe. Einst gebar die kosmische Herrin in seinem Schatten den Einen Sohn, den Heros seines Stammes. Dort feierte die Priesterin in jedem Jahr mit dem kultischen König die Heilige Hochzeit. Wenn der Winter vergangen und der Frühregen vorüber war, begann in Israel die Zeit der Weizenernte. Dann trieb der Feigenbaum seine Frühfrucht, und die Priesterin ging hinab in ihren Garten, zu schaun, ob die Granatbäume blühn. Vor Sehnsucht kannte sie sich selbst nicht mehr. Siegreich überwunden waren die Mächte der Unterwelt, und das Fest der Heiligen Liebe stand unmittelbar bevor.

2. Auflage, 1986
Erstauflage 1984

(Kellerstr. 39, 8000 München 80)

ISBN 3–88104–140–0

Satz: Sylvia Seyfried, München
Druck: Franz Spiegel Buch GmbH, Ulm
Cover- und Buchgestaltung: Ine Guckert

... „Ein Wort, fürwahr, sollen die Menschen kennen,[1]
das sollen verstehen die Bewohner der Erde!
Komm, Schwester, ich will es suchen
inmitten meines göttlichen Berges Zapon,
im Heiligtum auf dem Hügel meines Besitztums,
auf dem lieblichen Berge des Siegs.
Siehe, ich habe die Kunde vernommen,
dir will ich sie wiederholen.
Das Wort des Baumes und das Wispern des Steines,
das Seufzen des Himmels mit der Erde,
die Botschaft des Ba'al,
das Wort des Erhabenen unter den Helden:

‚Ich verwerfe im Lande die Kriege
Lege auf die Erde Heilige Liebe,[2]
Gieße Frieden in die Mitte des Gefildes,
in deinem Garten, unter dem Granatapfelbaum
laß uns die Heilige Hochzeit feiern!'"

Und es erwidert die Jungfrau Anat:
„Ich will verwerfen im Lande die Kriege,
will legen auf die Erde Heilige Liebe,
will Frieden gießen in die Mitte des Gefildes,
in meinem Garten, unter dem Granatapfelbaum
wollen wir die Heilige Hochzeit feiern.
Leuchten lassen soll der Ba'al sein Horn!"[1]

1 Charles Virolleaud „La deesse Anat". Tafeln 3 - 5 = V AB-C/D Verse 24 - 28 u. 57-71. Vergleiche dazu die deutsche Übersetzung der gleichen Zeilen bei Anton Jirku „Kanaanäische Mythen und Epen aus Ras Schamrah-Ugarit", S. 30 ff., die eine abweichende Auffassung zum Ausdruck bringt.
2 bei Virolleaud: „Plante, dans le sol, des mandragores!" (pflanze Mandragora – die heilige Pflanze der kultischen Liebe)

Für Angelika,
meine älteste Tochter

INHALT

Der Inhalt des Buches kurz zusammengefaßt

I DIE VERGESSENEN WURZELN UNSERER KULTUR

Am Anfang war die Kraft

Die frühe Menschheit erfuhr die transzendente Kraft als weiblich: bergend als Lebensraum, als Hülle, Höhle, Haus und überwölbenden Himmel – bedrohend als Todeslandschaft, als Gebirge, Wüste und Meer. Im Symbol machten die Menschen ihre Erfahrung anschaulich und verehrten die schöpferische Kraft als Königin des Himmels, als die Herrin der Welt.

Die abenteuerliche Reise zu unseren Ursprüngen

führt uns vom Abendland ins Morgenland. Dort, im Vorderen Orient, ist der Schöpfungsmythos entstanden, auf den wir uns zurückführen, wenn wir Adam und Eva die „ersten Menschen" nennen. Im Alten Testament sind die gesellschaftlichen Normen geprägt worden, die unser Leben bestimmen. Die alttestamentlichen Grundbegriffe für patriarchale Männlichkeit und patriarchale Weiblichkeit beeinflussen noch immer unbewußt – und darum umso nachhaltiger – unsere Befindlichkeit in dieser Welt. Setzen wir uns aber bewußt und kritisch mit unseren Ursprüngen auseinander, begegnen wir dem matriarchalen Urgrund, in dem auch die alttestamentliche Religion verwurzelt ist.

Ras-Schamrah – die Wiederentdeckung einer matriarchalen Kultur

An der syrischen Küste ist seit 1928 eine Ausgrabung von epochemachender Bedeutung im Gang. Bisher kannte man die kanaanäische Kultur nur vermittelt durch die Geschichtsschreibung anderer Völker. Zum ersten Mal tritt uns ein kanaanäischer Stadtstaat mit seinen Tempeln und Palästen, mit seiner materiellen und geistigen Kultur, vor allem aber mit einer Religion, die wir bisher nicht gekannt haben, entgegen. Die Parallelen zum Alten Testament sind auffallend und fordern eine Revision der alttestamentlichen Exegese heraus.

Der matriarchale Gottesbegriff

Der matriarchale „Gott" ist nicht der Vater, sondern der Sohn. Horus ist der Sohn der Isis, Adonis ist Astartes Sohn. Der matriarchale Gott ist nicht der Schöpfer, sondern das Geschöpf. Er ist nicht der Herr des Himmels, sondern verkörpert die Erde und ihre Vegetation. Der matriarchale Gott ist sterblich. Sein Kultträger auf dem irdischen Thron wird durch die hohepriesterliche Königin erwählt und mit dem Königsamt betraut.

Ba'al bedeutet „Meister". Adôn heißt „Herr" oder einfach „Mann". Auch Jahwe-Adonai ist – seinem ursprünglichen Verständnis gemäß – nichts anderes als „Herr" im Sinne der männlich-irdischen Entsprechung zur kosmischen Königin. Er ist der „Mann", das uranfängliche Mannesgeschöpf der Himmelsherrin. Im Sinnbild des Stieres sieht das matriarchale Bewußtsein die umfassende männliche Kraft verkörpert, den zeugenden Impuls. Wenn wir diese Kraft „Gott" nennen, projizieren wir einen Begriff, der erst durch die abendländische Bewußtseinsentwicklung entstanden ist, rückwärts in die Vergangenheit, in der das Männliche keine kosmische Dimension gehabt hat.

II HAUPTTEIL
„Wir wollen der Himmelskönigin räuchern und ihr Trankopfer darbringen!"

Widerstand gegen tief verwurzelte Vorurteile

Das Alte Testament in seiner vorliegenden Form ist weit später entstanden als allgemein angenommen wird. Es ist ein Werk männlicher Weltdeutung und projiziert eine „einheitliche Geschichte und einen monotheistischen Gott an den „Anfang der Welt". Frauen sollten den Mut haben, der Autorität der „Väter" ihre eigene Weltdeutung entgegenzusetzen. Wenn wir die alttestamentlichen Texte von ihrem tendenziösen Überbau befreien, entstehen die matriarchalen Kultgesänge vor unseren Augen. Wir werden aber auch entdecken, daß der matriarchalen Frömmigkeit ein gesellschaftsbildendes Ethos innewohnt, das der willkürlich aufgesetzten Ordnung, die von der jüdischen Gesetzesreligion diktiert wird, weit überlegen ist.

Es gibt keinen patriarchalen Urmonotheismus

Der „monotheistische" Gott Israels hat viele Namen, er ist El und El-Šaddai, der Gott des Berges, er ist der „Starke" (Stiergott) Jakobs und erst spät wird die Vielzahl der „Erzvätergötter" durch die levitische Theologie mit Jahwe verschmolzen.

Der „monotheistische" Gott Israels hat viele Orte der Anbetung, an denen er nicht wirklich zu Hause ist. Er will allein in Jerusalem verehrt sein. Doch diese Stadt gehört Šalem, dem Venusgott, und als höchster Gott Jerusalems wird El-eljon aufgefaßt, als dessen Gattin Ašerat verehrt worden ist, wie uns nicht nur archäologische, sondern sogar biblische Zeugnisse lehren.

Jahwe will der Bundesgott der nordisraelitischen Stämme sein, doch der Bundesschluß mit den „zwölf" Stämmen erweist sich als rückwärts gerichtete Projektion. Schließlich will Jahwe der Wüstengott sein, der mit seinem Volk wandert. Und einige meinen, die Habiru, die Ur-Hebräer, ein Söldnervolk des Altertums, hätten die monotheistische Idee nach Palästina gebracht.

Adam und Eva haben Jahwe nicht gekannt

Ein Gott bedarf der Anbetung. Doch weder mythologisch noch geschichtlich wird ein Subjekt der patriarchalen Jahwe-Religion greifbar. Abdi-Heba, ein Fürst auf Jerusalems Thron zu Zeiten des Pharao Echnaton, ist ein matriarchaler Fürst, der Abdi (Knecht) der Hepa (Eva), hat Jahwe nicht gekannt.
Die Stämme Isra-Els haben El verehrt, wie ihr Name sagt.

Tod, Wiedergeburt und Heilige Hochzeit Jahwes

Die Analyse der alttestamentlichen Wundergeschichten führt uns den matriarchalen Jahwe vor Augen, den Gewittergott des Berges, der die alljährliche Wiederkehr des Lebens auf der Erde verheißt: Sommer und Winter, Frost und Hitze ...
Zahlreich sind die Kultgeschichten der Stammesheroinnen, die – nach einer Zeit der Unfruchtbarkeit – den Einen auserwählten Sohn zur Welt bringen. Das alljährliche Sterben des Kultkönigs wird zu banalen Erzählungen „historisiert", doch läßt sich der geschichtliche Haftpunkt solcher Berichte niemals ausmachen. Die Heilige Hochzeit, in der die Wiedergeburt Jahwes geschieht, wird zu unglaubwürdigen Erzählungen von Engeln, Priestern und gottgesandten Männern verfremdet.

Zwölf Söhne ohne Vater

Lea und Rahel, den beiden matriarchalen Kultheroinnen Nordisraels, wird der zuwandernde Jakob als „Ehemann" angedichtet, und aus der matriarchalen Kultgeschichte wird die Abstammungs-Ideologie der alttestamentlichen Vätergeschichten.

Jahwe, der Stier seiner Mutter

Der Begriff „Stier seiner Mutter" stammt aus Ägypten und bezeichnet den „Gott", der von der Himmelskönigin geboren, zum Manne erstarkt, in seine Mutter eingeht, um von ihr wiedergeboren zu werden. Während er selbst altert und stirbt, wächst er im Schoße seiner kosmischen Mutter zu neuem Leben heran. Die Ägypter nennen den Stier seiner Mutter den „Kamutef". Kamutef ist der Mond, die Sonne, ebenso der Pharao auf dem Thron. Diese Vorstellung ist auch für Israel bezeugt, wie eine Analyse der Sinai-Tradition beweist. Der Salomonische Tempel auf dem Berg Zion war eine Anbetungsstätte des Stier-„Gottes".

Das Leben des Mose währte tausend Jahre

Moses ist seiner Herkunft nach ein matriarchaler Mann, der nach Midian zieht und dort die Schafe seiner Frau hütet. Er ist der matriarchale Kultträger, von einer Priesterin geboren, der Heros, Held und Erlöser seines Volkes, er ist der „Stier seiner Mutter", kraftbegabt und zur Wiedergeburt berufen. Der Untergang des ägyptischen Königs im Meer – der matriarchalen Todeslandschaft – ist Kultlegende. Moses stirbt, geheimnisvoll verklärt, auf einem Berg.

Die Angst des Vaters vor dem Nachfolger – ein kollektiv-psychologisches Problem patriarchaler Bewußtseinsentwicklung – kristallisiert sich an die Gestalt des Mose an: wie Ödipus und Paris wird er als der „Sohn" aufgefaßt, durch dessen Geburt sich der „Vater" bedroht fühlt.

Die levitische Theologie macht Moses zum Träger der patriarchalen Gesetzgebung. Von den 613 Einzelgeboten des „mosaischen Gesetzes" hat Moses nicht ein einziges gekannt.

Ich – eine Mutter in Israel

Wir werden mit drei Frauengestalten des Alten Testaments bekannt: Mit Debora, der Richterin in Ephraim, die selbstbewußt „Ich!" zu sagen weiß. Wir lernen die Mutter Simsons kennen, eine Priesterin der Sonnengöttin, die zur anonymen Frau verkommen ist. Hanna, die Mutter Samuels, einst eine matriarchale Kultheroin, hat in der Bibel nur noch ein traurig-patriarchales Mutterschicksal.

Vom Kultkönigtum zur politischen Königsmacht

Saul ist der matriarchale Kultträger, der „Erbetene" (Sa-Ul), der Auserwählte von Mutterleib an. Seine Wahl zum Stammesführer folgt archaisch-matriarchaler Tradition. Erst nachträglich wird diese Überlieferung von der Samuelgeschichte umklammert, die suggerieren will, Samuel habe Saul zum „ersten" König Israels designiert, und es habe vorher in Israel kein Königtum gegeben.

Die Davidlegende

bemäntelt Davids Charakterfehler und macht aus einem gewissenlosen Eroberer den „Liebling Gottes", der seinem Gott jeden Erfolg durch seine absolute Jahwetreue abringt. Der David der Legende verkörpert – psychologisch gesehen – das Prinzip patriarchaler Weiblichkeit: er ist angepaßt, gehorsam, bescheiden, sanftmütig und fromm, klein, zierlich, „bräunlich und schön". Edelmütig verschont er den Feind. Den Kampf überläßt er seinem Gott; denn Jahwe verkörpert in der Davidlegende das Prinzip patriarchaler Männlichkeit: Machtvoll und aggressiv regiert der patriarchale Jahwe als „herrlicher Kriegsgott", er regelt alles durch rigorose Gesetze, verlangt unbedingten Gehorsam und irrt nie. Patriarchale Männlichkeit tritt uns auch in der Person des geschichtlichen David entgegen. Sowenig der weibische David der Legende mit dem geschichtlichen brutalen Eroberer David zu einer integren Persönlichkeit verschmelzen kann, führt die Integration patriarchaler Weiblichkeit in das eindimensional entwickelte Prinzip patriarchaler Männlichkeit zu ganzheitlicher Menschlichkeit. Der ganzheitliche Mensch ist nur wiederzugewinnen durch Re-Integration des männlichen Prinzips in das umfassend Matriarchale, durch Zurücknahme des patriarchalen Machtanspruchs und durch Verzicht auf das einseitig entwickelte aggressive Potential.

Die geschichtliche Persönlichkeit Davids

David sammelt eine Bande entwurzelter Leute um sich, deren Truppenführer er wird. Diese Leute fristen ihren Lebensunterhalt durch Erpressung und räuberische Überfälle. David spielt ein Doppelspiel, als er Lehensmann der Philister wird und gleichzeitig Geschenke an die Ältesten der Südstämme schickt. Durch Heiraten mit einflußreichen Frauen schafft sich David die gesellschaftliche Stellung, die seine „Erwählung" zum König möglich macht. Sein „Gottesstaat" geht weit über den angeblichen „Zwölfstämmebund" hinaus. David hat nicht Jahwe gemeint, sondern die Macht.

Heilige Hochzeit im Schatten der Macht

Die Nachfolge auf dem Thron wird noch immer durch matriarchale Kultpraxis vermittelt. David hat mit den Erbinnen zahlreicher eroberter Fürstentümer Ehen geschlossen. Die Söhne dieser unterschiedlichen Mütter können durch die Heilige Hochzeit den Kultthron in ihrem Mutterland erwerben. Um die Herrschaft über das davidische Großreich kommt es zwangsläufig zum Nachfolgekampf. Bevor Salomo in Jerusalem König wird, haben sich seine älteren Brüder durch den heiligen Kult für das hohe Königsamt legitimiert. Doch sie werden ermordet. Die Heilige Hochzeit ist in den Schatten der Macht geraten.

Heilige Hochzeit im Licht der Liebe

Das Hohelied Salomos ist ein Kultlied, das zur Feier der Heiligen Hochzeit in Jerusalem gesungen worden ist. Seine Sprache zeugt von der selbstbewußt werbenden, in der Liebe führenden Frau. Durch die Jahrhunderte hindurch ist besonders dieser Bibeltext immer wieder bearbeitet und ausgelegt worden. Es hat den Anschein, als löse die offene, sehnsuchtserfüllte Liebessprache der Frau eine tiefe Erschütterung aus, rühre längst Vergessenes und tief Verdrängtes an, als würden Reichtum und Reife einer Liebesbeziehung bewußt, in der gleichwertige Menschen – durch keine rigide Moral eingeschüchtert – ihre Gefühle frei zum Ausdruck bringen.

Die Krone, mit der seine Mutter ihn krönte

Von Salomo wird berichtet, daß seine Mutter ihn krönte. So sehr die alttestamentliche Geschichtsschreibung diese Aussage des Hohenliedes zu widerlegen sucht, wird die kultische und gesellschaftliche Stellung der Frau im Reich Juda dennoch deutlich. Die Königin auf dem Thron ist die G^{e}bira, die Herrin, der umfassende gesellschaftliche und politische Rechte zustehen.

Israel wird verwüstet werden am Tage der Bestrafung

Zwischen den einander bekämpfenden Großmachtblöcken im Vorderen Orient werden die palästinensischen Kleinstaaten zerrieben. 722/21 fällt Israel dem Ansturm Assurs zum Opfer, 589 v. Chr. löscht der Babylonier Nebukadnezar den Staat Juda aus. Die alttestamentliche Geschichtsschreibung reagiert auf diese Ereignisse mit der Verherrlichung der Macht, mit der Ideologie, daß irdische Macht durch Treue zu Jahwe zu gewinnen sei.

Vom Schicksal des matriarchalen Bewußtseins

Gesellschaftliche Tradition, Kultus und Sprache folgen nur zäh der patriarchalen Bewußtseinsentfaltung. Aus den alttestamentlichen Texten läßt sich nachweisen, wie matriarchale Bewußtseinsinhalte durch die patriarchale Denknorm überlagert worden sind. Wir können verfolgen, wie eine matriarchale Kultformel für den „heiligen Krieg" mißbraucht wird. Der matriarchale Jungfrauen-Begriff pervertiert unter dem männlichen Besitzanspruch auf die Frau. Der matriarchale Heilsgedanke wird durch die messianische Erwartung des patriarchalen Weltenherrschers verdrängt. Die kultische Symbolsprache der Heiligen Hochzeit wird zu allegorischen Reden verfremdet, die der „Bräutigam Jahwe an seine Braut Israel" hält. Doch die Braut des heiligen Kultes ist verstummt. Die alles durchglühende Liebe verliert ihre integrierende Kraft. In übermächtigen Stiersymbolen wird männliche Sexualität als abgespaltener Wert eindimensional hochstilisiert, während weibliche Sexualität verteufelt und unterdrückt wird.

Geborgte Moral

Vom Alten Testament geht die überwältigende Suggestion aus, daß erst patriarchale Sitten und Gesetze ein geordnetes Zuammenleben unter Menschen möglich gemacht hätten. Doch alle Weisheit in der Bibel, auf die sich Jahwe beruft, ist geborgte Moral und entstammt dem matriarchalen Urgrund. Jahwe hat sich die matriarchale Weisheit, die am Anfang aller Dinge war, ebenso angeeignet wie Zeus die Weisheitsgöttin Metis verschlang, ebenso wie der ägyptische Sonnengott Re die Ma'at, die uranfängliche matriarchale Weisheit, zu seiner Tochter machte.

Die innewohnenden Ordnungen des matriarchalen Bewußtseins sind der aufgesetzten Gesetzlichkeit der Patriarchate weit überlegen. Es ist Zeit, die matriarchale Weisheit wiederzuentdecken und ihre Bedeutung für unsere Überlebensmöglichkeiten bewußt zu machen.

Vorwort

Dem Anspruch, gesellschaftskritischen Fragen bis zu den Wurzeln unseres Bewußtseins nachzugehen, versuche ich mich seit vielen Jahren zu stellen.

Dabei rückte die entscheidende Bedeutung der alttestamentlichen Religion und Gesetzlichkeit für die Prägung der abendländischen Gesellschaftsmuster immer mehr ins Zentrum meines Interesses. Als ich eines Tages Fragmente matriarchaler Kultgesänge im Alten Testament entdeckte, ging es mir wie einem Archäologen, der eine Scherbe im Wüstensand entdeckt hat: ich *mußte* den Spuren nachgehen.

Meine Untersuchungen waren für mich deshalb besonders spannend, weil das Selbstbewußtsein der Juden eng mit der Überzeugung verknüpft ist, *das* Volk mit einer von Anfang an patriarchalen Geschichte zu sein. Die Juden begreifen sich als das auserwählte Volk, das durch seinen Urmonotheismus der ganzen Welt zum Vorbild geworden ist. Zwangsläufig richten sich die Ergebnisse meiner Analysen gegen dieses Ausnahmebewußtsein des jüdischen Volkes. Die Bibel bezeugt die Grausamkeit und Brutalität, mit der in Israel patriarchale Gesellschaftsformen durchgesetzt werden sollten. Zwar haben andere Völker das Patriarchat ebenso rigoros durchgesetzt wie die Juden, alle monotheistischen Religionen fordern für ihren Gott die Weltherrschaft, ob ihr Gott Allah, Christus oder Jahwe heißt, sie fordern alle die Unterwerfung anderer Völker, die Ausrottung der „Ungläubigen", sie heiligen alle den Krieg, der ihrem Gott zum Sieg verhelfen soll. Aber die Bibel dokumentiert den Kampf gegen matriarchale Kulte und die Durchsetzung der patriarchalen Religion und Gesetzlichkeit in einmaliger Weise, und sie ist allgemein zugänglich. Mein Buch befaßt sich mit dem Ausschließlichkeitsanspruch Jahwes, weil die abendländische Kultur in der alttestamentlichen Religion verwurzelt ist. Das patriarchale Gesellschaftsbild der Bibel hat etwas mit mir zu tun, mit meiner Befindlichkeit in dieser Welt. Mit jüdischen Frauen fühle ich mich solidarisch verbunden in dem Anspruch, das patriarchale Bewußtsein, patriarchale Gesellschaftsformen und die patriarchalen Religionen zu überwinden.

Diese Arbeit konnte nur zustande kommen durch die Begegnung mit anderen Frauen, mit ihren Fragen und Anregungen, in der Auseinandersetzung mit ihren Zweifeln und ihrer Kritik. Mein besonderer Dank gilt meinen Freundinnen, die das Werden dieses Buches durch ihr unmittelbares Interesse gefördert haben.

Allen voran danke ich Heide Pasquay für ihre Hilfe. Ihr klarer, ordnender Geist und ihr kluges, systematisches Denken haben mich vor der Gefahr bewahrt, unter der erdrückenden Fülle des Stoffes begraben zu werden.

Wenn ungenaue oder sinnentstellende Bibelübersetzungen auf ihren hebräischen Originaltext befragt werden mußten, war mir Erika Neureuter eine große Hilfe. Ohne ihren fachkundigen Beistand hätte manches Problem ungeklärt bleiben müssen.

Mein Denkansatz überschreitet die Frage nach den „Frauen in der Bibel“. Frauen zu entdecken, die einem patriarchalen Gott begegnen, ihn anbeten und ihn verkünden, scheint mir wenig hilfreich zu sein für die notwendige Veränderung unseres Bewußtseins. In dieser Überzeugung stimme ich mit Christa Velten überein, die in der Oberstufe eines Gymnasiums über „Frauen im Alten Testament“ gearbeitet hat. Mit ihrer konstruktiven Kritik und ihren unmittelbar aus der Praxis bezogenen Erfahrungen hat Christa mir wertvolle Anregungen gegeben.

Meine ersten Entwürfe hat dankenswerterweise Inge Willim gelesen. Von ihr kamen kritische Fragen nach dem Stellenwert des Feminismus und Zweifel an der Bedeutung des matriarchalen Bewußtseins für unsere moderne Welt. In der Auseinandersetzung mit ihr habe ich meine Sprachgrenzen erlebt: die Unmöglichkeit, mit den festumrissenen Denkmustern des patriarchalen Bewußtseins das Hier und Jetzt zu verlassen. Matriarchale Begriffe und Erlebnisweise lassen sich mit den Sprachbausteinen unseres modernen Bewußtseins nicht nachvollziehen. Die konstruktiven Streitgespräche mit Inge sind für mich eine Herausforderung gewesen. Ich habe versucht, die unserem Denken verloren gegangenen Begriffe herauszuarbeiten, die matriarchale Welt des Erlebens lebendig zu machen und auf die Bedeutung des matriarchalen Bewußtseins für die Heilung unserer am Patriarchat kranken Gesellschaft hinzuweisen.

Mein fertiggestelltes Manuskript hat Maria Müller auf Fehler durchgelesen. Daraus wurde mehr als Korrekturarbeit. Denn Maria ist in der DDR aufgewachsen und hatte keinen Religionsunterricht. So las sie das Manuskript aus ihrer Betroffenheit als

Frau und konnte ihre Kritik überall da ansetzen, wo der Text für Nicht-Theologinnen schwer verständlich war.

Allgemein verständlich zu sein, war eines meiner wichtigsten Anliegen; denn der vom Alten Testament ausgehende gesellschaftsprägende Geist macht Frauen zu Unterdrückten und Projektionsträgerinnen des Bösen. Davon sind *alle* Frauen betroffen. Auf Fachwörter verzichtete ich weitgehend und dort, wo sie unvermeidbar waren, habe ich sie erklärt. So hoffe ich, daß ich Frauen, die an der Weltdeutung mitdenken und mitarbeiten wollen, Zugang zu einem wichtigen Abschnitt unserer Kollektivgeschichte ermögliche, ohne daß sie sich mit der universitätsüblichen Sprache auseinandersetzen müssen.

An Theologinnen richtet sich meine Hoffnung, daß sie meine Arbeit als Anregung verstehen mögen. Aus der Fülle der alttestamentlichen Stoffe kann ich nur eine Auswahl bieten, nur mit einem roten Faden durch die gewaltige Geschichte eines Volkes hindurchführen, dessen Schicksal unter dem Korrekturstift levitischer Priester zu einer tendenziösen, einseitigen Darstellung verkommen ist. Die Meinung des Volkes und seiner Könige kommt in der Bibel nicht zu Wort – und schon gar nicht das Anliegen der Frauen, der Priesterinnen und Königinnen. Ich habe eine Gegendarstellung versucht: Ich betrachte die Bibel mit den Augen einer Frau und will die Geschichte von Frauen lebendig machen, ihre Sprache, ihre Kultur und ihren vergessenen Glauben wieder ins Blickfeld rücken.

Gerda Weiler,
Mai 1984

I DIE VERGESSENEN WURZELN UNSERER KULTUR

Am Anfang war die Kraft

Am Anfang war die Kraft.
Und die Kraft war weiblich und allgegenwärtig.
Sie wohnte in uns und in allen Dingen. Sie schuf die innewohnende Ordnung, die Rhythmen des Lebens und Vergehens, Flut und Ebbe, den Aufgang und den Untergang der Sonne.
Die Kraft des Weiblichen umgab uns von allen Seiten. Sie war der Raum, in dem wir lebten, die Erde, die uns trug, die Höhle, die uns schützte, das Haus, das uns barg, der Himmel, der uns überwölbte.

Der Lebensraum des frühen Menschen war überschaubar. Das Meer, die Wüste oder ein unüberwindliches Gebirge bildeten seine natürlichen Grenzen. Dort draußen wohnten die schauerlichen Todesmächte. Doch gerade von dort – vom Meer und aus dem Gebirge – kehrte in jedem Jahr das Leben zurück, kündigte sich an in den regenbringenden Wolken, im Herbst, wenn die Sonne das Land ausgebrannt hatte. Aus der Wüste stieg die Kultpriesterin herauf, sich lehnend an ihren Geliebten. Sie führte ihn zurück aus dem Reich des Todes, verkündete seine Wiedergeburt: „Unter dem Apfelbaum weckte ich dich!“[1] Innerhalb der natürlichen Grenzen seiner Umwelt lebte der Mensch sicher unter den bergenden, schützenden Kräften des Weiblichen.

Die allumfassende Kraft des Weiblichen hatte keinen Namen. Welchen Namen hätten ihr die Menschen geben sollen? Namen legen fest, beschreiben Einzelheiten, meinen immer nur einen Teil des Ganzen. Die weibliche Kraft aber ist alles – die Seele des Alls. Sie ist nicht nur „die Große Mutter“, die ihre Geschöpfe hervorbringt, sondern auch die Weisheit und ordnende Kraft, die der Mutter innewohnt als schöpferische Bildekraft. Sie ist nicht nur die Nährende, sondern ist selbst Nahrung. Sie ist die Luft, die wir atmen, die Quelle, aus der wir schöpfen, das Brot,

1 Das Hohelied Salomos 8.5

das wir essen.

Die frühen Menschen haben sich Bilder geschaffen, um die kosmische Lebenskraft im Symbol zu verehren.

Denn du sollst dir ein Bildnis
und vielerlei Gleichnis machen
des, das oben im Himmel ist,
und dessen, das unten auf Erden ist,
und der Kraft, die im Wasser unter der Erde ist,
um dir das Unfaßbare faßlich
und das Unanschauliche anschaulich zu machen.

Der Mensch bedurfte des Gegenständlichen, um sich das Abstrakte vorstellen zu können. Deshalb schuf er sich im Bilde der Frau ein Symbol der kosmischen weiblichen Schöpfungskraft. Der Frühmensch dachte nicht: „Die Göttin!" Seine Vorstellung malte kein Fremdes an den Himmel. Die gleichen Kräfte, denen er sich hier auf Erden anvertraute, wirkten auch im Kosmos:
Wie auf Erden, also auch im Himmel!

Erst sehr viel später, nachdem der Mensch begonnen hatte, irdische Kraftfelder, in die er sich eingebunden sah, als „göttlich" zu bezeichnen, war die Voraussetzung gegeben, das „Göttliche" zu transzendieren.

Die „Große Mutter" ist ein neuzeitlicher Begriff des abspaltenden patriarchalen Bewußtseins und erfaßt nur einen schmalen Teilaspekt der integrierenden, allumfassenden matriarchalen Kraftfülle!
Am Anfang war die Herrin, die Königin des Himmels.

Wir müssen einen Augenblick lang die patriarchale Begriffswelt verlassen, um zu erspüren, daß die matriarchale „Herrin" keine „Herr"-schaft beansprucht hat. Die Königin des Himmels übte keine aufgesetzte Macht aus. Ihre Kraft strömte von innen her. Sie war der Inbegriff aller lebendigen Kräfte, die schöpferische Urkraft. Ursprünglich wurde sie ganz allein verehrt. Sie war die Herrin und sonst keine mehr.

Aus dem Ur-Einen geschah die Geburt des Polaren. Doch die integrierende Kraft blieb weiblich. Sie ordnete die polaren Strebungen einander zu, schuf die fruchtbare Spannung zwischen den Gegensätzen.

Sie war die Himmelskönigin, wie Anat, die Herrin von Ugarit. Sie war der Himmel selbst, wie die ägyptische Nut (Abb. 1). In

Byblos, der antiken Hafenstadt an der Küste des Libanon, nannte man sie schlicht „die Ba'alat", die Herrin, die Meisterin, wie „der Ba'al" der Herr und Meister bedeutete. In Palästina wurde Ašerat* verehrt, ihre männliche Entsprechung war Ašer, der zum biblischen Ahnherrn eines nordisraelitischen Stammes wurde.

Eindrucksvoller als Worte vermittelt die Bildsprache die hervorbringende, umfassende, bewahrende und lebenerhaltende Kraft der Himmelskönigin. Die Hieroglyphe für den ägyptischen Gott Osiris zeigt das Himmelsauge über dem tragenden Isisthron. Die Hathor-Hieroglyphe bringt die Integrationsfähigkeit der weiblichen Kraft noch deutlicher zum Ausdruck. Hathor ist die Herrin und Himmelskönigin von Oberägypten. Ihr Name wird als heiliger Tempel geschrieben, in dem Hor wohnt, der Falkengott, den die Griechen später den Horus nennen sollten. Alle Wohnstatt ist weiblich, nicht nur der Himmel, an dem die Sterne wohnen, der Tempel, der den Gott beherbergt. Haus, Hütte und Höhle, in denen der Mensch Zuflucht sucht, auch alle Städte haben weibliche Namen. Die Hauptstadt ist die Stadt der Herrin, der Mutter, die Metro-polis.

Schützend hält Isis, die Herrin von Ober- und Unterägypten**, ihre Hand über dem Ewigkeitszeichen, dem Ring der Unendlichkeit (Abb. 2). Isis bedeutet „Thron". Sie ist der Himmelsthron und ebenso der irdische Thron des kultischen Königs.

Astarte und Ištar haben den Sternen ihren Namen entliehen.

* Wir schreiben im Deutschen gewöhnlich Ascherat und Asser. Durch diese unterschiedliche Schreibweise ursprünglich gleichlautender Namen wird ihre Zusammengehörigkeit verschleiert. Ich halte mich daher an die wissenschaftliche Transskription (dt.: sch gleich š), mit der zum Beispiel die Verwandtschaft von Šalem (Abendstern) mit Jerusalem deutlich wird und vieles andere mehr.

** Ursprünglich war Isis die Herrin des im zwölften unterägyptischen Gau gelegenen Kultortes Iseum.

Seit die Völker beweglicher wurden und in regem Austausch miteinander standen, nannten sie die Himmelsköniginnen fremder Stämme ehrfurchtsvoll mit Namen.
Dabei konnte es geschehen, daß eine einfache Bezeichnung wie „Ba'alat" die in der Landessprache nichts anderes als „Herrin" bedeutet, zum Eigennamen wurde.

Abb. 1 Nut

Abb. 2 Isis

Abb. 3 Lilith

Abb. 4 Ma'at

Soviele Namen die kosmische Herrin auch gehabt hat, überall wurde in ihr die gleiche umfassende Kraft verehrt. Es bedurfte keiner Verständigung zwischen den Völkern. Die Natur selbst gab den Anschauungsunterricht. Sie lehrte die Menschen, die geschaffene Welt als Abbild kosmischer Kräfte zu begreifen.

Die sumerische Lilith hält die gleichen Ewigkeitsringe in den Händen wie die ägyptische Isis (Abb. 3). Der Ring begegnet uns überall dort, wo der Weg der Sonne das Mysterium von Leben und Tod versinnbildlichen soll.

Die beiden Löwen zu Füßen der Himmelskönigin symbolisieren die Sonne in den Horizonten. Der junge Löwe meint die aufgehende Sonne im Osten. Der alt gewordene Löwe steht im westlichen Horizont. Mit ihren Flügeln umspannt Lilith die Weite des Himmels. Sie selbst ist der Himmel, wie sie auch selbst die Weisheit ist, die ihr mit den beiden Eulen, den Vögeln der Weisheit, symbolisch zur Seite gestellt sind.

Weisheit kommt nicht von „oben". Sie ist keine Frucht, die erst dem „reifen" Geist nach einem langen Leben zufällt, kein „höherer Wert", der zu erwerben ist wie ein Besitz. Leben und Dasein selbst sind Weisheit. Die matriarchale Weisheit wohnt in den Dingen.

Sie wirkt in der Blume, im Baum, in jedem Stein. Sie entfaltet das Kind im Mutterleib. Sie weist jedem Tier seinen Platz in der großen Ordnung der Schöpfung zu.

Sie geht von der Herrin des Himmels aus, sie spricht zu uns in den Strahlen der Sonne, im Licht des Mondes und der Gestirne.

Der Mensch muß antworten. Er muß die Weisheit zurückgeben, muß sie verwirklichen mit seinem Leben.

Dieser Gedanke wird uns anschaulich in der Gestalt der ägyptischen Ma'at. Sie ist die große Herrin der alles umgreifenden Ordnung, sie ist die Weisheit selbst. Der Mensch aber hält sie in seinen Händen, er muß „sie" alle Tage tun, muß sie darbringen im andächtigen Gebet (Abb. 4).

„Ich habe Ma'at verwirklicht!" schwört er in der Stunde seines Todes. Er bringt die Ma'at dar an jedem neuen Morgen und verspricht, seinen Tag in den Dienst ihrer Ordnung zu stellen. Er hält sie als kleine Votivfigur in seiner Hand. Die Ma'at-Hieroglyphe schmückt ihr Haupt. Ihr gehört das Anch-Zeichen, das „Leben" bedeutet. Sie wird ihn führen, denn das ägyptische Verb „maatj" heißt leiten, führen.

Der matriarchale Mensch war eingebunden in die Natur –

nicht, weil er „unbewußt“ lebte, dumpf dahinbrütend den unüberschaubaren Gewalten preisgegeben, sondern weil er sich *bewußt* der Weisheit der matriarchalen Schöpfungskraft überließ. Ihr zu huldigen, vollzog er im Kult den Kreislauf des Lebendigen, entzündete des Morgens ein Feuer, um die Sonne zur Wiederkehr zu ermuntern. Die Verflochtenheit des Menschen in seine Umwelt war so dicht, daß der Fortbestand der Welt, der Rhythmus der Jahreszeiten, Aufgang und Untergang der Sonne, Tod und Wiedergeburt, durch den Kult in Gang gehalten werden mußten.

Vergleichbare Vorstellungen gab es im Fernen Osten. So sagt ein indischer Text: „Indem der König morgens vor Sonnenaufgang opfert, bringt er die Sonne zum Geborenwerden; zum Glanz werdend, geht sie leuchtend auf. In Wahrheit würde sie nicht aufgehen, wenn der König ihr diese Gabe nicht darbrächte.“[2]

C. G. Jung berichtet von einer Begegnung mit einem Indianerhäuptling, der zu ihm gesagt habe, der Präsident der Vereinigten Staaten müsse sich wohl hüten, die Indianer auszurotten; wenn niemand mehr der Sonne opfere vor Sonnenaufgang, würde die Sonne nicht mehr aufgehen. Und das habe katastrophale Auswirkungen auf die ganze Menschheit, auf Indianer und Weiße.

Wie die Sonne an jedem neuen Morgen erst durch das kultische Opfer heraufgeführt wird, blüht auch die Natur in jedem Frühling erst durch die kultische Begehung der Heiligen Hochzeit wieder auf: Die Liebe lockt den Lenz. Würde die Heilige Hochzeit nicht begangen, so könnte neues Leben nicht erstehen.

Das Absterben der Natur wird vom matriarchalen Menschen durch Tod und Unterweltsfahrt des Kultkönigs dramatisiert: Zur Erntezeit, wenn die Sichel das Korn abmäht und die Vegetation dahinwelkt, muß auch der König sterben, sei es im kultischen Vollzug tatsächlicher ritueller Tötung, sei es im symbolischen Kultdrama.

Das kultische Handeln ist so wichtig wie Essen und Trinken, Saat und Ernte. Wer Ackerbau betreibt, ist dem Ritus so verpflichtet wie seiner Arbeit. „Der Ba’als-Dienst ist nicht nur Religion, sondern ebenso Methode der palästinensischen Landwirtschaft.“[3]

2 Satap Brahmana II. 3.1.3
3 Karl-Heinz Bernhardt, „Das Problem der altorientalischen Königsideologie im Alten Testament“, S. 106

In welcher Weise die Opferhandlungen auszuführen sind, welche Kultlieder gesungen werden, welche dramatisierenden Handlungen das kosmische Geschehen im Ritus vergegenwärtigen, dies alles haben uns viele Kulturen eindeutig überliefert. Kultische Lieder und Opfergesänge, auf Tontafeln eingeritzt, in Felswände eingemeißelt, auf Papyri geschrieben, waren die Textbücher zu den Heiligen Handlungen, die im kultischen Ablauf vollzogen werden mußten.

Die liturgische Praxis der abendländischen christlichen Kirche ist dermaßen unanschaulich und ausdrucksarm, daß wir uns die Mysterienspiele der matriarchalen Liturgie mit vielen handelnden Personen unter Mitwirkung der gesamten Bevölkerung bei Spiel, Gesang, Tanz und kultischer Mahlzeit kaum noch vorstellen können.

Die matriarchale Kultur war eine Welt der Teilhabe, des Nehmens und Gebens, des ewigen Kreislaufs. Im Einklang mit der Natur betrachtete der Mensch den Tod als Durchgang zur Wiedergeburt. Im persönlichen Unglück erlebte er die Tiefen des Daseins in der Zuversicht auf einen neuen Anfang. Angeschlossen an die Kraftströme unversiegbarer Lebensenergien war er in der Lage, die Widersprüche des Lebens tapferer zu bestehen als der patriarchale Mensch, der die Dunkelheiten des Daseins abspaltet, aus seinem Leben ausgrenzt und aus seinem Bewußtsein verdrängt.

Der matriarchale Mensch erforschte das Wesen der Dinge, nicht, um die Natur zu beherrschen, sondern um sich ihr anzupassen; nicht, um sie auszubeuten, sondern um die allmorgendliche Wiedergeburt jeden Tages und die alljährliche Neuwerdung der gesamten Schöpfung durch sein Leben und Tun, durch seine hingebende Liebe und durch kultische Heiligung zu bewirken.

Am Anfang war die Herrin, die schöpferische und lebenerhaltende Kraft und Weisheit des Kosmos.

Die Frage nach den „Anfängen" läßt sich konkret nur stellen im Blick auf die frühe Menschheit und nur insoweit sie sich durch archäologische Funde und früheste Schriftzeugnisse beantworten läßt. Und dort erfahren wir, daß die „ersten Menschen" den Einbruch des Transzendenten in ihr Dasein als Anruf der kosmischen weiblichen Kraft und Weisheit erlebt haben. Jede Frage, die dahintergreift, wissen will, wie das Weltall und seine Erscheinungen „wirklich" entstanden seien, muß offen bleiben. Geist an sich, Weltenplan und Schöpfungskonzept als Potenzen eines Vatergottes sind durch philosophisch-theologische Spekulation entstanden, gehen von dem abspaltenden patriarchalen Bewußtsein aus. Sie ordnen ein Abstraktum, den Logos, den „göttlichen Funken" als das „höhere" Prinzip der Materie und der Schöpfung über. Und so entfernen sie uns vom ganzheitlichen Bewußtsein und der ganzheitlichen Erfahrung der matriarchalen Menschheit.

Die abenteuerliche Reise zu unseren Ursprüngen

Woher wir kommen?

Ist diese Frage noch wichtig angesichts der brennenden Sorge um die Zukunft? Sollten wir nicht besser die Frage stellen, wohin wir gehen? Doch niemand kann gehen ohne Boden unter den Füßen.

Ebenso wie Pflanzen ziehen Menschen die Kräfte für ihre Entwicklung aus den Wurzeln.

Auf der Suche nach meinen Wurzeln habe ich entdeckt, daß sie nicht mehr aus dem eigenen Mutterboden ihre Kraft ziehen, weil ich umgepflanzt bin. Durch Christianisierung ist die abendländische Kultur von ihren Traditionen abgeschnitten und verpflanzt worden. Aber unsere Kultur wurzelt im fremden Erdreich nur scheinbar in der Weite freien Landes. Sie ist in einen Kübel eingetopft und mit diesem einengenden Gefäß in fremde Erde verbracht worden. Auf den Mythenbestand eines kleinen morgenländischen Volkes führt das abendländische Bewußtsein seine Ursprünge zurück. Auf unsere Urmütter befragt, nennen wir nicht Frigga, Freya oder Brigit. Wir nennen Eva die „Mutter alles Lebendigen". Doch auch sie kennen wir nur noch als Produkt aus Adams Rippe.

Selbst wenn die Geschichten des Alten Testaments unserem Bewußtsein weit entrückt sind, so leiten wir doch unsere Sitten und Gebräuche, unsere gesellschaftlichen Ordnungen, vor allem die frauenunterdrückende Gesetzlichkeit und Rechtsprechung, unsere Auffassung vom Verhältnis der Geschlechter in der Ehe aus alttestamentlicher Tradition ab. Hätte das Christentum daran etwas geändert, dann hätte es die Hexenpogrome nicht geben dürfen. Das Alte Testament fordert, andersgläubige Frauen und solche, die über ihre Sexualität frei verfügen, zu erwürgen, zu steinigen, zu ersäufen. Es rechtfertigt mit seinem erbarmungslosen Gesetz die Massenhinrichtungen von Frauen, die im neuzeitlichen Europa mit seinen Hexenprozessen vollstreckt wurden.

Der Fanatismus, der notwendig mit der Idee des patriarchalen

Monotheismus verbunden ist, hat uns die „Heiligen Kriege" beschert. Dort, wo Juden, Christen und Moslems ihre heiligsten Stätten haben, wird auch heute noch im Namen des Einen Gottes – welchen Gottes? – gemordet, werden sogar Kinder, Frauen und alte Leute nicht verschont.

Die Überzeugung, mit der gegenwärtig Ost und West den Inbegriff des Bösen jeweils im anderen verkörpert sehen, mutet durchaus alttestamentarisch an, und der Anspruch, im Besitz der „richtigen" Weltanschauung zu sein, hat heute zur gefährlichsten Konfrontation in der Geschichte der Menschheit geführt.

Für unsere moderne Problematik hat die Geschichte des „auserwählten Volkes" exemplarischen Charakter: Herausgelöst aus seinem Urgrund, verläßt dieses Volk die tolerante Weltanschauung seiner Mütter, verteufelt die alles durchdringende Liebe der matriarchalen Religion, spaltet zerstörerische Aggressionen ab und erkämpft mit einem brutalen „Ausmordungsprogramm" die Vormacht im Vorderen Orient. Auf der Kehrseite der Macht wartet die Ohnmacht. Israel wird verwüstet und hört als Staat auf zu existieren.

Wir können diesen Weg als ein Lehrstück begreifen, das zeigt, wie der totale Machtanspruch zum Un-Heil und zu völliger Vernichtung führen muß.

Nicht zuletzt verdanken wir dem Alten Testament die tiefgreifende Überzeugung des abendländischen Menschen, daß ein geordnetes Gesellschaftsleben erst im Patriarchat entstanden, daß die „sittlich hochstehende Ehe" nur im Zusammenhang mit dem monotheistischen Ethos überhaupt ermöglicht worden sei. Erst der männlich ordnende Geist habe Hordenleben, Barbarei und ungezügelte Promiskuität überwunden. Im Alten Testament scheint das patriarchale Gesetz von Anfang an gültig: Schon Eva unterwirft sich und erkennt Adam als ihren Gebieter an.

Das Alte Testament ist eine Tendenzschrift. Seine Mythen sind verstümmelt und einer Absicht dienstbar gemacht. Die Wurzeln des abendländischen Bewußtseins sind beschnitten, und die starre Gesetzlichkeit des alttestamentlichen Denkens engt es ein wie ein zu kleines Gefäß, ohne Verbindung zur umgebenden Kultur, ohne Halt in der Tiefe.

Ich muß dieses Gefäß sprengen, muß Halt im *Mutter*-Boden finden, wenn ich zu mir selbst finden will.

Ich habe die Herrin gesucht – das verborgene Matriarchat im

Alten Testament.
Die Brunnen sind nur verstopft, die Quellen zugeschüttet. Wir können sie freilegen und uns wieder mit den ewigen Weisheiten verbinden, die wir nötig haben für den schwierigen Weg in die Zukunft.

Ich versuche, eine Brücke zu schlagen auch zu Frauen, die bisher noch nie eine Bibel in der Hand gehabt haben; denn die Grundbegriffe für patriarchale Männlichkeit und patriarchale Weiblichkeit sind im Alten Testament geprägt worden. Auf den Schriften des Alten Testaments basiert das abendländische Bewußtsein und beeinflußt unbewußt – und darum umso nachhaltiger – unsere Befindlichkeit in dieser Welt. *Alle* Frauen sind davon betroffen. Wir können nur verarbeiten, was uns bewußt ist. Deshalb versuche ich, einen wichtigen Abschnitt der Kollektivgeschichte der Menschheit ins Licht unseres Bewußtseins zu rükken.

Die engen Grenzen, die der Interpretation alttestamentlicher Texte mehr als zwei Jahrtausende hindurch gezogen waren, sind zu Anfang dieses Jahrhunderts gesprengt worden, als die Orientalistik mit ihren Forschungsergebnissen zu Vergleichen mit der Bibel herausforderte. Aber die Bewegung, die dadurch in die Arbeit der Bibelauslegung kam, wurde durch das Beharrungsvermögen des patriarchalen Bewußtseins bald wieder zum Stillstand gebracht.

Erst seit Frauen das patriarchale Bewußtsein in seiner Gesamtheit auf den Prüfstand gebracht haben, ist die Voraussetzung geschaffen, das Alte Testament als ein Dokument der Zeitgeschichte zu begreifen, als ein Zeugnis des patriarchalen Denkens, patriarchaler Sitte und Moral, die eine Vorgeschichte haben: Die matriarchale Religion und matriarchale Gesellschaftsformen – *auch* im Leben des Volkes der Bibel. Diese Forschungsarbeit müssen Frauen leisten. Es gibt gewiß auch Männer, die heute mit der Bibel kritischer umzugehen wagen als unsere Väter. Alttestamentler und Romanschriftsteller hinterfragten Texte, an denen bisher kein Jota verändert werden durfte.

Mit der zentralen Figur der alttestamentlichen Königsgeschichte, mit David, setzt sich der Jude Stefan Heym auseinander. Man kann den Eindruck gewinnen, daß er in seinem Buch das Trauma verarbeitet, das entstehen muß, wenn ein Angehöriger des jüdischen Volkes die Davidlegende, die man ihm als kleinem Kind erzählt hat, gegen die Erkenntnis von der wirklichen geschichtlichen Persönlichkeit Davids aufgeben muß. Stefan Heym setzt seine Kritik an jenen Stellen an, die durch Unstimmigkeiten und Widersprüche dazu herausfordern. Es entsteht das Bild eines David, der gewissenlos durch Mord Männer beseitigt, die ihm auf dem Wege zu Frauen und Macht hinderlich gewesen sind. Heym spaltet Davids Charakter in den Machtgierigen und den Lüsternen im Bett, dem Frauen ein nebensächlicher Wegwerfartikel gewesen sind. Er fragt, ob der Ermordete das Schwert in der Brust oder im Rücken stecken hat, als er stirbt.[1]

Stefan Heym zeichnet die Davidszeit eher als eine noch patriarchalischere Epoche als die alttestamentlichen Berichte es tun. Er fragt nicht, inwieweit David seine Macht auf Frauenrecht aufgebaut hat, welche Stellung Frauen in der Geschichte des Alten Testaments gehabt haben, ob David die Rechte von Frauen geschmälert hat oder ihnen unterworfen gewesen ist.

Es ist ein Unterschied, ob ein Mann oder eine Frau kritische Fragen stellt: Männer – auch die gutwilligsten – sind, bewußt oder unbewußt, eher an der Stabilisierung eines „schon immer patriarchal aufgefaßten Gesellschaftsbildes" interessiert. Ich bin bisher noch keinem Alttestamentler oder interessiertem Bibelleser begegnet, der die kritische Frage nach der matriarchalen Gesellschaftsform in Israel gestellt, der auch nur den geringsten Zweifel am patriarchalen Gesellschaftssystem Israels überhaupt geäußert hätte. Selbst Forscher, die mit ihren Erkenntnissen überkommene Vorstellungen umstürzen, weichen der sich aufdrängenden Konsequenz aus ihren Studienergebnissen aus. Sie sind nicht bereit, das patriarchale Bewußtsein zu überschreiten. Daher projizieren sie die patriarchale Denkweise in die Vergangenheit und suggerieren uns, daß Frauen seit Adams Zeiten ihren Männern unterworfen gewesen seien, daß Untertanen vor Königen im Staub gelegen hätten, und daß das Patriarchat – besonders in der alttestamentlichen Religion – auf einen Vatergott zurückgehe, der die Welt erschaffen habe.

Nur Frauen, die sich dem Gesetz der patriarchalen Denknorm verweigern, die der patriarchalen Wissenschaftsdoktrin kritisch begegnen, können das Zu-Ende-Denken leisten, das uns wieder in den lebendigen Zusammenhang mit dem matriarchalen Bewußtsein bringt.

Auf der Reise zu unseren Ursprüngen bin ich dem matriarcha-

1 Stefan Heym, „Der König David Bericht", S. 143

len Jahwe begegnet, der aus seiner archaischen Vergangenheit hervortritt und – durch die fanatische Streitschrift judäischer Priester, die wir das Alte Testament nennen – seine Alleinherrschaft im Himmel und auf Erden durchzusetzen sucht ...
Für eine Weltminute nur!
Im matriarchalen Bewußtsein bewegt sich die Welt in Zyklen.
Alles Vergangene kehrt wieder!
Und unsere Reise zu den Ursprüngen ist zugleich der Weg in unsere Zukunft.

Ras Schamrah – die Wiederentdeckung einer matriarchalen Kultur

Ihrer eigenen Überlieferung zufolge sind die israelitischen Stämme nach Palästina eingewandert. Sie kamen aus dem Zweistromland, aus Nordarabien und aus Ägypten. In Palästina, dem „Gelobten Land", trafen sie die Kanaanäer an, ein Volk, dessen Kultur ihnen weit überlegen war.

Im Gegensatz zu den Ländern, aus denen sie kamen, und zur kanaanäischen Kultur, in die sie sich einnisteten, sollen die israelitischen Stämme eine von Anfang an patriarchale Tradition gehabt haben. Spätestens die Ausgrabungen in Ras-Schamrah haben erwiesen, daß diese Vorstellung falsch ist. Kultische Sitten und Opferbräuche, die die Bibel als ihre ureigenste patriarchale Tradition beschreibt, haben ihr Vorbild in den matriarchalen Sitten und Opferbräuchen des Ba'al-Kultes. Biblische Jahwe-Lieder stimmen zum Teil wörtlich (!) mit „heidnischen" Ba'al-Liedern überein.[1]

Dazu kommt die Erkenntnis, daß die Israeliten erst auf dem Boden Palästinas zu einem Volk zusammengewachsen sind, so daß die Kultur Kanaans, gegen die sich der alttestamentliche Glaube als etwas ihm Wesensfremdes abgegrenzt haben soll, in Wirklichkeit zum Ureigensten der israelitischen Kultur gehört.

Mit den Funden in Ras-Schamrah stellt sich das kanaanitische Volk zum ersten Mal der Welt persönlich vor. Bis dahin haben wir seine Kultur nur durch die Brille fremder Völker gekannt. Wir haben nichts gewußt von seiner matriarchalen Religion, nichts von der Würde seiner Frauen und der hohen Achtung, die sie in der kanaanäischen Gesellschaft genossen.

Die Ras-Schamrah-Texte erlauben zudem, ein Stück weit Literaturgeschichte nachzuvollziehen. Tausende von Tontafeln sind in den verschiedensten Sprachen beschrieben mit urkundlichen Texten, mit Aufzeichnungen über Vorräte und Lagerverwaltung. Briefe sind erhalten und regelrechte Wörterbücher, die

1 Vergl. Otto Eißfeldt, „Kanaanäisch-Ugaritische Religion", S. 89, in: „Religionsgeschichte des Alten Orient"

in die Kunst des Sprachvergleichs einführen und offensichtlich an den Schreibschulen Verwendung gefunden haben. Die religiösen Texte sind Lesetexte zum Kultvollzug. Das religiöse Epos erzählt Götterdramen. Nirgendwo kennt die Literatur jener Zeit das Genre der „Familiengeschichte", mit der das Alte Testament seine „Geschichte Israels" beginnt. Die „Erzvätergeschichten" der Bibel sind relativ spät entstandene Texte, die erst kurz vor der Zeitenwende ihre endgültige Formulierung erfahren haben. Durch die Beschäftigung mit den Kulttexten von Ras-Schamrah gewinnen wir ein Kriterium zur Beurteilung der alttestamentlichen „Familiengeschichten", die wir – aufgrund der literarischen Epoche, in der ihre Ursprünge zu suchen sind – auf die Ritualtexte analysieren werden, die sich hinter ihnen verbergen. Eine wichtige Aufgabe dieses Buches wird darin bestehen, die ursprünglichen Lesetexte zum matriarchalen Kultablauf von der Überlagerung durch die patriarchale Schriftstellerei zu befreien.

Die Ausgrabungen in Ras-Schamrah kamen durch einen Zufall in Gang. Ein syrischer Bauer stieß mit seinem Pflug auf Spuren einer menschlichen Ansiedlung. Im Jahre 1929 begannen an der nordsyrischen Küste die ersten Grabungen.

Dort, wohin der Finger der Insel Zypern deutet, lag vor mehr als 3 500 Jahren eine machtvolle Stadt an den Ufern des Mittelmeeres, die hieß Ugarit.

In einem ihrer prächtigen Tempel oder Paläste hat etwa in der Zeit zwischen 1 500 und 1 400 v. Chr. ein Schreiber namens Elimelech den Mythos der Anat auf Terrakotta-Täfelchen niedergeschrieben. Seine Erzählung beweist, daß Anat eine der bedeutendsten Gestalten der vorderasiatischen Religionen gewesen ist. Bis zum Jahre 1928 war sie kaum mehr als dem Namen nach bekannt. Der Schweigemord der biblischen Überlieferung hat die Erinnerung an sie ausgelöscht.

Ihre Spuren führen nach Ägypten. Dort gibt es ein Bild, das sie darstellt mit einer Waffe in der Hand. Daraus hat man geschlossen, sie sei eine Göttin des Krieges gewesen. Es gibt eine Elfenbeinschnitzerei, die Anat als Nährmutter des Pharao darstellt, und die Lieblingstochter Ramses II. ist unter dem Namen „Tochter der Anat" bekannt.

Anat hat in Ägypten derartige Bedeutung errungen, daß sie auf einem ägyptischen Thron sitzend dargestellt worden ist. Sie hat Schild und Lanze in einer Hand und die Streitaxt in der anderen. Eine zweisprachige griechisch-phönizische Inschrift aus dem 4. vorchristlichen Jahrhundert, die auf Zypern gefunden worden ist, übersetzt den Namen der Anat im griechischen Text mit Athene, während der phönizische Text die Anat als „die Kraft der Lebenden" preist.

Trotz dieser Zeugnisse ließ sich über das Wesen der Anat wenig aussagen. Man kannte ihre Heimat nicht. Es gab anscheinend keinen Kultort, an dem sie verehrt worden war.

Doch der Schleier über ihrem Geheimnis lüftete sich in wenigen Jahren. Die intensive archäologische Arbeit in Vorderasien brachte an verschiedenen Orten umfangreiches Material über Anat zutage. „Schließlich zeigen die wichtigen Ausgrabungen von Beisan im oberen Jordantal, daß Anat zur Zeit des Pharao Seti I." (um 1 300 vor Chr.) „die wichtigste Göttin dieser Stadt war, und daß man sie dort als ‚Königin des Himmels und Herrin aller Götter' anrief".[2]

Und das ist die Geschichte der Anat, die Elimelech vor etwa 3 500 Jahren in Ugarit niedergeschrieben hat:

Die Himmelskönigin liebt ihren irdischen Bruder, den Gott der Geschöpflichkeit, Ba'al. Eines Tages entkommt er der wachsamen Anat, um in der Ebene, am Fuße des Berges Safôn, auf die Jagd zu gehen. Dort begegnet er schrecklichen Ungeheuern, Wesen, die ein menschliches Angesicht haben, aber Stierhörner auf dem Kopf tragen. Der mörderischste von ihnen ist Môt – sein Name bedeutet Tod. Er ist der grausame Bruder des Ba'al, und obwohl sich Ba'al heftig zur Wehr setzt und sich seinen Angreifern gegenüber tapfer verteidigt, fällt er der Übermacht seiner Gegner schließlich zum Opfer. Leblos bleibt der Körper des Gottes in der Ebene liegen.

Anat, vom Ausbleiben ihres Geliebten beunruhigt, macht sich auf, ihn zu suchen. Bald findet sie ihn, der die Schönheit und Jugend der Welt war. Mit Hilfe der Sonnengöttin trägt sie ihn hinauf zu seinem Tempel und begräbt seinen Leichnam auf den Höhen des Safôn.

Anat beweint ihren Geliebten und bringt an seinem Grabe umfangreiche Opfer dar. Sie opfert ihm an sechs Tagen, jedesmal siebzig Tiere, damit der Gott für die Dauer seines unterirdischen Lebens bis zum Tage seiner Wiedergeburt mit Nahrung versorgt sei.

2 Charles Virolleaud, „Die Große Göttin in Babylonien, Ägypten und Phönizien", S. 144

Aber es genügt nicht, daß sie ihren Geliebten beweint und ihm opfert. Sie muß Môt finden, der an seinem Tode schuldig ist. Anat allein weiß die Stätte, an der sich der Mörder verborgen hält. Nur sie, die Große Herrin, ist in der Lage, den Schuldigen zu strafen.

Als sie ihn gefunden hat, bringt sie ihn mit einer Sichel um, wie der Schnitter die Ähre abmäht. Er wird in Stücke zerrissen, sein Blut wird der Erde geopfert, seine Überreste in alle Winde verstreut. Nun kann sich die Erde mit neuem Grün bedecken: Ba'al ist wiedergeboren.

Doch Môt ist nicht wirklich vernichtet. Er ist in die Unterwelt zurückgekehrt, von wo er zu seiner Zeit wiederkommen wird, um Ba'al erneut zu töten.

Dieser Mythos führt uns die Struktur matriarchaler Religion vor Augen, die ihren Glauben und ihren Kult vom jahreszeitlichen Werden und Vergehen in der Natur ableitet. Wenn wir den Mythos von Astarte und Adonis betrachten, erkennen wir sofort die gleichen Elemente:

Adonis war ein Jäger, in den sich Astarte verliebte, als sie ihm im Frühling in den Wäldern des Libanon begegnete. Doch währte diese Liebe nur kurze Zeit, dann wurde Adonis von einem wilden Tier zerrissen. Astarte trauerte um ihn und beschloß, den Geliebten dem Tode wieder zu entreißen. Sie stieg hinab in die Unterwelt und befreite ihn. Sie wusch seine Wunden und erweckte ihn zu neuem Leben. Durch seine Wiedererweckung wuchs und blühte die gesamte Natur von neuem.

Die Mythen von der Himmelskönigin und ihrem irdischen Geliebten, ihrem Sohn, Bruder und Gatten, überliefern uns ein „Kultdrama, das überall vorausgesetzt werden kann".[3] Etwas vorsichtiger würde ich sagen: Es handelt sich um ein Kultdrama, das in der Welt sehr viele vergleichbare Parallelen hat.

Dieser Grundbestand an Ritual-Texten ist der Ursprung aller Mythologie, der uns den eigentlichen, unverfälschten und gelebten „Mythos" überliefert. Ich möchte daher in diesem Zusammenhang vom „echten Mythos" sprechen, ein Terminus, der von Mythenforschern benutzt wird.[4] Die Texte stehen im Zusammenhang mit wirklich gelebtem Kult, sie sind der Nieder-

3 Karl-Heinz Bernhardt, „Das Problem der altorientalischen Königsideologie im Alten Testament", S. 54

4 Vergleiche hierzu die Ausführungen bei Bernhardt, S. 52 f., sowie R. von Ranke-Graves, „Griechische Mythologie, Quellen und Deutung", S. 10 ff.

schlag tatsächlich vollzogener gesellschaftlicher Praxis. Deshalb ist es unangebracht, den Begriff des Mythologischen in abwertendem Sinne zu gebrauchen, als handele es sich um Erzählungen ohne Realitätsbezug. Priesterinnen und Priester haben diese Texte als Regieanweisung für den Kultvollzug benutzt. Sie haben die Tradition von einer Generation zur nächsten weitergegeben.

Eine literarische Weiterentwicklung stellt das mythologische Epos dar. Die Phantasie des Volkes hat das Kultdrama breit ausgesponnen, Priesterinnen und Priester haben Hymnen und Gedichte zu Ehren der Himmelskönigin und ihres Sohnes ersonnen. Das Drama vom Werden und Vergehen, von Liebe und Tod hat unendlich viele Variationen.

Entschieden abzugrenzen von der epischen Ausgestaltung der ursprünglichen reinen Kulttexte ist eine Mythos-Gattung, die inhaltlich eine veränderte Auffassung durchsetzt: Nicht mehr in Rhythmen werden Tod und Wiedergeburt beschrieben, sondern als geschichtlicher Ablauf.

Diese Mythen setzen die „Schöpfung" an den „Anfang" aller Dinge. Mond und Sonne werden nicht immer wieder neu geboren, sondern sie sind einmal geschaffen. Aus dem rhythmischen Erleben wird geschichtliches, die Ereignisse laufen in linearer Zeitfolge ab. Das Kultdrama wird „historisiert". Die kultischen Feste gerinnen zu Erinnerungsfeiern.

Auch diese Entwicklungsstufe des Mythos ist in den Ras-Schamrah-Texten überliefert. In Ugarit treffen wir den Mondgott El an, einen alten weisen Mann mit langem grauen Bart, der aufgehört hat zu lieben. Seine Frau ist Ašerat, die Sonnengöttin und Mutter von siebzig Söhnen, den Elohim. Auch sie ist eine alte Frau, die Greisin und Totengöttin, die sich über den Tod des Gottes Ba'al freut:

> *„Freuen sollen sich Ašerat und ihre Söhne ...*
> *denn gestorben ist des El Sohn Ba'al."*[5]

Während Anat den Tod ihres Geliebten beweint, ihn betrauert und Opfer darbringt, um ihm die Unterweltfahrt zu erleichtern, freut sich die Totengöttin über Ba'als Tod.

Doch auch Ašerat und El sind einmal jung gewesen. Als Stier

5 Ras-Schamrah-Texte A I Zeile 11 u. 13

und Wildkuh begegnen sie einander auf der Weide. Der Mondgott tritt auf als „der jugendkräftige Stier mit gewaltigen Hörnern. Er wandelt einher glänzend vom Grund des Himmels bis zur Höhe des Himmels."

El ist auch Wetter- und Vegetationsgott. Blitz und Regen hält er in seiner Hand. „Sein Wort, wenn es droben wie der Wind dahinfährt, läßt Speise und Trank gedeihen und das Grüne auf der Erde entstehen."[6]

Das „Gedicht C" erzählt von der Geburt der Sterne. Sonne und Mond begegnen einander zur Neumondszeit am Horizont. Die Liebe des Gottes ist groß:

„Die Liebe Els ist gleich dem Meer,
die Liebe Els ist gleich der Flut."[7]

El liebt die Sonnengöttin in ihrer Glut am westlichen Horizont, und er vereint sich mit ihr im Feuer der Morgenröte. Er zieht mit ihr ein in das „Brautgemach" in ihrem Haus am Horizont. Doch schließlich:

„Sinkt Els Stock herab,
der Stab seiner Liebe wird schwach."[8]

Die Sonnengöttin facht das Feuer der Liebe von neuem an:

„Die Göttin wärmt den Vogel auf dem Feuer,
Die Brennende wärmt ihn auf Kohlen!"[9]

Doch nach heftiger Liebe hat die Göttin erneut Anlaß zur Klage:

„Mein Gatte, o, mein Gatte, der Stab deiner
Liebe wird schwach!"

Wieder entfacht die Göttin die Liebe Els. Sie küßt ihn.

6 Detlef Nielsen, „Ras-Schamrah-Mythologie und biblische Theologie" in: Anhdlg. für die Kunde des Morgenlandes XXI, 4.1936
7 Gedicht C, Zeile 33 bis 35
8 Z. 37
9 Z. 39

„Im Kuß ist Empfängnis.
In der Umarmung ist Fruchtbarkeit.
Die Göttin wird schwanger.
Sie wird gebären Šahar und Šalem.“[10]

Šahar ist der Morgenstern, Šalem der Abendstern, die Venus in männlicher Gestalt oder die „kleine Sonne“. Šalem wird als gütig, gnädig und warm empfunden. Dagegen ist die Venus als männlicher Morgenstern ein kriegerischer Gott, voll Angriffslust und Zerstörungswut.

Ašerat gebiert noch siebzigmal. Sie bringt die zahllosen Sterne, das namenlose Heer der himmlischen Götter zur Welt. Die saugen an der Mutterbrust Ašerats. „Wie Heuschrecken werden sie das Feld bevölkern, wie Springer den Rand der Wüste.“

Doch jetzt ist El ein alter Mann. Er ist impotent geworden. Auch seine himmlischen Söhne zeugen nicht mehr; denn im Himmel wird nicht gefreit, und jeder kann sehen, daß die Sterne immer dieselben bleiben und sich nicht vermehren. Der Liebesmythos von der Geburt der Sterne ist Geschichte, die einmal stattgefunden hat. Man mag sich an sie erinnern, wenn das Abendrot leuchtet oder wenn die Sonne glühend aufgeht. Els Jugend ist unwiederbringlich dahin.

Wir treffen in Ugarit zwei ursprünglich selbständige und in sich abgeschlossene religiöse Systeme an.

Allgemein wird angenommen, daß der El-Kult aus Arabien stammt und mit einer Wanderbewegung nach Phönizien gelangt ist.

Handel und Verkehr, Völkerwanderungen und die Veränderungen der politischen Verwaltungseinheiten bringen es mit sich, daß die ortsgebundenen Gottheiten mit den Völkern „wandern“. Kulte verschmelzen miteinander, wenn sie an den neuen Siedlungsplätzen vergleichbare Göttergestalten und ähnliche Kulte antreffen. Ohne Auseinandersetzung oder regelrechte „Götterkämpfe“ geht ein Kult nicht im anderen auf. Wenn sich Götterfamilien bilden, ist nur anscheinend ein Kompromiß zustande gekommen, denn keine Gottheit will auf ihren Kult verzichten. Der Kampf um die Vorrangstellung in diesem „Familienarrangement“ ist die Folge, so daß die Zwistigkeiten unter Göttern sich von den Familiendramen auf Erden nicht allzu-

10 Gedicht C, Zeile 51/52

sehr unterscheiden.

Mühsam zu einer „Familie“ zusammengedacht, sollen Anat und Ba'al Kinder des Gestirnpaares Ašerat und El sein. Die kosmische Himmelskönigin Anat gerät in die Tochtergeneration. Als „Sohn des El“ wird der junge zeugungskräftige Ba'al zum Rivalen seines „Vaters“, denn der alternde Gott sieht voraus, daß Ba'al eines Tages an seine Stelle treten wird. Mit aller Kraft seines schwindenden Lebens widersetzt sich der impotente El dem Aufstieg des jungen Ba'al, dem die Liebe der Anat gehört. Deshalb hat El beschlossen, seinen „Sohn“ Ba'al aus der Gemeinschaft der Götter auszuschließen.

Anfangs verehren die Männer und Frauen des Landes den Ba'al trotz seiner Verfehmung. Doch bald wird der Ba'al-Kult vernachlässigt und mit ihm auch der Kult der Göttin Anat. Die Göttin reagiert in heftigstem Zorn, wütet, tobt und schlägt die Bewohner der Stadt.

Welche Stadt mag das gewesen sein?

Wenn wir von Tyrus am Mittelmeer zum Jordangraben hinüber eine waagerechte Linie ziehen, so befindet sich genau auf der Hälfte dieser Strecke die Stadt Beth-Anat; das bedeutet „Tempel der Anat“ oder auch „Haus der Anat“. Die Ortsgöttin betrachtet ihren Tempel und ihre Kultstadt als Wohnung. Daher können wir die Existenz eines Kultes schon aus dem Namen der Stadt ableiten.

Der Anat gehören noch eine Reihe anderer Städte im Lande, wie zum Beispiel die Stadt Quiriat-Anat, oder, einige Kilometer nördlich von Jerusalem Anatôt, die Stadt, in der im 7. Jahrhundert v. Chr. der Prophet Jeremia zur Welt gekommen ist. „Anatôt“ ist wahrscheinlich einfach ein Plural von Anat und ist ein Hinweis auf die Priesterinnen, die dem Kult der Anat geweiht gewesen sind.

Anat kämpft noch gegen andere Menschen, gegen die Bevölkerung am Meeresufer und gegen „die Menschheit des Orients“, was vielleicht die Bevölkerung östlich des Jordans bezeichnen könnte. Schließlich wütet Anat unter ihren Priestern und Tempeldienern, die ihren Kult vernachlässigt haben.

Das alles hört sich sehr realistisch wie ein kulturgeschichtlicher Bericht über den Zusammenstoß zweier Religionen an.

Es handelt sich um eine weitere Form mythologischer Überlieferung. Dem Forscher enthüllen sich aus dem Mythos von Götterkampfdramen und weitläufigen Familienrivalitäten umfangreicher Göttergruppen kulturgeschichtliche Zusammenhänge und erste Ansätze auf geschichtliche Schlußfolgerungen, auf Wanderungen ganzer Völker über die Kontinente hinweg.

Die Himmelsgöttin Anat läßt sich nicht reibungslos einer hierarchisch geordneten Götterfamilie zuordnen, in der Ašerat und El die „Eltern“ sind. Anat kämpft mit Erbitterung gegen den Anspruch des alten Mannes in diesem künstlich zusammengefügten Pantheon.

Und ihr Widerstand ist berechtigt. Der gesamte Kosmos verurteilt den Versuch des El, Ba'al von den Gottheiten auszuschließen. Alle Wesen, alle Götter, ja, die ganze Natur wenden sich in einem großen Vorwurf gegen das ungerechte Gesetz des Gottes El. Denn Ba'al hat kein Haus und keinen Tempel im ganzen Lande.

Bittend wendet sich der junge Gott an seine schwesterliche Geliebte, die ihm helfen soll, seinem Kult im Lande großes Ansehen zu verschaffen.

Ba'al verriet der Göttin die Geheimnisse des Waldes und der Berge. Er sagte ihr, was das Rauschen der Bäume bedeutet, was sich die Berge zuflüstern, was die Wasser murmeln und was die Steine raunen. Es gelang Ba'al, die Geheimnisse zu erlauschen, die der Himmel nachts der Erde anvertraut. Er wußte, was die seufzenden Laute bedeuteten, die sich unablässig den Wogen des Meeres entringen und zu den Sternen emporsteigen. Sie alle klagen in unendlichen Wiederholungen, in langhingezogenem Weinen, das die ganze Natur erbeben läßt: „Allein von allen Göttern hat Ba'al kein Haus, ihm ist kein Tempel eigen, wie den Söhnen der Ašerat.“

Da beschloß Anat, nach Norden zu ziehen, nach einem Lande, das Safôn hieß. In den nördlichen Gebirgen war Gold zu finden, das Anat für den Bau eines Ba'al-Tempels gewinnen wollte.

Anat und Ba'al sind unzertrennlich. Die Himmelskönigin begleitet ihren Geliebten auf dem gefahrvollen Weg ins Nordgebirge, sie dient ihm als Wegweiser, zieht ihn gleichsam mit sich.

Doch noch ehe Anat und Ba'al zu dem nördlichen Gebirge vordringen können, stellen sich ihnen zwei schreckliche Ungeheuer entgegen und verwehren ihnen den Zugang zu den geheimnisvollen goldbergenden Gegenden. Das sind der Drache Tannin und das Ungeheuer mit den sieben Köpfen, Lotan.

Anat legt dem Ungeheuer Lotan einen Maulkorb an und macht ihn dadurch unschädlich. Sie bringt den Drachen Tannin zum Verstummen.

Nachdem Anat und Ba'al die Ungeheuer überwunden haben, begeben sie sich in das nördliche Gebirge und verjagen den König, der hier herrscht, und berauben ihn seines Schatzes. Sie nehmen das Gold vom Berge Septendrion für den Tempel des Ba'al, der mit aller Pracht ausgestattet werden soll.

Nun eilt Anat zu dem Gott El, um Fürsprache für Ba'al einzulegen. Sie begibt sich in das Land, wo die Flüsse sich in den Ozean ergießen, denn dort hat der Gott El seinen Wohnsitz. Gleich den anderen Göttern wohnt er am Meeresufer, nahe der Menschen Behausung.
Anat verspricht dem alten Gott, ihn zu verjüngen. Sie will seinem Haar und Bart die ursprüngliche Farbe wiedergeben; denn die sind einmal rot, sogar blutrot gewesen.

Anat hat die Fähigkeit, dieses Versprechen zu erfüllen. Sie verfügt über die Gabe, die sie selbst ihr „Arukat" nennt – das heißt so viel wie „Länge des Lebens" und bedeutet, daß sie das Leben selbst gewesen ist. Sie verkörpert die kosmische Lebenskraft.

Leider fehlt an dieser Stelle ein wichtiges Textstück, und wir wissen nicht, wie das Gespräch zwischen Anat und El verlaufen ist. Als der Bericht des Elimelech wieder beginnt, finden sich die von Anat eingesetzten Baumeister Kaschir und Hasis damit beschäftigt, das Material für den Bau des Ba'al-Tempels zusammenzutragen. Holzfäller sind unterwegs, um in den Wäldern des Libanon die notwendigen Zedern für den Tempelbau zu schlagen. Mit der Herstellung der Ziegel ist die Göttin Amat-Ašerat, die „Dienerin der Ašerat", beauftragt. Der Goldschmied steigt in die Berge, wo er seine Schmiede hat, um dort tausende von Silberstangen und zehntausende von Goldstangen zu schmieden, die den Tempel schmücken sollen.

Als alles Material bereit ist, geht der Bau des Tempels rasch vonstatten. Er wird mit großer Feierlichkeit eingeweiht.

Ba'al hat nun seine eigene Wohnstätte auf dem Berge Safôn, dem Gebirge des Nordens, das viele einfach den Götterberg nennen. Von dort schickt er die erlösenden Wetterwolken nach langer Dürre, vom Berge offenbart er sich als der Regenbringer. Wenn die Wolken herniederfahren und den Gipfel des Berges verhüllen, wissen die Menschen den Gott nahe. Im Blitz tut er seine Kraft gewaltig kund.

Ba'al ist nicht nur der Vegetationsgott der Ebene, sondern

auch der Wettergott des Berges. In der Ebene erleidet Ba'al seinen Tod im Kampf mit den Göttern der Dürre, der Vernichtung und des Todes. Sein Grab hat er auf dem Berge Safôn, und dort geschieht auch seine Wiedergeburt.

Die Ras-Schamrah-Texte bieten uns sowohl formal als auch inhaltlich ein Stück Literaturgeschichte des Mythos. Einzelne Tafeln scheinen regelrechte Textvorlagen für Priesterinnen und Priester gewesen zu sein, die sie als Gedächtnisstütze benutzt haben beim Rezitieren der kultischen Gedichte. Andere Tafeln überliefern die heiligen Lieder, mit denen das ganze Volk sich an seine Götter gerichtet hat. Es handelt sich um „echten Mythos": jeder Textanweisung entspricht eine Szene im Kultdrama.

Inhaltlich gehört der „echte" Mythos der Ras-Schamrah-Texte zu einem Ritualschema, das wir als universell bezeichnen können. Der Kultus ist am Naturgeschehen orientiert, die Kultdramen wiederholen die sichtbaren Abläufe der Natur. Die Personen der Handlung sind Anat, Ba'al und Môt. Anat verkörpert das Himmelszelt, Ba'al die Erde mit ihrer Vegetation, dem Kommen und Vergehen der Pflanzen. Môt ist die Vergänglichkeit, der Tod und die Unterwelt.

Priesterin und Priester, Kultkönigin und Kultkönig vertreten im Ritus die Götter und handeln stellvertretend für sie. Das Kultdrama ist notwendig, um den Rhythmus der Natur in Bewegung zu halten. Würde das Opfer nicht gebracht, der Regen würde ausbleiben und die Natur für immer verdorren. Würden Priester und Priesterin – oder Königin und König – nicht stellvertretend die Heilige Hochzeit vollziehen, gäbe es keine Fruchtbarkeit der Natur. Auch der rituelle Opfertod des Gott-Königs muß vollzogen, die Unterweltsfahrt bestanden werden, wenn der Kreislauf des Lebens gesichert werden soll. Denn nur im Tode geschieht Verjüngung.

„In verschiedenen Abwandlungen, aber mit denselben wesentlichen Hauptzügen" läßt sich dieses Ritualschema überall im orientalisch-abendländischen Kulturkreis nachweisen, so daß eine Gruppe englischer und skandinavischer Forscher von einem „ritual pattern" spricht.[11]

Die Ras-Schamrah-Tafeln überliefern uns Gedichte, die den Kulttext episch ausgestalten. Die breite, fast romanhaft ausge-

11 Aage Bentzen, „Messias – Moses redivivus – Menschensohn", S. 6

sponnene Erzählung läßt den Gedanken an deren kultische Inszenierung nicht mehr zu. Diese Kultromane stellen formal eine andere Literaturgattung dar als die direkten „Regieanweisungen zum Kultdrama". Inhaltlich lassen sie sich aber trotzdem auf das gleiche „ritual pattern" zurückführen: Wenn Anat mit Ba'al ins Nordgebirge wandert und auf dem Wege die Ungeheuer Tannin und Lotan besiegt, kann es sich um einen Kulttext handeln, der die Unterweltfahrt des Ba'al zum Inhalt hat.

Da aber auch jahreszeitliche Wallfahrten ins Gebirge schon früh als kultische Praxis bezeugt sind, könnte der Text auch eine solche Wallfahrt beschreiben.

Wenn Anat den König des Gebirges tötet, um das Königtum Ba'als neu zu sichern, handelt es sich inhaltlich um den gleichen Mythenzug wie bei der Überwindung des Môt zugunsten des Ba'al: Anat ist „die Seele der Natur", die den König des vergangenen Jahres „seines Schatzes" beraubt. Im Ritus setzt sie den herrschenden Kultkönig ab, um seinen „Schatz", Blüte, Reife und Frucht des kommenden Jahres, dem neuen Kultkönig zu übertragen.

Die Erzählung vom Tempelbau zu Ehren des Ba'al berichtet kulturgeschichtliche Fakten, die interessantes Material zur vergleichenden Religionsgeschichte liefern:

Die Baubeschreibung des Salomonischen Tempels, die uns das Alte Testament überliefert hat, spiegelt die gleiche architektonische Grundidee, der auch der Bau des Ba'al-Tempels folgt. Die jüdischen Tempeleinweihungsriten gleichen denen in Ugarit. Der Tempelweihspruch des Salomonischen Tempels hat in den Ras-Schamrah-Texten sein Vorbild. Die kultischen Opferbräuche sind in Ugarit dieselben wie in Jerusalem. Diese erstaunlichen Übereinstimmungen lassen darauf schließen, daß Salomo in seinem Tempel einer Religion ergeben gewesen ist, wie sie uns auch in Ugarit begegnet. Wir werden auf diese Zusammenhänge noch zurückkommen.

Mit der Entstehung des göttlichen Familiendramas tritt die Auffassung von der Herrin in eine neue Entwicklungsphase ein. Als Gattin oder Mutter, Tochter oder Schwester erfüllt sie abgespaltene Funktionen.

Die kosmische Herrin verliert ihre integrierende Kraft.

Betrachten wir noch einmal ihre universale Gestalt als „Mutter aller Götter": Ursprünglich gibt es nur die All-Eine Große

Herrin. Sie ist unteilbar. Sie ist nicht Tochter noch Mutter. Sie ist keine Liebesgöttin, keine streitbare Jungfrau und keine Kriegsgöttin. Sie ist niemals Greisin oder Todesgöttin. Sondern sie übergreift alle diese Gestaltungen. Sie ist das kosmische Schwungrad in seiner Bewegung. Sie ist Natur als Lebenskraft schlechthin.

Im Kultgesang ihr zu Ehren treffen wir weniger lobpreisende Hymnen als selbstbewußte Aretalogien* an: Ich-Gesänge, mit denen dic Göttin die Fähigkeiten ihrer Seele kundgibt. Berühmt sind die ägyptischen Isis-Aretalogien:

„Ich bin Isis, die Herrin des ganzen Landes ...
Ich habe den Weg der Sterne gewiesen, ...
Die Bahn der Sonne und des Mondes habe ich geregelt ..."

Diese selbstbewußte Weise des Kultgesangs finden wir im Kult der matriarchalen Herrin im Vorderen Orient.
Die Herrin ist Subjekt.
Fallen ihr nur noch abgespaltene Funktionen zu, wird sie zum Objekt:
Von den Liebes- oder Todesgöttinnen kennen wir keine Ich-Gesänge mehr. Sie werden in Hymnen besungen, mit Zauberformeln beschworen, in Gebeten angefleht. Sie sollen sich dem Menschen dienstbar erweisen.

Mit dem „Auseinandertreten der Göttin in ihre Aspekte"[12] gerät sie mehr und mehr in eine passive Rolle. Sie wird zum Objekt patriarchaler Weltdeutung und zur Erfüllungsgehilfin patriarchaler Durchsetzungswünsche: Als Kriegsgöttin wird sie verherrlicht, wenn sie dem Helden hilfreich ist; aber furchtbar und schrecklich ist sie, wenn ihr vernichtender Aspekt sich gegen ihn wendet.
Die Todesgöttin wird zur „furchtbaren Mutter".
Der patriarchale Mythos erfindet die Geschichten von der Vergewaltigung der Jungfrau-Göttin, von der Unterwerfung der Liebesgöttin.

Die Eine-Große-Herrin übergreift den Jahresrhythmus und in-

* von griech. Arete = Tugend
12 Erich Neumann, „Ursprungsgeschichte des Bewußtseins", S. 69. Neumann betrachtet das „Auseinandertreten in feste Göttinnengestalten" als ein Fortschreiten in der Bewußtseinsentwicklung. Und in der Tat begünstigt die Aufspaltung der Göttin in verschiedene „Aspekte" die Entwicklung des patriarchalen Bewußtseins.

tegriert das kosmische Geschehen in ihrer Gestalt. Sobald sie in drei deutlich voneinander zu unterscheidende Gestalten auseinandergetreten ist, wird sie selbst zum Objekt der Veränderlichkeit des Lebens. Nicht mehr das Männliche ist den Gesetzen der Natur unterworfen, sondern sie.

Ihre Funktion hat einen „historischen" Ort, sie ist festgelegt. Eine Todesgöttin wird nie mehr die Göttin der Jugend sein. Damit hat sie ihre Souveränität verloren. Der Subjekt-Charakter ihrer Göttlichkeit geht an den „Vater des Pantheons" über. Er sagt jetzt: „Ich!"

„Ich, der Herr, dein Gott, bin ein eifriger Gott! Du sollst keine anderen Götter haben neben mir!"

Am Ende der Entwicklung bleibt von der „Götterfamilie" nur der Göttervater übrig, der in seinem Anspruch auf Alleinherrschaft die Mitglieder des göttlichen Pantheons auslöscht.

Abwertend werden die Kulte der großen Himmelskönigin als „heidnisch" bezeichnet, „an sittlichem Gehalt der lebendigen Kraft des (monotheistischen) Glaubens weit unterlegen".[13]

Indessen hat sich der patriarchale Monotheismus nur als Machtanspruch erwiesen, dem andere patriarchale Religionen ihre Machtgier entgegensetzen.

Wirklich einheitlich und universal waren die matriarchalen Vorstellungen. Wenn auch die Herrin des Kosmos unterschiedliche Namen angenommen hat, so war sie doch überall die Naturkraft selbst, die personifizierte und transzendierte Erfahrung des Menschen mit der Umwelt, in die er eingebettet war.

Die Abläufe des Lebens sind gar nicht anders denkbar als im Zusammenhang mit Geburt und Jugend, der hohen Zeit der Liebe und der Reife, mit Dahinwelken, Altern und Tod. Dies sind die Urbedingungen des Lebens und die Grunderfahrung der Menschheit. Die Natur erteilt den Anschauungsunterricht, sie führt dem Menschen die Bilder vor Augen, denen seine religiöse Ehrfurcht gilt.

Gegenüber allen spekulativen Wort-Religionen haben die matriarchalen Religionen eine unbestreitbare Überlegenheit: Die Glaubwürdigkeit ihrer Symbole!

Leben hervorzubringen, ist die schöpferische Fähigkeit der Frau, und die Erschaffung allen Lebens, die Erhaltung der Welt und die Wiedergeburt der Toten ist die kosmische Kraft der

13 Johannes Hempel, „Die alttestamentliche Religion", S. 123, in: „Religionsgeschichte des Alten Orient".

Großen Herrin. Darum wird die Himmelskönigin als integrierende kosmische Kraft überall als Grundbestand matriarchaler Gläubigkeit vorausgesetzt.[14]

Ob „Gott“ nun als Mondgott vorgestellt wird, wie El im ugaritischen Mythos, oder als Abkömmling der Sonne, wie Ba'al als Sohn der Himmelskönigin Anat – immer ist der Gestirnssohn das Geschöpf des weiblichen Himmels. Wo der Gott sich seinen Himmel, aus dem er immer wieder geboren werden muß, selbst erschafft, haben wir es mit theologischen Spekulationen zu tun, die der natürlichen Vorstellungswelt zuwider laufen. Wo immer matriarchale Natursymbole durch den patriarchalen Vatergott usurpiert werden, werden sie unanschaulich und paradox. Darum sind patriarchale Religionen auf das spekulative Wort angewiesen, auf die Abstraktion, mit der allein behauptet werden kann: „Gott schuf Himmel und Erde!“

Wieviel anschaulicher und symbolträchtiger ist das Bild der Himmelskönigin, die sich über die Erde neigt und aus ihrem Schoß im Osten jeden Morgen die Sonne neu gebiert! Wie tröstlich handelt Anat, die ihren Geliebten in die Gefilde des Todes, ins unwegsame Gebirge begleitet und ihm dort beisteht gegen die Mächte der Gegenwelt.

Auch Jahwe, der Gott des Alten Testamentes, kämpft mit dem Leviathan/Lotan des ugaritischen Mythos. Er kann den „Leviathan fangen mit der Angel“[15], „er hat dem Leviathan die Köpfe zerschlagen“[16], „heimsuchen wird der Herr den Leviathan!“[17] Nur Anat, die Himmelskönigin, die ihrem Geliebten dabei hilft, verschweigt die Bibel bis zur Un-Existenz. Wir erfahren nichts von dem religionsgeschichtlichen Prozeß, der Jahwe einst mit Ba'al identifiziert hat. Der Jahwe der prophetischen Schrift besiegt die Todesungeheuer aus eigener Kraft:

„Zu der Zeit wird der Herr heimsuchen mit seinem harten, großen und starken Schwert beide, den Leviathan, der eine flüchtige Schlange, und den Leviathan, der eine gewundene Schlange ist, und wird den Drachen im Meer erwürgen.“[18]

Die beiden Adjektive, die die Ungeheuer differenzieren: „flüch-

14 vergleiche hierzu: Heide Göttner-Abendroth, „Die Göttin und ihr Heros“, passim; Th. H. Gaster, „Thespis“, S. 7 bis 17; A. van Gennep, „Les rites de passage“, passim.
15 Hiob 40.25
16 Psalm 74.14
17 Jesaja 27.1
18 Jes. 27.1

tig" und „gewunden", finden sich *wörtlich* in den Ras-Schamrah-Texten wieder. In den Psalmen hat der Leviathan mehrere Häupter, im Ras-Schamrah-Bericht sind es deren sieben. Im Buche Hiob bringt Gott den Leviathan zum Verstummen, indem er ihm ein Schilfrohr durch die Nase zieht. Anat legt in der Ras-Schamrah-Dichtung dem Lotan einen Maulkorb an. So gibt es, von allen Ähnlichkeiten, die das Alte Testament mit den Ras-Schamrah-Texten verbindet, wohl keine auffälligere und überzeugendere als die Übereinstimmung des Mythos vom Kampf mit diesen Ungeheuern. „Lotan ist eine verkürzte und archaische Form des Leviathan, der im Alten Testament zusammen mit Tannin genannt wird, ebenso, wie sie in Ras-Schamrah gemeinsam auftauchen."[19]

Die Bibel ist eine Sammlung matriarchaler Kulttexte, aus denen die Herrin des Himmels eliminiert ist!

Vertrauen wir den alttestamentlichen Jahwe wieder der weisen Führung der Himmelskönigin an, vervollständigen wir die Texte und bringen sie aufgrund der archäologischen Funde in ihren ursprünglichen Zusammenhang, so wird auch Jahwe wieder zum Sohn-Geliebten der Großen Herrin des Himmels.
Auch Jahwe ist sterblich.
Auch Jahwe verdankt seine Wiedergeburt der Himmelskönigin, die ihn in jedem Jahr zu neuem Leben erweckt.
Auch Jahwe feiert den Kult der Heiligen Hochzeit.

Während einige Forscher zugeben, „daß ein analoges Ritualschema" – wie es aus dem Ugarit-Kult um Ba'al mit dessen Tod und Wiedergeburt bekannt geworden ist – „in verschiedenen Abwandlungen, aber mit denselben Hauptzügen, überall im Nahen Osten vorhanden und auch für den israelitischen, ja, für den christlich-kirchlichen Kult von Bedeutung ist"[20], klammern sich die anderen an die Aussage der biblischen Endredaktion. Vom Anliegen dieser Endredaktion her läßt sich ohne Schwierigkeiten „beweisen", daß Jahwe niemals eine Frau gehabt habe.[21] Denn das Alte Testament hat „die Frau" bewußt und gründlich ausgemerzt.

Die Ras-Schamrah-Mythologie legt eine Revision der alttestamentlichen Exegese nahe. Doch die modernen Alttestamentler sind eher bemüht, die matriarchalen Mythen dem patriarchalen

19 C. Virolleaud, „Die Große Göttin in Babylonien, Ägypten und Phönizien", S. 150
20 A. Bentzen, „Messias ...", S. 6
21 K. H. Bernhardt, „Das Problem der altorientalischen Königsideologie", S. 272

Weltverständnis entsprechend umzudeuten.

Der Mondgott El wird zum „lunearen Hauptgott"[22], zum Herrn des Pantheons. Wo nimmt dieser Denkansatz die Selbstverständlichkeit her, den ältesten Gott im Pantheon auch gleich als den „Hauptgott" zu bezeichnen? Die Sonnengöttin Ašerat wird zum Anhängsel und „Gegenstück zu der lunearen Vatergestalt" degradiert. Sonne sei in vielen arabischen Inschriften geradezu das Appellativum für „Göttin". „Demgemäß tritt die Naturgrundlage hier gewöhnlich stärker hervor als bei dem männlichen Hauptgott!"[23]

Mit welcher Logik tritt die „Naturgrundlage" beim Weiblichen in Gestalt der Sonne stärker hervor als beim „lunearen Hauptgott"? Haben wir nicht gerade bei Johann Jacob Bachofen gelernt, daß die „Sonne den Blick zu der Betrachtung der größern Herrlichkeit der männlichen Kraft" hebt? Daß die Sonne, „phallisch-zeugend in ihrer üppigen Manneskraft" das Prinzip des männlichen Geistes sei, das den Mond in seiner stärkeren Gebundenheit an die „Naturgrundlage" zum Erstrahlen bringe, so daß das „Weibliche als Mond" bestimmt sei, daß es von der größern Herrlichkeit der Sonne das geistige Licht leihe ewiglich ...?[24]

Die Ras-Schamrah-Texte schildern den alten El als einen ziemlich traurigen Gott. Zwar hatte er einstmals seine Herrlichkeit, als er noch ein starker Stier gewesen ist. Aber jetzt ist er impotent. So gibt ein anderer Alttestamentler immerhin zu, daß El „ein bereits etwas in den Hintergrund gedrängter deus otiosus"[25] sei: ein Gott, der müßig, faul und untätig von den eigentlichen „Staatsgeschäften" pensioniert ist, der auch nicht mehr viel zu sagen hat, wie sein erfolgloser Widerstand gegen das Aufkommen des jungen Gottes Ba'al beweist.

Das patriarchale Denken ist allgegenwärtig. Selbst der bedeutende Orientalist Charles Virolleaud, der an der Übersetzung des bis dahin unbekannten Ugaritischen wesentlich beteiligt gewesen ist, bringt die Abstammung vom Vater als Voraussetzung – und als *Vorurteil* – ein, wenn er behauptet, in der Bibel sei Anat als Männername gebraucht.[26] Die fragliche Textstelle steht

22 D. Nielsen, „Ras-Schamrah-Mythologie ...", S. 9 bis 26
23 ebd. S. 27
24 J. J. Bachofen, „Das Mutterrecht", S. 53
25 W. Baumgartner, „Ugaritische Probleme und ihre Tragweite für das Alte Testament", Theologische Zeitschrift, Apr. 1947, S. 87
26 C. Virolleaud, „Die Große Göttin ...", S. 144

bei Richter 3.31 und lautet: „Danach war Šamgar, der Sohn Anats (Richter in Israel), der schlug sechshundert Philister mit einem Ochsenstecken, und auch er erlöste Israel." Womit ist denn gesagt, daß Šamgar in diesem Text als Sohn seines Vaters verstanden wird? Zunächst müssen wir davon ausgehen, daß Anat ein weiblicher Personenname ist. Wenn Šamgar der Sohn Anats war, so muß Anat seine Mutter gewesen sein! Die männliche tiefgreifende Verwunderung über das Abstammungsverständnis des Sohnes aus der Mutter begegnet uns auch bei Nielsen. Er sagt: „So heißen (die Sterne) nicht ‚Heer des Mondes', sondern ‚Heer der Sonne' und werden gewöhnlich in den Mythen nicht ‚Söhne des El', sondern ‚Söhne der Ašerat' genannt. Obwohl sie tatsächlich El zum Vater haben und hier *nach gewöhnlicher Sitte* (Hervorhebung G.W.) der Ausdruck ‚Söhne des El' zu erwarten wäre, werden sie dennoch ... nach der Mutter genannt."[27] Für patriarchales Bewußtsein scheint die matrilineare Erbfolge schlicht unbegreiflich zu sein!

Immerhin kann sich die alttestamentliche Forschung vor der Tatsache nicht verschließen, „daß die Auffassung Jahwes im Laufe der jüdisch-israelischen Religionsgeschichte eine sehr bedeutsame Wandlung erfahren hat"[28] und daß die jüdischen Glaubensvorstellungen „in eine Zeit zurückreichen, da die Hebräer die Jahweverehrung noch gar nicht oder wenigstens nicht als die Ausschließlichkeit beanspruchende kannten."[29] Was war das für eine Jahwe-Verehrung, die Ausschließlichkeit nicht gekannt hat?

Nicht der intolerante, sondern der tolerante Gott?
Nicht der einmalige, sondern der immer wieder geborene Gott?
Nicht der patriarchale Gott, sondern der Sohn-Geliebte der Großen Göttin?

Genau *vor* diesen konsequent weiter führenden Fragen macht die patriarchale Forschung halt. Denn wäre der Durchbruch zum Verständnis des integrierenden matriarchalen Bewußtseins einmal vollzogen, so ließe sich die Konsequenz zu diesem Denkschritt gar nicht vermeiden:

Es kann niemals eine friedlich-selbstverständliche „Entwicklung" gegeben haben, mit der sich der patriarchale Alleingott ge-

27 D. Nielsen, „Ras-Schamrah-Mythologie ...", S. 40
28 Otto Eißfeldt, „Jahwe als König", S. 82, in: Zeitschrift für Alttestamentliche Wissenschaft, Bd. 46
29 ebd. S. 89

gen die integrierende Kraft der kosmischen Herrin durchgesetzt haben könnte. Denn das patriarchale Bewußtsein spaltet „männliche“ Werte ab ohne die Bereitschaft, sie je wieder dem Ganzen zu re-integrieren.

Wir müssen daher mit der matriarchalen Opposition gegen diesen patriarchalen Anspruch rechnen, mit dem Fortleben der matriarchalen Kulte neben der Anbetung *Des* Gottes. Wir kön- nicht erwarten, daß aus dem Bilde des in Wiedergeburtsrhythmen eingebundenen Gottes, aus der Vorstellung der Vergänglichkeit des Männlich-Geschöpflichen in wenigen Jahrhunderten ein unsterblicher Alleingott entstanden sein soll!

In Ugarit treffen wir kein Pantheon an, das in friedlich-selbstverständlicher Entwicklung auf den patriarchalen Alleingott hindrängt. Anat macht El das Angebot, ihn zu verjüngen, ihm seine roten Haare wiederzugeben. Wie anders sollte das gelingen als durch Els Tod und seine Wiedergeburt durch die Himmelskönigin.

So eindeutig ist die Festlegung Els auf den „alten Mann“ im ugaritischen Götterkreis nicht, sonst hätte ihm Anat nicht Jugend und Lebenskraft angeboten.

Der alten Dame in diesem Pantheon können wir den Charakter der Totengöttin, die sich freut, daß Ba'al von Môt überwunden ist, auch nicht durchgängig nachsagen, wird diese Ašerat doch auf einer Elfenbeinplatte mit der jugendlichen Anat identifiziert.

Die Schnitzerei stellt Ramses II. dar, der an der Brust der Göttin saugt. Das Bild hat die Beischrift: „Er trinkt die Milch der Ašerat und saugt die Brust der Jungfrau Anat, der göttlichen Ammen.“[30] Ašerat, die uns als Amme eines Gottkönigs begegnet ist, nimmt sich als Matrone im Himmel des El nicht allzu glaubwürdig aus. Der theologischen Spekulation folgend sollte sie „auf die Wahrung der monarchischen Stellung Els eifersüchtig bedacht“[31] sein, sie sollte „darum seinem Nebenbuhler Ba'al bitter feind“ sein[32], doch sie sendet ihre Dienerin Amat-Ašerat, die sich auf die Herstellung von Ziegeln versteht, um den Tempelbau für Ba'al voranzutreiben. Außerdem nennt sie den Ba'al „unsern König, über dem niemand steht“.[33]

30 O. Eißfeldt, „Kanaanäisch-ugaritische Religion ...“, S. 79; ebenso bei Virolleaud, „Die große Göttin ...“, S. 143
31 O. Eißfeldt wie o., S. 82
32 ebd. S. 82 33 ebd. S. 82

Ašerat fördert das Ba'al-Königtum zuungunsten des „Göttervaters" El. Als sie noch die Jungkuh auf der Weide war, die dem Stiergott El begegnen konnte, war sie wie Anat die jugendliche Göttin, nicht die Sonne, sondern das Himmelszelt in Gestalt einer Kuh, wie wir sie aus Ägypten in Gestalt der Hathor kennen. Und sie wurde noch um 600 v. Chr. als Himmelskönigin unter den Juden verehrt, wie wir aus dem Text des Propheten Jeremia wissen.[34]

Dieser Glaube war derart verbreitet, volkstümlich und anschaulich, daß er unter den Juden noch lange in die christliche Zeit hinein fortgelebt hat.

Virolleaud schreibt: „Diese Lehre besaß noch gegen Ende des 4. Jahrhunderts n. Chr. Anhänger, denn der Heilige Hieronymus berichtet, daß sich zu seinen Lebzeiten die Frauen in der Nähe von Bethlehem an gewissen Tagen des Jahres zu versammeln pflegten, um den Tod des Adonis zu beweinen."[35]

Wir haben Anat als Königin des Himmels kennengelernt und als die Herrin der Stadt Beisan. Im Gebiet des israelitischen Stammes Naphtali lag die Tempelstadt der Anat, Beth-Anat. Wie sollte sich diese große Herrin problemlos in die Tochterrolle fügen, die ihr die „Vater"-Gestalt des alternden El aufzwingen möchte?

Sie kämpft um ihren Kult. Und sie siegt im Kampf um das kultische Vorrecht in Syrien-Palästina. Sie hat El die Zustimmung für den Bau des Ba'al-Tempels abgerungen.[36] Das spricht für die schwache Stellung des El-Kultes zum Zeitpunkt der Redaktion des Ras-Schamrah-Mythos.

Anat tötet Môt mit ihrer Sichel. Ihre Sichel ist sowohl Erntesichel als auch Mondsichel. Immer wieder malt die Mythologie das Bild von der „Silbersichel". Als abnehmende Mondsichel ist sie das Instrument, das den Gott in seiner Kraft tötet; als zunehmende Mondsichel ist sie die Waffe gegen die Macht des Todes, die sich im Neumond verkörpert. So schlägt sie dem Dämon der Unterwelt das Haupt ab.

Anat ist die personifizierte kosmische Naturkraft, die die aufbauenden und abbauenden Kräfte des Lebens übergreift und in Gang hält. Die matriarchale Herrin ist keine süße, liebliche und sanfte Himmelskönigin. Sie kann zupacken und aggressiv wer-

34 Jeremia 44.15 ff.; s. S. 74 f.
35 C. Virolleaud, „Die Große Göttin ...", S. 146
36 Ras-Schamrah-Texte V AB, Z. 10 bis 11

den, leidenschaftlich lieben, und ebenso leidenschaftlich bietet sie dem Tod Widerstand.

Tod ist keine grausame, endgültige Vernichtung, sondern eher eine süße Verlockung wie der Schlaf für den Übermüdeten.

Matriarchale Lebenskraft ist voller Wille, Zugriff und Aggressionsfähigkeit. Aber im matriarchalen Bewußtsein führen Aggressionen keine abgespaltene, verselbständigte Existenz, sondern sie dienen dem Leben und sind dem Lebenszusammenhang eingeordnet.

Kein Mensch würde überleben, keine Gemeinschaft entstehen, wenn wir unfähig wären, auf andere zuzugehen. Und auch das meint die Vokabel „aggredior" in ihrer umfassenden Bedeutung. Niemand kann das Leben bestehen ohne gesunde Aggression, ohne die Fähigkeit, sich durchzusetzen.

Anat ist keine Kriegsgöttin gewesen, keine Göttin der Schlachten, keine Herrscherin über abgespaltene, destruktiv aggressive Mächte. Überall, wo Anat aggressiv wird, verfolgt sie das Ziel, das Heil der Welt zu sichern, nicht aufgrund aufgesetzter, angemaßter Gesetzlichkeit, mit der sich kriegerisches Verhalten immer scheinheilig ethisieren läßt, sondern aufgrund der natürlichen kosmischen Gesetze.

„Wenn Anat, nachdem sie in Ägypten heimisch geworden ist, die Göttin der Schlachten wird und Kämpfe um den Besitz der Erde leitet, so hat sich ihr Charakter auf dem Wege von den Ufern des Jordan nach dem Nil von Grund auf geändert; denn die ursprüngliche kanaanäische Legende kennt sie noch nicht als Göttin des Krieges. Bester Beweis ist die Tatsache, daß in dem einzigen Schlachtenbericht, der sich in der Ras-Schamrah-Dichtung findet, der Name Anat nicht vorkommt."[37]

Es ist nicht „der Weg vom Jordan zum Nil", der das Wesen der Anat verändert hat. In der Wandlung ihres Charakters von der Himmelskönigin zur Kriegsgöttin spiegelt sich die menschliche Bewußtseinsveränderung. Die Aggressionsfähigkeit der matriarchalen Himmelskönigin Anat ist in den Lebenszusammenhang integriert: Sie greift die Aufgaben des Lebens konstruktiv an. Die patriarchale Kriegsgöttin Anat hat ihre Aggression abgespalten und zu einer destruktiven Fähigkeit entwickelt: Sie greift den Feind an.

Die Ras-Schamrah-Funde vermitteln uns Einblick in frühe

37 C. Virolleaud, „Die Große Göttin ...", S. 158

Kultur- und Religionsgeschichte. Zu den „Anfängen" führen sie uns nicht.
Wir kennen Mondgötter wie El aus Arabien und aus dem Zweistromland. Das Eindringen seines Kultes hat für Phönizien mit Sicherheit den Einbruch eines Fremden bedeutet, gegen das sich der Selbstbehauptungswille der matriarchalen Herrin Anat durchsetzt, die ihrem Geliebten Ba'al den Tempel seiner Anbetung baut.

Wohl kaum ist Ašerat ursprünglich die Gattin des El gewesen. Viel wahrscheinlicher ist es, daß sie die Große Herrin des Stammes Ašer gewesen ist, der, wie wir aus der Bibel wissen[38], im Küstengebiet östlich von Akko mit den Kanaanitern in friedlicher Koexistenz gelebt hat; „denn sie vertrieben sie nicht". Meist trägt der Stamm die vom Namen seiner kosmischen Herrin abgeleitete Stammesbezeichnung. Viele vermuten, daß der Stamm Ašer, dessen Name den gleichen Konsonantenstamm aufweist wie Isra-El, mit einem den El verehrenden Stamm zu Ašer-El = Isra-El verschmolzen sei. Der jüdische Wissenschaftler Menahem Naor diskutiert ausführlich den Zusammenhang zwischen beiden Namen, die Verschiebung von š (sch) zu s und die Wahrscheinlichkeit der Vokalverschiebungen.[39] Von daher läßt sich verstehen, daß wir in Ugarit Ašerat und El in ehelicher Beziehung miteinander antreffen. Gleichzeitig wird Ugarit als Wiege der israelitischen Religion bestätigt.

Im ugaritischen Pantheon sind die Götter wenig überzeugend und wenig harmonisch zu einer „Familie" zusammengeführt. Noch haben sich „Vater" und „Sohn" – die niemals Vater und Sohn gewesen sind – miteinander arrangiert. Ba'al baut seinen Tempel. El bleibt ein alter Mann.

Religionsgeschichtlich bereitet sich durch das Aufeinandertreffen derart unterschiedlich entwickelter Götterkreise eine folgenschwere Entwicklung vor. Während der Mondgott El nur noch Erinnerungsfeste an seine vergangene Zeugungsherrlichkeit begeht, steht der Sonnengott Ba'al mitten im Leben mit seinen Jahreszeitenfesten und seinem Vegetationskult. Diese ungleichen Verhältnisse müssen zur Auseinandersetzung führen, für die das gekünstelte Miteinander einer „Götterfamilie" nur „die Stille vor dem Sturm bedeutet", die „jeden Augenblick in offe-

38 Richter 1.31,32
39 M. Naor, „Mitteilungen zu den Namen Israel, Jakob und Jesurum". Zeitschrift für Alttestamentliche Wissenschaft 49, 1931

nen Kampf umschlagen kann".[40]

Der Kampf geht um die Vernichtung und Auslöschung der matriarchalen Welt.

Es geht um die Herauslösung des eindimensionalen patriarchalen Weltbildes aus der matriarchalen Ganzheit.

Das alttestamentliche Schrifttum spaltet dabei in einem gewaltigen kollektiv-psychologischen Prozeß das Weibliche ab und projiziert es als ein „Fremdes" aus sich heraus.

Die Kanaanäer, die „Heiden", die Fremdvölker – die Völker, von denen „Israel" herkam, genauso wie diejenigen, mit denen es verschmolzen ist – werden zu Projektionsträgern des Bösen. Israel verleugnet seinen Mutterschoß – religionsgeschichtlich und stammesgeschichtlich – es verdrängt seinen Ursprung, beraubt sich seiner Wurzeln – es „war von Anfang an patriarchal"!

Wo immer Israel die matriarchale Gesellschaftspraxis nicht verleugnen kann, sind es die „Weiber", von denen es verführt wird: Eva, die der Schlange gehorcht, Isebel, die bedeutende Priesterkönigin, die Herrin über „vierhundert Propheten der Ašerat, die von der Isebel Tische essen"[41], deren „Abgötterei und Zauberei immer größer wird"[42]. Und selbstverständlich sind es „die Frauen, die den Tammuz beweinen" am Tempel zu Jerusalem.[43]

Mit der matriarchalen Welt ist das ganzheitliche Bewußtsein verloren gegangen, sind gesellschaftliche Werte vernichtet worden, aus denen – stünden sie uns zur Verfügung – die heutige Menschheit die Kräfte zum Überleben schöpfen könnte.

40 O. Eißfeldt, „Kanaanäisch-ugaritische Religion", S. 82
41 1. Kön. 18.19
42 2. Kön. 9.22
43 Hesekiel 8.14

Der matriarchale Gottesbegriff

Jede theologische Interpretation des Gottesbegriffes geht von der Existenz eines allmächtigen Hochgottes aus und verankert die transzendente Gottesvorstellung, die das abendländische Bewußtsein entwickelt hat, als Absolutum und objektiv Gegebenes im fernsten Urgrund vor jeder Weltschöpfung, vor der Entstehung der Zeit überhaupt. Der Mensch als Geschöpf dieses Vatergottes hat dann nur noch die Aufgabe, IHN zu erkennen. Die Entstehungsgeschichte des Gottesbegriffes oder der Bedeutungswandel der Gottesvorstellung können nur als Weg diskutiert werden, den der Mensch bis zur „wahren" Gottesschau zurückgelegt hat, ein Weg, der vom patriarchalen Bewußtsein als Fortschritt und Aufstieg vom Primitiven zum Höheren und schließlich zu dem Einen, dem „Höchsten" gesehen wird.

In der Überzeugung, daß der patriarchale Monotheismus keinen Fortschritt für die Menschheit bedeutet, stelle ich die Frage nach dem matriarchalen „Gottes"-Begriff.

Matriarchate sind nicht die Umkehrung von Patriarchaten. Der Gegensatz von Gott ist nicht die Göttin.

Die frühen Religionen der Menschheit bis hin zu den matriarchalen Hochreligionen haben weder den Begriff „Gott", noch den Begriff „Göttin" gekannt.

Das in Gegensätzen denkende abendländische Bewußtsein verfügt über Sprachbausteine, die es schwer machen, Inhalte des matriarchalen Bewußtseins auszudrücken. Der patriarchale „Vatergott" ist die Projektion des abgespaltenen, desintegrierten Männlichen an den Himmel. Die matriarchale Große Herrin ist keineswegs „das Andere", der Rest dieses unglückseligen Spaltprodukts. Matriarchale Männer und matriarchale Frauen haben in Der Herrin die Ganzheit erlebt, die Fülle des Daseins.

Sie erfuhren die Kraft, der sie ihre Existenz verdankten, die Weisheit, die ihr Denken überschritt, als weiblich und verehrten sie als die Herrin des Himmels.

Archäologische Funde, die die ausschließliche Verehrung der

kosmischen Herrin bestätigen, wurden in Byblos gemacht. Dort fand man Steinkrüge mit den Namen bekannter Pharaonen, des Cheops und Mikerinos, Opfergaben für die Ba'alat, die Herrin von Byblos.

Byblos war eine Stadt an der Küste Syriens, der antike Ausfuhrhafen für das begehrte Bauholz aus dem Libanon. In dieser Stadt trafen sich die unterschiedlichsten Völker aus Griechenland, Ägypten und Kreta. Sie alle zollten der Herrin von Byblos ihre Verehrung. Der phönizische Name für Herrin, Ba'alat, wurde bald regelrecht zum Eigennamen. Später verschmolz sie mit den kosmischen Herrinnen und Königinnen anderer Kulte. Sie wurde Astarte genannt, und die darstellende Kunst gab ihr die Gestalt der kuhgehörnten ägyptischen Isis. Die Verschmelzung mit diesen Großen Herrinnen der umgebenden Kulturen wurde dadurch erleichtert, daß alle diese kosmischen Frauen Schutzherrinnen des Lebens, Verwalterinnen der ewigen Weisheit und Hüterinnen der innewohnenden Ordnung gewesen sind.

Die matriarchale Herrin des Ursprungs war immer an einen Ort gebunden. Ihr Kult war eng mit ihrer „Wohnung" verknüpft, der Stadt, in der ihr Tempel stand. Wenn um 2 800 v. Chr. die ägyptischen Pharaonen der Herrin von Byblos ihre Verehrung zollten, so ließ sich das mit den Handelsbeziehungen zwischen Ägypten und Phönizien erklären. Die Ägypter brauchten die Hölzer Phöniziens und des nahen Libanon. Denn die Palmen des Niltales lieferten faseriges Holz, das sich zum Bau von Türen, Tischen, Stühlen und Särgen so wenig eignete, wie es Ausgangsmaterial für geschnitzte und später vergoldete Skulpturen sein konnte.

Die handeltreibenden Völker brachten Gastgeschenke für die Ba'alat mit. Sie verehrten die Herrin von Byblos an ihrem Ort, wie sie zu Hause der Isis, Hathor oder Nut Opfergeschenke darbrachten.

In seiner umfassenden Arbeit über den „Götterglauben im Alten Ägypten" spricht Hermann Kees von der ersten bis zur letzten Seite von Nut, der Himmelsherrin, nur von der „Himmelsfrau". Sicher mit vollem Recht nennt er sie nicht „Göttin", weil ihr Titel „Herrin" lautet. Da er aber die Begriffe „Gott" und „Frau" im Sinne des modernen abendländischen Bewußtseins benutzt, wird die Nut durch die Titulierung „Himmelsfrau" ihrer kosmischen Qualität beraubt, ein Absurdum angesichts der Darstellungen, die wir von ihr kennen: Überall wölbt sich ihr

Leib über die Erde. An jedem Morgen bringt sie ihr Geschöpf, den Sonnensohn, aus eigener Kraft zur Welt, entläßt ihn aus dem Innenweg, den er nachts durch ihren Kopf gegangen ist.

Das matriarchale Bewußtsein erlebte den Himmel als Wohnung, Haus und Hülle, die immer weiblich waren. Es bedurfte nicht des Zusatzes: Himmels-*Frau* oder Himmels-*Herrin*, um sich darüber zu verständigen, daß „Himmel" der Inbegriff kosmischer weiblicher Kraft war. Nut *war* der Himmel selbst im Gegensatz zur männlichen Erde, die durch ihren Bruder Geb personifiziert war. Sie war das umgreifend Weibliche – zu einer Zeit, als der Begriff „Göttin" noch unbekannt war.

Wie Nut bringen die matriarchalen Himmelsköniginnen ihre Geschöpfe parthenogen – ohne Zeugung – zur Welt. An ihrer hervorbringenden Schöpferkraft hat jede Tochter Anteil. In der Priesterin inkarniert sich die kosmische Kraft der Großen Herrin.

Die Überzeugung von der jungfräulichen Geburt des ersten Menschengeschöpfes, des Sohnes, treffen wir überall in den ursprünglichen matriarchalen Schöpfungsmythen an. „Aufgrund ihrer Zauberkraft braucht Isis keinen Mann, um Horus hervorzubringen."[1]

Die Göttin Neith rühmt von sich:

> „*Was da ist, was da sein wird und was gewesen ist, bin ich.*
> *Meinen Chiton* hat keiner aufgedeckt.*
> *Die Frucht, die ich gebar, war die Sonne.*"[2]

Die Königin des Himmels hat keine Vergänglichkeit. Sie war, als noch nichts geboren wurde, sie bestand vor allem Anfang und wird sein in Ewigkeit.

Der Sohn, das Geschöpf, wird zum ersten Partner der kosmischen Herrin, er wird zum Geliebten und zum Gatten seiner ewigen Mutter.

Religionsgeschichtlich tritt damit die Verehrung der Einen Großen Herrin in eine neue Phase: Sie wird nun gemeinsam mit ihrem Sohn-Geliebten angebetet. „Wenn sich Adonis in der klassischen oder späten Legende in enger Gemeinschaft der Astarte befindet, so sieht man in der Frühepoche, in der Zeit der Pyramiden, ... Astarte stets ohne ihn. Es gibt damals noch keinen ju-

1 H. Kees, „Der Götterglaube im alten Ägypten", S. 256
* Untergewand
2 Inschrift am Neith-Tempel zu Sais

gendlichen Gott, der eine ähnliche Rolle wie Adonis gespielt hätte."[3]

Adonis ist allerdings in der Frühzeit kein „Gott". Sein phönizischer Name lautet Adôn. Daraus ist in den griechischen Texten Adonis geworden. Adôn bedeutet soviel wie „Herr" oder „Mann". Genau das gleiche will uns der Name „Ba'al" sagen. Er bedeutet „Herr" und „Meister", die Entsprechung zu „Ba'alat" – die „Herrin".

Ba'al und Adôn bezeichnen das Geschöpf, den Menschenmann, den Sohn der kosmischen Herrin, die polare Kraft des Männlichen, die die weibliche Urkraft aus sich entlassen hat.

In diese Begriffskette gehört ohne jeden Zweifel das hebräische Adonai, das direkt vom phönizischen Adôn abgeleitet ist. Adam, der aus Erde gemachte Mensch, ist ursprünglich der Adonai gewesen, das Mannesgeschöpf Evas, bevor die levitische Theologie die weibliche hervorbringende Kraft durch den Schöpfergott ersetzt hat, der seine Geschöpfe aus Lehm fertigt.

Wenn der Gott des Alten Testamentes, Jahwe, von seinem bedeutendsten Erzähler, dem Jahwisten, „Jahwe-Adonai" genannt wird, so ist mit diesem Begriff schon ausgesagt, daß auch Jahwe ursprünglich der Sohn der Himmelskönigin gewesen ist. Obwohl der Korrekturstift des Jahwisten die Herrin eliminiert hat, ist das „Jahwe-Adonai" stehen geblieben, der Jahwe-Mann oder der Jahwe-Mensch, der Urmensch als Vermittler zwischen der kosmischen Himmelskönigin und den Menschen, der Erlöser und Heilsbringer nach der Dürre, der Gott des Berges, der den Regen bringt, der sterben muß, um wiedergeboren zu werden.

Luther übersetzt uns „Jahwe-Adonai" mit „Gott der Herr" – und dieser Begriff ist im abendländischen Bewußtsein mit der transzendenten Allmacht eines Schöpfergottes verbunden. Doch sind Adôn, Adonai, Adâm und Ba'al Geschöpfe gewesen, nicht Schöpfer.

Ganz im Sinne des matriarchalen Kultverständnisses sagt Eva, die Mutter alles Lebendigen: „Ich habe einen Mann gewonnen mit dem Herrn!"[4]. Sie hat den Sohn geboren, als Frucht der Heiligen Hochzeit. Dieser Sohn ist eigentlich Adam, das uranfängliche Mannesgeschöpf. Doch die Bibel macht Kain daraus und rückt die erste Menschengeburt in die zweite Generation – eine häufig angewandte Methode in der Religionsgeschichte, mit

3 C. Virolleaud, „Die Große Göttin ...", S. 135
4 1. Mose 4.1

der die Herrin aus ihrer universalen Stellung verdrängt wird. Wie es nur *eine* Schöpfung gibt, so hat im matriarchalen Kultverständnis die kosmische Herrin immer nur *einen* Sohn. Er entspricht den Naturrhythmen, blühend, reifend und welkend. Nach der Dürre und Trockenheit erlöst er die Menschen aus der Not und Angst vor Unfruchtbarkeit. Nie ist seine Wiedergeburt sicher. Immer muß sie durch Gebet und Heiligung, durch Opfer und Heilige Hochzeit kultisch bewirkt werden. So wird der Auserwählte zum Erlöser und Heiland.

Mit der Ernte und dem Absterben der Natur muß der Sohn/Geliebte zurück in die Unterwelt; er stirbt, um wiedergeboren zu werden. Durch seine Todesbereitschaft wird er zum Helden und Retter der Menschen.

Die integrierende Lebenskraft der Großen Himmelskönigin gibt ihn dem Leben verjüngt zurück. Dieser Kreislauf von Tod und Leben bringt es mit sich, daß der zum Manne herangereifte Sohn seiner eigenen Mutter Heilige Liebe genießt, daß er sich selbst in ihrem Schoß neu erzeugt. Horus ist der Sohn-Geliebte der Isis, lange bevor sie mit Osiris zum berühmtesten „Götterpaar" Ägyptens zusammenschmilzt.

„Ihren Sohn Horus bringt Isis aus ihrer Heimat mit."[5]

„Anat begleitet immer nur einen bestimmten Gott"[6], den Ba'al, den die Himmelskönigin liebt, den sie sterben sieht und wieder zur Welt bringt.

Der junge Ba'al wird ebenso wie der ägyptische König als Jungstier vorgestellt. Ihm und der Göttin Anat wird „eine erotische Leistungsfähigkeit zugeschrieben ..., die ans Unglaubliche grenzt".[7] Der Stier ist geradezu ein universales Sinnbild für matriarchale Männlichkeit. Horus ist der „Stier seiner Mutter". Maria Münster sagt: „Wenn der ‚Stier seiner Mutter' ein Gott ist, der sich selbst in seiner Mutter immer wieder zeugt, dann ist seine Muttergöttin Isis diejenige, die ihn immer wieder gebiert."[8]

Zum Kulttitel der ägyptischen Könige im Neuen Reich gehört die Bezeichnung „Horus, starker Stier", aber schon die Könige des Alten Reiches sind mit dem kultischen Stierschwanz als Zeichen ihrer Potenz ausgestattet. Die starke Geschlechtskraft des Kultträgers hat den Fortbestand des Lebens zu sichern. In der

5 Maria Münster, „Studien zur Göttin Isis", S. 124
6 C. Virolleaud, „Die Große Göttin ...", S. 145
7 O. Eißfeldt, „Kanaanäisch-ugaritische Religion ...", S. 81
8 M. Münster, „Studien zur Göttin Isis", S. 192

Stierkraft symbolisiert sich schöpferische Zeugungskraft im umfassendsten Sinne, sie ist der zum bildhaften Ausdruck verdichtete Impuls des Lebendigen.

Zeugende Stiereskraft wird im Kult in jedem Morgenopfer wirksam, das zur Wiedergeburt der Sonne dargebracht wird. Sie durchpulst Mensch und Natur in der Feier der Heiligen Hochzeit, der das Erblühen der Vegetation und das Anschwellen der Flüsse zu verdanken ist.

In den Bildern „Himmelskönigin" und „Stier" sind zwei Symbole polar einander zugeordnet, die jedes ein Umfassendes zum Ausdruck bringen: unvergängliche kosmische Lebenskraft und ihren irdischen Impuls.

Das erste Geschöpf der Großen Herrin, das uranfängliche Mannesgeschöpf, inkarniert sich in seinen Kultträgern auf Erden: im Priester, im Stammesfürsten, im kultischen König. Er vertritt im Kult den „Mann", er ist selbst der Ba'al, Adôn oder Adonis, und er hat immer den Beinamen „starker Stier". Die Bezeichnungen für „Herr" werden im Laufe der Sprachentwicklung alle zu Eigennamen. Vergessen ist, daß Ba'al ursprünglich einfach männliche Entsprechung zu Ba'alat gewesen ist. Der griechische Gottesbegriff „Theos" ist von dem Eigennamen „Zeus" abgeleitet, und erst allmählich abstrahiert die griechische und später die mittelalterliche Philosophie den Gottesbegriff zum geistigen Prinzip. Wenn die Bibelschreiber den im hebräischen Text gebrauchten Eigennamen „Jahwe" mit Deus/Gott übersetzen, fördern sie die Spiritualisierung und Verallgemeinerung eines ursprünglich nur lokal gemeinten Stammesherrn.

Der Eigenname des ugaritischen El ist zum meistgebrauchten Gottes-Beiwort geworden. Auch der moslemische Allah geht auf den Mondgott El zurück.

Der El des ugaritischen Pantheon tritt nicht nur als zeugungskräftiger Stier auf der himmlischen Weide in den Texten von Ras-Schamrah auf, er trägt auch den ständigen Beinamen ṯr, das heißt Stier.

Im Ägyptischen wird nṯr* als „Gottes"-Begriff gebraucht. Die Verwandtschaft der Wörter ṯr und nṯr fällt unmittelbar auf, und der Vergleich zwischen dem Phönizischen und Ägyptischen liegt nahe, da Ägypten 500 Jahre lang – von 1 500 bis 1 000 v. Chr.

* Aussprache womöglich „natschir" oder „naschtir".

die Herrschaft im Vorderen Orient ausgeübt hat. „In den zweisprachigen Dekreten der ptolemäischen Zeit, zu denen auch der berühmte Stein von Rosette gehört, steht ntr im Austausch mit dem griechischen θεός."[9] ntr steht jedoch dem phönizischen tr weit näher als dem griechischen Theos. Obwohl in drei Jahrtausenden ägyptischer Kultur der ntr-Begriff veränderte Qualitäten angelagert hat, verbindet er sich so wenig mit der Vorstellung eines Hochgottes wie das griechische θεός.

Höher als bis zum Berge Olymp sind die griechischen Götter nicht hinaufgestiegen, und der erhabene Zeus ist unentwegt damit beschäftigt, auf der Erde herumzulaufen und zu zeugen.

Handelsbeziehungen haben zwischen Syrien-Palästina und Ägypten schon in frühester Zeit bestanden; denn das Land am Nil konnte seinen Holzbedarf nur aus den Wäldern des Libanon decken. Umfangreiche Funde – die sogenannten Amarna-Tafeln[10] – haben gezeigt, daß diese Handelsbeziehungen seit uralten Zeiten durch die Anknüpfung von Ehebanden gefestigt worden sind. Es ist selbstverständlich, daß es dabei auch zu Kultverschmelzungen gekommen ist. Wir haben das bereits für die Große Herrin in Byblos besprochen und die Bedeutung der phönizischen Anat in Ägypten kennengelernt. Ein beständiger geistiger Austausch hat es mit sich gebracht, daß Kultvorstellungen, Symbolträger, Sprache und Namen sich gegenseitig beeinflußt haben.

Welche Namen das männliche Prinzip auch immer getragen hat, es bezeichnet das polare irdische Kraftfeld, das auf Vereinigung mit der kosmischen Himmelskraft angelegt ist. Sein symbolischer Ausdruck wird im Bilde des Stiers erlebt.

Deshalb ist das Bestreben jener Männer, die ihrem „Gott" kosmische Qualitäten und schöpferische Allmacht zusprechen wollen, daß die Stiergestalt ihres „Manns-Bildes" abgelegt werde. Die Bibel polemisiert gegen die Stiergestalt Jahwes, verteufelt Jerobeam I., weil er vom Stierbild gesagt hat: „Dies ist dein Gott, Israel, der dich aus Ägypten geführt hat!"[11] Gegen diesen König zieht sich durch die Texte der alttestamentlichen Königsbücher wie ein roter Faden die Wut des biblischen Geschichts-

9 Erik Hornung, „Der Eine und die Vielen", S. 30
10 Tontafelfunde, die umfangreiches Material, Briefdokumente, statistische Aufzeichnungen, Lagerbuchhaltungen usw. zutage gefördert haben, Fundort Amarna, dem einstigen Regierungssitz Echnatons.
11 1. Kön. 12.28

Abb. 5 Echnaton

schreibers mit der 18 mal wiederholten Anklage gegen jeden der nachfolgenden Könige auf Israels Thron: „... und er tat, was dem Herrn übel gefiel, und wandelte in dem Wege Jerobeams und seiner Sünde, durch die er Israel hatte sündigen gemacht."[12]

Die israelitischen Könige in der Nachfolge Jerobeams verehren alle den Stiergott, bauen Altäre und Tempel auf den Höhen, opfern und räuchern dort.[13] In Jerobeam ist der Sündenbock gefunden, auf den das jüdische Bewußtsein seine Vergangenheit projiziert, die es so nicht mehr wahrhaben will, die verdrängt werden muß und als „Schatten" am „Andern" angelagert wird.

Echnaton, der ägyptische Pharao, der seinen Gott auf einer neuen Verständnisebene vermitteln will, vermeidet für Aton geradezu das für „Gott" gebräuchliche ägyptische Wort nṯr. „Niemals nennt er ihn nṯr, ‚Gott' schlechthin; vielmehr zeigt er ... eine ausgesprochene Zurückhaltung gegenüber der Bezeichnung nṯr und sucht sie nach Möglichkeit zu vermeiden."[14] Sein „Gott" soll nicht mehr der Stier sein, nicht die Zeugungskraft verkörpern, sondern die Gebärfähigkeit. Deshalb läßt Echnaton sich eine Statue anfertigen, die ihn als Frau darstellt, mit weiblichen Brüsten und weiblichem Genitale und mit breitem weiblichem Becken (Abb. 5).

Die Erhöhung des Aton soll über die Identifikation mit dem Weiblichen ermöglicht werden und unter Vermeidung des Gottesbegriffes nṯr! Der Begriff nṯr gleich „Gott" kann im Ägyptischen niemals den Hochgott meinen, sonst würde Echnaton ihn nicht vermeiden, und der Ägyptologe kommt zu dem Ergebnis, daß sich mit dem Begriff nṯr „kein anonymer Hochgott ... greifen läßt."[15]

Der Gottesbegriff des modernen abendländischen Bewußtseins hat sich im Laufe von zwei Jahrtausenden allmählich zu dem entwickelt, was wir heute unter „Gott" verstehen. Wenn wir Adôn, Ba'al, Jahwe, El, nṯr und Theos mit der Vokabel „Gott" übersetzen, müssen wir unser Gottesverständnis an das matriarchale Bewußtsein anpassen.

Der matriarchale „Gott" ist nicht der Vater, sondern der Sohn.

12 1. Kön. 15.34 / 1. Kön. 16.2 / 16.19 / 16.26 / 16.31 / 22.53 / 2. Kön. 3.3 / 10.29 2. Kön. 10.31 / 13.2 / 13.6 / 13.11 / 14.24 / 15.9 / 15.18 / 15.24 / 15.28 / 17.22
13 1. Kön. 22.44 / 15.14 / 2. Kön. 12.14
14 E. Hornung, „Der Eine und die Vielen", S. 45
15 ebd. S. 35

In Oberägypten ist Horus der Sohn der Hathor, im Nildelta kennen wir Horus als der Isis Sohn. Adôn ist der Sohngeliebte der Astarte. Ba'al, ursprünglich der Sohn der Ba'alat, wird im ugaritischen Pantheon zwar der Bruder der Anat. Da er aber von ihr in jedem Jahr zu neuem Leben erweckt wird, ist er mythologisch ihr Sohn, der zu ihrem Geliebten wird, um in ihrem Schoß zu ewig neuer Wiedergeburt heranzuwachsen.

Der matriarchale „Gott" ist nicht der Schöpfer, sondern das Geschöpf.

Der Urmensch ist der von der Herrin geborene Mann. Die kosmische Weltenherrin aber als Mutter alles Lebendigen begegnet uns im palästinensisch-phönizischen Raum als „Himmelskönigin".

Sie trägt den Weltenmantel, das himmlische Kleid, mit Sternen übersät, oder den Purpurmantel der untergehenden Sonne mit goldenen Äpfeln bestickt: Symbole ihres die gesamte Schöpfung umfassenden himmlischen Königinnentums. Sie wird im Kult als die Mutter aller Götter angerufen.

Die ägyptische Isis wird „die Mutter aller Götter" genannt.[16] Ašerat ist „die Erzeugerin der Götter".[17]

Der matriarchale „Gott" ist sterblich.

Er ist der Menschensohn, der sterben muß, um wiedergeboren zu werden, der zum Leiden bereite Stammesfürst, der Hirte, der sein Leben läßt für seine Schafe. „Ba'al verkörpert nicht das immerwährende Leben, sondern das vergängliche, das in jedem Frühjahr neu ersteht, im Sommer seinen Höhepunkt erreicht und im Herbst hinwelkt und schließlich ganz verschwindet. Ba'al ist das Leben der Pflanzen, von denen das Dasein der Menschen und Tiere und auch der Götter abhängt."[18]

Der matriarchale „Gott" wohnt auf der Erde.

Auch Jahwe spaziert im Garten Eden umher und unterhält sich mit Adam und Eva, wie El auf Erden umherwandelt und mit Göttern und Menschen spricht. El wohnt am Meeresstrand und Ba'al auf dem Berge Safôn. Die kosmische Dimension ha-

16 Otto Bengtson, in: Abhandlungen der Bayerischen Akademie der Wissenschaften 1938, H. 17, S. 78
17 O. Eißfeldt, „Kanaanäisch-ugaritische Religion ...", S. 78
18 C. Virolleaud, „Die Große Göttin ...", S. 158

ben sich die patriarchalen Götter sehr mühsam und in tausendjährigem Ringen von einem Bedeutungsschritt zum nächsten errungen. Zunächst offenbart sich der Gott der Bibel auf dem Berge Sinai und in anderer Gestalt durch Feuersäule und Rauchwolke eines nordarabischen Vulkans. Manche Forscher meinen, das „Paradies“ sei ein Heiliger Hain auf dem Berge Zion gewesen, lange bevor der Fels Kultbauten getragen habe.

Die Götter wohnen „den Menschen unfern, also auf der Erde und noch nicht im Himmel, wo sie später einmal, viel später, wohnen werden.“[19]

„Denn sollte in Wahrheit Gott auf Erden wandeln? Siehe, der Himmel und aller Himmel Himmel können dich nicht fassen; wie sollte es denn dies Haus tun, das ich gebaut habe!“[20] läßt der alttestamentliche Berichterstatter Salomo sagen, als er den Tempel Jahwes einweiht. Wenn „Gott“ im Bewußtsein seiner Gläubigen tatsächlich im Himmel thronte und nicht auf Erden – bedurfte es dann einer derart euphorischen Beteuerung, um Jahwes Wohnsitz nicht nur im Himmel, sondern im Himmel aller Himmel anzusiedeln?

Der matriarchale Gottesbegriff wird pluralistisch gebraucht.

Der Eine verkörpert sich in den Vielen, die seine Inkarnation tragen. Trotzdem wird in den einander ablösenden Kultträgern immer nur der Eine Gott verehrt. Die Ba'alim verkörpern den Ba'al. Die Elohim den El. „It is of gods in the plural, that we hear most often“, sagt ein Orientalist.[21]

Herrlicher als Gott ist der König.

Die erotische Kraft des matriarchalen Jünglings hebt den schöpferischen, den zeugenden Gott, über sich selbst hinaus und macht ihn für eine begrenzte Zeit zum „König“, zum irdischen Gefährten der Himmelskönigin.

Als König ist dieser Jüngling für die Hohe-Zeit seiner Kraftfülle mehr als Gott. Er sitzt auf dem sakral aufgefaßten Thron, der das Unvergänglichkeitssymbol der Himmelskönigin ist.

Im Thron ist das Ewig-Weibliche personifiziert, das der Auserwählte als vergänglicher „Gott“ nur für die Dauer seiner Königszeit be-„sitzt“. Dieser Zusammenhang läßt sich bei der ägypti-

19 C. Virolleaud, „Die Große Göttin ...“, S. 153
20 1. Kön. 8,27
21 Sir Harold I. Bell, in: „Journal of Egyptian Archaeology 34, 1948 S. 84. (Meistens hören wir von den Göttern in der Mehrzahl.)

Isis-Hieroglyphe

schen Isis besonders anschaulich machen. Denn „Isis" bedeutet Thron, und in ihrer ältesten und ursprünglichen Gestalt trägt Isis das Thronzeichen auf dem Haupt.

„Gott, dein Stuhl bleibt immer und ewig; das Zepter deines Reiches ist ein gerades Zepter!" sagt ein Psalm der Bibel.[22] Als „Gott" ist hier der König angesprochen worden, und genauso wird Mose als der Kultpriester mit „Gott" angesprochen, wenn er aufgefordert wird: „Du sollst (Aarons) Gott sein."[23]

Mit dem Königsbegriff wird der Gott als Erlöser, als Heros und Held, in näheren Zusammenhang mit der Himmelskönigin gebracht. Der Königsbegriff hat religiöse Qualität.

„Ritueller Tod und Auferstehung, ‚sacred combat' mit den Chaosmächten, triumphale Prozession, Thronbesteigung und Heilige Hochzeit sind die wichtigsten Akte im ‚general pattern' des großen ‚seasonal ritual's' im Vorderen Orient. Mittelpunkt des großen Jahresfestes ist der sterbende und wieder auferstehende Gott – Osiris, Marduk, Tammuz, Adonis, Ba'al, Dionysos – im Kult repräsentiert durch den mit dem Gott im Identitätsverhältnis stehenden König, der zugleich in seiner Eigenschaft als Repräsentant der Menschheit vor den Göttern als Hoherpriester amtiert."[24]
Nun möchten viele Alttestamentler dem israelitischen Königtum eine Bedeutung aufprägen, die es aus dem kulturellen Zusammenhang mit seiner orientalischen Umwelt löst.

Der Widerstand gegen das Königtum in der Bibel hat andere Bedeutung. Er stammt aus dem priesterlichen Schrifttum. Die Priester wollen sich über Mose auf Adam als den ersten Menschen zurückführen, während sich die Könige über David aus einer langen Inkarnationsreihe von Adam herleiten.

So sieht denn auch der Alttestamentler die Beantwortung nach dem Kultverständnis des Königtums erschwert „durch die zwiespältige Beurteilung des Königtums, wobei es grundsätzlich nicht unwahrscheinlich ist, daß manche Zeugnisse für die Göttlichkeit des Königs in Israel der das Königtum ablehnenden

22 Psalm 45.7
23 2. Mose 4.16
24 K. H. Bernhardt, „Das Problem der altorientalischen Königsideologie ...", S. 80

Richtung zum Opfer gefallen sein können."[25] Da der Priesterkodex die jüngste Redaktion der alttestamentlichen Texte darstellt, ist sogar mit hoher Wahrscheinlichkeit damit zu rechnen, daß die Endkorrektur sich besonders darum bemüht hat, das kultische Verständnis des israelitischen Königtums auszulöschen.

Wenn der Alttestamentler von der „Göttlichkeit des Königs" spricht, so benutzt er die Begriffe „Gott" und „König" im heutigen abendländischen Verständnis, und wir erleben den König durch das Gottsein aufgewertet.

Indessen hat der Gottesbegriff diese umfassende kosmische Qualität nicht gehabt. Vielmehr wird der im Adâm-Adonai inkarnierte „Gott", der Gott-Mensch und Menschensohn, durch die Qualität des Königsbegriffes aufgewertet.

Interessant ist in diesem Zusammenhang, daß Jahwe als oberster *König* der Juden gelten will. In der Konfrontation mit der Himmelskönigin Babylons spricht Jahwe: „Herunter, Jungfrau, du Tochter Babels, setze dich in den Staub ... denn du sollst nicht mehr Herrin sein über Königreiche ... du dachtest: ‚Ich bin eine Königin ewiglich!' So höre nun dies, die du in Wollust lebst und so sicher sitzt und sprichst in deinem Herzen: 'ich bin's und keine mehr; ich werde keine Witwe sein noch ohne Kinder sein!' Aber es wird dir solches beides kommen plötzlich auf einen Tag ... denn ich bin's, der da spricht: ‚Hier bin ich! Wie lieblich sind auf den Bergen die Füße der Boten, die Heil verkündigen, die sagen zu Zion: Dein Gott ist König!'"[26]

Im Bilde der Boten, die das Heil vom Berge verkünden, gibt sich Jahwe indessen noch immer als der Gott des Berges, als der Wettergott, der das Heil, nämlich die Vegetation des neuen Jahres, ankündigt. Auf das Recht, selbst der „König" zu sein, pocht Jahwe auch bei der Einsetzung des angeblich „ersten" Königs der Bibel, des Saul. Er klagt: „Sie haben mich verworfen, daß ich nicht soll König über sie sein!"[27]

Denn im Königtum erfährt der „Gott" seine höchste Würde, die vollendetste Ausprägung, die ihn als den Einen, den Erwählten kennzeichnet. In diesem Einen Ausgezeichneten versinnbildlicht der männliche Mensch die geschaffene Natur und tritt als „königlicher Gott" in die Menschensohn-Beziehung zu seiner kosmischen Mutter.

25 K. H. Bernhardt, „Das Problem der altorientalischen Königsideologie ...", S. 81
26 Jes. 47.1, 5.8.9 und 52.7
27 1. Sam. 8.7

Nur im Zusammenhang mit der Himmelskönigin gewinnt der Gottesbegriff religiöse Qualität.

Ohne den Zusammenhang mit der schöpferischen weiblichen Kraft kann Gott die unterschiedlichsten Kräfte symbolisieren, die magische aber nicht religiöse Qualität haben. Der Gottesbegriff wird auf Lebewesen und Gegenstände angewandt, die sich in vielerlei Weise den Rhythmen der Natur anpassen, sie unterstützen oder vorantreiben. In Ägypten wird das Krokodil zum „Gott", weil es seine Eier genau auf jener Grenzlinie ablegt, bis zu welcher die Flut der Nilüberschwemmung ansteigen wird. Ein Vogel kann „Gott" sein, weil er die Fähigkeit des Fliegens besitzt, die dem Menschen unnachahmbar ist. Aber auch, weil er mit seinen jahreszeitlich bedingten Wanderflügen und mit seinem Brutverhalten den Beginn der fruchtbaren Jahreszeit ankündigt, kann die Phantasie ihn mit besonderen Kräften ausstatten, und der Vogel wird zum „Gott". Selbst ein Fetisch, von dem der Mensch sich Schutz verspricht, wird als „Gott" bezeichnet.

Zusammenfassend läßt sich folgendes feststellen:
Die Begriffe, mit denen das späte abendländische Bewußtsein eine vergeistigte Gottesidee verbindet, sind alle von Eigennamen abgeleitet, die ursprünglich den Mann-Menschen bezeichnet haben, das uranfängliche Mannesgeschöpf als Symbol für die geschaffene Welt, die eine Urweltherrin aus ihrem heiligen Mutterschoß entlassen hat.

Dieses Mannesgeschöpf ist mit Kräften ausgestattet, die – bezogen auf die kosmische Herrin – zum schöpferischen Impuls werden können. Kein „Gott" ist jemals die Summe aller Kräfte. Er ist niemals „Allmacht". Der Auserwählte verdichtet auf sich die impulsgebenden Kräfte, deren wichtigste seine Zeugungskraft als ein die gesamte Natur befruchtendes Agens ist. Seine Funktion als Mittler zwischen den kosmischen und irdischen Kräften befähigt ihn zu schützen, zu heilen und stellvertretend den Tod zu erleiden. Er ist Menschensohn und „Gott", das heißt, der begnadete Mensch mit seinen von Wiedergeburt zu Wiedergeburt weitergegebenen Heilskräften.

Er ist bezogen auf die Himmelskönigin mit ihrer allumfassenden, transzendenten gestaltenden Kraft. Von daher gesehen *ist nur der Mann ein „Mensch", während jede Frau die kosmische, hervorbringende und gebärende Kraft auch in ihrem Irdisch-Sein verkörpert.*

II HAUPTTEIL

„Wir wollen der Himmelskönigin räuchern und ihr Trankopfer darbringen!"

Gegen den Widerstand strenggläubiger Juden ist in Palästina eine rege Ausgrabungstätigkeit im Gang. Man müsse dem heiligen Boden die gebührende Ruhe lassen, argumentieren die Rabbiner.

Sie, die ihre Bibel am besten kennen, werden sehr wohl wissen, was die heilige Erde birgt: Den Beweis der matriarchalen Tradition des jüdischen Volkes.

Wenn Steine zu sprechen beginnen, könnte tief Verdrängtes in der jüdischen Seele wieder ins Bewußtsein gehoben werden. Das geht nicht nur Juden an, sondern die gesamte abendländische Kultur, die in einer gewaltigen Transplantation der biblischen Überlieferung aufgepfropft worden ist.

Yigal Schilohs jüngste Ausgrabungen unterhalb des Salomonischen Tempels in Jerusalem haben Statuetten der Anat und Ašerat zutage gefördert.[1] Aber wir wissen bereits aus der Bibel, daß die Himmelskönigin noch zur Zeit des babylonischen Großreiches unter Nebukadnezar in Jerusalem verehrt worden ist.

Als Jeremia, der Prophet Jahwes, das jüdische Volk zur Anbetung seines Gottes zwingen will ...

„Da antworteten dem Jeremia alle Männer, die da wohl wußten, daß ihre Weiber andern Göttern räucherten, und alle Weiber, die in großen Haufen dastanden, samt allem Volk, die in Ägyptenland wohnten und in Pathros, und sprachen:

‚Nach dem Wort, das du im Namen des Herrn uns sagest,
wollen wir dir nicht gehorchen;
sondern wollen tun nach allem dem Wort,
das aus unserem Munde geht,
und wollen der Himmelskönigin räuchern

1 Allgemeine Pressemitteilung über AP/AFP vom 17.8.1983

und ihr Trankopfer darbringen
wie unsere Väter und Fürsten getan haben in den Städten Judas
und auf den Gassen zu Jerusalem.
Da hatten wir auch Brot genug; es ging uns wohl,
und wir sahen kein Unglück.
Seit der Zeit aber,
daß wir haben abgelassen,
der Himmelskönigin zu räuchern und ihr Trankopfer zu opfern,
haben wir allen Mangel gelitten
und sind durch Schwert und Hunger umgekommen."[2]

Die Jahwe-Priester bekämpfen den Kult der Anat, verbrennen die Bilder der Ašerat, fordern die abstrakte, die unanschauliche Gottesverehrung.

„Du sollst dir kein Bildnis
noch irgendein Gleichnis machen,
weder des, das oben im Himmel,
noch des, das unten auf Erden,
oder des, das im Wasser unter der Erde ist.
Bete sie nicht an
und diene ihnen nicht!"[3]

Warum bekämpft der Vatergott die farbige Sinnenwelt anschaulicher Bilder?

Einst war das Symbol Fundament des Glaubens. In den Bildern der Natur erfuhren die Menschen den Sinn des Daseins. Die Anschaulichkeit des Symbols gab dem Göttlichen seine Bestätigung und seine Würde. Der Mensch war noch wirklich ge-Bild-et. Er lebte in Übereinstimmung mit seinen Symbolen.

Die patriarchalen Schöpfungsvorstellungen kranken an der Paradoxie des Symbols. Der Vater kann den Sohn nicht gebären. „Er kommt aus seines Vaters Schoß!" läßt sich predigen, singen und sagen. Bildlich darstellen läßt es sich nicht.

Deshalb zieht sich der patriarchale Schöpfungsbericht auf das Wort zurück:

Am Anfang war das Wort!

Sind Worte nicht – von Anfang an – der Aufstand gegen das Bild gewesen? Die Revolution des Abstraktums gegen das anschauliche Symbol?

Wie mit einer Beschwörungsformel wird die Verlesung jeden Bibeltextes von der Kanzel mit den Worten eingeleitet:

2 Jeremia 44.15 ff.
3 2. Mose 4 f.

„Es steht geschrieben!"

Als könne keine Gewalt der Erde das Wort umstoßen, das Beweiskraft habe, *weil* es geschrieben steht. Selbst das Unglaublichste läßt sich in Worte fassen:
Adam gebiert aus der Rippe.
Die Mutter alles Lebendigen, die Seele des Alls, wird zum Geschöpf.
Die Herrin des Himmels wird zur Gehilfin des Mannes.

Worte zerreden. Sie unterlegen den Bildern, Vorstellungen und Begriffen des Menschen veränderte Werte.

Verstehen wir heute noch, was die Menschen der biblischen Zeit Liebe genannt haben? Kennen wir ihren Gottesbegriff? Sind wir nicht eher geneigt, *unser* Selbstverständnis von der Welt in der Vergangenheit zu verankern?

Es gibt jüngere Texte, die ältere fehlinterpretieren. Es gibt Überlieferungen, die das Wesentliche verschweigen, verhüllen und verschleiern. Und es gibt Versammlungen von Patriarchen, Vätern und Autoritäten, die uns ihr Weltbild in unsere Köpfe und Herzen eingehämmert haben.

Trotzdem steht noch anderes zu lesen ...

Die biblischen Redakteure konnten die matriarchale Basis der alttestamentlichen Religion nicht völlig überlagern. Denn die Bibel geht von den Glaubensbegriffen der archaischen Mutterreligionen aus, sie entleiht ihre Preislieder für Jahwe uralten matriarchalen Kulttexten.
Und zwischen den Zeilen leuchten immer wieder matriarchale Bilder und Symbole auf – ewig und unzerstörbar.

Widerstand gegen tief verwurzelte Vor-Urteile

Vorurteile sind vorläufige Überzeugungen, Entscheidungen, die wir über eine Sache treffen, ohne sie überprüft zu haben. Ich spreche nicht von Gefühlsurteilen, die gut und richtig sind, wenn wir uns bewußt sind, daß wir unsere Entscheidung aus der Sicherheit unseres Gefühls getroffen haben. Ich spreche von Meinungen, die wir für unsere eigenen halten, obwohl wir sie als vorgefertigte Denkbausteine kritiklos übernommen haben, Meinungen, die wir mit der Luft, die wir atmen, in jedem Augenblick aus unserem kulturellen Umfeld einsaugen.

Ich spreche von Urteilen, die wir fällen, weil wir Angst haben vor dem eigenen Denken, das uns in Widerspruch zur gesellschaftlich vermittelten Norm stellen könnte.

Wir haben Versammlungen von Vätern und Patriarchen als verantwortliche Instanz, als unbeugsames Gewissen und als autoritäres Über-Ich in unseren Köpfen – und in unserem Bauch. Wenn wir ihnen blind vertrauen, kommen wir über vorgefaßte Meinungen nicht hinaus.

Wollen wir uns aber ein vorurteilsfreies Bild von der Welt machen, müssen wir uns selbständig auf den Weg machen.

Das Alte Testament setzt Frauen, die neugierig sind auf die Frage nach dem Ursprung, die wissensdurstig nach den matriarchalen Quellen der Menschheit suchen, durch seine verwirrende Stoffülle erhebliche Schwierigkeiten entgegen. Generationen von Vätern haben ganze Bibliotheken mit biblischen Kommentaren gefüllt. Es gibt Bibeltexte, zu denen allein die Bibliographie ihrer Bearbeiter einen dicken Buchband füllt! Wer könnte all dieses Material sichten? Es gehört Geduld und Ausdauer dazu, das Alte Testament nur zu lesen. Ohne Kommentar ist vieles unverständlich. Die Kommentare aber verfestigen die patriarchale Tendenz, die der biblischen Endredaktion ohnehin zugrunde liegt.

Das Alte Testament und die zweitausendjährige Geschichte seiner Exegese sind eine einzige gigantische Dokumentation

männlicher Weltdeutung zum Zweck, die männliche Machtentfaltung heilig zu sprechen und die Unterdrückung der Frau zu rechtfertigen.
Auch Frauen haben ein Recht auf Weltdeutung! Sie tasten nach ihrem matriarchalen Urgrund, um das Bewußtsein ihres eigenen Werts in der menschlichen Vergangenheit zu verankern. Sie wollen selbständig und unabhängig an der Entwicklung der Zukunft beteiligt sein, um ihrem Leben einen eigenständigen, nicht auf die Durchsetzung patriarchaler Werte gerichteten Sinn zu geben. Schließlich besteht heute für beide – für Frauen und Männer – die Notwendigkeit, die Welt und deren transzendente Entsprechung wieder als Ganzheit zu erfahren.

Wir wollen uns deshalb gemeinsam auf den Weg machen, den verschütteten matriarchalen Ursprung des Alten Testaments aufzudecken. Das Alte Testament lehrt uns, wie ein Volk sich von seinen matriarchalen Wurzeln abschneidet. Es zeigt uns, wie die aggressive Fähigkeit des Menschen, wenn sie sich verselbständigt, zu Fanatismus, Mord und brutaler Vernichtung des Menschen durch den Menschen führt. Die dramatisch wechselnden Machtverhältnisse im Vorderen Orient haben schließlich zur Auslöschung des Nordstaates Israel geführt, und etwa ein Jahrhundert später wird das Königreich Juda unterworfen und seine Elite nach Babylon in Gefangenschaft gebracht. Die konsequente Antwort der Geschichte auf die Machtgier einzelner ist ein kleines Lehrstück für die Gefahr, in der sich die heutige Menschheit befindet.

Das Alte Testament will im Ablauf der Geschichte das Wirken Gottes am Menschen demonstrieren – eines Kriegsgottes, der absoluten Gehorsam fordert. Gehorcht das Volk und dient es Jahwe, so vernichtet dieser Gott die anderen Völker und gibt Israel allein die Macht. Ist das Volk ungehorsam und folgt anderen Göttern nach, wird es vernichtet werden am Tage der Bestrafung.

Unter diesem Gesichtspunkt ist das Alte Testament eine Tendenzschrift, deren Redakteure sich bemühen, die Geschichte in genau den Blickwinkel zu rücken, der es zuläßt, die erwünschten Schlußfolgerungen zu ziehen.

Jedoch nicht jede als „Geschichte" vermittelte Erzählung des Alten Testamentes geht auf geschichtliche Tatsachen zurück. Eines jeden Volkes Geschichte baut sich auf dem Hintergrund uralten Sagenbestandes auf, der frühe geschichtlich greifbare

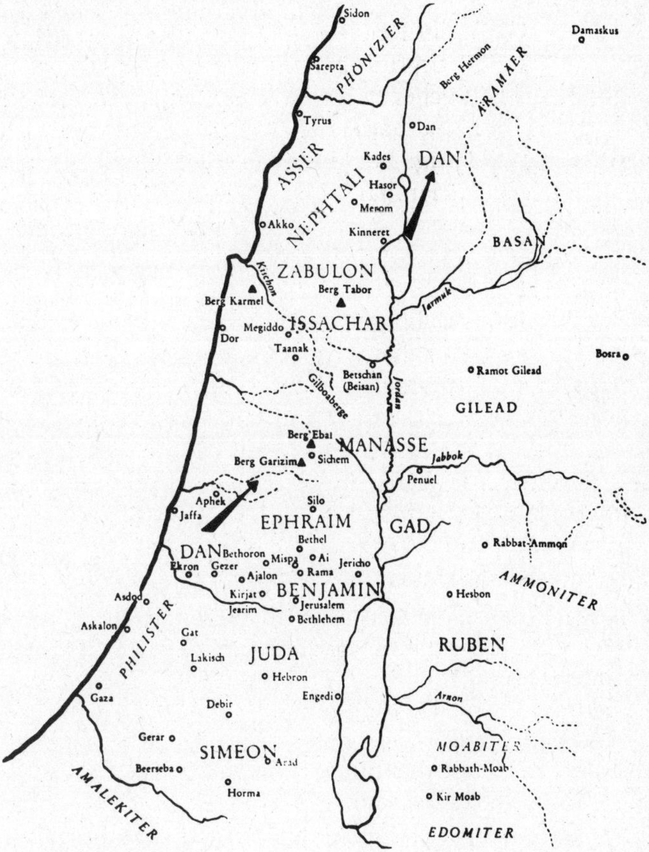

Israelitische Stämme
(Josua-Richter, 12. - 11. Jahrhundert v. Chr.)

Fakten mit Erinnerungen an archaische Kultbräuche zu Erzählungen verdichtet. Die Geschichte der jüdischen und israelitischen Könige bis zur Eroberung ihrer Länder und ihrer völligen Unterwerfung durch die Großreiche Assyrien und Babylon ist im Grunde alles, was sich historisch wirklich belegen läßt. Die biblische Redaktion macht auch den alten Sagenbestand seiner Überlieferung zu „Geschichte" und leitet das davidische Großreich von einem Zwölfstämmebund her, den es niemals wirklich gegeben hat.

Zwölf ist seit alters her eine heilige Zahl, und die Annahme eines Zwölfstämmebundes ist eine fromme Legende. Ruben, Simeon und Levi gelten als älteste Stämme Israels. Martin Noth nimmt an, daß die „traditionelle Vorausstellung der Stämme Ruben, Simeon und Levi nur auf einen Stand der Dinge zurückgehen kann, in dem diese Stämme einmal eine wesentliche Rolle spielten." Das – so meint Noth – könne „nur in einer Zeit der Fall gewesen sein, in der die späteren mittelpalästinensischen Stämme ihre nachmalige Kulturlandwohnsitze noch nicht eingenommen hatten."[1]

Vom Stamm Ruben gibt es eine Überlieferung, wonach er nicht im Osten, sondern im Westen des Toten Meeres ansässig gewesen ist.[2] Über „Simeon" läßt sich sagen, daß er „nur in den ... nachträglich aufgenommenen bruchstückhaften Erzählungen unbekannter Herkunft erscheint".[3]

Im Süden wohnen weitere Stämme[4], die in der Überlieferung eine bedeutende Rolle spielen. Sie werden aber verschwiegen, um für den „Stamm" Juda überhaupt den Raum übrigzulassen, in dem er gewohnt haben soll.

Wir verdanken die „Kenntnis" über die Ansiedlung der israelitischen Stämme dem Josuabuch, das eines der jüngsten biblischen Schriften und den Geschichtsberichten vorangestellt ist. Von daher übt es eine Suggestion auf den Bibelleser aus und hat auch die exegetische Arbeit nachhaltig beeinflußt.

Judäische Schriftsteller haben ein Interesse daran gehabt, für Juda ein großes und wichtiges Gebiet vorauszusetzen, das bis ans Meer gereicht haben soll. Im Küstengebiet aber wohnen die Philister. Denken wir uns den Wohnsitz Rubens westlich des To-

1 Martin Noth, „Geschichte Israels", S. 86
2 Josua 15.6
3 M. Noth, „Geschichte Israels", S. 58
4 Kaleb, Othniel, Kain, Jerachmeel

ten Meeres, berücksichtigen wir die Südstämme und die Existenz des nahezu unterschlagenen Simeon, so bleibt für Juda kaum Raum. Denn im Norden wird das Gebiet durch den kanaanäischen Stadtstaat Jerusalem begrenzt, der auch eine Barriere gegen die Nordstämme bildet.

Aus einem Brief des Stammesfürsten von Jerusalem an den ägyptischen Pharao Echnaton wissen wir, daß Bethlehem, die Geburtsstadt Davids, eine „Stadt des Landes Jerusalem" gewesen ist. Hebron im Süden ist der Hauptkultort des Stammes Kaleb. In einem der ältesten Texte des Alten Testaments, dem Deboralied, kommt ein „Stamm Juda" nicht vor.

Vor allem ist Juda kein Stamm, sondern eine Landschaftsbezeichnung. „Der Name Juda hat keine Beziehung zu irgendeinem geläufigen Typ semitischer Personennamenbildung und ist schwerlich ursprünglich ein Personenname gewesen."[5] Es gibt das Juda-Gebirge, südlich von Jerusalem und die Juda-Wüste, die östlich davon zum Toten Meer abfällt. Es wird vermutet, „daß dann sekundär die in einem Teil dieses Bereichs seßhaft werdenden Sippen sich ‚Juda-Leute', ‚Judäer' benannten und so zum ‚Stamme Juda' wurden."[6]

Mit anderen Worten: Einen „Stamm Juda" hat es nie gegeben. Erst die späte judäische Schriftstellerei hat dem davidischen Großreich eine angemessene Vergangenheit verschafft, um den Söldnerführer David, der es vom Bandenhäuptling zum orientalischen Großkönig gebracht hat, an eine Tradition anzuschließen.

Es gibt auch keinen Stamm Levi. Selbst die Karte weist kein Stammesgebiet für ihn aus. Die Leviten sind ein Orden fanatischer Jahwepriester, der wahrscheinlich aus dem Süden gekommen ist. „Von Haus aus wahrscheinlich nordarabischen Ursprungs, begegnen die Leviten in Israel als Glieder eines Ordens."[7]

Levi ist überall dort nachträglich in die Bibeltexte hineinkomponiert, wo es um rigorose, brutale Durchsetzung des Jahweglaubens geht[8] oder wo kultische Jahwe-Gesetze postuliert werden. Am „Anfang" der israelitischen Tradition hat „Levi" nicht gestanden, wie es die Voranstellung seines Namens in der Reihe

5 M. Noth, „Geschichte Israels", S. 56
6 ebd. S. 57
7 Johannes Hempel, „Das Ethos des Alten Testaments", S. 76
8 1. Mose 34.25 / 2. Mose 32.27 und 28

der „Jakobssöhne" glauben machen möchte.

Die Vermutung liegt daher näher, daß „Levi" als die zuletzt aufgetretene Gruppe redaktionell an den Anfang gerückt worden ist, um ihr Gewicht und Glaubwürdigkeit zu verschaffen.

Mit der Annahme eines „weltlichen" Stammes Levi, der zur Zeit der Ansiedlung der übrigen israelitischen Stämme aus der Erinnerung völlig verschwunden sei, verstrickt sich die alttestamentliche Exegese in weitere Unstimmigkeiten: Wie soll der weltliche Stamm Levi, der längst ausgestorben ist, mit der Institution des levitischen Priestertums zusammenhängen? „Ob dabei wirklich ein geschichtlicher Zusammenhang zwischen beiden oder nur eine Namensgleichheit vorliegt, ist eine Frage für sich."[9] Allerdings! Die Beantwortung bleibt Noth schuldig.

Die alttestamentliche Exegese geht davon aus, daß die ältesten Stämme des Stämmebundes, Ruben, Simeon und Levi, „vor den nachrückenden Stämmen das Feld räumen mußten".[10]

Diese Überlegung spricht gegen die Hypothese eines Stämmebündnisses, denn die „zwölf" Stämme haben miteinander im Konflikt gelegen.

Auch die Nordstämme hatten keinen Frieden untereinander. Der Stamm Benjamin ist von den anderen Stämmen nahezu ausgerottet worden, woran eine dunkle Erinnerung besteht.[11]

Zusammenfassend können wir feststellen, daß von einem sakralen „Zwölfstämmebund" weder die Zwölfzahl noch der Bund geschichtliche Realität besitzt. Die Zusammengehörigkeit von Nord und Süd, von Israel und „Juda" wird *nur* von Judäern postuliert – als Anspruch, für den es nur eine kurze geschichtliche Realität gibt: die gewaltsame Unterjochung Nordisraels unter David. „So wäre Israel frühestens in der davidischen Zeit ein ‚Volk' zu nennen. Seine Sprache ist ein abgewandeltes Kanaanäisch."[12] Wären diese „zwölf Stämme Israels" wirklich eine einheitliche Gruppe mit gemeinsamer Vergangenheit und Kultur, die sich gegen ihre andersartige Umwelt bewußt abgegrenzt hätte, so müßte sich das mit einer eigenständigen Sprache beweisen lassen. Und gerade das ist nicht der Fall.

Damit erhebt sich die Frage, wer die „einheitliche Geschichte des auserwählten Volkes" geschrieben hat. Wer hat die unter-

9 M. Noth, „Geschichte Israels", S. 86, Anm. 1
10 ebd. S. 70
11 Richter Kap. 19 u. 20
12 J. Hempel, „Das Ethos des Alten Testamentes", S. 78

schiedlichen Überlieferungsstränge zu einer Genealogie aufeinander folgender Väter und Söhne zurechtkomponiert? Wer hat das „Wort Gottes" zu Papyrus oder zu Kuhhaut gebracht?

Die Beantwortung dieser Frage ist von Julius Wellhausen versucht worden. Dieser Wissenschaftler ist 1844 geboren worden und wird als einer der bedeutendsten historisch kritischen Denker betrachtet. Er vertrat die Ansicht, daß die ältesten biblischen Überlieferungen auf den „Jahwisten" zurückgehen, den er an der Nennung des Gottesnamens „Jahwe" zu erkennen glaubte. Eine spätere Überlieferung soll auf den „Elohisten" zurückgehen, der den „Gott der Väter" mit „El" bezeichnet oder auch den Plural „Elohim" benutzt. Beide Traditionsstränge seien später zu einem einheitlichen Ganzen zusammengeschmolzen worden.

Die biblischen Geschichtsbücher von Josua, dem Nachfolger des Mose, bis zum 2. Königsbuch sind von levitischen Priestern geschrieben worden, die nach der Deportation der Oberschicht nach Babylon im Jahre 598 in Jerusalem zurückgeblieben waren. Das 2. Buch der Könige berichtet über die Restauration des Tempels von Jerusalem unter König Josia (639 bis 609). Bei diesen Bauarbeiten sei ein „altes Gesetzbuch" gefunden worden. Der König habe in frommem Entsetzen seine Kleider zerrissen, als ihm bewußt geworden sei, daß die „Väter nicht gehorcht haben den Worten dieses Buches, daß sie täten alles, was darin geschrieben ist".[13]

Man betrachtet dieses Gesetzbuch allgemein als das „Deuteronomium"[14] (griech. „deuteros" gleich „der zweite"), als das zweite mosaische Gesetzbuch. Jedem Unrecht wird Vergeltung verschafft. Das Leben des Volkes wird in ein Zwangskorsett gesetzlicher Vorschriften gepreßt, das keinen Winkel privatester, intimer Freiheit ausspart. Nicht nur der Glaube, sondern Kleidung, Essen und Trinken, Ehe und Sexualität werden rigiden Gesetzen unterworfen.

Manche Alttestamentler betrachten den „Fund des Gesetzbuches" als Tatsache und verlegen damit die Formulierung der levitischen Gesetzlichkeit in „alte Zeiten", wobei die Ansichten über das Alter des Deuteronomiums unterschiedlich sind. Zweifellos hat der biblische Verfasser suggerieren wollen, das „alte Gesetzbuch" stamme von Moses selbst; denn es ist als das 5. Buch

13 2. Kön. 22.3–13
14 5. Mose 4.44–30.20

Mose in die alttestamentlichen Schriften eingegangen. Aber sogar konservative Exegeten rücken die Entstehung des 5. Buchs Mose in geschichtliche Zeit: „Dieses Gesetz ist vermutlich im Laufe des 7. Jahrhundert v. Chr. unter Verwendung zahlreicher und verschiedenartiger älterer Zusammenstellungen von Rechtssätzen zusammengestellt und mit predigtartigen ... Ausführungen durchsetzt worden mit der Absicht, das alte Gottesrecht für die Gegenwart neu zu formulieren und zur Geltung zu bringen. Es gibt sich als eine von Moses stammende Gesetzesauslegung, und gerade durch dieses Gesetz und die daran sich anschließende Literatur ist Moses in der Überlieferung speziell zum Gesetzesvermittler geworden."[15]

Andere Kritiker halten den „Fund des Gesetzbuches" für einen frommen Betrug, dessen sich die Priester am Hofe Josias schuldig gemacht hätten. Ich halte dagegen die Fundgeschichte insgesamt für eine fromme Legende, die von den levitischen Schriftstellern bei der Verfassung der jüdischen Geschichte erst Mitte des 6. Jahrhunderts nachträglich in den König-Josia-Bericht hineinkomponiert worden ist. Denn das 5. Buch Mose und die biblische Geschichtsschreibung sind aus dem gleichen Geist geschrieben, weshalb die alttestamentliche Wissenschaft den Verfasser der biblischen Geschichtsbücher den „Deuteronomisten" nennt. Der Korrekturstift dieses Schriftstellers läßt sich durch weite Teile der Bibel sehr leicht nachweisen. Denn sein Stil ist unverkennbar. Seine Texte fallen durch ihren menschenverachtenden Vernichtungswahn gegenüber Andersgläubigen auf. Er hat die alttestamentlichen Texte bis zu den Königsbüchern redigiert, er selbst oder Autoren, „für die das deuteronomistische Gesetz Ausgangspunkt oder Norm ihrer Schriftstellerei ist, sei es, daß sie es selber erweitern, sei es, daß sie die Geschichte in seinem Sinn schreiben oder redigieren."[16]

Die Texte des deuteronomistischen Schrifttums kann selbst der ungeübte Bibelleser an ihrem Stil erkennen. Sie sind oft geradezu pervers in ihrer Wut, ihrem Fanatismus und im Vernichtungswahn gegenüber Andersgläubigen. Sie scheuen sich nicht, im Namen Jahwes zu fluchen. Nicht nur, daß sie dem Ungläubigen „Darre, Hitze, Fieber, Brand, Dürre, giftige Luft, Gelbsucht und Pestilenz" und schließlich totale Vernichtung androhen,

15 Martin Noth, „Geschichte Israels", S. 249
16 A. Bertholet, „Die Religion in Geschichte und Gegenwart", 2. Auflage, Spalte 1850

das ganze Leben wird dem Menschen auf abscheuliche Weise verdorben sein, er wird derart Hunger leiden, daß „ein Weib unter euch, das zuvor zärtlich und in Üppigkeit gelebt hat, daß sie nicht versucht hat, ihre Fußsohle auf die Erde zu setzen vor Zärtlichkeit und Wohlleben, die wird dem Manne in ihren Armen und ihrem Sohn und ihrer Tochter die Nachgeburt nicht gönnen, die zwischen ihren eigenen Beinen ausgegangen ist, dazu nicht ihre Söhne, die sie geboren hat; denn sie werden sie vor Mangel an allem heimlich essen ...“[17]

Nicht als Anhänger der offiziellen Religion haben die Leviten derart gegen eine ungläubige Minderheit polemisiert, sondern umgekehrt: Der offizielle Staatskult an den Königshöfen in Israel und Juda gilt nicht allein Jahwe. Im Tempel zu Jerusalem wird die Schlange Nehustan verehrt, das Volk räuchert der Ašerat und bringt ihr Trankopfer dar. Am Tempel trauern die Frauen um Tammuz, den sterbenden Geliebten der Ištar, zum Heiligtum gehört ein Priesterinnenhaus. Das Hohelied erinnert an die Feier der Heiligen Hochzeit in Jerusalem.

Die Religion, die die Leviten predigen, hat keinen legitimen Status. Wäre sie Staatsreligion gewesen, so hätten die Leviten die Haßtiraden nicht nötig gehabt, die sich in ihrem Wahnsinn und in ihrer Verblendung nur mit dem Geist der Hexen- und Ketzerverfolgung der beginnenden Neuzeit vergleichen lassen. Daß dieser Vergeltungsglaube mit seiner rigiden Gesetzlichkeit erst in nachexilischer Zeit entstanden ist, gilt heute als erwiesen.[18]

Immer mehr setzt sich auch die Ansicht durch, daß es keine schriftliche jahwistische und elohistische Tradition gegeben hat: „Das schriftliche Alte Testament ist eine Schöpfung der jüdischen Gemeinde nach dem Exil; was dem vorausging, war sicher nur zum kleineren Teil schriftlich fixiert. Natürlich hat man im vorexilischen Palästina geschrieben, ob aber in irgendeinem Umfange zu literarischen Zwecken, ist doch sehr die Frage. Die Schreibkunst wurde vorwiegend praktisch verwertet, zu Kontrakten, Verträgen, Denksteinen – in diesen Fällen hatte die Schrift sicher auch magische Bedeutung – auch wohl zu offiziellen Verzeichnissen und Listen, und vor allem natürlich zu Briefen ... Konkrete Geschichtsüberlieferung, die epischen Erzählungen, die Kultlegenden, zweifelsohne auch im allgemeinen die

17 5. Mose 28.56 f.
18 G. Hölscher, „Studie über das Deuteronomium“, passim

Gesetze, müssen wesentlich mündlich tradiert worden sein. Mit Schriftstellern unter den Propheten und Dichtern hat man sicher nur unter der größten Reserve zu rechnen ... Die Vorgeschichte des alttestamentlichen Stoffes war somit überwiegend eine mündliche. Man hat mit Traditionskreisen beziehungsweise -zentren zu rechnen, die den Stoff bewahrten und weitergaben."[19]

Etwa aus dem 4. vorchristlichen Jahrhundert stammt die sogenannte „Priesterschrift". Zu dieser Zeit – nachdem sich das Königtum als unfähig erwiesen hatte, Juda-Israel gegen seine Umwelt politisch zu behaupten – machten die Priester ihren Anspruch auf Vorrangstellung im Volke geltend. Der Priesterkodex will deutlich machen, daß den königsunabhängigen Priestern und Propheten die eigentliche Autorität im Kult gehöre. Die Priester und Propheten bezeichnen sich als die Abkömmlinge und Treuhänder des Mose und sichern sich mit dem Ansehen dieses legendär gewordenen Kultschöpfers ab. Sie bezeichnen sich als die eigentlichen Kultträger, als die zu Recht Gesalbten, als die wahren Söhne des „Urmenschen", des Adôn-Adâm-Šaddai.

Der Deuteronomist verurteilt jene Könige, die den Jahwe-Kult vernachlässigen. Die Priester verurteilen die Institution des Königtums, sie bestreiten dem König das Recht auf die Stellung des Hohenpriesters und vor allem seinen Anspruch, rechtmäßig auf „Jahwes Thron" zu sitzen. Sie betonen eine Tradition, derzufolge Israel in seiner frühen Geschichte keinen König gehabt habe, sondern die Nachfolge im kultischen Amt über Priester, Richter und Propheten seine gottgewollte Ordnung gehabt habe. „Nach dem Fall des Königtums gab es niemand, der ihnen diesen Anspruch streitig machen konnte."[20]

Zwischen Prophetentum und Königtum besteht ein Widerspruch, der etwa mit dem Kampf zwischen Papst und Kaisertum in der abendländischen Geschichte vergleichbar ist. Hier wie da geht es um die Frage, wem von der Gottheit die Rechte zugesprochen worden sind, geht es um entartetes Kultverständnis, geht es um Macht.

Auf welch tendenziöse Weise die Priesterschrift versucht, ihren Machtanspruch aus der Geschichte abzuleiten, mag eine Kö-

19 H. S. Nyberg, „Studien zum Hoseabuche" – Zugleich ein Beitrag zur Klärung des Problems der alttestamentlichen Textkritik, S. 8
20 A. Bentzen, „Messias ..", S. 68

nigserzählung deutlich machen: Einst war Us-Jah König von Jerusalem, und er war erst sechzehn Jahre alt, als ihm der Thron zufiel. Sein Vater war Amarz-Jah gewesen und seine Mutter hieß Jechol-Jah. Us-Jah hob das Ansehen der Stadt, war siegreich gegen Angriffe der Philister und treu im Glauben an Jahwe. Sein Name und die Namen seiner Eltern zeugen von der Jahwe-Anbetung der Königsfamilie. Us-Jah baute die Befestigung Jerusalems aus, er vermehrte das Vieh, ließ Brunnen graben. Er hatte Lust und Geschick zum Ackerbau. Der Reichtum des Landes wuchs unter seiner Hand, und ein tüchtiges Heer sicherte die Grenzen. Us-Jah lebte in allen Dingen seinem Gott wohlgefällig.

Doch eines Tages maßte er sich Rechte an, die ihm nicht zustanden. Er ging in den Tempel, um dem Herrn zu räuchern. Der Priester Asar-Jah und achtzig andere Priester gingen dem König nach in den Tempel und widersetzten sich dem König und sprachen: „Es gebührt dir, Us-Jah, nicht, zu räuchern dem Herrn! Geh heraus aus dem Heiligtum!"

Aber Us-Jah wurde zornig, und er behielt das Räucherfaß in der Hand. Doch weil er zornig wurde, wandte der oberste Priester das Haupt gegen ihn, und alle achtzig Priester widersetzten sich dem König.

Da trat Aussatz auf Us-Jahs Stirn im Hause des Herrn vor dem Räucheraltar. Darum, daß sich Us-Jah das Recht des Hohenpriesters angemaßt hatte, blieb er aussätzig bis zu seinem Tode und wohnte abseits in einem besonderen Hause, und sein Sohn regierte an seiner statt.[21]

Daß Us-Jah aussätzig gewesen ist, beruht sicher auf Wahrheit, denn auch die vergleichbare Textstelle im Buch der Könige[22] berichtet davon. Die tendenziöse Polemik ist eine späte Hinzufügung, die sich nur in der Chronik findet.

Die Priesterschrift läßt sich nicht nur an ihrer Tendenz erkennen, sondern auch an dem Gottesnamen, den sie gebraucht: Sie nennt den Gott der Väter „El Šaddai", den Gott des Berges. Der Berg- und Gewittergott Šaddai, der Gott Abrahams, wird in akkadischen Gebeten mit Hadad gleichgesetzt.[23] Die Bibel setzt Šaddai in der Moses-Verkündigung mit Jahwe gleich.

Jahwe ist einst ein matriarchaler Gott des Berges gewesen wie die anderen Götter des Vorderen Orient. Auf dem Berge Karmel

21 Vergl. 2 Chronik Kap. 26
22 2. Kön. 15.5
23 J. Hempel, „Die alttestamentliche Religion ...", S. 127

tritt er in Wettstreit mit Ba'al, wer von beiden der fähigere Wettergott sei. Es erweist sich, daß Jahwe der bessere Regenmacher ist. Welche andere Antwort sollten wir in der Bibel erwarten?[24]

Daher kann Jeremia triumphieren: „Es ist ja doch unter den Göttern der Heiden keiner, der Regen spendet!"[25] Und auch Jesaja ist sicher: „Er wird deinem Samen, den du auf den Acker gesät hast, Regen geben und Brot von des Ackers Ertrag."[26] Der Deuteronomist knüpft die Gnade des Regens an den Gehorsam der Menschen: „Werdet ihr meine Gebote hören ... so will ich eurem Lande Regen geben zu seiner Zeit, Frühregen und Spätregen, daß du einsammelst dein Getreide, deinen Most und dein Öl."[27]

Jahwe begegnet uns in diesen Texten als der Jahreszeitengott, der seine Kraft im segensreichen Regen offenbart; er ist Fruchtbarkeitsgott wie Adôn, Ba'al oder Tammuz. Und er ist auf dem Berge zu Hause. Dem Mose offenbart er sich auf dem Sinai, in eine Wetterwolke gehüllt. Er ist der Gott des tätigen Vulkans, der tags in einer Rauchwolke, nachts in einer Feuersäule erscheint. Jahwe will auf dem Heiligen Berg Zion in Jerusalem angebetet werden, und bis ins Neue Testament reichen die Offenbarungen des Gottes auf dem Berge. Es gibt den Berg der Bergpredigt, den Berg der Verklärung und Golgatha, den Berg, auf dem der Gott stirbt, um wiedergeboren zu werden.

Am dritten Tage wird er wieder auferstehen, ebenso wie Jahwe, von dem im Kult gesagt wird: „Er macht uns lebendig nach zwei Tagen und wird uns am dritten Tage wieder aufrichten ... denn er wird hervorbrechen wie die schöne Morgenröte und wird zu uns kommen wie ein Regen, wie ein Spätregen, der das Land feuchtet."[28] „Kehre wieder zur Höhe zurück!" wird Jahwe von der Gemeinde im Kult aufgefordert.[29]

Diese Vorstellungen sind alle ebenso im ugaritischen Kult beheimatet, bis hin zu sprachlichen Übereinstimmungen.[30]

Alttestamentler, die sich bis zu diesem Vergleich des Alten Testamentes mit den matriarchalen Kultformen und Glaubens-

24 1. Kön. Kap. 18
25 Jer. 14.22
26 Jes. 30.23
27 5. Mose 11.14
28 Hos. 6.3
29 Psalm 7.8
30 Geo Widengren, „Sakrales Königtum im alten Testament und im Judentum", S. 67

inhalten vorgewagt haben, machen aber sogleich eine Einschränkung. Sie unterstellen, „daß hier alte Kultformeln aus der kanaanäischen Kultlyrik übernommen worden sind".[31] Sie klammern sich an die Vorstellung, daß der Glaube an den sterbenden und wiedergeborenen Gott kanaanäisch und letztlich ein Fremdkörper für den „eigentlichen" Jahwe-Glauben sei, wie an eine rettende Insel im stürmenden Meer. Dieser tröstliche Gedanke bewahrt sie vor der konsequenten Schlußfolgerung, daß Jahwe selbst einst Adôn-Adonai gewesen ist, der „Herr", das männliche Additiv zur himmlischen Königin, der Sohn, dessen Heil im Schoß der Mutter beschlossen ist, die ihn wieder gebären wird.

Immerhin gibt Josef Pedersen zu, daß dem „Gottesbegriff ... ein dunkles, unheimliches Grundelement seiner Natürlichkeit blieb".[32]

Gegen die Ordnung, die Wellhausens Textkritik in die alttestamentlichen Stoffe zu bringen sucht, gibt es heute reichlich Einwände. Vor allem scheint mir wichtig festzustellen, daß der „Familienroman", wie er sich durch die „Erzvätergeschichten" der Genesis zieht, als Literaturgattung um das Jahr 1000 v. Chr. nicht vorkommt.

Aber noch ein anderer Einwand spricht gegen eine derart frühe „jahwistische Redaktion": die Verteufelung des Schlangenkultes im Sündenfallbericht. Die eherne Schlange des Mose ist in Salomos Tempel aufgestellt worden und nach dem eigenen Zeugnis der Bibel dort noch jahrhundertelang verehrt worden.[33]

Die Genesisgeschichten kennen wirklich nur den Gottesnamen El. Der Jahwename ist wie ein dünner Schleier über diese Ursprungsgeschichten gelegt.

Die kritische Quellenentscheidung, wie sie Wellhausen durchgeführt hat, gilt heute als unhaltbar. „Eine Quellenschrift ‚Elohist' im Sinne der traditionellen Quellenkritik, geschweige denn ein nordisraelisches Sagenbuch, die ‚Elohimquelle', kann nicht nachgewiesen werden."[34] Und Pedersen sagt: „So beruht die schöne und regelrechte Ordnung der verschiedenen Schichten und ihrer Redaktionen, wie sie Wellhausen und seine Generation durchzuführen meinten, auf einer Illusion."[35] Demnach ist die

31 G. Widengren, „Sakrales Königtum im alten Testament und im Judentum", S. 68
32 Jos. Pedersen, „Die Auffassung vom Alten Testament", Zeitschrift für Alttestamentliche Wissenschaft N. 49/1931, S. 172
33 2. Kön. 18.4
34 Sigmund Mowinckel, „Erwägungen zur Pentateuchquellenfrage", S. 112
35 J. Pedersen, „Die Auffassung vom Alten Testament", S. 179

gesamte Redaktion der Bibel in viel jüngerer Zeit anzusetzen, als man bisher angenommen hat.

Der literaturgeschichtlichen Entwicklung folgend haben wir für die ältere Zeit die Überlieferung von kultischen Lesetexten anzunehmen, rituellen Anleitungen zur Abfolge der Szenen im Kultdrama. Diese Texte sind von judäischen Leviten zu „Erzvätergeschichten" verarbeitet worden, zu Geschichten, die dem patriarchalen Weltverständnis plausibel erscheinen. „Keine Erzählung von den Kultstätten trägt das ursprüngliche Gepräge einer Kultlegende."[36] Die alttestamentlichen Schriften sind von „einer bewußten Tendenz getragen, welche darauf gerichtet ist, das Recht der Israeliten auf das ganze Land darzutun, daß ihre Väter überall Altäre gestiftet haben."[37]

Es ist lohnend, die biblischen Texte von ihrem patriarchalen Überbau zu befreien und das matriarchale Überlieferungsgut freizulegen; denn die Bibel ist eine Fundgrube für die Wiederentdeckung der matriarchalen Ursprungsgeschichte der Menschheit. Wahrscheinlich können aber nur Generationen feministischer Theologinnen diese matriarchale Exegese leisten. Trotzdem bin ich überzeugt, daß der Abbau der künstlichen Konstruktionen relativ einfach ist, weil er der Logik folgen kann und der Glaubwürdigkeit des Symbols. Demgegenüber ist der patriarchale Überbau durch theologische Spekulation zustandegekommen. Doch die Vorstellung von einem uranfänglichen Vatergott krankt an der Unglaubwürdigkeit des Symbols – an dem paradoxen Bild von Adam, der sein Weib aus der Rippe gebiert –, an der Unanschaulichkeit des „Schöpfungsaktes", den der Vatergott jener Glaubensüberzeugung entgegensetzt, daß die Große Herrin die Sonne, den Mond und die Sterne geboren habe. Die Anschauung erlebt die Geburt alles Lebendigen aus dem Mutterschoß. Sie sieht es nicht auf der „Töpferscheibe" entstehen, aus Erde geformt werden, um nachträglich mit dem Hauch des Lebens versehen zu werden.

Seit der Zeit der biblischen Endredaktion bis zum heutigen Tage hat sich das Verständnis von Exegese nicht verändert. Daran hat die Romantik nichts geändert, die die Kategorien der Märchen, Sagen und Mythen aufgewertet hat. Trotz der Erkenntnis, daß diese Literaturgattungen einen bedeutenden Stellenwert für die Vorgeschichtsforschung haben, wird von den alttesta-

36 J. Pedersen, „Die Auffassung vom Alten Testament", S. 178
37 ebd. S. 178

mentlichen Wissenschaftlern die Mythenforschung als Methode biblischer Exegese heftig zurückgewiesen. Die skandinavische Psalmenforschung, die zwar auf mythologische Zusammenhänge abhebt, den konsequenten Rückschluß auf matriarchale Kulte aber sorgfältig vermeidet und in historisierenden Ansätzen stekkenbleibt, konnte sich keine internationale Anerkennung verschaffen. Welches Schicksal wäre einem Forscher bestimmt, der ehrliche Rückschlüsse aus seiner Arbeit zieht, der die verdrängten Kulte nicht mehr „heidnisch" nennt, sondern matriarchal?

Die Erkenntnis, daß „das schriftliche Alte Testament eine Schöpfung der jüdischen Gemeinde nach dem Exil" ist, die die Texte „nach ihren seelsorgerlichen Bedürfnissen bearbeitet hat", sollte die Forschung neugierig gemacht haben, was diese Texte *vor* ihrer Bearbeitung zu erzählen hatten!

Statt dessen werden Forscher, die sich auf das Glatteis alttestamentlicher Vorgeschichte wagen, gewarnt: „Einen Text von seiner Vorgeschichte her zu interpretieren, ist in jedem Falle gewagt, besonders aber, wenn man diese Vorgeschichte nur aus Indizien erschließen kann."[38] Exegese – sagt der Alttestamentler an der gleichen Stelle – habe es zu tun mit dem uns vorliegenden und uns allein zugänglichen Überlieferungsstand der Texte.

Das ist der Anspruch der traditionellen patriarchalen Lehrmeinung auf Allgemeingültigkeit, die nicht hinterfragt werden darf! Das ist das Diktat des geschriebenen Wortes!

Die historisch-textkritische Forschung, die Quellenscheidung nach unterschiedlichen biblischen Autoren, die Erkenntnis, daß jeder sein Weltbild in die Bibel hineininterpretiert hat, hätte Bewegung in Forschung und Praxis der Exegese bringen müssen. Aber das patriarchale Denken hält zäh an seinem Selbstverständnis fest.

So muß ein jüngerer Forscher feststellen: „Die traditionelle Auslegung der ersten Kapitel der Bibel ist in einigen wesentlichen Zügen gleich geblieben von der Zeit des Neuen Testamentes und der Zeit der Kirchenväter an bis in die Gegenwart."[39]

Wie sollte sich auch eine Veränderung durchsetzen, wenn immer wieder gefordert wird: „Exegese treiben heißt, einen Text so verstehen, wie er verstanden sein will ... es geht hier allein um ein möglichst adäquates Verständnis des vom Text gemeinten."[40]

38 K. H. Bernhardt, „Das Problem der altorientalischen Königsideologie ...", S. 250
39 Claus Westermann, „Genesis", Bd. I 1976, S. 3
40 K. H. Bernhardt, „Das Problem der altorientalischen Königsideologie ...", S. 246

Wer will verstanden sein?
Was ist vom Text gemeint?

Jede Schicht der alttestamentlichen Überlieferung hat eine bestimmte Tendenz. Jeder Prophet macht ganz persönliche Glaubensaussagen. Die Texte sind ausgewählt und redigiert worden im Hinblick auf den Anspruch der levitischen Priester am Jerusalemer Jahwe-Heiligtum, ihren Gott als den einzigen durchzusetzen. Dabei ist der einzige israelitische Text, das prophetische Buch des Hosea, ebenfalls durch die jüdische Zensur gegangen, so daß es nicht verwundern muß, wenn bei Hosea Ansichten zu finden sind, die für einen Prediger aus Nordisrael ungewöhnlich sind.

Dem Ausschließlichkeitsanspruch des patriarchalen Hochgottes ist die Fähigkeit des Menschen, die Mutterbeziehung zu transzendieren, zum Opfer gefallen. Der Verlust transzendenter Mütterlichkeit ist für die Psyche des modernen Menschen katastrophal.

Frauen müssen sich das Recht auf eigene Weltdeutung zurückerobern. Nur im interessierten, verständnisvollen und anteilnehmenden Hinhören auf anders geartete Sichtweisen lassen sich gegensätzliche Weltanschauungen zum Ausgleich bringen.

Während der fanatische Absolutheitsanspruch patriarchaler Weltdeutung die Menschheit in „heilige Kriege" verwickelt hat, während die unduldsame Härte der „Religion der Liebe" die Scheiterhaufen nicht zum Verlöschen gebracht hat, bevor die Andersgläubigen vollkommen „bekehrt" oder vernichtet gewesen sind, entfaltet sich durch die Anerkennung anderer Weltanschauungen aller Reichtum menschlichen Denkens. Unterschiede werden sich gegenseitig ergänzen, einander polar bedingen oder wie Frage und Antwort in einem notwendigen Verhältnis stehen.

Wenn wir vorurteilsfrei an die Texte des Alten Testaments herangehen, wenn wir uns erlauben, die Fragen zu stellen, die uns interessieren, und uns nicht auf das Verständnis einengen lassen, daß die biblischen Endredakteure uns aufzwingen wollen, so werden wir Entdeckungen machen, die nicht nur das Bild der Bibel, sondern unser gesamtes Weltbild verändern können.
Wir werden miteinander entdecken,
- daß es keinen patriarchalen Urmonotheismus gibt, dagegen eine ursprüngliche Verehrung der weiblichen hervorbringenden Kraft, die universell gewesen ist.

daß hinter den alttestamentlichen Wundergeschichten matriarchale Kultlegenden – Lesetexte zum Ritualablauf – verborgen sind, die durch die biblischen Schriftsteller überarbeitet und verfremdet worden sind. In ihrer vorliegenden Gestalt muten sie dem Bibelleser den Glauben an die Durchbrechung der Naturgesetze durch einen allmächtigen Gott zu. Befreien wir diese Erzählungen von ihrem paradoxen Überbau, stehen die matriarchalen Ritualtexte in ihrer schlichten, verständlichen Kultsprache offen vor unseren Augen, und das Alte Testament wird zu einer Sammlung von Dokumenten matriarchaler Kultur und Gesellschaftspraxis.
Wir werden entdecken, daß der lebendigen Kraft matriarchaler Frömmigkeit ein gesellschaftsbildendes Ethos innewohnt, das der willkürlich aufgesetzten Ordnung, die von der jüdischen Gesetzesreligion diktiert wird, weit überlegen ist.
Wir werden unsere Vorstellung von der gesellschaftlichen Stellung der Frau im alten Israel korrigieren; denn die Frau konnte frei über sich selbst verfügen, sie war tonangebend in der Liebe, der Reichtum ihrer erotischen Bildsprache erschütterte die Herzen der Menschen. Die Königin hatte eine hervorragende Amtsstellung. Sie war die „G^{e}bira", die Herrin im Lande.
Wir werden entdecken, daß das Alte Testament auf die matriarchale Bildsprache angewiesen ist; denn die Sprachentwicklung folgt nur zäh und träge dem Druck patriarchaler Denkmuster – eine Einsicht, die der modernen Frau hilfreich sein kann, wenn sie sich aus dem Gefängnis der männlichen Begriffswelt in unserer Sprache befreien will.
Wir werden auf unserer Entdeckungsreise einer matriarchalen Kultur begegnen, die nicht der minderwertige Rest dessen ist, was das patriarchale Wertsystem von männlicher Herr-lichkeit übrig gelassen und an die Schattenseite des Lebens delegiert hat, sondern das Ganze, dem die „männlichen" Werte lebensfördernd innewohnen.
Wir können aber auch die Herauslösung und Abspaltung männlicher Durchsetzungskraft und patriarchalen Machtanspruchs aus dem Lebenszusammenhang verfolgen und am Untergang eines Volkes miterleben, daß Macht zwangsläufig Gegenmacht erzeugt.
Israel ist verwüstet worden am Tage der Bestrafung.
Ob der modernen Menschheit das gleiche Schicksal droht, nur

gigantischeren Ausmaßes, ob die ganze Welt „verwüstet werden wird am Tage der Bestrafung ...“, steht noch dahin!

Es gibt keinen patriarchalen Urmonotheismus

Die Juden behaupten von sich, daß sie auf eine von Anfang an patriarchal geordnete Gesellschaft und Tradition zurückblicken können. Selbst Atheisten betrachten das jüdische Volk als die große Ausnahme, als eine Kultur mit weit zurückreichender patriarchaler Tradition.

Mit einer an den „Anfang" gerückten patriarchalen Gottesvorstellung stehen die Juden keineswegs allein in der Welt. Jede erobernde Kultur, jede obsiegende Geistesrichtung, projiziert ihren „Gott" als den „Schöpfer aller Dinge" in die Urzeit.

Ein ausgezeichnetes Beispiel für diesen kulturellen Werdegang ist die Religionsgeschichte des Alten Ägypten.

Kulturgeschichtlich am Anfang stehen die ägyptischen Gaue mit ihren Ortskulten, den „Wohnsitzen" der Großen Herrinnen.

Als noch in vorgeschichtlicher Zeit Heliopolis politisches Zentrum von Unterägypten wurde, entstand die Legende von Atum, dem Weltenschöpfer. Die Gauherrinnen mit ihren Kultsöhnen gerieten in die nachfolgenden „Generationen", sie wurden alle seine „Geschöpfe": Shu und Tefnut, Nut und Geb, Isis, Horus und Osiris, Nephtys und Seth.

Als das sogenannte „Alte Reich" mit Memphis als kulturellem Mittelpunkt Macht und Einfluß gewann, hielt man den memphitischen Ortsgott Ptah für den Schöpfer aller Dinge, Atum wurde ihm untergeordnet. Der Weltenschöpfer von Heliopolis galt nun als Sohn des Ptah.

Später, als die Macht Oberägypten zufiel und Theben das religiöse Zentrum wurde, stieg der dortige Ortsgott Amun auf zum „Herrscher der Throne beider Länder", zum „Amun-Re, König der Götter". Nun ist er der Gott des Anfangs, aus dem Himmel und Erde hervorgegangen sind.

Der Werdegang des ägyptischen Mythos folgt einem kollektivpsychologischen Gesetz, dem auch die alttestamentliche Theologie unterworfen ist. Wir können getrost voraussetzen, daß das Jahwebild der Juden erst von Jerusalemer Leviten entwickelt und an den „Anfang der Schöpfung" projiziert worden ist. Der kritische Blick hinter diese „Projektionswand" wird uns andere Perspektiven eröffnen: Dort gibt es keinen patriarchalen Urgott.

Wenn wir uns ernstlich auf die Suche begeben nach dem Einen Großen Schöpfergott der Juden, nach dem Gott ihrer Väter, so begegnen uns mindestens deren drei: Jahwe, El und El-Šaddai. Daneben kennt das Alte Testament noch eine solche Fülle von Göttern, die mit Jahwe konkurriert haben oder mit ihm verschmolzen sind, daß es ausreichen würde, ein ganzes Pantheon damit zu füllen. Betrachten wir zunächst den Gott Šaddai, den „Gott des Berges, der mit dem Gewittergott Hadad gleichzusetzen ist".[1] Der Gott der Väter, Šaddai, wird – wie ihn die Priesterschaft vermittelt – mit El synkretistisch zu El-Šaddai verschmolzen.

Solange wir „El" anonym aufgefaßt haben, als Beiwort zum Gottesnamen, solange der „Šaddai" nur ein Name ohne Kultgeschichte gewesen ist, hat die alttestamentliche Forschung den „El-Šaddai" der Priesterschrift als den Einen monotheistischen Gott interpretieren können. „El-Šaddai" ist für dieses Verständnis nur eine Spielform des Jahwe-Namens, eine eigentümliche Weise, den Großen Gott anzurufen.

Seit die archäologische Forschung die Gottheiten „El" und „Šaddai" als konkrete Gestalten des ugaritischen Pantheons entdeckt haben, müßte das Verständnis der alttestamentlichen Religion radikal neu überdacht werden.

Einzelne wenige Alttestamentler haben das Problem aufgegriffen. Aber es wird gewissermaßen hinter vorgehaltener Hand, hinter verschlossenen Türen, verhandelt. Es dringt nicht bis zur Allgemeinheit durch. Und vor allem: Niemand formuliert unmißverständlich die Schlußfolgerung, die aus allen diesen Erkenntnissen gezogen werden muß: Der Gott, den die Priesterschaft des vierten vorchristlichen Jahrhunderts den Gott der Väter nennt, ist eine synkretistische Verschmelzung der matriarchalen Götter El und Šaddai aus dem Pantheon von Ugarit.

Johannes Hempel gibt zu: „Solange nun El als Einzelgott nur in aramäischen Inschriften des IV. Jahrhunderts begegnete, konnte man den Namen für die ältere Zeit wohl appelativ erklären – jetzt aber begegnet er in Ras-Schamrah als der „uralte König" als der – freilich schon ein wenig bequem gewordene –

1 J. Hempel, „Die Alttestamentliche Religion", S. 127

oberste Weltenherr, religionswissenschaftlich gesprochen als ‚Hochgott'. Die in der Genesis durchscheinende El-Religion ist somit kein eigenartiger Besitz der ‚hebräischen Wanderstämme der Vorzeit', vielmehr phönizisch-syrisches Gemeingut und erst sekundär durch Ba'al, Jahwe und andere Götter aus ihrer beherrschenden Stellung verdrängt. ... es sind somit sowohl die Kultstätten samt ihren Formen der Gottesverehrung weithin kanaanäisches Erbe."[2]

Obwohl zugegeben werden muß, daß El ein „uralter König" – langweilig und ein wenig bequem geworden – ist, wird die Vorstellung, er sei der „Hochgott" und der „oberste Weltenherrscher" gewesen, nicht aufgegeben! Das patriarchale Bewußtsein ist in seiner Begriffswelt gefangen. Der El des ugaritischen Pantheon ist alles andere als ein „Weltenherrscher". Er ist ein alt gewordener Mondgott, farblos und impotent.

Der Text einer Tontafel, die 1956 in Ugarit zutage gekommen ist, führt uns den religiösen Synkretismus vor Augen, der Šaddai, Hadad und Ba'al miteinander verschmilzt.[3] Šaddai ist wie Ba'al ein Jünglingsgott, der Sohngeliebte der Himmelsgöttin Anat. Der Gott der Patriarchen, El-Šaddai, gehört in diesen Verständniszusammenhang. Er ist weit entfernt von einem monotheistisch patriarchalen Urgott!

So sehr sich Hempel bemüht, den Mondgott El als „den Vater und Herrn des Pantheons" darzustellen[4], es haftet diesem Gott doch der Beiname ṯr an, der zeigt, daß dieser greise Patriarch einmal ein junger Stier gewesen ist, in Liebe der Himmelskönigin Ašerat ergeben. Dieser El ist ein matriarchaler Gott.

Daß er sich gegen seinen jungen Nachfolger zur Wehr setzt, macht ihn noch nicht zum Sieger. Im Gegenteil. Denn sterben muß er doch.

Leider fehlt uns eine entscheidende Stelle des Mythos – gerade die, die davon erzählen würde, auf welche Weise Anat mit El über den Tempelbau für den Jüngling Ba'al einig wird. Daß hier ein Textstück fehlt, berechtigt keinen Interpreten, diese Lücke mit Vermutungen über Els autoritäre Entscheidungsbefugnisse auszustatten. Was wir erfahren, ist, daß El sich dem Willen der Anat gefügt hat. Von einem „Herrn des Pantheons" bleibt da nicht viel. Für einen monotheistischen Urgott eignet er sich ganz

2 J. Hempel, „Das Ethos des Alten Testamentes", S. 26
3 Ernst Weidner/Jean Nougayrol, „Das Pantheon von Ugarit"
4 J. Hempel, „Die Alttestamentliche Religion", S. 124

und gar nicht.

Bleibt Jahwe. Und dessen Ursprünge verlieren sich im Dunkel. Das ist eine ausgezeichnete Voraussetzung für den patriarchalen Urgott. In einen Gott, der nicht so genau bekannt ist, läßt sich alles Mögliche hineingeheimnissen.

Jüngere Forschungen belegen Ya-h-wa als einen Ortsnamen, der in ägyptischen Listen der Pharaonen Tutmosis III. und Ramses III. vorkommt. Ortsbezeichnungen, die auf „Götternamen" zurückzuführen sind, kennen wir aus der Antike häufig, wird doch die Ansiedlung als das „Haus des Gottes" aufgefaßt und trägt daher auch seinen Namen. Der Ortsname Ya-h-wa gehört nach den Pharaonen-Listen zu einem Beduinen-Bezirk, wo es nomadisierenden Stämmen innerhalb von Kulturland erlaubt ist, für dauernd oder jahreszeitlich bedingt, Zelte aufzuschlagen. Die Pharaonen waren zu jener Zeit Schutzherren Syriens und des Libanon. Der Ortsname ist nicht auf den Nomadenstamm zurückzuführen, sondern auf die benachbarte feste Ansiedlung. Leider läßt sich dieses Ya-h-wa nicht eindeutig lokalisieren, so daß wir den Heimatort des Gottes, falls die Spur überhaupt in die richtige Richtung führt, nicht bestimmen können.[5] Interessant ist aber der Hinweis, daß der Name des Ortsgottes jedenfalls nicht mit dem Gott des nomadisierenden Stammes in Verbindung gebracht werden kann[6]; denn seine Verehrung ist an sein „Haus" gebunden, an seinen Wohnort.

Die Jahwe-Verehrung kennt zwei sich einander ausschließende Kultformen: Die eine Erscheinungsform strengster Jahwe-Frömmigkeit verlangt die Anbetung ihres Gottes in dessen Heiligtum in Jerusalem. Die andere will ihren Gott als den Führer durch die Wüste verstanden wissen und lehnt in ihrer strengsten Auffassung die Seßhaftigkeit ihrer Gläubigen ab. Und während zum Kult im Hause des Herrn der rituelle Genuß des Weines gehört[7], lehnen die strengen Nomaden den Wein für sich ab, um sich gegen orgiastische Tendenzen zu schützen: „Ihr und eure Kinder sollt nimmermehr Wein trinken und kein Haus bauen, keinen Samen säen, keinen Weinberg pflanzen noch haben, sondern sollt in Hütten wohnen euer Leben lang, auf daß ihr lange

5 Michael C. Astour, „Yaweh in Egyptian Topographic Lists", in: „Ägypten und Altes Testament", S. 17 ff.
6 Michael C. Astour, „Yaweh in Egyptian Topographic Lists", S. 30
7 Jeremia 35.2

lebet in dem Lande, darin ihr wandert."[8]

Dagegen klagen die dem Ortskult Getreuen: „Wie sollen wir Jahwe-Lieder auf fremder Erde singen?"[9]

Welches soll nun der monotheistische Urgott sein?

- Er will in Jerusalem verehrt sein.
- Er hat vielerlei Namen; er ist mit zahlreichen Göttern unterschiedlicher Herkunft synkretistisch verschmolzen und wird als der „Bundesgott" des israelitischen Zwölfstämmebundes behauptet.
- Er zieht mit seinem Volk umher als Nomadengott der Wüste.

Wenn wir diese widersprüchlichen Ansätze, die Jahwe als den Einen monotheistischen Urgott glaubhaft machen wollen, im einzelnen untersuchen, fällt die Idee eines patriarchalen Urmonotheismus wie ein Kartenhaus in sich zusammen.

Betrachten wir zunächst Jahwe als den Gott von Jerusalem: Erst mit der Eroberung Jerusalems durch David hält Jahwe seinen Einzug in diese Stadt. Doch David muß sich in Jerusalem mit dem traditionellen Kult arrangieren: „In Jerusalem wurde El als der höchste Gott, ‚Eljon' verehrt."[10]

Man weiß, „daß Sadoq, der Priester Davids in Jerusalem, kein anderer als der letzte jebusitische Priesterkönig in Jerusalem war. Diesem letzten kanaanäischen Herrscher galt ... Malchisedeq als Stammvater".[11] Jerusalem ist nicht die Heimat Jahwes. Das beweist schon der Name der Stadt. Šalem ist hier zu Hause, der friedvolle Abendstern, den Ašerat geboren hat.[12] Wir finden die Wurzel „slm" in den Namen der Davidsöhne Absalom und Salomo wieder.[13]

Ursprünglich selbst ein „Gott" mit matriarchalen Zügen verschmilzt Jahwe, der Hauptgott Davids, in Jerusalem mit El, so daß sich ein einheitliches Bild von ihm nicht mehr beschreiben läßt. Von allen Göttern, die im Bewußtsein der Menschen je größere Bedeutung erlangt haben, ist von Jahwe am wenigsten zu sagen, wo seine Ursprünge verborgen sind. Die David-Leute haben in Jerusalem „El anerkannt, ihn ... im weltanschaulichen System Jahwe übergeordnet und diesem einen, freilich sehr eh-

8 Jeremia 35.6 f.
9 Psalm 137.4
10 Geo Widengren, „Sakrales Königtum im Alten Testament und im Judentum", S. 11
11 1. Mose 14.18 ff.; dazu G. Widengren, „Sakrales Königtum ...", S. 47
12 s. S. 43
13 G. Widengren, „Sakrales Königtum ...", S. 47

renvollen, Platz in dessen Hofstaat und Ratsversammlung eingeräumt. Lange konnte sich Jahwe seiner Art nach mit solcher Vasallenstellung nicht zufrieden geben."[14] Wobei anzumerken ist, daß Intoleranz und Fanatismus keine „göttlichen" Eigenschaften sind – auch nicht die „Art Jahwes" – es sind vielmehr die levitischen Priester, die ihre Auffassung von der Ausschließlichkeit des Gottes Jahwe mit Fanatismus und Intoleranz durchsetzen wollen. Dabei sind sie gezwungen, sich mit der matriarchalen Tradition auseinanderzusetzen.

David hat die matriarchalen Rituale übernommen. Er tanzt vor der Bundeslade. Der orgiastische Tanz gehört zum matriarchalen Kult, und David tanzt derart ekstatisch, er „tanzte mit aller Macht vor dem Herrn her"[15], daß er sich entblößt und seine Frau, Michal, ihn verspottet: „Wie herrlich ist heute der König von Israel gewesen, der sich vor den Mägden seiner Knechte entblößt hat, wie sich die losen Leute entblößen!"[16]

Weder die levitische Theologie – noch irgendeine patriarchale religiöse Idee – ist je in der Lage gewesen, die Praxis der matriarchalen Jahreszeitenfeste auszurotten.

Mondfeste sind in der Bibel immer wieder bezeugt, und das jüdische Laubhüttenfest stimmt überein mit dem Neujahrsfest, dem Fest der Thronbesteigung des Königs und der Wiedererwekkung der Natur. Das jüdische Neujahrsfest wurde im Herbst zu Beginn der Regenzeit gefeiert, wenn die verdorrte Natur wieder zu atmen und zu leben begann und die Bauern mit der neuen Aussaat beginnen konnten. „Da bleibt in Israel an unabhängigen Festen nicht viel übrig!"[17]

Die Kultverschmelzung des Gottes Jahwe mit den Göttern der Alten Welt von Mesopotamien bis in den östlichen Mittelmeerraum läßt sich heute kaum mehr bestreiten. Robert von Ranke-Graves gibt Quellen an, die Jahwe mit dem weißen Stiergott der Danae gleichsetzen[18], dem Mondgott, der mit El identisch ist. Die Riten des Dionysos haben mit denen des Jahwe sehr viel gemeinsam[19], und „hinsichtlich der Opfertermini ha-

14 Otto Eißfeldt, „Partikularismus und Universalismus in der israelisch-jüdischen Religionsgeschichte", in: Theologische Literaturzeitung 79, 1954, S. 283 f.
15 2. Sam. 6.14
16 2. Sam. 6.20
17 K.-H. Bernhardt, „Das Problem der altorientalischen Königsideologie", S. 56 f., Anm. 5
18 R. v. Ranke-Graves, „Die Weiße Göttin", S. 400; Plutarch/Tacitus u. a.
19 ebd. S. 401

ben die ugaritischen Texte mancherlei mit dem Alten Testament gemeinsam".[20]

Die Terebinthe ist der Baum des Bel.[21] Jahwe ist mit diesem Gott synkretistisch verschmolzen. Er erscheint Erzvätern und Königen in der Terebinthe und breitet schließlich seine Weisheit wie die Zweige einer Terebinthe über die Menschheit. (Sirach 24.22) Eine Schnitzerei aus Ras-Schamrah weist Jahwe als den Geliebten der Ba'alat aus.[22] Und schließlich weist Ranke-Graves noch auf eine Münze hin, die in G. F. Hills „Catalogue of the Greek Coins of Palestine" abgebildet ist, die auf der einen Seite Dionysos und auf der anderen Jahwe zeigt, was ebenfalls für die synkretistische Verschmelzung der beiden Götter spräche.[23]

Die gleitenden Übergänge von Kult zu Kult finden wir dort am problemlosesten verwirklicht, wo die theologische Gottesvorstellung, die kultischen Feste und ihre Riten einander ähnlich gewesen sind. Das bedeutet, daß Jahwe nur deshalb mit den Göttern der umliegenden Stämme verschmelzen konnte, weil er ein matriarchaler Jünglingsgott gewesen ist, wie Ba'al, El und der babylonische Marduk. Jahwe wird wie Marduk als Kämpfer mit den Ungeheuern und Drachen dargestellt.[24] Er erscheint dem David aus einem Maulbeerbaum, der der Göttin Ištar geweiht war.[25] Er wird zum Herrn über das Meer und zerschmettert die Göttin Rahab.[26] Uralte Kulttexte sind durch die levitische Schriftstellerei jahwisiert worden. Dabei wird die Himmelskönigin aus der Überlieferung eliminiert.

Das gesamte Buch Hiob ist ein in epischer Breite ausgeführter Kultbericht vom Werden, der Fruchtbarkeit und dem Reichtum des Ur-Menschen, dem auf der Höhe des Lebens alles genommen wird, der herunter muß ins Grab und in die Verdammnis, um schließlich herrlich wieder hergestellt zu werden.

„Wo warst du, da ich die Erde gründete?"[27] fragt Jahwe und beantwortet die Frage selbst: „Du weißt es ja; denn zu der Zeit wurdest du geboren, und deiner Tage sind viel!"[28]

Hiob beschreibt die Tage seiner Stärke, er ist der Fürst und König, der inkarnierte Auserwählte: „Mein Recht war mein fürstlicher Hut!"[29] Er ist identisch mit der Natur wie Adonis

20 O. Eißfeldt, „Kanaanäisch-ugaritische Religion ...", S. 89
21 R. v. Ranke-Graves, „Die Weiße Göttin", S. 402
22 ebd. S. 402
23 ebd. S. 401
24 Jes. 51.9
25 1. Chron. 14.15
26 Hiob 26.12
27 Hiob 38.4
28 Hiob 38.21
29 Hiob 29.14

oder Ba'al: „Meine Wurzel war aufgetan dem Wasser, und der Tau blieb über meinen Zweigen. Meine Herrlichkeit erneute sich an mir, und mein Bogen ward immer stärker in meiner Hand!"[30] Und wie es der Natur in der Sommerdürre ergeht, so geschieht es auch Hiob: „Meine Haut ist über mir schwarz geworden, und meine Gebeine sind verdorrt vor Hitze. Meine Harfe ist eine Klage geworden und meine Flöte ein Weinen."[31] „Es wird mein Land wider mich schreien und werden miteinander seine Furchen weinen."[32] Die Flüsse versiegen, „wenn sie die Hitze drückt, wenn es heiß wird, vergehen sie von ihrer Stätte!"[33] So ergeht es dem Hiob. Er klagt: „Mein Fleisch ist um und um wurmig und kotig; meine Haut ist verschrumpft und zunichte geworden!"[34] Hiob wird hingehen „ins Land der Finsternis und des Dunkels, ins Land, da keine Ordnung ist."[35] Die Chaosmächte gewinnen Macht über ihn: „Sie haben ihren Mund aufgesperrt wider mich und auf meine Backen geschlagen!"[36] Hiob aber hat seine Kraft verloren: „Ich habe mein Horn in den Staub gelegt."[37] Denn die Stierhörner sind das Sinnbild seiner majestätischen Kraft und Würde gewesen. Jetzt aber ist er der, „der keine Kraft hat, ... der keine Stärke in den Armen hat", und „das Grab ist aufgedeckt vor ihm".[38] „Die Toten ängstigen sich tief unter den Wassern." Doch Gott „faßt das Wasser zusammen in seine Wolken ... er verhüllt seinen Stuhl und breitet seine Wolken davor".[39] Gott kämpft gegen den Leviathan – gegen die Chaosmächte – wie Anat und Ba'al. Obwohl dieser Wurm füchterlich ist; denn „aus seiner Nase geht Rauch wie von heißen Töpfen und Kesseln. Sein Odem ist wie lichte Lohe, und aus seinem Munde gehen Flammen."[40]

Sinnfällig vergleichbar ist aber auch die Siegesgewißheit, mit der die Erlösung aus den Grabestiefen und von den dunklen, vernichtenden Mächten erwartet wird. Ebenso wie Ba'al wieder leben wird, weiß Hiob: „Ich weiß, daß mein Erlöser lebt, und als der letzte wird er über dem Staub sich erheben!"[41] Wo Staub gewesen ist, wird die Erde wieder grünen, und wer tot war, wird wieder lebendig sein. Das geschieht mit Ba'al genauso wie mit Hiob. Hiobs Söhne, die alle getötet waren, und seine drei Töch-

30 Hiob 29.19 f.
31 Hiob 30.30 f.
32 Hiob 31.39
33 Hiob 6.17
34 Hiob 7.5
35 Hiob 10.21
36 Hiob 16.10
37 Hiob 16.15
38 Hiob 26.1 und 6
39 Hiob 26.5 u. 8 u. 9
40 Hiob 41.12 f.
41 Hiob 19.25

ter, leben wieder „und wurden nicht so schöne Weiber gefunden in allen Landen wie die Töchter Hiobs ... und der Herr segnete ihn mehr denn zuvor ... und Hiob lebte nach diesem hundertvierzig Jahre ...“[42], ein langes Leben, das nur im kultischen Verständnis des Wiedergeburtsglaubens eine Erklärung findet.

Die Übereinstimmung der Bilder mit dem matriarchalen Kult liegt auf der Hand, nur Anat-Ašerat ist dem Korrekturstift des Nacherzählers zum Opfer gefallen. Von Wiedergeburt ist nicht mehr die Rede. Mit der Patriarchalisierung der Kulttexte geht ein begrifflicher Prozeß einher, der aus „Wiedergeburt“ die „Wiederkehr“ des Gottes macht und schließlich in die Vorstellung von „Auferstehung“ mündet. Der patriarchale Gott wirkt im Hiob-Liede ganz allein. Er ist der El-Šaddai, der Gott des Berges, der Gewittergott: „Gott donnert mit seinem Donner wunderbar und tut große Dinge!“[43], aber er ist nicht mehr Anats Sohn.

Patriarchaler Monotheismus entwickelt sich über die Eliminierung der kosmischen Herrin: Es gibt keinen „Vater im Himmel“ ohne „Muttermord“! Der patriarchale Jahwe im Hiob-Lied zerschmettert die Meeresgöttin Rahab. Vom matriarchalen Marduk wissen wir, daß er die Meeresgöttin geliebt hat.

Des patriarchalen Großgottes Interesse gilt schließlich auch der Eliminierung des Sohnes, des Auserwählten, des Ur-Mensch-Nachfolgers, ob der nun Adam, Hiob oder Christus heißen möge. Wie El will er mit allen Mitteln die Nachkommenschaft des Ba'al verhindern. Jahwe lehnt sich gegen das Gesetz der Himmelskönigin auf, er verhindert die Wiedergeburt, um persönlich unsterblich zu sein. Die theologische Spekulation, die Jahwe als den einzigen Gott und Schöpfer aller Dinge an den Anfang der Zeiten projizieren will, geht von den Leviten am Jerusalemer Tempel aus. Sie entstellen die matriarchalen Ritualtexte, polemisieren gegen die Himmelskönigin und führen einen erbarmungslosen Kampf gegen die matriarchale Gesellschaftspraxis in Juda.

Darüber hinaus beansprucht die levitische Theologie das Nordreich Israel für die Anbetung des aus dem Süden kommenden Jahwe. „Juda“ selbst hat keine tragfähige Tradition, in der sich der patriarchale Schöpfergott beheimaten ließe. So gilt es, die Überlieferungen der Nordstämme zu jahwisieren und mit der

42 Hiob 42.12 ff.
43 Hiob 37.5

Tradition der Südstämme zu einheitlichen Erzählzusammenhängen zu kombinieren. Es gilt, in rückwärts gerichteter Projektion Jahwe, dem Gott der Leviten, eine breitere kulturelle Basis zu verschaffen, ihn auf das Großreich Davids auszudehnen. Die levitische Theologie hat ihren Jahwe mit den Göttern der Nordstämme synkretistisch verschmolzen. Sie behauptet Jahwe als den Bundesgott des israelitischen Zwölfstämmebundes. Um den Alleinherrschaftsanspruch Jahwes auf den von David unterworfenen „Gottesstaat" auszudehnen, bedient sich die levitische Schriftstellerei einer eingreifenden redaktionellen Praxis. Es wird die Aufgabe dieses Buches sein, diese Verfälschungen im einzelnen aufzudecken. Hier sei nur ein kurzes Licht auf die Methoden geworfen, mit denen die nordisraelitische Kultur jahwisiert worden ist.

Der häufige Gebrauch von Personennamen in der Zusammensetzung mit Ba'al beweist, daß in Israel neben El besonders Ba'al verehrt worden ist. Einer der bedeutendsten israelitischen Stammesführer ist Jerub-Ba'al gewesen, dessen Name die deuteronomistische Redaktion zu Gideon „verschönt".[44] Der Nachfolger Sauls heißt Es-Ba'al, der in den Samuelbüchern Isboseth genannt wird. Wir können nur ahnen, wie viele Namen durch die deuteronomistische Redaktion auf gleiche Weise entstellt worden sind; denn es ist nur dem Zufall zu verdanken, daß der wirkliche Name Isboseths durch textkritischen Vergleich ermittelt werden kann.[45]

Eine besonders wirksame Methode der Überlieferungsverfälschung ist durch die Voranstellung patriarchaler Texte gelungen. Von Texten, die am Anfang stehen, geht eine überwältigende Suggestion aus, der sich das aufnehmende Bewußtsein psychologisch kaum entziehen kann. Der Überlieferungsgeschichte des Volkes Israel ist das Josuabuch vorangestellt, dessen letztes Kapitel vom „Bundesschluß" der zwölf Stämme mit dem patriarchalen Jahwe berichtet. Unter Berufung auf den Treueschwur, den Israel dem Gott Jahwe am Anfang seiner Geschichte geleistet habe, klagt die levitische Geschichtsschreibung jede Verehrung anderer Götter als „Abfall von Jahwe" an. Der „Landtag zu Sichem" gilt als „Beweis" für den patriarchalen Urmonotheismus: Im Anfang ihrer Geschichte hätten die Stämme Israels sich zu dem Einen Gott bekannt, sie seien *das* Volk der höch-

44 1. Samuel 7.1
45 Vergl. 1. Chr. 8.33; 9.39 mit 2. Sam. 2.8 und öfter

sten Gotteserkenntnis, das Jahwe zu seinem „auserwählten Volk" gemacht habe. Der Josuatext über den „Landtag von Sichem"[46] wird geradezu als „Gründungsurkunde" der altisraelitischen Jahwe-Amphiktyonie geltend gemacht, er ginge „nach dem Urteil der Forschung auf älteste Zeiten zurück..."[47]

Die Heiligkeit des Ortes geht ohne Zweifel auf älteste Zeiten zurück; denn zu Ausgang des dritten vorchristlichen Jahrtausends wurde dort Sichem gegründet. Es war heiliger Boden. Die archaischen Menschen siedelten dort im Bereich eines geomantischen Kraftfeldes. Sie spürten die Erdströme nachhaltiger und erfuhren deren Heilkräfte wirksamer als anderswo. Sie umgaben den heiligen, heilenden Bezirk mit einem Steinkreis und pflanzten in unmittelbarer Nähe eine Eiche an. Dorthin wallfahrtete das Volk in jedem Jahr, um anzubeten und Heilung zu finden.

Dieser Ort ist von der levitischen Theologie mit aller Macht jahwisiert worden:

- „Abraham zog bis an die Stätte Sichem bis zur Eiche More ... und er baute daselbst einen Altar."[48]
- Nachdem Jakob die Männer von Sichem zur Beschneidung überredet hat, tötet er alle Einwohner der Stadt auf grausam hinterhältige Weise. „Am dritten Tage, da sie Schmerzen hatten, nahmen die zwei Söhne Jakobs, Simeon und Levi, ein jeglicher sein Schwert und gingen kühn in die Stadt und erwürgten alles, was männlich war."[49] Die Ureinwohner der Stadt sind ausgelöscht!
- Dem Jakob gaben seine Leute „alle fremden Götter, die unter ihren Händen waren, und ihre Ohrspangen, und er vergrub sie unter der Eiche, die bei Sichem stand."[50]
- „Und die Gebeine Josephs, welche die Kinder Israels hatten aus Ägypten gebracht, begruben sie zu Sichem."[51]

Wo ein Altar gebaut worden ist, wo die fremden Götter symbolisch begraben wurden, wo gar das Grab des Joseph zu finden ist, dort muß wahrhaft ein Jahwe-Kultort sein – falls uns das Tendenziöse dieser Schriftstellerei nicht ins Auge springt!

Die alttestamentliche Forschung belegt im einzelnen, daß Abraham niemals in Sichem gewesen ist, daß der Kult um Jakob

46 Josua, Kap. 24
47 Schneider/Kraus (Hgb.), „Gott kommt, Einführung in das AT", S. 33
48 1. Mose 12.6
49 1. Mose 34.25
50 1. Mose 35.4
51 Josua 24.32

an Bethel gebunden ist und nicht darüber hinausreicht, daß der Bericht vom „Grabe Josephs" in Sichem keine Überlieferungsgeschichte habe. Doch eine Zusammenschau dieser Forschungsansätze, die folgerichtig eine an Sichem gebundene jahwistische Tradition in Zweifel ziehen müßte, fehlt.

Die deuteronomistische Erzählung vom „Landtag in Sichem" beginnt sehr geschickt mit einer Zusammenschau unterschiedlichster Überlieferungsstränge: Josua führt dem Volk die gesamte „Heilsgeschichte" Jahwes mit seinem Volke vor Augen: Vom „Auftrag Jahwes an Abraham", das Land seiner Väter zu verlassen, über die phantasievollen „Familienromane" der Erzväter, den sagenhaften Auszug des gesamten Volkes aus Ägypten bis hin zu den „heiligen Kriegen", die Jahwe für dieses Volk geführt habe.

Fern von jedem geschichtlichen Wahrheitsgehalt wird vom Sieg über Jericho berichtet, dessen Mauern schon darniedergelegen haben, Jahrhunderte vor jedem Nachweis israelitischer Gruppen in Palästina. Es wird an den Fall Jerusalems „erinnert", das erst David unterworfen hat![52]

Mit diesen großen Heilstaten begründet der Deuteronomist die Forderung nach unbedingtem Gehorsam gegenüber Jahwe, ein Absolutheitsanspruch, der erst von der levitischen Theologie erhoben worden ist!

Jahwe rühmt sich: „Ich habe euch ein Land gegeben, daran ihr nicht gearbeitet habt, und Städte, die ihr nicht gebaut habt, daß ihr darin wohnt, und esset von Weinbergen und Ölbäumen, die ihr nicht gepflanzt habt."[53] Dafür verspricht Josua: „Ich und mein Haus wollen dem Herrn dienen!"[54] Und das Volk sichert Josua zu: „Wir wollen dem Herrn, unserm Gott, dienen und seiner Stimme gehorchen!"[55]

Die levitische Legende knüpft den „Bundesschluß" zu Sichem an ein Volk, das aus der Idealzahl von zwölf Stämmen besteht, darunter jene, die im Süden noch zu Davids Zeiten ein Eigenleben geführt haben.[56] Zum Zeichen des Bundes nahm Josua „einen großen Stein und richtete ihn auf daselbst unter der Eiche, die bei dem Heiligtum des Herrn war."[57] – Einen Stein,

52 Vergl. Jos. 24.11 mit 2. Sam. 5.6–10
53 Josua 24.13
54 Josua 24.15
55 Josua 24.24
56 M. Noth, „Geschichte Israels", S. 167
57 Josua 24.26

der ein Jahrtausend älter ist als Josua!

Mit diesem Text ist nicht nur ein alter Kultort jahwisiert, sondern sind die Nordstämme in ihrer Gesamtheit dem theologischen Konzept der Leviten unterworfen worden. Niemals hätte der nordisraelitische König Jerobeam, der das Joch der judäischen Besatzung erfolgreich abgeschüttelt hat, sich „Sichem ausgebaut, um darin zu wohnen"[58], er, der überall wieder die alten Stiergötter zu Ehren kommen ließ, wenn Sichem wirklich mit der Erinnerung an ein Jahwe-Bündnis verbunden gewesen wäre. Heute ist längst bekannt, daß „besonders die große Göttertrias El, Ba'al und Anat" in Israel verehrt worden ist.[59]

Mit der rückwärts gerichteten Projektion, die den Nordstämmen in Israel ein Jahwebündnis aufpfropft, läßt sich kein patriarchaler Urmonotheismus glaubhaft machen!

Schließlich wird behauptet, der monotheistische Jahwe der „Israeliten" sei ein Nomadengott gewesen. Nomaden seien von „Natur aus" patriarchal organisiert. Sie brauchten straffere Zucht, eine „höhere" ethische Kraft, um zu überleben. Dieser Diskussionsansatz geht eindeutig von der Struktur der *Gesellschaft* aus, von der angeblich hierarchischen Ordnung bei „Nomadenvölkern", die dann sekundär als Gottesvorstellung transzendiert worden sei.

Die Vorstellung, daß Nomaden grundsätzlich patriarchal organisiert seien, halte ich für eine fromme Mär. Nomaden sind genauso von den Bedingungen der Jahreszeiten abhängig wie Akkerbaukulturen auch. Daß sie eine andere Einstellung zur Sexualität haben sollen als seßhafte Menschen, läßt sich durch nichts beweisen.

Heute wird oft einschränkend festgestellt, die Israeliten seien „Halbnomaden" gewesen.[60]

Welches ist der Unterschied zwischen Nomaden und Halbnomaden? Stämme, die keinen Ackerbau betreiben, leben von Viehherden. Tiere brauchen Wasser. Und das ist in der Wüste rar. Daher sind die Wanderstrecken viehzüchtender Nomaden immer ganz genau festgelegt. Die Brunnen in der Wüste sind das Kapital der Hirten. Oft müssen sie sich die Wasserstellen mit anderen Stämmen teilen. Das bedingt eine erhöhte Friedfertigkeit,

58 1. Kön. 12.25
59 G. Widengren, „Sakrales Königtum ...", S. 11
60 G. Widengren, „Sakrales Königtum ...", S. 81, Anm. 2, sagt: „Daß die Patriarchen nur als Halbnomaden geschildert sind, darüber ist man sich wohl einig."

Anpassungsfähigkeit und gegenseitige Toleranz – also gerade Eigenschaften, die zum Bild patriarchaler Gesellschaften nicht allzugut passen wollen.

Nomaden haben immer Kontakte mit dem sogenannten Kulturland. Nach der Ernte weiden die Tiere die Rückstände auf den Äckern ab und bringen den natürlichen Dung auf den Akkerboden.

Die Vorstellung von isoliert lebenden Nomaden, die unberührt von der sinnlichen Wollust ackerbautreibender Kulturen ihr asketisch züchtiges Patriarchendasein führen, ist völlig illusionär!

Anders verhält es sich mit landsuchenden Stämmen, Völkerschaften, die ihr angestammtes Land aufgegeben haben und sich auf Wanderung begeben, um Neuland zu erobern. Dieser Prozeß wird in der Geschichte mit „Völkerwanderung" definiert.

Landsuchende, auf Eroberung eingestellte Völkerschaften sind patriarchal. Aber sie sind nicht patriarchal, weil sie wandern. Sondern sie wandern, weil sie patriarchal geworden sind. Entweder haben sie ihr Kulturland dermaßen ausgebeutet, daß sie ihre eigene Lebensgrundlage zerstört haben. Sie haben also die matriarchale Anpassung an die Natur aufgegeben und sich zu Herren der Erde gemacht. Oder sie haben sich die Gebärfähigkeit der Frauen unterworfen, um ihre Bevölkerungszahl zu vergrößern, was schließlich auch zu neuem Landbedarf führt.[61]

Für das Ingangkommen von Völkerwanderungen wird oft auch Klimawechsel verantwortlich gemacht. Doch ändert sich das Klima nur langsam. Die damit verbundenen Bevölkerungsbewegungen dürften kaum als „Völkerwanderungen" mit aggressiven Eroberungstendenzen in die Geschichtsschreibung eingehen.

Vor allem liegen derartige Verhältnisse bei den Israeliten nicht vor. Die Landnahme der Israel-Stämme in Kanaan ist eine fromme Legende zu Ehren des Gottes Jahwe, der seinem Volk angeblich dieses Land versprochen hat. In Wirklichkeit sind Beduinen seit Jahrhunderten im Weidewechsel in dieses Land gekommen. Auch israelitische Stämme wechselten zwischen Wüste und Kulturland. Andere – wie zum Beispiel der Stamm Ruben – saßen seit undenklichen Zeiten in Palästina. Die Rubeniten

61 Ein gutes Beispiel für die Stabilität der Bevölkerungszahl in matriarchalen Gesellschaften geben die Ausgrabungen in Čatal Hüjük/Türkei. Dort ist die Bevölkerungszahl über achthundert Jahre gleich geblieben, angepaßt an den Lebensraum der Gesellschaft. Dazu: James Mellaart, „Čatal Hüjük – Stadt aus der Steinzeit", passim.

siedelten auf westjordanischer Seite, nicht östlich des Toten Meeres, wie einzelne alttestamentliche Überlieferungen wissen möchten. Es gibt südlich von Jericho den „Stein des Rubiniten Bohan“[62].

Ob die Unkenntnis über die Ansiedlung des Stammes Ruben dafür spricht, daß Ruben kanaanitisch gewesen ist, oder ob wir von ihm so wenig erfahren, weil er genau westlich seines in der Bibel beschriebenen Gebietes gesessen hat, dort, wo die Bibel das Land des „Stammes Juda“ beschreibt? – Ruben paßt nicht ins Bild, weder in das von der Landnahme, noch in das des „Zwölfstämmebundes“ und ganz und gar nicht in die Vorstellung vom „Nomadentum der Israeliten“.

Die „halbnomadische“ Lebensweise der israelitischen Stämme bedingt in vielen Fällen die „beena“-Ehe – eine Eheform, bei der die Frau seßhaft ist, während der Mann mit den Herden unterwegs ist. Diese Form von „Besuchsehe“ hat ausgesprochen matriarchalen Charakter, und wir begegnen im Alten Testament zahlreichen Männern, die mit den Herden ihrer Frauen unterwegs sind.

Von einer patriarchalen Urgesellschaft mit einem patriarchalen Urgott bleibt da nicht viel.

Es bleibt die Frage, ob sich der patriarchale Jahwe auf die „Hebräer“ zurückführen läßt. Als Hebräer werden die Israeliten in der Bibel überall dort bezeichnet, wo sie vom Standpunkt anderer Völker aus als Fremdvolk angesehen werden. So spricht der ägyptische König zu den hebräischen Hebammen, daß sie alle neugeborenen Söhne der hebräischen Weiber töten sollen.[63] Als die Pharaonentochter den kleinen Moses in einem Körbchen am Nilufer findet, stellt sie fest: „Es ist der hebräischen Kindlein eines.“[64] Die Hebräer sind identisch mit den Habiru, da „keilschriftliches ‚habiru‘ eine durchaus einwandfreie Wiedergabe von hebräisch ‚Eber/Ibri‘ ist.“[65] Die Habiru sind ein Söldnervolk. Abgelöst von ihrem matriarchalen Urgrund könnte eine solche Population patriarchale Gesellschaftsformen entwickelt haben. Wir hätten es dann aber nicht mit einem patriarchalen Urmonotheismus zu tun, sondern mit einer sekundären Erschei-

62 Josua 15.6 u. 18.17. Steinmale sind matriarchale Kultdenkmäler. Vergl. S. 314 ff. und S. 335

63 2. Mose 1.15

64 2. Mose 2.6

65 Anton Jirku, „Die Wanderungen der Hebräer im dritten und zweiten vorchristlichen Jahrtausend“, in: „Der Alte Orient“, Bd. 24/1925, S. 13

nung, die sich bei einem Volk einstellen kann, das sich aus seinem integrierenden Lebenszusammenhang herausgelöst hat.

Um 2 600 v. Chr. finden sich die Habiru als Söldnertruppe im südlichen Babylonien. Ihr Gott heißt Habiru, – wie zumeist der „Gottesname" mit der Stammesbezeichnung identisch ist.

Im zweiten Jahrtausend – als man in Mesopotamien nur noch Einzelpersonen mit dem Beinamen „Habiru" trifft, während die Söldnertruppe verschwunden ist – tauchen die Habiru plötzlich bei den Hethitern in Anatolien auf und zwar wieder als Söldnertruppe: „So berichtet ein mit Namen nicht genannter hethitischer König von dreitausend Ha-bi-ri-is-Leuten, die er versammelt und irgendwo als Besatzung gelassen habe."[66]

Auf den Listen der Sternnamen wird der Mars als „Stern der Habiru-Leute" erwähnt.[67] Mit dem Mars verbinden die Menschen seit alters her die aggressive Potenz des Menschen, und es ist durchaus denkbar, daß die Habiru in ihrem Gott einen „Kriegsgott" verehrt haben, der patriarchale Züge gehabt haben mag. Doch müssen wir uns diese in Abhängigkeit geratene Söldnertruppe als von ihrem Ursprungsvolk abgesprengte Leute vorstellen, die aus irgendwelchen Gründen in Not geraten sind, weshalb sie sich dienstbar gemacht haben. Ihr Mars-Gott ist die *Folge* ihrer abgespaltenen Existenz. „Als Söldnervolk waren sie eine starke Stütze der jeweiligen Herrscher."[68]

Eine solche Volksgruppe muß nicht zwangsläufig patriarchal organisiert sein. Das beweist der matriarchale Kult der Juden, die nach dem Untergang des Staates Juda nach Ägypten geflohen und vom Pharao in Elephantine in einer Militärkolonie angesiedelt worden waren, wo sie den Schutz Ägyptens gegen den nubischen Süden zu gewährleisten hatten.[69]

Die Habiru-Söldner scheinen aggressiver und vor allem machthungriger gewesen zu sein. Als Ägypten unter der Regierung Echnatons die Zügel im besetzten Syrien-Palästina locker läßt, reißen die Habiru da und dort, „teils gemeinsam mit den Hethitern, teils auf eigne Faust, die Macht an sich. Sie bilden keine eigenen Staaten, schwingen sich aber oft zu Führerrollen in fremden Staaten auf. Zu mehr als einem Seßhaftwerden kleinerer Kreise haben sie es wohl nicht gebracht."[70]

66 A. Jirku, „Die Wanderungen der Hebräer ...", S. 17
67 Ernst F. Weidner, „Handbuch der babylonischen Astronomie I", S. 6 ff.
68 A. Jirku, „Die Wanderungen der Hebräer ...", S. 17
69 s. S. 343
70 ebd. S. 23

Später tauchen die Habiru in Ägypten auf, als Fremdvolk, welches „Steine heranschleift für die große befestigte Anlage der Stadt Ramses, des ‚Geliebten des Amun‘.“[71]

Anton Jirku sagt, daß „sich der Hebräer Jakob mit den Israelstämmen verband“, als er den Namen Isra-El annahm.[72]

Die Wanderungen der „Erzväter“ folgen durchaus ähnlichen Wegen, so daß es möglich ist, daß sich Israel eine realistische Erinnerung an die Stationen seines hebräischen Urvolkes bewahrt haben mag. Doch Habiru ist nicht Jahwe. Und Jakob ist bei seiner Einwanderung nach Isra-El Anhänger der sanften El-Religion geworden, getreu dem matriarchalen Gesetz, daß ein zugewanderter Mann dem Kult der Frau ergeben sein muß. So wird denn Jakob mit den Kultheroinnen in Verbindung gebracht, die im Lande Israel ihre „Gräber“ – das heißt alte matriarchale Kultstätten haben.

Im Lande der Ašer-El gehen die Habiru-Hebräer in den Stämmen der Einwohner auf. Erst auf dem Boden des Kulturlandes bilden die Habiru ein Volk. Sie nennen sich nicht mehr „Hebräer“, sondern werden zum Volk Isra-El. Mit Jahwe werden sie erst bekannt, nachdem David die Nordstämme gewaltsam unterjocht hat.

Es gibt keinen patriarchalen Urmonotheismus. Religionsgeschichtlich sind alle „Götter“ ursprünglich Stammesheroen gewesen und als solche von ihren Stammesbrüdern verehrt worden. Der Anspruch Jahwes, von „seinem Volk“ als der „Einzige“ angerufen zu werden, entspricht dem Anspruch Ašers, vom Stamm Ašer, dem Anspruch Habirus, von den Habiru-Leuten als „der Einzige“ anerkannt zu werden. Solange er sich auf sein Volk bezieht, ist der Alleinherrschaftsanspruch Jahwes nichts Besonderes, nichts, was Jahwe von anderen Stammes-„Göttern“ unterscheiden würde.

Auch das Schicksal, mit anderen „Göttern“ synkretistisch zu verschmelzen oder mit ihnen eine „Familie“ zu bilden, teilt Jahwe mit anderen Stammesgöttern. Unter dem Einfluß der levitischen Priester am Tempel zu Jerusalem setzt Jahwe seine Vorherrschaft gegenüber El durch. Jahwe wird der beherrschende „Göttervater“. Die levitische Polemik bekämpft die Kulte der Himmelkönigin, bis Jahwe allein übrigbleibt, ein einsamer Gott auf dem Berge, der noch eine zeitlang die matriarchalen Jahres-

71 ebd. S. 24
72 ebd. S. 32

zeitenkulte in der gewohnten lebendigen und farbenprächtigen rituellen Gestalt feiert.

Wo aber die matriarchale Bilderwelt dem Vatergott unterworfen wird, verkommt sie zur Paradoxie. Die Liturgie verblaßt und siecht an der Unglaubwürdigkeit ihrer Symbole dahin.

Der patriarchale Ewigkeitsanspruch bedingt die Trostlosigkeit des Todes für den sterblichen Menschen.

Im Bewußtsein der Christen hat der Gottesname Jahwe niemals universale Bedeutung erreicht. Er wird weder als Epitheton – als allgemeines Beiwort zum Gottesnamen – benutzt, noch rufen die Christen seinen Namen an. Jahwe ist immer der Gott des auserwählten jüdischen Volkes geblieben. Sein Name ist nicht zum Gottesbegriff für den *einen* monotheistischen Allgott der Menschheit geworden. Dagegen hat sich aus dem Namen des Gottes Zeus das griechische theos und das lateinische deus entwickelt – Begriffe, die in die abendländische Sprachen so stark eingeschmolzen sind, daß sie überall angewandt werden, wo von Göttlichem die Rede ist: Wir sprechen von Theologie, Theophanie, Monotheismus usw. Im morgenländischen Raum hat sich der Gottesname El weit nachhaltiger durchgesetzt und ist zum islamischen Allah geworden, der in der gesamten islamischen Welt als Weltenherrscher verehrt wird.

Wenn Theologen „heute mit dem Urmonotheismus als ältester religiöser Form“ rechnen[73], projizieren sie ein abgespaltenes Geistprinzip, das Produkt patriarchaler Bewußtseinsentwicklung, in die Wiege der menschlichen Kultur. Die Idee von „Gott als Geist“ ist abstrakt, und abstrahieren kann man nur vom Anschaulichen, das vorausgegangen sein muß. Die Forderung: „Du sollst dir kein Bildnis machen!“ macht den Menschen krank, führt ihn in die Neurose. Der Weg des Menschen in die bilderlose Gottesverehrung ist kein geistiger Fortschritt, sondern die Entwicklung zu einer schizophrenen – das heißt gespaltenen – Existenzweise des Menschen.

Der psychisch gesunde Mensch bleibt seiner Bilderwelt fruchtbar verbunden. Je mehr Bilder seine Kindheit begleitet haben, je mehr er sinnlich wahrnehmen, die Dinge an-greifen und ertasten konnte, um so mehr kann er als Erwachsener be-greifen. Die stumme Bilderwelt bleibt die Basis aller Erkenntnis.
Der ganzheitlich erkennende – das heißt aber: der psychisch ge-

73 J. Hempel, „Die alttestamentliche Religion“, S. 123

sunde – Mensch erlebt die Welt im Einklang mit Anschauung. Für ihn gibt es keinen „anonymen Hochgott". Sein Gott heißt Jahwe, Ba'al oder Zeus. Und wer wollte uns glauben machen, daß es je einen Ur-Monojahwismus gegeben habe, einen Monozeusismus oder Monoba'alismus?

Aber bevor die Menschen mit „Zeus" gleich „Theos" irgendwelche „Ismen" gebildet haben, gab es eine einheitliche Glaubensüberzeugung: Der Urglaube der Menschheit gründete auf Anschauung und verehrte in der Großen Herrin die Naturkraft selbst.

Adam und Eva haben Jahwe nicht gekannt

Ein Gott lebt von der Beziehung, die der Mensch zu ihm hat. Er bedarf der Anbetung. Er braucht Priester, die ihn verkünden.

Der patriarchale Schöpfergott kann nicht gedacht werden ohne die „ersten Menschen", die eine Beziehung zu ihm haben. Mythologisch werden die „ersten Menschen" des Jahwe-Kultes durch Adam und Eva personifiziert.
Geschichtlich werden die zwölf Stämme Israels als „Jahwe-Amphiktyonie" interpretiert, als kultisch religiöser Verband, der Jahwe von Anbeginn an gemeinsam verehrt habe.

Beides – der Mythos ebenso wie das theologische Geschichtsverständnis des alten Israel – gehört der theologischen Spekulation an. Mythos und alttestamentliche Geschichte sind vom Dogma des levitischen Glaubens geprägt. Die einseitige jüdische Weltsicht legt ihre enge Klammer um die lebendige, urwüchsige Kultur Israels, mit der Absicht, die sanfte, matriarchale El-Religion der Nordvölker zu jahwisieren.

Im jahwistischen Schöpfungsbericht entsteht die Welt nicht als Frucht allumfassender Liebe. Der patriarchale Gott bedarf des Weiblichen nicht, um Leben hervorzubringen. Aus Erde formt Gott den Menschen und haucht ihm Odem ein. So wird aus Eva, der Mutter des Lebens, und Adam, ihrem ersten Mannesgeschöpf, das erste Menschenpaar eines einsamen Vatergottes. Doch sogleich entsteht dem patriarchalen Mythendichter das erste unlösbare Problem: Wie soll die Sache weitergehen – so ganz ohne Liebe und Sexualität? Da denkt sich der „Jahwist" die Sache mit dem Sündenfall aus. Aus irgendeinem Grunde scheint diesem Leviten die Sexualität verdächtig gewesen zu sein. Er verhöhnt die beiden Menschen, die da im Paradiesgarten entdecken, daß sie nackt sind: „... und flochten Feigenblätter zusammen und machten sich Schürzen."[1]

„... auf jeden Fall steht der Jahwist mit seiner gebrochenen

1. 1. Mose 3.7

Haltung zur Geschlechtlichkeit in der ältesten Zeit ganz allein"[2], bestätigt ein Alttestamentler, womit er allerdings unterstellt, daß der jahwistische Schöpfungsbericht in der „ältesten Zeit" geschrieben ist. Wir sollten überlegen, ob der Bericht allein deshalb jünger sein *muß*, weil die darin zum Ausdruck kommende Einstellung zur Sexualität erst viel später entstanden ist.

„Arbeit, Mühsal, Schmerzen und Tod" predigt der Jahwist als Folge des Sündenfalls. Der „Sündenfall" kann nur im Abfall vom matriarchalen Glauben bestanden haben; denn erst seitdem gibt es für den Menschen die Trostlosigkeit des Todes.

In der Abkehr von der matriarchalen Gesellschaftsordnung, seit der patriarchale Mensch den Krieg zum höchsten Wert erklärt hat und dem Krieger einen hohen gesellschaftlichen Status verleiht, muß immer wieder Zerstörtes mühevoll wieder aufgebaut werden. Erst das macht Arbeit zur Mühsal.

Erst das sinnlose Töten im Kriege fordert der Frau die immer zahlreicheren Geburten ab, die ihr Schmerzen bereiten. Größere Schmerzen noch bereiten ihr die zahllosen Morde an ihren Söhnen, die Vergewaltigungen ihrer Töchter durch den obsiegenden Feind. Es scheint, daß die Sündenfallgeschichte einer Neuinterpretation bedarf!

Im vierten vorchristlichen Jahrhundert ist im Zusammenhang mit einer Bibelüberarbeitung, die wir den Priesterkodex nennen, ein zweiter Schöpfungsbericht entstanden, der in der Bibel an erster Stelle steht. Wir werden noch oft die Erfahrung machen, daß späte Texte an den Anfang gerückt werden – ja, daß eine Sache am Anfang steht, macht sie schon höchst verdächtig, zuletzt entstanden zu sein! Nicht nur, weil es einfacher ist, einem vorhandenen Text den neuen voranzustellen, statt ihn sinnvoll einzufügen, sondern auch, weil das zuerst Geschriebene alles Nachfolgende färbt und prägt und daher besonderes Gewicht erhält.

Der Schöpfungsbericht des Priesterkodex erzählt, Gott habe den Menschen als Mann und Weib erschaffen. Dieser Bericht wird gern als der „frauenfreundlichere" aufgefaßt. Denn Gott schafft hier beide, Mann und Weib, aus Erde. Die Geschlechter scheinen hier einander gleichwertig aufgefaßt zu sein – im Gegensatz zum jahwistischen Schöpfungsbericht.

Wir können diese Erzählungen aber nicht richtig einschätzen,

2. J. Hempel, „Das Ethos im Alten Testament", S. 260

wenn wir von unserem in zweieinhalb Jahrtausenden geprägten patriarchalen Bewußtsein ausgehen.

Was wollten diese Schöpfungsberichte zu ihrer Zeit sagen? Gegen welche bestehende Überzeugungen sind sie gerichtet?

Es gab damals „ein ganz bestimmtes Bild vom ‚Urmenschen', dem ‚Menschensohn'", der „das ‚uranfängliche Mannesgeschöpf'"[3] gewesen ist, während die Frau als Inkarnation der hervorbringenden, schöpferischen Naturkraft aufgefaßt wurde. Demgegenüber bedeutet die Behauptung, die Frau sei das Geschöpf Gottes, eines „Gottes", der im matriarchalen Glauben als der Sohn betrachtet worden ist, die totale Umkehrung des bisher für wahr Gehaltenen. Die Glaubenswelt steht auf dem Kopf – ob nun der Jahwist Eva aus der Rippe entstehen läßt oder die Priesterschaft schlicht erzählt: Auch die Frau ist geschöpflich.

Gegenüber dem matriarchalen Glauben sind diese Darstellungen revolutionär und um sie zu festigen, haben patriarchale Wissenschaftler unzählige Kommentare geschrieben, patriarchale Literaten Gedichte, Mythen und Theaterstücke erdacht, Maler haben das Thema dargestellt, bis die patriarchale Denkweise zum Selbstverständnis des abendländischen Bewußtseins geworden ist.

An der Stabilisierung des patriarchalen Gottesverständnisses wird durch die Jahrtausende hindurch beständig gearbeitet, und gegen jede matriarchale Opposition richtet sich verstärkt das Bemühen, die patriarchale Weltdeutung neu zu erklären und endgültig durchzusetzen. So finden sich in der jüdischen mystischen Literatur des Mittelalters immer wieder Schriften, die die Herrin hinwegerklären und dem „Urmenschen" einen Sinn unterstellen, der ihn des Verdachtes enthebt, ihr Geschöpf zu sein.

Im Hauptwerk der jüdischen Kabbala, dem Buch Sohar, das zu Beginn des 14. nachchristlichen Jahrhunderts von einem Spanier namens Mose de Leon geschrieben wurde, heißt es vom ersten Menschen: „Der erste Mensch bestand aus Männlichem und Weiblichem; denn es heißt: Laßt uns Menschen erschaffen, in unserem Ebenbild und in unserer Ähnlichkeit. Daher wurde er männlich und weiblich geschaffen und erst später getrennt."[4]

Mit diesem Text ist der Versuch unternommen, einen Ausgleich zwischen den einander widersprechenden Texten des jüngeren, im ersten Kapitel des Schöpfungsberichtes erzählten, und

3. August von Gall, „ΒΑΣΙΛΕΙΑ ΤΟΥ ΘΕΟΥ", S. 416
4. Sohar II 55a

des älteren, „jahwistischen" Berichtes, der im zweiten und dritten Kapitel der Genesis seinen Ort gefunden hat, herzustellen.

Unsere modernen Schulbücher machen sich die Mühe leicht, den Schöpfungsbericht der Priesterschrift mit dem Text des Jahwisten in Einklang zu bringen. Sie behalten aus Genesis 1 den Bericht: „Gott schuf den Menschen." Adam, versteht sich. Dann schließt sich aus Genesis 2 die Rippenlegende an.[5] Auf diese Weise wird das patriarchale Weltbild an Kinder vermittelt.

Warum sollte man Kinder auch denken lehren? Warum sollte man sie mit der Schwierigkeit konfrontieren, daß in der Bibel zwei verschiedene Schöpfungsberichte stehen?

Aber nicht nur Kinder, sondern auch Erwachsene werden sorgfältig von der Möglichkeit, sich ein eigenes Bild von der Bibel zu machen, abgeschirmt.

Die Bibel hat – was wenig bekannt ist – von 1559 bis zum Jahre 1966 auf dem Index gestanden, auf der Liste derjenigen Bücher, die der Katholik nur mit ausdrücklicher kirchlicher Erlaubnis lesen darf. Aber auch der evangelische Laie hat normalerweise die Bibel nur in ausgewählten Texten kennengelernt. Fromme Legenden und Sprüche, aus denen alle Widersprüche ausgeklammert sind, bilden die Lektüre des gläubigen Laien. Diese Texte zu hinterfragen, ist verboten.

Heide Göttner-Abendroth weist darauf hin, daß der Sohngeliebte Evas ursprünglich Abdiheba gewesen ist: „Hawwa oder Heba oder Hebe, später Eva oder Eve, war die ‚Mutter allen Lebens' ... später hatte sie einen Heros, er hieß Abdiheba (Adam), sein Name war eindeutig von dem ihren abgeleitet."[6]

Abdi-Heba begegnet uns als Fürstenname in den El-Amarna-Briefen. Unter ägyptischer Oberherrschaft war der Stadtfürst von Jerusalem, Abdiheba, dem Pharao tributpflichtig. Die El-Amarna-Texte erlauben aber auch den Rückschluß, daß das biblische „Ebed" (der Knecht) – etwa 800 Jahre vor der schriftlichen Fixierung der hebräischen Sprache im Alten Testament – „Abdi" vokalisiert und ausgesprochen worden ist. Der „abdimilki" ist der Knecht des Königs.[7] Wie die biblische Sprache den Ebed-Jahwe als Gottesknecht beschreibt, den irdischen Kultträger Jahwes, so ist Abdi-Heba der irdische Kultträger Evas, der „Knecht Evas".

5 vergl. Anne de Vries, „Die Kinder-Bibel", S. 10
6 H. Göttner-Abendroth, „Die Göttin und ihr Heros", S. 82
7 O. Eißfeldt, „Jahwe als König", S. 85

Als David die Stadt der Jebusiter eroberte, übernahm er – was von der Forschung nicht bestritten wird – den jebusitischen Kult und damit auch die Überlieferung von Abdiheba und seiner Himmelskönigin. Die Jahwisierung ihrer Kulttexte ist gründlich gelungen.

Weniger gründlich gelang die Jahwisierung der israelitischen Kulte. Denn Israel war ein landschaftlich ausgedehntes Gebiet im Norden, über das die Davididen in ihrer nur achtzigjährigen Herrschaft niemals kultische Oberherrschaft erringen konnten.

In Israel sind El, Ašerat, Anat und Ba'al verehrt worden, wie archäologische Funde aus der Frühzeit beweisen. Die Kultstätten dieser Götter sind nach der Befreiung vom judäischen Joch zu neuem Ansehen gebracht worden, in bewußter Abgrenzung gegen den Machtanspruch des Südreiches Juda. Der israelitische König Jerobeam hat sofort nach dem Abschütteln der unerwünschten judäischen Gewalt die alten Stierheiligtümer wieder zu Ehren gebracht.

Der Kult dieser Gottheiten muß auch in Juda selbst offiziell anerkannt gewesen sein; denn eine aus Juda nach Südägypten geflohene Gruppe hat Anat aus Beth-El noch Jahrhunderte später in Elephantine (am ersten Nilkatarakt) als Himmelskönigin verehrt.[8]

Mitten im Gebiet des Stammes Naphtali lag das Heiligtum der Anat, die Stadt Beth-Anat.

Die Bibel selbst bezeugt die Verehrung zahlreicher Elim: den El Olam von Beerseba[9], den El Roi an der Quelle von Lahai-Roi bei Kadesch[10]; El Eljon, der „höchste Gott", wurde in Jerusalem verehrt[11]. Bethel ist die berühmte Anbetungsstätte eines El[12] und schließlich gab es noch den El Šaddai der Priesterschrift.

Angesichts der überwältigenden Bezeugung der El-Götter im Alten Testament brach unter den alttestamentlichen Forschern ein heftiger Meinungsstreit aus. Die einen wollen El als den überzeugenden Einen Gott der Väterreligion verstanden wissen mit El Eljon, dem höchsten Gott von Jerusalem, an der Spitze.[13] Sie

8 s. S. 343
9 1. Mose 21.33
10 1. Mose 16.13
11 1. Mose 14.18-22
12 1. Mose 31.13/35.7
13 Hermann Gunkel und Hugo Gressmann

betonen mit Recht, daß in der Genesis[14] nicht ein einziger mit Jahwe zusammengesetzter Personenname vorkommt, und sie betrachten die Erwähnung Jahwes als Gott wie „einen dünnen Firnis", der über den alten Sagen liegt.[15] Sie sagen: „Der Gott der Genesis verkehrt ganz menschlich mit den Menschen und sorgt wie ein Vater liebevoll für das Wohl der Seinen. Der Gott des übrigen Alten Testamentes hingegen ist Jahwe vom Sinai, der furchtbare Gott, der sich in Feuererscheinungen und Donnergetöse kundgibt und dem kein Mensch nahen darf."[16]

Sie müssen zugeben, daß die El-Religion eine Naturreligion ist; denn die wunderbaren Erscheinungen der Natur sind unter den Schutz der Elim gestellt.

Da gibt es einen heiligen Brunnen, den „hieß man den Brunnen der Lebendigen, der mich ansieht".[17] Jakob ringt mit seinem Gott an den Heiligen Wassern des Jabbok[18], in der flirrenden Mittagshitze erscheint Gott dem Abraham im Hain von Mamre[19], und Jakob vergräbt Schmuck und Heiligenbilder unter der Eiche bei Sichem[20]. Das Grab der Sarah liegt im geheimnisvollen Dunkel einer Höhle.[21]

Wenn von den Forschern trotzdem El als der monotheistische Gott der Väterreligion interpretiert wird, so bedienen sie sich der hilfreichen Hypothese, daß sich in El der „höchste Gott" schon im Keim verberge, daß die „sittliche Qualität" des Monotheismus im Verständnis der El-Religion bereits angelegt gewesen sei: „Der Gott der Väter, an dessen Stelle Jahwe tritt, war El Eljon ... der Gott, der seinen Bekennern unter allen der wertvollste und darum der höchste erschien. Der Jahwe des Mose übernimmt das alles ... Die Befruchtung von den Vätern her ist unverkennbar. Ja, es ist nicht ausgeschlossen, daß in dieser Einzigartigkeit auch schon die bei einzelnen in Kanaan erkannte Einheit in der Vielheit mitwirkte. Sicher scheint jedenfalls, daß das Erbe der Väter dazu mitwirkte, jenes wilde und schreckhafte Tabu des sinaitischen Wüstengottes zu vergeistigen."[22]

14 das 1. Buch Mose
15 H. Gressmann, „Moses und seine Zeit, Forschungen z. AT", N.F. 1, S. 426
16 Helmut Weidmann, „Die Patriarchen und ihre Religion im Licht der Forschung seit Julius Wellhausen", S. 115
17 1. Mose 16.14
18 1. Mose 32.23 f.
19 1. Mose 18.1
20 1. Mose 35.4
21 1. Mose 23.9
22 Rudolf Kittel, „Geschichte des Volkes Israel", S. 387

Und – indem der El von Ugarit zum „Herrn des Pantheons" hochstilisiert wird – kann er von einigen Forschern kritiklos ebenfalls als der Vater der monotheistischen Religion in Anspruch genommen werden: „Der große Gott El von Ugarit ist auch die große Gottheit der Patriarchen."[23]

Die Gegner dieser Hypothese lehnen den Gott El als das Vorbild des jüdischen Monotheismus hart ab und betrachten El und die zahlreichen Elim als kanaanäisches Erbe.[24]

Die vernünftige Einsicht liegt nahe, daß „Recht, Kunst und Sitte, Schrift und Sakralarchitektur als Erbe der kanaanäischen Kultur erworben worden sind."[25]

Wenn aber Israel erst in der Verschmelzung mit Kanaan zum Volk geworden ist, dann müssen die „ersten Menschen", die Jahwe angebetet haben, anderswo gesucht werden. Irgendwo im Osten oder Süden muß das Volk der „reinen" Jahwe-Verehrer hergekommen sein. Einige fromme Männer müssen diesen Glauben bewahrt und dem abtrünnigen Israel immer wieder vor Augen geführt haben.

Aufgrund dieser Hypothese wird der Ursprung der Jahwe-Religion in Mesopotamien gesucht. Der Mythos von Adam und Eva wird auf einer Insel im Euphrat angesiedelt. Der geschichtliche Ursprung wird mit Abraham gesetzt. Abraham wird für die Geschichte Israels, was Adam und Eva im Mythos sind: der „erste Mensch", dem Jahwe sich offenbart hat.

Der Vater Abrahams, Tarah, wohnte jenseits des Stroms und diente andern Göttern. Darum nahm Jahwe den Abraham fort aus seiner Heimat und ließ ihn ein eigenes Volk gründen, das Gottesvolk Jahwes.[26] Tarah erscheint interessanterweise im ugaritischen Mythos als Mondgott[27], scheint also gar nicht aus „Ur in Chaldäa" zu stammen!

„Die ‚Wanderung', oder, wie man zu sagen pflegt, das ‚Nomadentum' dieses Patriarchen (Abraham) beruht also nicht auf irgendwelchen geschichtlichen Erinnerungen, sondern ist eine künstliche Konstruktion der Sagensammler, um verschiedene Traditionen zusammen zu schließen. Diese elementare Erkennt-

23 René Dussaud, „L'œuvre scientifique d'Ernest Renan", S. 68
24 Wolf Wilhelm Graf Baudissin, „Kyrios als Gottesname im Judentum und seine Stelle in der Religionsgeschichte", passim
25 G. Widengren, „Sakrales Königtum ...", S. 8
26 Josua 24.2 f.
27 D. Nielsen, „Ras-Schamrah-Mythologie ...", S. 92

nis der Sagenforscher macht alle modernen Bestrebungen, die ‚Wanderung' Abrahams aus Ur in Chaldäa nach Hebron mit Hilfe der Phantasie als lebendige Wirklichkeit zu gestalten, von vornherein zunichte."[28] Wobei noch anzumerken wäre, daß Chaldäa erst seit dem 9. vorchristlichen Jahrhundert nachgewiesen werden kann!

Zum gleichen Thema äußert sich Weidmann: „Entsprechendes gilt von den anderen Vätergestalten, sowie von allen Versuchen, die Genealogien der Genesis mit ein paar Faustregeln in wirkliche Geschichte umsetzen zu wollen. Hier sind Erkenntnisse ausgesprochen, hinter die eine ernst zu nehmende Genesisforschung nicht mehr zurückkann."[29]

So bleibt noch die einzige Rettung, für Jahwe ein Subjekt seiner seit „Adam und Eva" praktizierten Anbetung zu finden, „in *einer* Stammesgruppe des späteren Israel ... den Träger der Jahwereligion ... zu sehen."[30] „Nicht ein geschlossenes Volk übernimmt die Jahweverehrung, sondern eine Gruppe von Stämmen."[31] Wenn diese „Gruppe von Stämmen" die Jahwe-Religion *übernimmt*, so werden die „ersten Menschen" des Jahwe-Kultes geographisch und historisch ins Unbekannte verlagert.

Der Existenz israelitischer Stämme im sogenannten „Kulturland Kanaan" setzen geschichtliche Fakten ein zeitliches Limit. Zur Zeit von „Adam und Eva" waren Israeliten weder in Kanaan noch in Mesopotamien bekannt und erst recht nicht in Ägypten, auch nicht als nomadisierendes Volk, das im Weidewechsel zwischen der nordägyptischen Nildeltalandschaft und der arabischen Wüste hin und her gezogen wäre.

Der ägyptische Pharao Tutmosis III., der Syrien und Palästina erobert hat, erließ Richtlinien für die nomadisierenden Stämme, die das Aufschlagen von Nomadenzelten im Kulturland regelten. In dieser Zeit – etwa 1490 bis 1436 v. Chr. – gab es nicht die geringste Erwähnung einer der später unter den zwölf Stämmen Israel bekannt gewordenen Gruppen. Dagegen wird in den Ortslisten der syrisch-palästinensischen Beduinensiedlungen ein Ort namens Ya-h-we genannt, wie wir wissen. Um 1300 v. Chr. wird ein Stamm Ašer unter Sethos I. erwähnt, den wir noch unter

28 Hugo Gressmann, „Sage und Geschichte in den Patriarchenerzählungen", Zeitschrift für Altertumswissenschaften, 1910, Nr. 30, S. 9 f.
29 H. Weidmann, „Die Patriarchen und ihre Religion ...", S. 111
30 K.-H. Bernhardt, „Gott und Bild", S. 130
31 ebd. S. 131

Ramses II. für Nordpalästina bestätigt finden.

Erst um 1220 v. Chr. nennt ein Siegeslied auf den regierenden Pharao den Stamm Israel mit Namen. Dieser archäologische Fund hat dermaßen großes Aufsehen erregt, daß die ausgegrabene Stele wegen der einmaligen Erwähnung Israels die „Israelstele" genannt worden ist.[32]

Der Pharao rühmt sich:

„Die Fürsten sind zu Boden geworfen,
und flehen um Gnade,
Niemand unter den Fremdvölkern erhebt sein Haupt.
Verwüstet ist Libyen.
Cheta ist zur Ruhe gebracht.
Das Kanaan ist gefangen mit allem Schlechten.
Fortgeführt ist Askalon,
Genommen ist Gezer.
Jenoam ist zunichte gemacht.
Der Israelstamm ist verwüstet und ohne Feldfrucht.
Palästina ist eine Witwe für Ägypten geworden.
Alle Länder insgesamt sind in Frieden.
Jeder, der umherschweifte,
ist durch den König Merneptah gezüchtigt worden."

Israel wird als ackerbautreibender Stamm bezeugt. Sein Land ist verwüstet und ohne Feldfrucht. Doch die Forschung hat diese Erwähnung für nahezu wertlos abgetan. Martin Noth stellt fest: „Wir haben jedoch keine Möglichkeit mehr, mit einiger Sicherheit zu sagen, was dieses ‚Israel' gewesen ... sei."[33] Das Alte Testament selbst liefert Daten, die eine zeitliche Bestimmung des Auftauchens der biblischen Israel-Stämme zulassen: Die biblische Geschichte erwähnt mit besonderer Häufigkeit den Kampf gegen die Philister, deren Einwanderung nach Palästina auf geschichtlich gesicherten Daten beruht. Diese aus dem Norden zugewanderte Volksgruppe wurde im Jahre 1180 v. Chr. von Pharao Ramses III. in Nordägypten abgewiesen. Wahrscheinlich haben die Philister mit dem Einverständnis dieses ägyptischen Herrschers die Südküste Palästinas besiedelt. Nachdem sie sich in den Küstenstädten festgesetzt hatten, suchten sie ihre

32 Wilhelm Spiegelberg, „Der Aufenthalt Israels in Ägypten im Lichte der ägyptischen Monumente", S. 33
33 M. Noth, „Geschichte Israels", S. 11

Herrschaft nach Osten auszudehnen und kamen in Konflikt mit den Israel-Stämmen der Bibel. Diese Auseinandersetzungen können nicht vor 1100 v. Chr. angesetzt werden. Im 13. vorchristlichen Jahrhundert, als der Pharao Merneptah einen Israelstamm „züchtigt und der Feldfrucht beraubt", muß es sich um ein vorbiblisches Israel gehandelt haben, um die Verbrüderung der Stämme Ašer und El zu Ašer-El/Isra-El. Dieser Stamm hat – genauso wie andere später zum „Zwölf-Stämmebund" des biblischen Israel gerechnete Stämme – längst in Palästina gesiedelt, als das Bibelvolk zugewandert ist. Sie haben die Einwandernden ihrem Kult unterworfen, ihrer Gesellschaft integriert und sie biologisch aufgesogen. Noch zu Zeiten der philistäischen Bedrohung gibt es kein einheitliches, zwölf Stämme umfassendes System. Selbst die Bibel berichtet immer nur von einzelnen Stämmen, von Benjamin, Ephraim, Naphtali und anderen.
Trotz aller Widersprüche wird immer wieder behauptet, die zwölf Stämme hätten sich als religiöse Gruppe in Anbetung des Einen Gottes zu einem Bund zusammengeschlossen. Angesichts der Bedrohung durch die Philister, und angesichts der Unauffindbarkeit dieses Einen Gottes, erkläre ich mir den Zusammenschluß der Stämme aus naheliegenden politisch-militärischen Gründen. Die längst in Kanaan ansässigen Stämme schlossen gegen die hereindrängenden Philister ein Bündnis.

Selbst wenn wir das israelitische Stämmebündnis als „Amphiktyonie", als kultisch religiösen Verband zur Verehrung des Einen Gottes, begreifen wollten, tritt diese Gemeinschaft nach ihrem eigenen Zeugnis doch erst im Zusammenhang mit den Philisterauseinandersetzungen ins Licht der Geschichte und bietet von daher einen Anhaltspunkt für ihr erstes Auftreten. Um das Jahr 1100 v. Chr., nachdem die einwandernden Philister fünf Küstenstädte zu befestigten Fürstentümern ausgebaut hatten, gruppieren sich die „Israeliten" zu einem politischen Faktor, mit dem gerechnet werden muß. Aber sie bilden kein „Volk".

Sie bekämpfen sich untereinander, wie der vernichtende Krieg gegen die Benjaminiter beweist.[34] Sie lehnen den erzwungenen Gesamtstaat Davids ab, wie der Widerstand gegen das Königtum Davids beweist[35], und sie trennen sich wieder in den Nordstaat Israel und den Südstaat Juda, als der politische Druck

34 Richter Kap. 20
35 2. Sam. 16.5 ff.

nach dem Tode Salomos nachläßt.[36]

Wo soll der Haftpunkt sein, an dem der „Jahwist" seinen Schöpfungsbericht festmacht? Wo sollen „Adam und Eva" angesiedelt sein – das heißt seit wann ist sich Juda-Israel seiner selbst bewußt als Träger des Einen Glaubens?

Der Gott der Erzväter hat keinen Namen: Die Bibel redet vom „Gott Abrahams", vom „Gott Isaaks" und vom „Gott Jakobs", und die Forschung ist zu dem Resultat gekommen, daß „hinter jeder der drei Gottesbezeichnungen ein ursprünglich ganz für sich stehendes Numen zu vermuten ist".[37]

„Die Zusammenfassung aber ist offenbar schon durch den Glauben bestimmt, daß mit keiner dieser Gottesbezeichnungen ein anderer gemeint sei als Jahwe selbst."[38] Schließlich handele es sich bei diesen Vätergottheiten um den gleichen Religionstypus, „aber ausgeprägt in einer Mehrzahl individueller Gottesgestalten".[39] Dabei versteht sich jeder dieser Kultträger als individueller Abkömmling des Gottes, als Nachfolger des Urmenschen, als „uranfängliches Mannesgeschöpf". Das heißt Abraham und Isaak sind „Götter" im matriarchalen Sinne, sind Geschöpfe, doch nicht des Gottes, sondern der Himmelskönigin. Wir dürfen vermuten, daß die „Texte absichtlich verstümmelt worden sind, um das Mythologische loszuwerden".[40]

Finden wir für den „Gott ohne Eigennamen" bei Abraham nur die Bezeichnung „der Gott Abrahams", so wird Isaaks Gott genauer definiert: er ist der „pachad jizchak", der „Schrecken Isaaks". Doch haben sich einige Forscher von dieser Auffassung distanziert und wollen „pachad jizchak" lieber mit „Verwandter Isaaks" übersetzen.[41]

Diese Übersetzung bringt uns nahe an den matriarchalen Gottesbegriff, der mit „Gott" die geschaffene Natur beschreibt und im Kultträger deren in Menschengestalt verkörperte Sinnbildlichkeit sieht: den Menschensohn, König und Heilsbringer, den Fürsten als Verkörperung des Urmenschen und der Urschöpfung, den „Verwandten Gottes".

36 1. Kön. Kap. 12
37 Albrecht Alt, „Der Gott der Väter", in: Kleine Schriften zur Geschichte des Volkes Israel I, S. 27
38 ebd. S. 27
39 ebd. S. 28
40 A. Bentzen, „Messias ...", S. 15
41 William Foxwell Albright, „Von der Steinzeit zum Christentum", S. 248 und Alfred Jepsen, „Zur Überlieferungsgeschichte der Vätergestalten", S. 149

In diesem Sinne nennt die Bibel Abraham den „Fürst Gottes".[42]

Nahe am „Abgrund dieser mythologischen Deutung vorbei" führt uns die patriarchale Deutung dieser Stelle: „Sie sehen in ihm den Träger einer von Gott kommenden fürstlichen Würde ... So erhält das Wort ‚Gottesfürst' einen schönen Doppelsinn."[43] (Welchen?)

Die Priesterschrift möchte die Nachfolge des Ur-Menschen für die Priester und Propheten in Anspruch nehmen und hat daher ihre eigene Meinung zum „Gott Abrahams und Isaaks": „Und Gott redete mit Mose und sprach: ‚Ich bin Jahwe. Ich bin erschienen Abraham, Isaak und Jakob als El Šaddai, aber mein Name Jahwe ist ihnen nicht offenbart worden'."[44]

Ein neuer „erster Mensch" ist entdeckt: Mose, der Träger der ersten Jahwe-Offenbarung! Wir finden Belege, wonach Moses bereit ist, für sein Volk als Heilsbringer zu sterben[45], und von daher läßt sich auch Moses als der Urprophet und Abkömmling des Urmenschen, als Heilsbringer und Urvater sehen.[46] Man kann behaupten, daß die großen Propheten die Nachfolger des Mose seien und „daß der Knecht Jahwes als neuer Moses geschildert wird."[47]

Mit Mose wird unser Interesse, das auf der Suche nach dem geschichtlichen „ersten Menschen" der Jahwe-Verehrung ist, nach Süden gelenkt – sicher in die richtige Richtung. Aber auch die Gestalt des Mose ist legendär. Das meiste, was von ihm berichtet wird, hat sich im Laufe von Jahrhunderten an seine Gestalt ankristallisiert.[48] Die „ersten Menschen" der Jahwe-Anbetung werden für uns nicht greifbar.

Der Kult der Großen Herrin Eva, der jebusitischen Hebe[49] und ihres Sohngeliebten Abdiheba-Adam stammt aus vorisraelitischer Zeit und ist erst später jahwisiert worden.
Adam und Eva haben Jahwe nicht gekannt.
Die Stämme in Nordisrael haben die Götter des ugaritischen Pantheon verehrt. Auch sie haben Jahwe nicht gekannt.

42 1. Mose 23.6
43 Gerhard von Rad, „Kommentar zur Genesis", S. 197
44 2. Mose 6.2 f.
45 5. Mose 9.17-20 / 25 -29 / 2. Mose 32.31 ff. / 5. Mose 1.37 / 3.26 / 4.21
46 A. Bentzen, „Messias ...", S. 77
47 ebd. S. 51 (Der „Knecht Jahwes" ist der zweite Prophet Jesaja, Jesaja Kap. 40-55)
48 s. S. 173 ff.
49 Hebe ist die griechische Göttin der Jugend

Abraham muß die Ehre der ersten Jahwe-Offenbarung an Mose abtreten.
Und Moses?

Moses lebte in einer matriarchalen Gesellschaft. Als er nach Midian in Nordarabien zog, um eine Frau zu suchen, blieb er dort für längere Zeit. Er heiratete und hütete die Schafe seiner Frau und nahm ihren Glauben an, wie das in einer matriarchalen Gesellschaft üblich gewesen ist.

Der Jahwe des Südens ist ein Vegetationsgott wie El, und er begegnet uns als Mondgott wie dieser, wie Tarah, Abrahams „Vater"; er ist der „weiße Stier" der Danae[50], der Jungstier der Wüste[51]. Dieser Jahwe ist ein sanfter Gott gewesen und hat mit dem Jahwe der „Sinai-Offenbarung" nicht mehr als den Namen gemein.

Wir wissen aus der textkritischen Forschung, daß der eifersüchtige Allmachtsanspruch dieses Jahwe, seine vergeltende und rächende Gesetzlichkeit, seine unbeugsame Strenge und seine unnahbare, schreckeneinflößende Göttlichkeit nicht zu seiner ursprünglichen Verkündigung gehört haben, sondern nachträgliche Hinzufügungen eines späteren Redakteurs sind. Daß dieser „Redakteur" ein Levit am Jerusalemer Tempel gewesen ist, darüber besteht kein Zweifel. Erst durch die deuteronomistische Schriftstellerei wird aus dem Jahwe der Südstämme der „Gott Israels", ein schrecklicher Gott, von dem R. Kittel sagt, daß es des „Erbes der Väter" bedurft habe, um das „wilde, schreckhafte Tabu dieses Wüstengottes zu vergeistigen".[52]

Es ist nicht das „Erbe der Väter" das zu dem fürchterlichen Kriegsgott Jahwe in Widerspruch tritt, sondern das Erbe der Mütter. Aus der Weisheit der matriarchalen Religion steigen immer wieder jene Kräfte auf, die das aggressive menschliche Potential einbinden, Machtansprüche integrieren und sich gegen den patriarchalen Anspruch wehren. Immer wieder hat es des Erbes der Mütter bedurft, um das schreckhafte Tabu dieses Wüstengottes zu vergeistigen!

50 s. S. 100
51 s. S. 154
52 s. S. 119

Tod, Wiedergeburt und Heilige Hochzeit Jahwes

Die Natur hat nur Eine schöpferische Mutter.
In wieviel Sprachen und mit wieviel Namen sie auch angerufen worden sein mag –
Die Seele des Alls ist diese Eine allumfassende Kraft:
Die Himmelskönigin, die Große Herrin der Matriarchate.
Es gibt nur einen Sohn,
weil es nur eine Schöpfung gibt.

Im Sinnbild des Sohnes verdichtet sich die Vorstellung von der geschaffenen Welt, und im kultischen Vollzug wird dieser Glaube Ereignis: In den Festen zu Aussaat und Ernte, in den Klageliedern um den sterbenden Gott, der mit der vergehenden Natur den Tod erleidet, und in der Jubelfeier bei seiner Wiedererweckung, wenn die Priesterin als Inkarnation der Himmelskönigin mit dem Priesterkönig die Heilige Hochzeit vollzieht.

Auch Jahwe erweist sich als dieser sterbende und wiederkehrende Gott. Auch Jahwes „Einzigartigkeit" ist die Einmaligkeit der Einen Schöpfung, die sich immer nur in Einem Gott symbolisieren kann.

Wie in anderen matriarchalen Kulten begegnet uns im Jahwe-Kult:
der sterbende Gott,
die Hoffnung der Welt auf seine Wiedergeburt,
die Verheißung des Einen, des heilsbegabten Gottes-Sohnes,
das Vertrauen der Menschen auf den zündenden Lebensimpuls und die bewegende Kraft der Heiligen Hochzeit,
die Wiedergeburt der Schöpfung durch die kosmische Herrin allen Lebens.
Auch Jahwe kommt herab vom Berge, woher die Sohngeliebten der Himmelskönigin kommen; auch er verheißt Sommer und Winter, Saat und Ernte – wie andere Sohn-Geliebte der kosmischen Himmelskönigin; auch er kennt die Sprache der Liebe aus den Kulttexten der Heiligen Hochzeit.

In den prophetischen Texten sind die kultischen Liebesgespräche des Jahwe-Priesters mit der Heiligen Priesterin erhalten – verschlüsselt und in allegorische Sinnbilder umgedeutet. Im Hohenlied Salomos tritt der ursprüngliche Kulttext deutlicher zutage. Aber auch die Geschichten des Anfangs – die Genesis-Erzählungen im ersten Buch Mose – lassen auf den matriarchalen Urgrund schließen, dem sie entstammen.

Weltweit prägen die Rhythmen der Natur die religiösen Vorstellungen. Wo im Winter Schnee und Eis das Land zum Ersterben bringt, ist die Kälte das Symbol des Todes. Wo die Natur unter der unbarmherzigen Sonnenglut des Sommers verdorrt, bedeutet Hitze den Tod.

In den gemäßigten Zonen kommt das neue Leben im Frühling. In Ägypten beginnt das Jahr am 19. Juli, wenn Sirius zum ersten Mal am Morgenhimmel steht; denn wenige Tage später wird die Nilüberschwemmung einsetzen. Im festlich geschmückten Nilboot wird der König zum Vollzug der Heiligen Hochzeit auf dem Fluß fahren – und würde er es nicht tun, die segensreiche Überschwemmung bliebe aus.

In Palästina warten die Menschen auf die ersten Regenfälle im Herbst. Sie feiern ihr Neujahrsfest am ersten Vollmond nach der herbstlichen Tagundnachtgleiche. Im Frühling, wenn die Granatbäume blühen, wenn die erste Frühfrucht reift, begeht man in Palästina das Fest der Heiligen Hochzeit. Dann schenkt die Priesterin dem auserwählten Manne ihre Liebe, um den Einen, den göttlichen Sohn zu zeugen.

Die Bibel hat die Erinnerung an priesterliche Frauen erhalten. Sie bringen ihr Geschöpf zur Welt, den Sohn, der die Natur verkörpert. Diese Frauen haben alle nur *eine* Geburt, weil es nur *eine* geschaffene Welt gibt. Oft spiegelt sich die Doppelgesichtigkeit des Daseins, das als Tod und Leben, als Dunkel und Licht, Vergehen und Neuwerdung erfahren wird, in Zwillingsgeburten. Und wie das patriarchale Bewußtsein die Dunkelseiten des Lebens als „Böses" abspaltet, trennt das Alte Testament die „Zwillinge" in einen lichten und einen bösen Sohn.

Der matriarchale Kultvollzug wird verschleiert: Die biblischen Frauen empfangen auf geheimnisvolle, unerklärliche Weise, sei es, daß sie und ihr Mann bereits „alt und hochbetagt" geworden sind, oder es wird das Wunder der Schöpfung durch „jungfräuliche Empfängnis" Ereignis. Die Genesis überliefert uns einen derartigen Kulttext:[1]

1 1. Mose 25.20-26

„Isaak aber war vierzig Jahre alt, da er Rebekka zum Weibe nahm, ... und er bat den Herrn für sein Weib; denn sie war unfruchtbar. Der Herr ließ sich erbitten, und Rebekka, sein Weib, ward schwanger ... da nun die Zeit kam, da sie gebären sollte, siehe, da waren Zwillinge in ihrem Leibe. Der erste, der herauskam, war rötlich, ganz rauh wie ein Fell; und sie nannten ihn Esau. Darnach kam heraus sein Bruder ... und sie hießen ihn Jakob. Sechzig Jahre alt war Isaak, da sie geboren wurden."

Dieser Text gehört zum ältesten Überlieferungsbestand der Bibel überhaupt. Er ist deutlich kultischen Ursprungs. Rebekka ist die Enkelin Milkas, der Königin, und sie ist die Priesterin der Debora. Es muß ein Kultbild oder einen Kulttext gegeben haben, der Rebekka, an den Brüsten der Debora saugend, vorstellt, wie es eine Elfenbeinschnitzerei gibt, die Ramses II. darstellt, „saugend an den Brüsten der Jungfrau Anat und der Ašerat, der göttlichen Ammen". Im vorderen Orient ist die Vorstellung von an den Brüsten der Himmelskönigin saugenden Priesterköniginnen und Priesterkönige weit verbreitet. In der alttestamentlichen Überarbeitung wird Debora zur „Amme der Rebekka" banalisiert.[2] Während der Zeit der Dürre, wenn die Erde unfruchtbar ist, gilt auch das kultische Paar als unfruchtbar.

So wird von Rebekka erzählt, sie sei unfruchtbar gewesen. Dann wird ihr im kultischen Akt des Gebetes der Sohn verheißen, und sie wird schwanger. Ihre beiden Söhne könnten unterschiedlicher nicht sein. Der eine, Jakob, verkörpert das Leben und die Erlösung. Von ihm gehen die „Kinder Israel" aus. Der andere, Esau, ist das Symbol für Tod und Vernichtung. Und wie der Tod dem Leben schließlich immer wieder weichen muß, weicht Esau vor Jakob zurück und überläßt ihm das Land Kanaan.[3]

Wir kennen aus dem ägyptischen Mythos den Widerstreit zwischen Osiris und Seth, im christlichen Bewußtsein den Widerspruch zwischen Christus und Teufel – wobei dieser „Luzifer" ursprünglich ein Sonnensohn gewesen ist wie andere Kult-Söhne; das läßt sein Name „Lichtbringer" noch deutlich erkennen.

Im Ras-Schamrah-Mythos kämpfen Ba'al und Môt miteinander. Eva bekommt die Söhne Kain und Abel. Und ein Bruder tötet den anderen. Vom mythologischen Urverständnis her bringt auch Eva, die Mutter alles Lebendigen, Kain und Abel in einer

2 1. Mose 35.8
3 1. Mose 36.6

einzigen Zwillingsgeburt zur Welt: Abel, den Lichtsohn, der durch die Macht der Finsternis, seinen Zwillingsbruder Kain, getötet wird. Im zyklischen Ablauf von Werden und Vergehen hält dieser Mythos den Augenblick fest, in dem die Mächte des Todes über das Leben zu siegen scheinen – wie Môt den Ba'al tötet, als dessen Zeit abgelaufen ist.

Der Kult Sarahs, der Frau des Abraham, stammt aus Hebron. Dort ist ihr Grab, an das sicher eine alte kultische Überlieferung gebunden ist. Matriarchale Kulttexte müssen von Sarah erzählen, der Priesterin oder Königin am Heiligtum in Hebron, die eines jeden Jahres Unfruchtbarkeit in der Heiligen Hochzeit überwindet.

Wie alle Kulterzählungen, die zu Familiengeschichten redigiert worden sind, bekommt die Darstellung in der Bibel paradoxe Züge:

Abraham ist inzwischen neunundneunzig Jahre alt geworden[4], doch „Sarai, Abrahams Weib, gebar ihm kein Kind"[5]; denn sie war „alt und betagt, so daß es ihr nicht mehr ging nach der Weiber Weise"[6]. Eines Tages kommen drei Männer in den Heiligen Hain zu Mamre. Ein Fest wird gefeiert. Es ist nicht schwierig, die matriarchale Kultsprache zu verstehen: Ein Kalb wird geschlachtet, das Opfertier der matriarchalen Kultpraxis. „Er trug auf Butter und Milch und von dem Kalbe, das er zubereitet hatte."[7] Das festliche Mahl gehört zur kultischen Praxis, denn Essen und Trinken sind lebenerhaltend und lebenerneuernd wie die Liebe.

Unvermittelt ist nur noch von einem der Heiligen Männer die Rede.[8] Dieser eine sagt zu Abraham: „Ich will zu dir kommen über ein Jahr; siehe, so soll Sarah, dein Weib, einen Sohn haben."

Der Kultpriester begegnet uns in vielerlei Gestalt: Als weißgekleideter Mann, als Erleuchteter und Heiliger, als einer, von dem Strahlen ausgehen, als Gottesbote und als Engel.

In Chagalls Gemälde, das den Besuch in Mamre zum Gegenstand hat, sind aus den Männern Engel geworden, ein Zeichen dafür, wie sehr die bildende Kunst dazu beiträgt, matriarchale Überlieferung in Wundergeschichten umzuwandeln. Im Bild wird uns das Fabelwesen, der „Engel", anschaulich und der menschlichen Psyche eingängig gemacht. Der matriarchale Kultpriester wird

4 1. Mose 17.1
5 1. Mose 16.1
6 1. Mose 18.11
7 1. Mose 18.8
8 1. Mose 18.10

von der paradoxen Gestalt des geflügelten Mannes verdrängt.

Von den Kultpriestern, die Abraham besuchen, die zum Fest der Heiligen Hochzeit zum Heiligen Hain von Mamre gewallfahrtet sind, wird nur berichtet, daß ihnen Abraham mit Ehrerbietung begegnet, ihnen Wasser bringen läßt, damit sie ihre staubigen Füße waschen, daß er sich tief vor ihnen verneigt und das Opfer mit ihnen begeht.

Als Hoherpriester, als der Geliebte der Kultkönigin Sarah, läßt sich Abraham in der patriarchalisierten Legende kaum wiedererkennen; aber Sarah bringt den Einen Sohn zur Welt, den Sonnensohn, den Glücklichen, Strahlenden, Lachenden. Das weist auf den ursprünglichen liturgischen Text im matriarchalen Ritual zurück und verweist Abraham in die Rolle des Kultträgers, des Auserwählten, der mit der Heiligen Priesterin den neuen Heilsbringer zeugt.

Sarah wird die Mutter Isaaks, des Heiteren, wie sein Name sagt.[9] Auch dem Isaak ist der dunkle Bruder zugesellt, der von Anbeginn zu Bösem Prädestinierte. Denn auch Hagar, Sarahs Magd, hatte einen Sohn von Abraham, von dem wird geweissagt: „Er wird ein wilder Mensch sein, seine Hand wider jedermann und jedermanns Hand wider ihn – und er wird gegen alle seine Brüder wohnen."[10] Er wird der Verderber sein, der Dunkle, Sinnbild des Todes. Seine Wohnung ist in der Unterwelt.

In der matriarchalen Symbolik wird die Trostlosigkeit der lebensfeindlichen Wüste häufig zum Bild für die Gegenwelt. Und dorthin flieht Hagar mit ihrem Sohn, setzt sich nieder und wartet auf den Tod des Knaben. Sie hebt ihre Stimme auf und weint, wie die „Göttin" klagt um ihr Geschöpf, das sie in der Unterwelt weiß.[11]

Und wie Ištar den Tammuz aus der Unterwelt befreit, wie Anat ihren Geliebten Ba'al zu neuem Leben erweckt, so ergreift Hagar die Hand ihres Sohnes und führt ihn aus der Wüste. Sie findet einen Brunnen und schöpft aus dem Lebensquell für ihren Sohn. Fruchtbarkeit und Nachkommenschaft werden ihm verheißen.

Dieses Überlieferungsfragment beweist, daß Hagar (ihr Name bedeutet „die Fremde, die Flüchtige") und Ismael („Gott erhört") eine selbständige kultische Vergangenheit haben. Ihre

9 Ernst Wasserzieher, „Hans und Grete, zweitausend Vornamen", S. 96
10 1. Mose 16.12
11 Vergl. 1. Mose 21.16

Herkunft ist wahrscheinlich in Ägypten zu suchen. Von dort ist Hagar als Magd in die Dienste der Sarah gekommen. Dorthin kehrt der Sohn zurück, als er „heiratet". Erst die kultische Begegnung mit dem Abrahamkreis drängen Ismael in die Rolle des „dunklen Bruders".

Ismael, der Sohn der Hagar, der wilde und böse Sohn, wird wie der Môt des Ugarit-Mythos die Personifikation des Gegenspielers, des Todes, der Unterwelt.

Als Heimat Abrahams wird Haran angenommen, wo auch eine „Göttin" namens Sarah bekannt ist. „Sarah" bedeutet „Königin"[12], wird aber auch mit Fürstin wiedergegeben[13]. Noch bis ins 11. nachchristliche Jahrhundert haben sich in Haran matriarchale Kulte erhalten – dem Christentum und dem Islam zum Trotz.[14]

Die Spur der Heiligen Hochzeit zieht sich wie ein roter Faden durch die Texte des Alten Testamentes. Als Engel oder Heiliger Mann der Verkündigung bringt der Kultpriester der auserwählten Frau, deren Priesterinnenwürde allenthalben verschleiert wird, den göttlichen Zeugungsimpuls. Als „Hurer" verübt er „Greuel" mit den „Tempeldirnen". Ein Verfluchter ist er, wenn er die Heilige Hochzeit mit den Frauen seines Vaters begeht.

Die Bibel hat ein gebrochenes Verhältnis zum Kult der Heiligen Hochzeit – auch in den Berichten, die stehengeblieben sind, um uns die Geburt eines Auserwählten zu berichten, eines Kultschöpfers, eines Erzvaters, eines Heiligen oder Erlösers. Zwar bleibt meist das Kultverständnis erhalten, und die Heilige Mutter bringt nur den Einen Sohn zur Welt. Doch dieser Sohn wird kaum noch als der Jünglingsgeliebte der Großen kosmischen Herrin erkennbar. Seine Identität mit der Erde, der Geschöpflichkeit, der Vegetation und ihrer Vergänglichkeit ist an die Mutter abgegeben. *Sie* ist es jetzt, die den Rhythmen der Natur unterworfen ist, sie ist unfruchtbar, und „es geht ihr nicht mehr nach der Weiber Weise". Die kosmische Lebenskraft ist an das Männliche abgegeben, das sich offenbart und die „Alte" wieder fruchtbar werden läßt.

Wie wir wissen, geht die matriarchale Glaubensvorstellung von der entgegengesetzten Überzeugung aus:

12 Sigmund Mowinckel, „Rahelstämme und Leastämme", S. 134
13 E. Wasserzieher, „Hans und Grete, ...", S. 127
14 „Der Große Knaur" II., S. 364, Sp. 1067

Anat bietet El an, ihn zu verjüngen. Alle Jahre läßt sie ihren Geliebten Ba'al neu erstehen. Sie steht außerhalb von Leben und Tod. In ihren Weltenmantel hüllt sie alle ihre Geschöpfe. Sie umgreift die Fülle der irdischen und himmlischen Erscheinungen, trägt sie in sich wie den Sohn, den sie gebiert und heranwachsen sieht, den sie wieder in sich hineinnimmt, wenn sie ihn in Heiliger Hochzeit umarmt.

Wenn sie, die Eine, die Ewige und Unsterbliche, ihren Sohn altern und sterben sieht, wächst dieser selbe Sohn schon im Dunkel ihres Leibes wieder zu sich selbst heran. Wenn sie um ihn weint und ihn betrauert, weiß sie schon um seine Wiedergeburt.

Er, der Sohn – das männliche Prinzip – verkörpert Werden und Vergehen. Er ist dem Jahreszeitenrhythmus unterworfen. Nicht sie.

Spätere Kulturen dagegen – besonders in Griechenland – spalten die Göttin auf: „In die helle, jugendliche atmosphärische Göttin, verkörpert im astralen jagenden Mädchen ..., die Frauengöttin ... mit ihrer erotischen Kraft und die Todesgöttin als ‚Alter Frau'."[15] Die Große Göttin ist in ihre Aspekte auseinandergetreten. Während sie bislang den Kreislauf des Lebendigen übergreifen konnte, ist sie nun selbst in die Phasen des kosmischen Rhythmus eingetreten. Noch ist sie in ihren verschiedenen Gestalten die Herrin des Lebens, des Todes und der Wiedergeburt. Doch mit dem patriarchalen Herrschaftsanspruch über die Natur setzt sich die Auffassung durch, daß das Weibliche den wechselnden Erscheinungen des Lebens *unterworfen* sei.

Für ein Bewußtsein, das die kreative Kraft des Weiblichen ins Kosmische transzendiert hat, hüllt die Eine Herrin die ganze Welt in ihren Weltenmantel ein.
In ihrer Dreiheit wird sie schrittweise überwunden.
Die Herrin wird Objekt.
Die Jungfraugöttin muß genommen werden, um vom Manne ihrer weiblichen Bestimmung zugeführt zu werden.
Gegenüber der Liebesgöttin wird der Mann zum Subjekt: aus patriarchaler Sicht ist es der Mann, der sich die Liebesgöttin schafft, um sich in ihr immer wieder von neuem zu zeugen.
Die Todesgöttin läßt keine Hoffnung mehr. Sie ist die Furchtbare, auf die das patriarchale Bewußtsein seine irrationalen

15 H. Göttner-Abendroth, „Die Göttin und ihr Heros", S. 17

Ängste projiziert.

Im matriarchalen Bewußtsein ist der Tod nur eine andere Seinsweise des Menschen. Als Symbolträger für die erschöpfte Natur wird der Kultträger, der König, dem Leiden des Todes anheimgegeben, dem notwendigen Schlaf, der Ruhepause, in der sich die Erde erholt. Das Sterben des Kultkönigs ist kein grausames Opfer, sondern rituelles Geschehen, das den Tod der lebendigen Natur versinnbildlicht.
Matriarchales Bewußtsein spiegelt das Weltbild einer Zeit, „wo der Tod ... keine grausame und endgültige Tatsache darstellt, sondern weit eher eine gefährliche Verlockung, der man verfällt wie einem sanften Schlaf."[16]

Das Sterben des Kultkönigs müßte sich auch als Erinnerung in den Geschichten um Abraham wiederauffinden lassen, wenn es richtig ist, daß dieser „Erzvater" ein matriarchaler Kultkönig gewesen ist. Wir sollten erwarten, daß seine Gestalt – ebenso wie sie mit der Heiligen Hochzeit verbunden ist – auch in Geschichten vom rituellen Königsopfer eine Rolle spielt.
Und tatsächlich weiß die Abrahamsüberlieferung noch sehr genau, daß dieser Heilsträger am Ende seiner kultischen Zeit geopfert worden ist, um seinem Nachfolger die Königswürde abzutreten. Daß er „König" war, teilt die Bibel selbst mit, da sie ihn „den Fürst Gottes" nennt.[17] Daß wir keine eindeutige Schilderung des matriarchalen Opferkultes erwarten dürfen, ist selbstverständlich.

Die Bibel berichtet:
„Es kam aber eine Teuerung ins Land. Da zog Abraham hinab nach Ägypten ... und er sprach zu seinem Weibe Sarah: ‚Siehe, ich weiß, daß du ein schönes Weib von Angesicht bist. Wenn dich nun die Ägypter sehen, werden sie sagen: Das ist sein Weib – und werden mich erwürgen und dich leben lassen! So sage doch, du seist meine Schwester, auf daß mir's wohlgehe um deinetwillen.' Als nun Abraham nach Ägypten kam, sahen die Ägypter das Weib, daß sie sehr schön war. Und die Fürsten des Pharao sahen sie und priesen sie vor ihm. Da ward sie in des Pharao Haus gebracht. Und er tat Abraham Gutes um ihretwillen. Und er hatte Schafe, Rinder, Esel, Knechte und Mägde, Eselinnen und Kamele."[18]

16 C. Virolleaud, „Die Große Göttin ...", S. 156
17 1. Mose 23.6
18 1. Mose 12.10 ff.

Weder der Pharao noch die Fürsten werden beim Namen genannt. Der einzige historische Anhaltspunkt ist die „Teuerung". Die Wanderung nach Ägypten infolge einer Hungersnot gehört zum überlieferungsgeschichtlichen Repertoire Israels. Sie wird öfter erzählt. Wir dürfen also das historisierende Beiwerk getrost vernachlässigen und nach dem kultischen Haftpunkt fragen, von dem die Geschichte ausgegangen sein mag.

Im Zentrum der Erzählung steht Abrahams Angst vor dem Tode.
Aber Sarah, die Königin, wird leben.
Auch mit der jahreszeitlich bedingten Dürre kommt „Teuerung" ins Land.
Der Kultkönig des alten Jahres wird geopfert und beweint.
Ein neuer König wird im kommenden Jahr mit der Königin die Heilige Hochzeit feiern.

Aus der Erinnerung an archaische Opferpraxis wird patriarchale Legende. Die Herrlichkeit und Würde des „Erzvaters" Abraham ist bei der patriarchalen Legendenbildung auf der Strecke geblieben. Bei der Verwandlung des ursprünglichen Kultberichtes in die Erzväterlegende kommt ein wichtiges Phänomen zur Sprache, das den Bewußtseinsumbruch deutlich zeigt: Die Angst des patriarchalen Mannes vor dem Tode. Das patriarchale Bewußtsein geht leichthin damit um, daß infolge eines Krieges „alles erwürgt wird, was männlich ist", wenn der Sieger mit dem Besiegten abrechnet. Den kultischen Opfertod eines geweihten Einzelnen als Hingabe an ein Naturprinzip empfindet es als fürchterlich. Das Bewußtsein des *eigenen* Todes wird verdrängt, die Auseinandersetzung mit seiner Realität tabuisiert.

Abraham verliert alle Vorbildlichkeit und wird zum feigen Zuhälter: Er gibt sein Weib für Schafe, Esel, Rinder und anderes Getier. Die patriarchale Berichterstattung läßt die Meinung der Frau bei diesem üblen Geschäft überhaupt nicht zu Worte kommen!

Der biblische Autor kann es nicht unterlassen, diese platte und geschmacklose Zuhältergeschichte durch einen Hinweis auf Gottes allgegenwärtiges Handeln in jeder Lebenslage zu bereichern: „Aber der Herr plagte den Pharao mit großen Plagen um Sarahs, Abrahams Weib, willen ...".[19] Durch Gottes weises Ein-

19 1. Mose 12.17

greifen wird der Pharao seiner Sünde inne und gibt Abraham sein Weib Sarah zurück.

Diese Geschichte war der Forschung vor allem wichtig, weil die gleiche Erzählung kurz aufeinanderfolgend dreimal berichtet wird.[20] Doch kamen textkritische Erwägungen – auch eine Synopsis der drei Texte – nur zu dem Ergebnis, daß alle drei Erzählungen „einmal selbständige Einheiten waren".[21]

Diese miteinander vergleichbaren Erzählungen, die dennoch jede ihre ganz eigenartige Ausprägung besitzen, haben einen gemeinsamen Kern: die ursprüngliche kultische Liturgie.

Hinter der Angst Abrahams, er möge erwürgt und seine Frau einem anderen gegeben werden, sind realistische kultische Bräuche verborgen, die vielfach überliefert sind und sich daher im jüdischen Traditionsgut in mehrfach erhaltenen Texten wiederfinden.

Offensichtlich haben ursprünglich nicht nur drei, sondern unzählige Ritualtexte vorgelegen, die das Sterben eines Kultkönigs zum Inhalt hatten. Das erste Buch Mose bietet einen Text an, dessen Handlung an geheimnisvoll symbolische Todeswelten geknüpft ist: das „Tal Siddim", das dort liegt, „wo nun das Salzmeer ist"[22], im Tal des Todes, untergegangen im Toten Meer. Der Text spricht von den Erdharzgruben, von denen die Könige verschlungen werden. Der Tod zahlreicher Könige wird in dieser Geschichte zu einem „historischen Bericht" verfremdet, der in der vorliegenden Form völlig unverständlich ist:

Im Tal Siddim kommen Scharen von Königen zusammen, um gegeneinander zu kämpfen, und jeder tötet jeden. Wer nicht im Kampf erschlagen worden ist, kommt auf der Flucht um, und der König von Sodom fällt in die Erdharzgruben des Tales. Lot, der Neffe Abrahams, wird gefangengenommen und weggeführt. Doch jemand, der entronnen war, berichtet Abraham von dem Massaker. Der seinerseits rüstet zum Kampf, besiegt die Sieger, und als er wiederkommt, begegnet ihm der König von Sodom, der zuvor mit den Getöteten erwähnt worden ist.[23]

Vollends wirr wird die Erzählung durch eine Überarbeitung der Priesterschrift, die an dieser Stelle den Priesterkönig von Šalem (Jerusalem) mit Abraham in Verbindung bringt. Melchise-

20 1. Mose 12.10-20 / 20.1-18 und 26.1-11
21 Klaus Westermann, „Genesis" II., S. 40
22 1. Mose Kap. 14
23 1. Mose 14.3

dek trägt Brot und Wein auf und verpflichtet Abraham zum Dienst an seinem „Höchsten Gott", an El-Eljon, dem Gott von Jerusalem. „Und demselben gab Abraham den Zehnten von allem."

Auch der ugaritische Ba'al zieht ins Tal und wird dort von seinen Widersachern überwunden. Die Übereinstimmung ist auffallend: Ba'al ebenso wie der König von Sodom werden von der Unterwelt verschlungen – und beide, Ba'al und der König von Sodom, erstehen zu neuem Leben, wenn der Sieg über die Unterweltsmächte errungen ist.

In einen knappen Text zusammengedrängt, enthält die biblische Erzählung eine Fülle archaischer Kultberichte vom Tode der Gottkönige. Die außerordentliche Anhäufung von Namen in diesem Text – 90 von 288 Wörtern – hat die Forschung zu verwegensten Spekulationen über ihren geschichtlichen Aussagewert veranlaßt, jedoch mußte schließlich zugegeben werden, daß es „ein erkennbares Fortschreiten nicht gab".[24] „Mit Eifer und einem großen Aufwand von Gelehrsamkeit, aber geringem Erfolg"[25] hat sich die archäologische Forschung in den Dienst dieser Forschungsarbeit gestellt. Die zahlreichen wiederentdeckten Namen in den Texten des alten Orient forderten zu Vergleichen mit den Personennamen der im „Königskampf" erwähnten jüdischen Könige auf. Jedesmal, wenn man glaubte, einen König identifiziert zu haben, wurde das Leben Abrahams auf dessen geschichtliche Zeit festgelegt. Und war ein anderer Name historisch mit einer ganz anderen Epoche zu verbinden, so war man gezwungen, auch die Lebenszeit des Abraham zu verändern. „Dieses Kapitel der Forschung ist kein Ruhmesblatt", gesteht der Alttestamentler.[26]

Dem ausschließlich am Geschichtsdenken orientierten patriarchalen Bewußtsein kann sich der Sinn dieser Überlieferung nicht erschließen. Die historisierende Erzählweise des biblischen Redakteurs hat der Nachwelt einen schlechten Dienst erwiesen; denn für diesen Kampf unzähliger Könige im Tal Siddim einen geschichtlichen Haftpunkt zu suchen, ist mit Sicherheit schon von der Fragestellung her falsch. Wenn man indessen die „unerklärliche" Wiedergeburt des Königs von Sodom als Bestandteil des matriarchalen Kultdramas und den „Krieg der Könige" als

24 K. Westermann, „Genesis" II., S. 40
25 ebd. S. 41
26 ebd. S. 41

Sammelwerk kultischer Lesetexte begreift, bekommt der Bibeltext Sinn.

Auch die kultische Handlung des Priesterkönigs Melchisedek, der Brot und Wein an Abraham austeilt, paßt sinnvoll in den rituellen Ablauf. Aber die Unterstellung, Abraham, der Erzvater, habe Melchisedek, dem Priester, den „Zehnten von allem" gegeben, ist ein ebenso plumper wie anachronistischer Einschub, mit dem die Priester ihren Anspruch auf den Zehnten als unabdingbares Recht aus der Patriarchenzeit herleiten möchten!

Ein Alttestamentler bedauert, „daß, wo eine Festlegende geboten wird, sie durch Historisierung ihres alten Sinnes beraubt und damit ‚entgiftet'"[27] worden sei.

Allerdings ist der „Kampf der Könige" noch nie unter dem Gesichtspunkt betrachtet worden, daß hier eine historisierende Festlegende vorliegen könne. Der Gedanke wäre zu revolutionär.

Im Sterben seiner Kultkönige stirbt symbolisch der Gott.

Die Abfolge jüdischer Könige, die an einem traditionellen Kultort das Sterben Jahwes stellvertretend auf sich genommen haben, weist den später zum monotheistischen Hochgott aufgestiegenen Jahwe der Juden als matriarchale Gottheit aus. Jahwe muß jährlich in die Unterwelt hinabsteigen. Er bedarf der Kraft der Himmelskönigin, um wiedergeboren zu werden:

Auch Jahwe ist sterblich!

Der Ort der Handlung in dieser Geschichte ist ein zuverlässiges Indiz dafür, daß es sich um einen Kulttext handelt; denn geschichtliche Ereignisse – auch wenn sie durch eine lange Überlieferungsgeschichte zum Sagenbestand eines Volkes geworden sind – haben in der Regel einen konkreten geographischen Haftpunkt. Das Tote Meer aber hat Symbolcharakter. Wie die trostlose Wüste oder das steinige Gebirge gehört es zu den Unterweltslandschaften, wohin der Sohngeliebte der Großen Herrin seine Todesfahrt macht.

Von dort wird er wiederkehren.
Denn er ist nicht nur der sterbende,
sondern auch der wiedergeborene Gott.
Auch Jahwe wird wiedergeboren.

Er inkarniert sich in dem Einen Sohn, im Adôn, seinem „uranfänglichen Mannesgeschöpf", in der ununterbrochenen Reihe

27 Johannes Hempel, „Geschichten und Geschichte im Alten Testament bis zur persischen Zeit", S. 121

seiner Kultträger, in Richtern, Priestern und Königen. Immer verkörpert der Eine, der Auserwählte, seinen Gott in irdischer Erscheinungsform.

Die tröstliche Botschaft des matriarchalen Glaubens verkündet die Wiedergeburt dieses Einen Sohnes.

Weitere Kinder, die spätere Überarbeitungen der Kulterzählungen diesen Müttern dann und wann zugeschrieben haben, sind vom rezipierenden Bewußtsein niemals ernst genommen worden. Sie werden verdrängt, zur Bedeutungslosigkeit verurteilt wie Jesu Brüder.

Denn im Zentrum des matriarchalen Glaubens steht die Gewißheit der Wiedergeburt, die Verheißung der sich wiederbelebenden Natur, die im Mannesgeschöpf symbolisiert ist.

Dem patriarchalen Anspruch genügt die Eine Verheißung nicht. Er fordert mehr: Land und Besitz, unzählige Nachkommen, Macht und die Zusage auf den Sieg in allen seinen Kriegen.

Die alttestamentliche Forschung unterscheidet in der Bibel zwei Arten von Verheißungen:

– Die Nachkommenverheißung
– und die Landverheißung.

Umstritten ist, welche Art der Verheißung die ältere Tradition habe, und die meisten Forscher glauben beweisen zu können, daß die Landverheißung zum ältesten Überlieferungsbestand gehöre.

Es ist verständlich, daß ein Volk, dessen Heimatanspruch mehrmals in der Geschichte rigoros zurückgewiesen worden ist, ein Volk, das immer wieder unter alle Völker zerstreut worden ist, das Recht auf dieses Land dem Zuspruch Gottes am Anfang aller Zeiten verdanken möchte.

Aber nicht alles, was der Mensch an den „Anfang“ projiziert, ist wirklich ursprünglich!

Ursprünglich ist:

– Die Verheißung des Einen Sohnes als Versprechen ständiger Wiederkehr von Saat und Ernte im matriarchalen Glauben.

Sekundär ist:

– Die Verheißung vieler Nachkommen und die Landverheißung als Versprechungen der patriarchalen Gottesauffassung.

Nach der „Sündflut“ macht Gott seinen Bund mit Noah und verspricht ihm: „Solange die Erde steht, soll nicht aufhören Saat und Ernte, Frost und Hitze, Sommer und Winter, Tag und

Nacht!"[28] Hier spricht der matriarchale Jahwe mit dem Menschen, der Gott, der in Heiliger Hochzeit seine Wiedergeburt erfährt. Denn nur die Liebe als das eigentlich schöpferische Agens kann das Versprechen einlösen, daß der Tag aus jeder Nacht wiedergeboren wird, daß auf jeden Winter ein neuer Sommer folgt, auf jede Dürre neue Fruchtbarkeit, auf Erstarrung und Tod neues Leben.

Die jahwistische Redaktion delegiert die Sohnesverheißung an den Vater. Der Gott Abrahams verspricht dem alternden „Erzvater" den Einen Sohn. Doch die Sohnesverheißung des patriarchalen Bewußtseins ist eingebunden in die Hoffnung auf Wachstum und Ausbreitung, Macht und Herrschaft. Deshalb verspricht der patriarchale Jahwe mehr. Er sagt zu Abraham: „Siehe gen Himmel und zähle die Sterne ... also soll dein Same werden.[29] Ich will deinen Samen segnen und mehren wie die Sterne am Himmel und wie den Sand am Ufer des Meeres; und dein Same soll besitzen die Tore seiner Feinde!"[30]

An anderer Stelle heißt es: „Ich will (Sarah) segnen, von ihr will ich dir einen Sohn geben ... und Völker sollen aus ihr werden und Könige über viele Völker!"[31] Hier ist ein kleiner Rest des Urtextes stehengeblieben: „... Völker sollen aus *ihr* werden!" ist matriarchaler Kulttext.

Die erste Geburt der Kultheroin entspricht matriarchalem Schöpfungsglauben, und jeder Stamm hat gewissermaßen seine eigene Schöpfungsgeschichte, an deren Anfang die Große Herrin steht, die den Einen Sohn, den Stammvater des Volkes zur Welt bringt, der sich im Nachfolger inkarniert und als „Gottkönig" oder „Gottmensch" das Amt des Hohenpriesters versieht.

Ursprünglich war für jeden Stamm nur die eigene Kultherrin und der eigene Kultheros von Bedeutung. Die Bibel hat eine Sammlung derartiger Ursprungsberichte festgehalten und verknüpft die matriarchale Tradition verschiedener Stämme miteinander. Von daher verstehen sich die vielen Frauen und deren „eingeborene" Söhne, die oft Zwillingsgeburten sind.

Auch vom „Stamm Juda" gibt es einen solchen Ursprungsbericht, die einzige Überlieferung, auf die Juda zurückgreifen kann. Das Alte Testament erzählt die Geschichte bis zur Unkenntlichkeit entstellt und nennt sie „Judas Sünde".[32]

28 1. Mose 8.22
29 1. Mose 15.5
30 1. Mose 22.17
31 1. Mose 17.16
32 1. Mose, Kap. 38

Juda ging von seinen Brüdern fort und heiratete eine Kanaaniterin, mit der er drei Söhne bekam. Der erste, Ger, nahm ein Weib, Tamar, zur Frau. Doch da Ger „böse war vor dem Herrn, tötete ihn der Herr". Tamar aber sollte ihrem toten Gemahl „Samen erwecken", und deshalb wurde sie dessen Bruder zum Weibe gegeben. Dem Onan mißfiel es jedoch sehr, daß er Kinder zeugen sollte, die nicht seine eigenen sein werden, und so ließ er den Samen auf die Erde fallen. Das wiederum mißfiel dem Herrn gar sehr, so daß er Onan tötete. (Welcher Geschichte wir das Wissen verdanken, daß Onanie gesundheitsschädlich und schließlich tödlich ist ...)

Nun hatte Juda Sorge um seinen dritten Sohn und wollte seine Schwiegertochter nicht auch ihm zum Weibe geben, aus Furcht, auch der jüngste könne sterben. Tamar ging daher heim in ihres Vaters Haus und dachte nach, wie sie es zu einer Schwangerschaft bringen könnte. Eines Tages legte sie ihre Witwenkleider ab, hüllte sich in einen Mantel und setzte sich an den Weg, an dem Juda vorbeikommen mußte. Juda hielt Tamar für eine Hure, sprach sie an und wurde mit ihr schnell einig. Seinen Ring, seinen Hirtenstab und seine Schnur überließ er ihr als Pfand, damit er sein Versprechen hielte, ihr einen Ziegenbock zu senden als Preis für die Nacht.

Wie erwartet, wird Tamar in der Liebesnacht mit ihrem Schwiegervater schwanger. Als Juda ihr den zugesagten Ziegenbock übersenden will, findet der Bote die Frau nicht. Die Leute des Ortes sagen, es sei niemals eine Hure dagewesen.

Drei Monate später bringt man Juda die Nachricht, daß seine Schwiegertochter schwanger sei. Juda, empört wegen der verletzten Familienehre, verlangt nach Tamar, daß man sie verbrenne. Tamar aber übersendet ihm das Pfand ihrer Liebe: Ring, Stab und Schnur.

„Und da sie gebären sollte, wurden Zwillinge in ihrem Leib gefunden. Und als sie jetzt gebar, tat sich eine Hand heraus, da nahm die Wehmutter einen roten Faden und band ihn darum und sprach: ‚Der wird zuerst herauskommen!' – Es kam aber sein Bruder zuerst heraus ... und der mit dem roten Faden ums Handgelenk kam danach heraus."

„Juda aber erkannte Tamar fürder nicht mehr!" Es bleibt bei der *einen* Geburt!

Der kultische Hintergrund dieser Erzählung ist trotz der erheblichen Verschleierung noch auszumachen: Tamar, die Stammesheroin, trauert um ihren Mann – sie muß ihm, der längst tot ist, den Sohn gebären, ein Motiv, das im vorderasiatischen Raum weit verbreitet ist. Man denke nur an Isis, die von ihrem toten Gemahl den Sohn empfängt.

Die *eine* Geburt, der keine weiteren folgen, ist eine Zwillingsgeburt, die das Doppelgesicht der Schöpfung symbolisiert.

Wenn im Alten Testament Erinnerungen an die Heilige Hochzeit auftauchen, sind sie durch die schriftstellerische Korrektur entweder zu unglaubwürdigen Wundergeschichten von unfruchtbaren, uralten oder jungfräulichen Müttern entstellt, Frauen, die durch Gottes Huld, das Erscheinen eines Engels oder heiligen Mannes auf unbegreifliche Weise schwanger werden, oder die Kultpriesterin entartet zur „Hure". Die ursprüngliche Kultlegende degeneriert zur platten, patriarchalen Morallehre.

Im ersten Fall wird Jahwe zum Herrn über die Natur. Er durchbricht die Naturgesetze. Im zweiten Fall wird die Sexualität abgespalten und verteufelt, die schöpferische Urkraft des Eros wird ihrer Heiligkeit beraubt.

Beide Sichtweisen koppeln den Menschen von seinem matriarchalen Urgrund ab. Der Mensch paßt sich der Natur nicht mehr an, sondern macht sie sich zum Objekt, das er ausbeutet und bedenkenlos zerstört.

Die Tamar in unserer Geschichte wird zwar gerechtfertigt. Sie ist keine „Hure". Juda wird beschämt. Doch wird er beschämt von einer Frau, die patriarchalen Gesetzen unterworfen ist, die nach patriarchaler jüdischer Ordnung ihrem toten Mann Söhne „erwecken" muß und deshalb dessen Bruder zum Weibe gegeben wird. Judas Schwiegertochter gehorcht diesem patriarchalen Gesetz. Im übrigen ist sie dermaßen „rein", daß sie nur ein einziges Mal Geschlechtsverkehr hat, um ihrer Bestimmung als Frau in der jüdischen Gesellschaft zu entsprechen!

Tamar, die Palme, ist die judäische Kultheroin.* Jahwe, der

* Tamar heißt die Hohepriesterin in Juda. Der Name bedeutet „Palme" und hat kultische Bedeutung. Er kommt nur in der Familie Davids vor. Davids Tochter und eine Enkeltochter heißen Tamar. (2. Samuel 13.1/14.27) Die Palme spielt außerdem eine überragende Rolle bei der Ausstattung des Salomonischen Tempels zu Jerusalem. (1. Kön. 6.29, 32, 35/2. Chron. 3.5) Und noch der Prophet Hesekiel hat in der Verbannung eine Vision, die ihn den Tempel schauen läßt: „Und am ganzen Hause herum waren Cherubim und Palmenlaubwerk gemacht ... vom Boden bis über die Tür Palmbauwerk geschnitzt ... (Hes. 41.18 f.) Die „Palme" hat in der erotischen Symbolsprache des Hohenliedes Bedeutung. Hier, im Fest der Heiligen Hochzeit, wie sie in Jerusalem gefeiert wird, sagt der Kultpriester zu seiner Geliebten: „Dein Wuchs gleicht der Dattelpalme und deine Brüste den Trauben. Ich dachte: ‚Ich will die Palme besteigen, fassen nach ihren Rispen!'" (Hoheslied 7.8 f. und S. 298)

judäische Gott, ist der Gott des Hohenliedes Salomo: „Denn stark wie der Tod ist die Liebe, hartnäckig wie die Unterwelt ist die Leidenschaft. Ihre Gluten sind Flammen Gottes, ihre Flammen sind Flammen Jahwes."[33]

Auch Jahwe ist sterblich. Auch Jahwe verkörpert sich in seinen Kultträgern und feiert in jedem Frühling die lebenerneuernde Heilige Liebe. Auch Jahwe wird wiedergeboren.

Erst die von rigider Intoleranz gegen die matriarchale Kultur besessene Schrift des Deuteronomisten formuliert den Wunsch nach vielen Söhnen, nach Kriegern, um fremde Völker zu unterwerfen, die Gier nach Landbesitz, nach Macht und Herrschaft. Dieser Überarbeitung verdanken wir den „weithin zu beobachtenden Verlust der Festlegenden", zu denen „erst sekundär ‚fromm' gemachte ‚historische' Begründungen gegeben werden, während die heidnische Festlegende, die den noch immer umstrittenen Ursinn enthüllen würde, verloren ist."[34]

Die „heidnische" – das heißt die matriarchale – Festlegende ist nicht verloren! Sie findet sich in den erstaunlichen matriarchalen Versprechungen, die Jahwe seinem Volke macht, Versprechungen, die sich mit der Unduldsamkeit des deuteronomistischen Jahwe nicht in Einklang bringen lassen.

Sie findet sich in Kultgesängen und Festliedern, sie bildet den Kern patriarchalisierter Geschichten.

Die matriarchalen Kultmotive finden sich noch in der Symbolsprache der prophetischen Verkündigung wieder, die Tod und Unterweltsfahrt, Heilige Hochzeit und Wiedergeburt Jahwes als allegorische Bilder gebraucht.

33 Hoheslied 8.5 f. und s. S. 287
34 Johannes Hempel, „Althebräische Literatur", S. 91

Zwölf Söhne ohne Vater

Nur in Kindergeschichten und frommen Legenden gibt es die vereinfachte Vorstellung von dem frommen alten Abraham, von Isaak, seinem Sohn und von Jakob, dem Vater von zwölf Söhnen, die die Stammväter der zwölf Stämme Israels gewesen seien.

Unsere Großmütter haben noch alles auswendig lernen müssen. Wie ein Gebet mußten sie die Namen der zwölf Söhne Jakobs hersagen. Die hießen:

Ruben, Simeon, Levi,
Juda, Dan, Naphtali,
Gad, Asser, Isaschar,
Sebulon, Joseph und Benjamin.

Durch den Zwang zum Auswendiglernen ist ihnen das Denken erspart worden. Zur alttestamentlichen Forschung haben sie keinerlei Zugang gehabt.

Hätten sie sich ein eigenes Urteil verschaffen können, sie hätten bald festgestellt, daß wir die „zwölf Stämme Israels" einer nachträglichen Konstruktion der alttestamentlichen Endredaktion zu verdanken haben. Sie hätten entdeckt, daß Jakob nicht der „Stammvater" dieser zwölf Söhne war, daß Abstammung vom Vater im alten Israel überhaupt keine Rolle gespielt hat.

Trotz der aufgepfropften Erzvätergeschichten läßt sich beweisen, daß die israelitischen Stämme, „ihrer eigenen Überlieferung zufolge, die sie von vier Müttern herleitet, nicht einerlei Herkunft"[1] sind. Wer jedoch aus den „vier Müttern" die „Herkunft" der israelitischen Stämme ableiten will, wird enttäuscht sein; denn es handelt sich nicht um „Ahnfrauen", sondern um Kultheroinnen. Kult-Geschichte, aber nicht Ursprungsgeschichte läßt sich aus ihnen ableiten.

Die Jakob-Legende hat eine umfangreiche Überlieferung matriarchaler Kultberichte zu einer Erzvätergeschichte zusammengeschmolzen: „Um das höchst verschiedenartige und oft sperri-

1 J. Hempel, „Die alttestamentliche Religion", S. 126

ge Einzelmaterial der jetzigen Vätergeschichte zu einem großen Erzählungszusammenhang zusammenzuschmieden, bedurfte es einer eingreifenden, redaktorischen Technik."[2] Die vier „Ahnmütter" der israelitischen Stämme werden auf eine Weise miteinander verbunden, die dem patriarchalen Bewußtsein ebenso einleuchtend wie selbstverständlich erscheint: Der „Erzvater" Jakob nimmt alle vier zur Ehe.

Jakob wandert – dem Gesetz der matrilokalen Gesellschaftsordnung folgend – aus seinem Elternhaus fort, um sich eine Frau zu suchen. „Da hob Jakob seine Füße auf und ging in das Land, das gegen Morgen liegt."[3] Er kommt in das Land Haran, in die Heimat Abrahams. An einem Brunnen begegnet er Rahel, die dorthin mit ihren Schafen gekommen ist, um die Herde zu tränken. Jakob liebt Rahel und entschließt sich, dem Laban, Rahels Vater, sieben Jahre zu dienen, um Rahel zur Frau zu bekommen. „Also diente Jakob um Rahel sieben Jahre, und sie deuchten ihn, als wären's einzelne Tage, so lieb hatte er sie."[4]

Als aber die Zeit um ist, das große Hochzeitsfest gefeiert worden ist und die Nacht hereinbricht, führt Laban seine älteste Tochter Lea dem Jakob zu, und der Tölpel merkt in der Dunkelheit noch nicht einmal, daß er mit der falschen schläft!

Da hilft nichts, die Ehe ist besiegelt. Jakob muß Lea behalten. Laban begründet das: „Es ist nicht Sitte in unserem Lande, daß man die jüngere vor der älteren verheiratet."[5]

Und Laban gibt seiner Tochter Lea die Magd Silpa mit in die Ehe. Jakob, bitter enttäuscht, verhandelt mit Laban, der ihm nach einer Woche schließlich auch die Rahel zum Weibe gibt. Doch muß er weitere sieben Jahre dienen.

Jakob weiß sich zu rächen und bereichert seine eigenen Herden auf Kosten der Herden seines Schwiegervaters. Er wird ein reicher Mann: Reich an Vieh und reich an Söhnen.

Zunächst bekommt Lea allein Kinder, während Rahel unfruchtbar ist. Wir begegnen wieder der kultischen Vorstellung von der „unfruchtbaren" Frau. Doch die Kultlegende geht unter im „Dickicht unerbaulicher Menschlichkeit"[6]. Wobei wir anmerken dürfen, daß diese „unerbauliche Menschlichkeit" aus pa-

2 G. v. Rad, „Das erste Buch Mose", S. 8
3 1. Mose 29.1
4 1. Mose 29.30
5 1. Mose 29.26
6 H. Weidmann, „Die Patriarchen und ihre Religion ...", S. 148

triarchaler Feder stammt.

Rahel will ihr Schicksal nicht tragen und hadert mit ihrem Mann wegen ihrer Unfruchtbarkeit. Schließlich gibt sie ihm ihre Magd Bilha ins Ehebett. Der brave Ehemann schläft gehorsam mit der Magd seiner Lieblingsfrau, und diese bekommt die erwünschten Söhne.

Inzwischen hat Lea ihre unfruchtbare Zeit, gibt dem Jakob ihre Magd Silpa zum Schlafen, und Jakob zeugt mit dieser gewissenhaft weitere israelitische Stammesväter.

Als er zum Manne herangewachsen ist, geht Ruben, der älteste Sohn der Lea, aus, um Mandragorafrüchte zu suchen, die geheimnisvolle kultische Liebesfrucht. „Ruben ging aus zur Zeit der Weizenernte und fand Liebesäpfel auf dem Felde und brachte sie heim seiner Mutter Lea. Da sprach Rahel zu Lea: ‚Gib mir von den Liebesäpfeln deines Sohnes einen Teil!‘ Sie antwortete: ‚Hast du nicht genug, daß du mir meinen Mann genommen hast, und willst auch die Liebesäpfel meines Sohnes nehmen?‘ Rahel sprach: ‚Wohlan, laß ihn diese Nacht bei dir schlafen um die Liebesäpfel deines Sohnes.‘ Da nun Jakob des Abends vom Felde kam, ging ihm Lea hinaus entgegen und sprach: ‚Zu mir sollst du kommen; denn ich habe dich erkauft um die Liebesäpfel meines Sohnes!‘ Und Jakob schlief bei ihr die Nacht.“[7] Es bleibt jedoch nicht bei dieser einen Nacht. Es werden Jahre daraus, und Lea bekommt zwei Söhne und eine Tochter aus diesem merkwürdigen Geschäft mit den Liebesäpfeln ihres Sohnes Ruben.

„Eines Tages, zur Zeit der Weizenernte ...“ ist wörtlich dem ursprünglichen Kulttext entnommen. Die Zeit der Weizenernte ist kultische Zeit. Das Korn wird gemäht. Die Natur und ihr Kultkönig müssen sterben. Aber die Liebesäpfel sind das Sinnbild der Hoffnung auf Wiedergeburt.

Aus diesem Kulttext hat der Bearbeiter keine glaubwürdige patriarchale Erzählung gestaltet. Dunkel ist seiner Rede Sinn! Viel Licht haben auch die Exegeten in den Text nicht gebracht.

Rahel sei so abergläubisch gewesen, den Liebesäpfeln zuzutrauen, daß sie die „Fruchtbarkeit fördern“. Es zeuge für ihren ungebrochenen Sinn, daß sie auf dieses abergläubische Mittel so erpicht sei.[8] Welche Logik angesichts des Textes, wonach Rahel

7 1. Mose 30.14-16
8 Stuttgarter Jubiläumsbibel/Erläuterungstext zu 1. Mose 30.14

für die Liebesäpfel den Ehemann an Lea verkauft! Und was will der Interpret mit dem „ungebrochenen Sinn" der Rahel ansprechen? Wozu muß der Sinn einer Frau gebrochen werden?

Ein anderer Exeget meint: „Diese Legende aber ist nur möglich, wo der Begriff der Sklavenmiete geläufig war. Denn Jakob wird hier als Rahels Sklave bezeichnet, den seine Herrin an ihre Genossin ausdingen kann."[9] Anscheinend stellen sich Männer Matriarchate als rücksichtslose Frauenherrschaft vor. Derartige Phantasien liefern gleichzeitig überzeugende Begründungen dafür, daß der Mann das Matriarchat beseitigen mußte.

Lea ist kultisch nur mit einem Sohn verbunden – Ru-Ben bedeutet etymologisch „der Sohn"[10] – und er ist der besondere Sohn, der Auserwählte.

Sein „Vater" spricht ihn als Erstgeborenen an: „Ruben, mein erster Sohn bist du, meine Kraft und der Erstling meiner Stärke, der Oberste in der Würde und der Oberste in der Macht!"[11]

Für matriarchales Bewußtsein kommt dem Kultträger die oberste Würde zu, dem „Auserwählten", dem geheiligten Mann, dem Sohn-Geliebten der Herrin und Himmelskönigin.

„Die Würde des Erstgeborenen hätte er schwerlich behalten, wenn er nicht in vorgeschichtlicher Zeit eine Vormachtstellung unter den Leastämmen gehabt hätte!"[12] Der biblische Text gibt aber für den Zusammenhang mit Macht, mit irgendeiner politischen oder patriarchalen Vormacht des Ruben keinerlei Anhaltspunkte. Darauf aber, daß er der Auserwählte gewesen ist, der Kultträger, verweist der verschleierte Text von den Liebesäpfeln, die Ruben „zur Zeit der Weizenernte" seiner Mutter Lea bringt.

Die ersten literarischen Zeugnisse der Menschheit sind Ritualtexte. Die Zeit, in die Jakobs „Familiendrama" mit seinen vier Frauen zurückweist, kennt die Gattung der Familiengeschichte nicht. Wenn die Endredaktion der Bibel uns erzählt, Ruben habe mit Bilha, der „Magd" Rahels, geschlafen, die das „Kebsweib" seines Vaters gewesen sei, dann ist es Aufgabe der textkritischen Forschung zu fragen, welcher kultische Hintergrund hinter dem überlagernden, ein plumpes Familiendrama anbietenden Erzählfragment verborgen ist. Der Bericht von Rubens Beilager

9 David Daube, „Rechtsgedanken in den Erzählungen der Pentateuch"
10 E. Wasserzieher, „Hans und Grete", S. 106
11 1. Mose 49.3
12 G. v. Rad, „Das erste Buch Mose", S. 347

mit Bilha läßt auf die synkretistische Verschmelzung zweier Kulte schließen. Dabei wird die Bilha-Gruppe eine untergeordnete Rolle gespielt haben. So wird Bilha zur „Magd“ Rahels und zum „Kebsweib“ Israels, den die Bibel vor seiner entscheidenden Gottesbegegnung Jakob genannt hat. „Und es begab sich, da Israel im Lande wohnte, ging Ruben hin und schlief bei Bilha, seines Vaters Kebsweib; und das kam vor Israel. Es hatte aber Jakob 12 Söhne.“[13]

Die Irritiertheit des biblischen Erzählers angesichts dieses dem patriarchalen Bewußtsein zum Tabu geratenen „Beischlafes mit der Mutter“ zeigt sich in einem doppelten Stilbruch: Der „Erzvätername“ wechselt mitten im Text. Der Schlußgedanke „Jakob aber hatte zwölf Söhne!“ ist völlig unzusammenhängend dem Text nachgestellt – es sei denn, der Bibelautor will seiner Familienkomposition nochmals Nachdruck verleihen, damit der matriarchale Kulttext gründlich überlagert wird.

Die Konsequenz auf Rubens „Untat“ folgt erst im „Jakobssegen“. Erst angesichts seines Todes soll Jakob seinen Sohn verdammt haben: „Du sollst nicht der Oberste sein; denn du bist auf deines Vaters Lager gestiegen, daselbst hast du mein Bett entweiht mit dem Aufsteigen.“[14]

Die biblische Familiengeschichte segnet Rahel mit einem „ältesten“ Sohn, Joseph. Wie wir auf der Stämmelandkarte sehen können[15], hat es einen altisraelitischen Stamm „Joseph“ nicht gegeben. Die alttestamentliche „Geschichtsschreibung“ rückt das Mißgeschick dadurch zurecht, daß sie Joseph den Stämmen Ephraim und Manasse als „Vater“ voranstellt. Die Kultgeschichte kennt Rahel nur als die Mutter des Einen Sohnes, des Ben-Jamin, der in der Bibel als zwölfter Jakobssohn gilt.

Schälen wir aus dieser umfangreichen Familiengeschichte die Rahel-Überlieferung heraus, bleibt der Kern einer matriarchalen Kulterzählung stehen, die die Mutter mit dem Einen Sohn zum Inhalt hat, von der temporären Unfruchtbarkeit der Erde erzählt und von der Erlösung durch den Einen Sohn, der in der Rahel-Tradition keinen Vater hat. Das gibt auch die Forschung zu, wenn gesagt wird, „daß die Erzählung in einer älteren Fassung die Gestalt des Jakob noch gar nicht gekannt hat“.[16] Rahel

13 1. Mose 35.22
14 1. Mose 49.4
15 Vergl. Karte der altisraelitischen Stämme S. 79
16 G. v. Rad, „Das erste Buch Mose“, S. 270

hat ihren Kultort gehabt, ihre bis in die Zeit der Könige hineinreichende Verehrung. Denn noch der „erste" König, Saul, der ein Auserwählter aus dem Stamme Benjamin ist, begibt sich nach seiner Salbung zum König traditionell ans Grab der Rahel[17], die er als Kultheroin seines Stammes verehrt. Die deuteronomistische Redaktion verlegt den benjaminitischen Kultort in die Gegend um Bethlehem, um die traditionsarme Geschichte Judas mit israelitischem Kultgut aufzuwerten. „Das Grab der Rahel wird in der spätesten Tradition nördlich von Bethlehem lokalisiert; es ist aber völlig klar und allgemein anerkannt, daß es nach der älteren Tradition im Alten Testament im Ephraimgebirge lag, nicht weit von Rama."[18]

Um den einwandernden „Jakob" mit der auf Rahel zurückgehenden Tradition des Stammes Benjamin zu verbinden, läßt die Bibel Jakob mit Frau und Kindern aus Haran, der Heimat Abrahams, aufbrechen und nach Kanaan „zurückkehren".

Laban, der alte Vater von Jakobs Frauen, will diese Reise nicht zulassen. Jakob flieht in der Nacht, doch Laban holt ihn ein. Er rechtet mit seinem Schwiegersohn; denn nach seiner Vorstellung dient der Mann im Haus der Frau und erwirbt keinerlei Rechte über seine Frauen: „Die Töchter sind meine Töchter und die Kinder sind meine Kinder, und die Herden sind meine Herden!"[19] klagt er, und er läßt Jakob schwören, daß er Lea und Rahel nicht bedrücken noch andere Weiber dazunehmen werde.[20]

Das matriarchale Besitzrecht an den Herden, das freie Selbstbestimmungsrecht der Frau über sich selbst kommt hier noch gut zum Ausdruck. Doch wie kommt es zu einem Recht des *Vaters* über seine Töchter? An den Ungereimtheiten läßt sich der Korrekturstift des Überarbeiters erkennen, der matriarchale Kultberichte zu patriarchalen Familiengeschichten umarbeitet!

Die matriarchale Eheform im alten Orient ist die beena-Ehe. „Diese Eheform, die auch aus dem alten Israel bekannt ist", beschreibt Martin Noth als Lebensweise, „bei der die Frau im elterlichen Haus verblieb und von ihrem anderswo wohnenden Mann besucht zu werden pflegte ..."[21] Zwei Jahrtausende patri-

17 1. Sam. 10.2
18 S. Mowinckel, „Rahelstämme und Leastämme", S. 133
19 1. Mose 31.43
20 1. Mose 31.50
21 Martin Noth, „Ursprünge Israels im Lichte neuer Quellen", S. 17

archalen Bewußtseins haben eine seltsame „Logik“ hervorgebracht, mit der die matriarchale Lebensweise betrachtet wird: Wie kann die Frau im *elterlichen* Hause verbleiben, wenn der Mann – und daher auch der Vater – nur zu Besuch kommt?

Rahel hat auf diese Reise die Götterbilder ihres Vaters mitgenommen.[22] Es ist üblich, daß ein Reisender die Götterbilder seiner Heimat mitnimmt, um ihnen im fremden Lande Verehrung zu erweisen. Gleichzeitig verlangt die gute Sitte, daß der Einreisende die Götter des Gastlandes anbetet, daß er ihnen Opfer darbringt und an ihren Kulten teilnimmt.

In einem geheimnisvollen Kampf mit dem „Starken Gott“ an der Furt des Jabbok nimmt Jakob den Kult des Landesgottes an und erhält den Gottesnamen Isra-El[23]. Gott segnet ihn und sagt: „Völker und Völkerhaufen sollen von dir kommen, und Könige sollen aus deinen Lenden kommen!“[24] Die patriarchale Verheißung der großen Nachkommenschaft und die matriarchale Verheißung des Einen, des Kultkönigs und seiner unablässigen Wiedergeburten, finden sich in einem einzigen Satz zusammengedrängt.

Der Gott aber, den Jakob anbetet, ist nicht Jahwe, sondern El, und die Bibel nennt ihn „den Starken Jakobs“.

An ihrem tradierten Kultort, in Ephrat, kommt Rahel nieder und stirbt bei der Geburt des Benjamin. Tief verwurzelt im Mysterium der matriarchalen Religion, vereint dieser Kultsohn in sich den dunklen und hellen Aspekt des Daseins – er ist sowohl „Ben-Oni“, der Todessohn, wie „Ben-Jamin“, der Glückssohn![25] So hat der uralte Kultort seine Heiligenlegende erhalten – eine Legende, die von der matriarchalen Herrin des Stammes Benjamin, von der Kultheroin Rahel, nur ein rührseliges Mutterschicksal übrig läßt!

Einen Hinweis auf das Wesen der Urmütter Lea und Rahel vermitteln uns die Namen der beiden Frauen. Lea heißt „die Wildkuh“[26], und wir erkennen sofort die Verbindung, die ihre kultische Verehrung mit der ugaritischen Himmelskönigin Anat haben muß, die auch als Wildkuh aufgefaßt wird. Die gleiche Vorstellung liegt dem El-Kult zugrunde. Wir sind dem einstmals

22 1. Mose 31.30-35
23 1. Mose 32.29 und 35.10
24 1. Mose 35.11
25 1. Mose 35.18 f.
26 E. Wasserzieher, „Hans und Grete“, S. 121

jungen El und der Ašerat als Stier und Wildkuh auf der Weide begegnet. Der Gott Jakobs – der „Starke Jakobs“[27] – ist nichts anderes als ebenfalls der „starke Stier“. Denn die Zeugungskraft, wie sie sich im Stier symbolisiert, ist ganz universell Ausdruck des schöpferischen Impulses.

Rahel bedeutet „Mutterschaf“[28] und verweist uns auf Kultvorstellungen, die den Gott als Widder verehren. Amun, der große ägyptische Gott des Neuen Reiches, ist ein Widdergott, Abraham opfert einen Widder anstelle des Sohnes.

Das Zeitalter des Stieres wird ganz allgemein abgelöst durch das Zeitalter des Widders. Das drückt sich auch in den kosmischen Bildern aus, die der Mensch an den Himmel projiziert.

Tatsächlich ist die Widderanbetung die „jüngere Schwester“ der Stieresanbetung, wie Rahel die jüngere Schwester der Lea ist. Stier, Wildkuh und das göttliche Kalb werden abgelöst vom Widder, dem Mutterschaf und dem Lamm Gottes.

Manche meinen, daß von Süden, aus der Sinaihalbinsel einwandernde israelitische Stämme den Rahel-Kult assimiliert haben und auf diese Weise ihren Stammvater Joseph in die Sohnesabhängigkeit zu Rahel gebracht haben.[29]

Stier- und Widderopfer gehören zum traditionellen Ritual des israelitischen Kultes. Beide Kulttiere werden auch in gemeinsamer Opferung dargebracht und zeugen von der friedlichen Verschmelzung zweier Opferkulte.

Aaron, der Hohepriester, wird zur Opferzeremonie angewiesen: „Du sollst zuerst einen Stier herführen zur Stiftshütte, und Aaron und seine Söhne sollen ihre Hände auf das Haupt des Tieres legen. Dann sollst du es schlachten vor der Tür der Stiftshütte und sollst von seinem Blut nehmen, um es auf die Hörner des Altars zu streichen, und alles andere Blut sollst du auf des Altars Boden schütten ... dann sollst du einen Widder nehmen, und Aaron und seine Söhne sollen ihre Hände auf sein Haupt legen. Dann sollst du das Tier schlachten und sein Blut nehmen und auf den Altar sprengen, und du sollst den ganzen Widder anzünden auf dem Altar ...“[30]

Die Analyse der Jakob-Legenden erlaubt uns einen tiefen

27 1. Mose 33.20
28 E. Wasserzieher, „Hans und Grete“, S. 126 und S. Mowinckel, „Rahelstämme und Leastämme“, S. 133
29 S. Mowinckel, ebd., S. 144
30 2. Mose 29.10 ff.

Einblick in die matriarchale Struktur der israelitischen Gesellschaft – nicht nur, wie sie einmal in ferner Urzeit bestanden hat, sondern wie sie zu Zeiten der biblischen Berichterstatter noch besteht. Denn die „eingreifende, redaktorische Technik" der Schriftsteller richtet sich gegen die *bestehende* Kultur! Mit vergangener sich auseinanderzusetzen, hätte keinerlei Veranlassung bestanden.

Die israelitischen Stämme verehren ihre Gottheit in der Stier- und Widdersymbolik. Beide Kulte sind integriert in die Vorstellung von der allumfassenden Himmelskönigin. Die Anbetung des Stieres oder des Widders ist ohne die „Mutter" sinnlos. Zeugungskraft ohne die schöpferisch hervorbringende Kraft des weiblichen Prinzips verpufft als abgespaltener, desintegrierter Impuls. Als Zugriff auf ein anderes wird sie zur mörderischen Aggression, tötet, statt Leben zu zeugen.

Matriarchale Kulturen gehen von der Integration der männlichen in die weiblichen Potenzen aus, so wie sie durch die Bilder der lebendigen Natur erfahrbar sind. Dem Weiblichen kommt die schöpferische Bildekraft zu. Der Stier ist im Sinnbild des Opfers der sterbende Gott selbst. *Für* den Gott wird das Opfer gebracht, um seinen Aufenthalt in der Unterwelt zu sichern und seine Wiedergeburt vorzubereiten.

Die alttestamentliche Opferpraxis bestätigt die Verwandtschaft mit den Opferpraktiken in Ugarit. In Israel werden ebenso Brandopfer dargebracht wie in Phönizien. Damit ist ein wichtiger Gegenbeweis gegen die Hypothese erbracht, Israel hätte seine Religion und Kultpraxis aus einem fernen Lande mitgebracht und sei im Prinzip diesem Väterglauben treu geblieben. Denn Brandopfer werden, neben Phönizien und Kanaan, nur noch in Griechenland dargebracht. Die Länder aber, die für die legendäre Zuwanderung der patriarchalen Religion in Anspruch genommen werden – Mesopotamien und Ägypten – kennen Brandopfer gerade nicht. Die Hypothese, es seien die Israeliten erst in Kanaan durch ortsansässige Gesellschaftsformen überfremdet und verführt worden, läßt sich durch die Opferpraxis beweiskräftig widerlegen.

Erst recht liefert die Analyse der Jakob-Legenden den Beweis, daß die Gesellschaftspraxis in Israel matriarchal gewesen ist. Die israelitischen Stämme waren matrilokal und matrilinear organisiert. Und ihre Kulte zentrieren sich um die Himmelskönigin und ihren Sohngeliebten. Wir begegnen keiner nomadisch lebenden Familie, sondern Ackerbauern und seßhaften Viehzüchtern. Es gibt einen Brunnen, zu dem Rahel an jedem Abend mit ihrer Herde kommt. Die Menschen wohnen in festen Hütten, und der Mann kommt an jedem Abend vom Felde heim. Was der Mann jedoch erarbeitet, gehört der Familie seiner Frau, er hat keine eigenen Rechte daran.

Von Saat und Ernte ist die Rede und von traditionellen Kultplätzen, an denen die Offenbarungen der Gottheit Ereignis werden.

Von Jakob selbst wissen die Legenden merkwürdig wenig zu sagen. Die Tradition geht auf die Kultheroinnen zurück, denen Jakob als „Klammer" übergestülpt ist. Israel, dessen Kultnamen Jakob annimmt, ist keine Person gewesen, von der die Überlieferung irgend etwas zu berichten wüßte. Es gibt keine Erzählungen von einem Heros dieses Namens. Das stärkt die Hypothese, Ašer müsse einst mit dem El-Kult synkretistisch zu Ašer-El/Isra-El verschmolzen sein.

In Ugarit ist denn auch der Name „Israel" als Personenname bezeugt.[31] Die Traditionen, die Isra und El betreffen, müssen im Kult des Ašer und der Ašerat und im El-Kult zu finden sein, die ihren Niederschlag in den Texten von Ugarit gefunden haben.

Laban ist als gewöhnlicher Personenname in Ugarit bezeugt.[32] Sein Name bedeutet „der Weiße" und ist ein Hinweis auf den Mondgott[33], der in Ugarit verehrt worden ist.

Es scheint, als hätten die Patriarchen der Bibel alle das Kolorit des Mondgottes El angenommen. Sie sind schon sehr alt, wenn wir sie kennenlernen, und sie wandeln in blasser Erhabenheit etwas müde im Lande umher: Abraham und Laban – aber auch der Gott der Paradiesesgeschichte.

Noch haben sie die Himmelskönigin nicht verdrängt. Wenn der patriarchale Schriftsteller mit seiner „eingreifenden redaktorischen Technik" die Rahel bei der Geburt ihres Sohnes Benjamin sterben läßt, so bewahrt die Überlieferung dessen ungeachtet ihr besseres Wissen auf:

Rahel lebt. „Rahel weint um ihre Kinder ..."[34] wie die schöpferische Herrin um ihre Geschöpfe weint, wie Anat um Ba'al trauert, wie Astarte den Tod des Adonis beklagt.

31 S. Mowinckel, „Rahelstämme und Leastämme", S. 131
32 S. Mowinckel, S. 134, Anmerkung 12a
33 ebd., S. 134
34 Jeremia 31.15

Jahwe – der Stier seiner Mutter

„Stier seiner Mutter!" – Der Begriff stammt aus Ägypten. Der Mond ist der „Stier seiner Mutter". Er ist das Mondkalb, der Sohn der Großen Himmelsherrin Nut, wenn die schmale Sichel des zunehmenden Mondes am Himmel steht. Der starke Stier seiner Mutter, ihr Geliebter, der Inbegriff männlicher Zeugungskraft ist der Mond, wenn er als Vollmond über den Himmel wandert. Dann nimmt seine Zeugungskraft ab, der Mond wird alt, weißhaarig und zeugungsunfähig, erstirbt ganz und gar in der Neumondphase, um endlich von Nut, der Herrin des Himmels wiedergeboren zu werden.

Die alten Ägypter haben den Mond den Kamutef genannt. Dieser Begriff schließt alles ein: Sohn sein und Geliebter der Mutter werden, altern, sterben und wiedergeboren werden.

Auch die Sonne ist der Kamutef. Ein Stierkalb am frühen Morgen nach Sonnenaufgang. Der Stier seiner Mutter in voller Zeugungskraft am Mittag. Greis am Abend, wenn die Kraft der Sonne nachläßt und Nut, die Himmelsherrin, das ersterbende Gestirn am westlichen Horizont verschluckt, um es durch Tod und Wiedergeburt zu verjüngen.

Auch der ägyptische König ist der Kamutef. Wie Sonne und Mond ist er immer der gleiche und gleichzeitig doch der ständig verjüngte, Träger des Mysteriums männlicher Kraft, eingebettet in den Schoß seiner kosmischen Mutter.

In Ägypten und Palästina, in Mesopotamien und Kleinasien verkörpert der Stier den zeugenden Lebensimpuls als umfassende geistig-seelische, ebenso irdische wie kosmische Kraft.

Diese Auffassung ist auch für Israel bezeugt.

Wer als Kind in einem traditionsbewußten Milieu groß geworden ist oder den traditionellen Religionsunterricht in der Schule erlebt hat, kennt die alttestamentliche Geschichte von der „Anbetung des Goldenen Kalbes". Wer keine traditionsbewußte Erziehung mehr gehabt hat, wird die biblischen Geschichten überhaupt nie gehört haben.

Sie jedoch im Original zu lesen, sie kritisch zu hinterfragen, wird nicht geboten. Entweder werden wir in unseren Kulturboden gepflanzt wie ihrer selbst unbewußte Keimlinge. Predigt und Unterricht rieseln wie heilige Wasser auf uns nieder. Mit Auswendiglernen dürfen wir unsere Nahrung aus dem Boden ziehen. Oder wir werden von unseren Wurzeln abgeschnitten und aller Tradition entfremdet. Fragen haben wir nicht gelernt.

Wir übernehmen kritiklos die abwertende Beurteilung des Stiergottes als „Götzen". Noch nicht einmal die vordergründige Frage wird gestellt: Wie sind die Werkstätten in die Wüste gekommen, die benötigt worden sind, um das goldene Kalb überhaupt herzustellen?[1]

Ein Volk wandert durch die Wüste. Die Kinder Israels sind auf der Flucht. Aus den zwölf Söhnen des Jakob ist ein Volk geworden. Einst waren sie während einer Hungersnot nach Ägypten gekommen. Doch als der Pharao sie hart bedrängte, wollten sie zurück in ihre alte Heimat, in das gelobte Land, wo Milch und Honig fließt: nach Kanaan.

Sie führen ihre Heiligtümer mit sich, die Stiftshütte, die Bundeslade und auch die Mumie des Jakobsohnes Joseph, der in Ägypten gestorben ist. Jahwe geht ihnen voran, des Tags als Wolke, des Nachts als Feuersäule, und der Gott regelt ihr Leben, ihre Gesellschaftsordnung, ihre Gesetze und ihren Kult. Er redet beständig mit ihnen. Aus diesen Gesprächen des Gottes Jahwe mit den Israeliten wissen wir auch, wie Aaron, der Priester in der Wüste, gekleidet sein muß.

„Du sollst Aaron, deinem Bruder, heilige Kleider machen", befiehlt Jahwe dem Mose, „Kleider, die herrlich und schön seien, Kleider zu meiner Weihe, daß er mein Priester sei. Den Brustschild soll er tragen, den Leibrock, den Purpurrock, einen engen Rock, Hut und Gürtel. Dazu sollen sie nehmen alles Gold, blauen und roten Purpur und weiße Leinwand. Und du sollst zwei Onyxsteine nehmen und darauf eingraben die Namen der Kinder Israel. Das sollst du tun durch einen Steinschneider, die da Siegel graben, also, daß sie mit Gold umher gefaßt werden. Und du sollst zwei Ketten machen von feinem Golde. Das Brustschild sollst du füllen mit vier Reihen voller Steine, die erste Reihe Sarder, Topas und Smaragd, die andere Reihe Rubin, Sa-

1 Vergl. 2. Mose 32.4

phir und Diamant, die dritte Lynkurer, Achat und Amethyst, die vierte ein Türkis, Onyx und Jaspis. In Gold sollen sie gefaßt sein in allen Reihen. Und du sollst in das Brustschild tun Licht und Recht, daß sie auf dem Herzen Aarons seien, wenn er eingeht vor dem Herrn, daß er trage das Amt der Kinder Israel auf seinem Herzen vor dem Herrn allewege.

Am Saum seines Kleides aber sollst du Granatäpfel machen von blauem und rotem Purpur und Scharlach um und um und dazwischen goldene Schellen, so daß immer eine Schelle sei und danach ein Granatapfel und wieder eine Schelle und wieder ein Granatapfel, um und um an dem Saum des Purpurrockes."[2] Wie die Beinkleider gewebt, wie die Ringe ineinander gefügt sein sollen, wie das Stirnblatt aus feinem Gold ziseliert werden soll und tausend andere Einzelheiten sind so gründlich im Detail beschrieben, daß es leicht möglich ist, nach dieser Anweisung die Priesterkleidung anzufertigen.

Was sollen nun die Granatäpfel am Saum des Priestergewandes? Wie kommen die heiligen Früchte der Himmelskönigin in den Jahwekult?

Äpfel, Granatäpfel und Mandragora gelten im matriarchalen Kult als Liebesfrüchte, die der Priester der Geliebten in der Heiligen Hochzeit, dem „hieros gamos", anbietet. Am Saume von Aarons Gewand bezeugen die Granatäpfel den Liebeskult Jahwes!

„Es findet sich kein Beleg dafür, daß Jahwe irgendwie als Gatte auftritt, kein Beleg dafür, daß ein Hieros-Gamos-Vorgang im israelitischen Jahwekult eine Rolle spielt!"[3] behauptet ein Forscher.

Wie sollte uns ein derartiger Beweis überliefert sein, da die uns vorliegenden Texte einer vielfachen Überarbeitung unterzogen worden sind? Wieder und wieder hat der Korrekturstift angesetzt, um jede Erinnerung an die matriarchalen Kulte auszulöschen. Trotzdem blieben die Granatäpfel am Saume eines Priestergewandes – und das ist viel.

Aaron, gehüllt in den Weltenmantel der Himmelskönigin, in das Blau des Firmaments und in das Rot der untergehenden Sonne, ist der Priester des „Herrn". Wir erfassen den Sinn dieses Wortes nicht, wenn wir die Begrifflichkeit unseres abendländi-

2 2. Mose Kap. 28 (gekürzt)
3 K.-H. Bernhardt, „Das Problem der altorientalischen Königsideologie ...", S. 272 f.

schen Denkens zum Maßstab unserer Bedeutungsfindung machen. Der „Herr" ist hebräisch „Adonai", phönizisch „Adôn", griechisch „Adonis". Aaron ist Priester eines Männlichen in seiner Entsprechung zum Großen Weiblichen.

An Aaron wenden sich die „Kinder Israel", weil ein neues Götterbild gegossen werden soll: „Auf, und mache uns Götter, die vor uns hergehen!" Aaron nimmt den Goldschmuck des Volkes. Er entwirft das Götterbild mit einem Griffel und macht ein gegossenes Kalb. Das Volk ist fröhlich und jubelt: „Das sind deine Götter, die dich aus Ägyptenland geführt haben!" Aaron aber baut einen Altar und läßt verkünden: „Morgen ist das Fest des Herrn!"[4]

Das Fest des Adonai beginnt mit dem heiligen Brandopfer. Dann feiert das Volk ein großes Gelage mit Essen und Trinken, Rausch und großer Fröhlichkeit. Schließlich tanzen sie einen ausgelassenen Reigen um den Altar, der in wilden Singetanz übergeht: Frömmigkeit und kultischer Tanz, Sichbelustigen, Außersichsein und Ekstase.

Dazu der Kommentar: „Mit dem ‚Sichbelustigen' sind zweifellos sexuelle Orgien gemeint."[5]

Also doch die Heilige Hochzeit im Jahwe-Kult?

Kein Alttestamentler bestreitet, daß mit dem Stier Jahwe gemeint ist: „Das Kalb sollte nach Meinung des Volkes den Gott darstellen, der Israel aus Ägypten geführt hatte und der den Namen Jahwe trug."[6] „Nach Meinung des Volkes ..." möchte die unerhörte Erkenntnis, die notgedrungen zugegeben werden muß, abschwächen. Aber es gibt keine höhere Instanz, die Jahwe in anderer Gestalt als der des Stieres verehrt hätte. Aaron, der Hohepriester, hat das Kalb gegossen. Er hat es auf den Altar gestellt und ausrufen lassen: Kommt, morgen feiern wir das Fest des Adonai, das Fest des Stieres!

Mose?

Er kommt in der Erzählung ursprünglich überhaupt nicht vor.

Das Fest findet auch nicht am Fuße des Sinai statt, sondern am Fuße eines Vulkans, der des Tags als Wolke und des Nachts als Feuersäule das Ziel markiert hat. Tätige Vulkane gab es in biblischer Zeit in Nordarabien.

Aaron kam mit seiner gläubigen und festlichen Schar mitten

4 2. Mose 32.5
5 Martin Noth, „Das zweite Buch Mose", S. 204
6 ebd., S. 204

aus dem Kulturleben. Zahlreiche Werkstätten einer Stadt aus der Zeit altorientalischer Hochkulturen sind wochenlang beschäftigt gewesen, um die hohepriesterliche Kleidung des Aaron kunstfertig herzustellen!

Die Wanderung zum Gottesberg, dem Vulkan, wird eine jahreszeitliche Wallfahrt gewesen sein, wie sie zu Ehren der Wiedergeburt des Gottes stattgefunden hat, und „die ‚goldenen Kälber' waren nicht als ‚Götzenbilder' gemeint. Sie sollten zum Kulte des Gottes Israel gehören."[7] Sogar die für Laien bestimmte Stuttgarter Jubiläumsbibel kommentiert den Gott Jahwe in Stieresgestalt: „Aaron entwarf das Stierbild. Das war für ihn gemeint als Sinnbild der Kraft Gottes."[8]

Welche Kraft? Im Stier versinnbildlicht sich männliche Zeugungskraft. Wer die Denkschritte geleistet hat: Jahwe wird als Stier verehrt – der Stier ist das Sinnbild der Kraft Gottes – sollte auf dem Wege sein, das patriarchale Bewußtsein zu überschreiten.

In den Bildern der „Himmelskönigin" und des „Stieres" sind zwei Symbole miteinander verbunden, die sich in gegenseitiger Entsprechung ergänzen und doch jedes für sich ein Umfassendes meinen: kosmische Lebenskraft und irdischen Zeugungsimpuls. Die eingeengte Begrifflichkeit unserer Wortsprache versagt gegenüber dem allumfassenden Bild einer Symbolsprache, die im Stier etwas anderes gesehen hat als ein Tier auf der Weide.
Die im Stier versinnbildlichte männliche Zeugungskraft ist göttlich. Denn ohne diesen Impuls gäbe es kein Leben. Und weil alles Leben sterblich ist, bedarf es der kosmischen Schwungkraft, um durch Wiedergeburt vom Tod zu erlösen.

Priester und Priesterin feiern die Heilige Hochzeit des Jahwe, damit die Natur wieder blühen kann. Und würden sie es nicht tun – die Vegetation würde für immer ersterben.

Die Menschen sind zusammengekommen am Fuße des heiligen Berges und feiern das große Fest des Adonai, das Fest des Herrn, Jahwes Hochzeit. Sie tanzen sich in Ekstase. Sie vollziehen die Hochzeit der Priesterin und des Priesters nach. Sie feiern sexuelle Orgien.

Wenn der Alttestamentler kommentiert, mit dem Sichbelustigen seien sexuelle Orgien gemeint, klingt das abwertend in un-

7 M. Noth, „Geschichte Israels", S. 212
8 Stuttgarter Jubiläumsbibel, S. 119

seren Ohren. Auch das Wort „Orgie" hat seine Geschichte und seinen Bedeutungswandel. Ursprünglich nannte man das große Geheimnis „Orgie", das kultische Mysterium antiker Religionen. Die Mysterienkulte des Osiris oder Dionysos hießen Orgien. Im modernen Sprachgebrauch bedeutet die Orgie Ausschweifung und Zügellosigkeit.

Mit patriarchalem Bewußtsein und mit der Begriffswelt unserer modernen Sprache können wir in das Geheimnis nicht eindringen, das den Hohenpriester Aaron umgab, als er seinen Griffel nahm und das Stierbild Jahwes entwarf, um das Sinnbild der Kraft seines Gottes zu gestalten. Dem matriarchalen Menschen waren alle Dinge geist- und kraftdurchflutet. Es gab keinen „jenseitigen Gott", keinen abstrakten Geist.

Es spricht für die Verständnislosigkeit, mit der das patriarchale Bewußtsein die matriarchale Welt des Glaubens abwertet, wenn der Kommentator sagt: „Für das Volk aber tritt anstelle Gottes der Götze."[9]

Die Bibel macht diesen Unterschied zwischen der Gottesschau des Priesters und der Anbetung des Volkes nicht. Aaron gießt das Gottesbild, fordert zum Fest auf, ruft das Volk herbei. Und alle kommen und feiern. Mit dem Hinweis auf den Unterschied zwischen primitivem Volk und hochgeistigem Führer soll ein Rest jahwescher Urgottherrlichkeit gerettet werden, wenn schon zugegeben werden muß, daß der Stier Jahwe, den Gott Israels, dargestellt hat.

Das patriarchale Bewußtsein differenziert –
zwischen Führer und Volk,
zwischen Gott und Götze,
zwischen Geist und Materie.

Der patriarchale Mensch hat die meditative Fähigkeit verloren, im Symbol einen ganzheitlichen Sinnzusammenhang zu umspannen. Das abendländische Bewußtsein braucht immer etwas, das es entwerten kann: die Materie, das Bild, den Götzen, das niedere Volk, die Frau, die Sexualität und alles, was „unten" ist. Je mehr ein Mensch sich „oben" eingruppieren kann, umso größer ist sein Selbstbewußtsein. Er verdrängt seine Bilder und lagert sie im Unbewußten an, wo sie ein beängstigendes Eigenleben führen. Drängen sie herauf, werden sie von einem kranken Spaltungserleben neurotisch als „das Böse" verdammt, auf ir-

9 Stuttgarter Jubiläumsbibel, S. 119

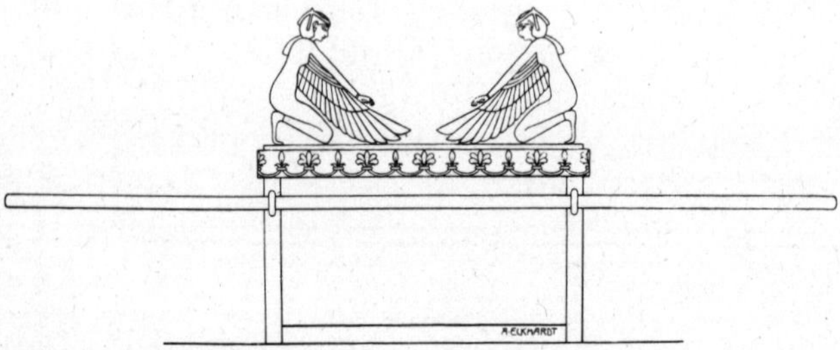

Abb. 6 Rekonstruktion der Lade Jahwes

gendeinen schlimmen „Feind“ projiziert und dort bekämpft.

Der gleiche Mensch, der es verdammenswürdig findet, sich umfassende männliche Kraft im Sinnbild des Stieres vorzustellen, bietet seinem Kind eine Fülle von Bildern – darunter oft recht seichte – an, um sein Gottesbild zu prägen. Denn wie anders sollte eine geistige Vorstellung geprägt werden, wenn nicht durch das anschauliche Bild?

Aaron, der Priester, pilgert mit seinem Stamm zu einem nordarabischen Vulkan, um den Gott des Berges anzubeten. Die Leute führen ein Bild ihres Gottes in einem Schrein mit sich. Der Prozessionsschrein, in dem das Gottesbild zum heiligen Ort seiner Offenbarung getragen wird, ist in Arabien, Ägypten und Phönizien belegt. Für Israel wird ein solcher Schrein bestritten, denn die Vorstellung verträgt sich nicht mit dem Bilderverbot der levitischen Gesetzesreligion.

Das israelitische Heiligtum, die Bundeslade, soll – nach alttestamentlichem „Zeugnis“ – die Gesetzestafeln des Mose enthalten haben. Die Forschung ist sich längst darüber im Klaren, daß das Volk Israel seine Gesetze viel später entwickelt hat. Sie sind ganz gewiß keine Offenbarung des Gottes am Sinai.[10] Demnach sind auch keine Gesetzestafeln in der Lade gewesen. Außerdem müssen wir unseren gesunden Menschenverstand nicht sehr strapazieren, um als Phantasie zu erkennen, daß ein Volk einen Schrein mit steinernen Tafeln vierzig Jahre lang durch die Wüste getragen haben sollte. „Der Schluß drängt sich mit Gewalt auf: Demnach enthielt die Lade ursprünglich ein goldenes Kalb als Jahwebild, erst nach späterer Überlieferung die mosaischen Gesetzestafeln.“[11] Die Lade gehört nicht in die Mose-Tradition und hat nichts mit der Wüstenwanderung zu tun. Sie ist als Prozessionsschrein überliefert und steht im Zusammenhang mit den Wallfahrten des Volkes an den heiligen Berg (Abb. 6). „Alle Texte, die vom Antlitz Jahwes und von der Lade handeln, sind verstümmelt!“[12]

Nachdem erkannt worden ist, daß die mosaischen Gesetze nicht vom Sinai stammen, müßte man vermuten, daß die Israeliten einen leeren Schrein mit sich herumgetragen hätten, wenn wir nicht zu der Schlußfolgerung kommen wollen, daß die Bun-

10 Vergl. S. 173 ff.
11 Hugo Gressmann, „Die Lade Jahwes und das Allerheiligste des Salomonischen Tempels“, S. 25
12 ebd., S. 22

Abb. 7 Sarkophag des Tut-ench-Amun

deslade ein Transportmittel für das Gottesbild gewesen ist.

Der Gott des Mose offenbart sich auf dem Berge, genauso wie der Gott des Aaron – ein Grund dafür, daß die beiden Männer zu „Brüdern" werden. Beim „Einbau der Sinai-Überlieferung" in die Tradition des „Aaron-Stammes" wird die Lade zu einem Gerät, das Jahwe erst jetzt herzustellen befiehlt.

„Die Motive, mit denen die Wände geschmückt waren, stammten offensichtlich aus Ägypten."[13] Und diese auffällige Übereinstimmung veranlaßt den alttestamentlichen Forscher, ein Bild des Sarges Tut-ench-Amuns (Abb. 7) dem Bibeltext gegenüberzustellen, der die Lade beschreibt. Die Entsprechungen sind tatsächlich derart verblüffend, daß man sich fragen muß, ob das Vorbild für die Bundeslade womöglich ein Sarg gewesen sein könnte.

Diese Überlegung hat wieder andere Forscher veranlaßt, „die Lade Jahwes auch mit dem Sarg Josephs identifizieren zu wollen ..."[14], von dem die Bibel ebenfalls berichtet, er sei mit der Mumie dieses „Stammesvaters" durch die Wüste ins heilige Land Kanaan geschleppt worden.

Beide Überlegungen haben einen matriarchalen Kern: Der Stier, der Sohn-Geliebte der Himmelskönigin, ist ein sterblicher Gott. Während seiner Unterweltsfahrt bleibt er im Verborgenen. „Er will im Dunkeln wohnen."[15] Das Allerheiligste der ägyptischen, phönizischen und babylonischen Tempel liegt völlig im Dunkel. Salomo hat das lichtlose Adyton für seinen Gott Jahwe nicht erfunden! Wallfahrt und Prozessionsschrein setzen den Tempel voraus, in dessen Allerheiligstem der Gott verborgen bleibt. Von dort bricht der matriarchale Jahwe wieder hervor, wenn seine Zeit gekommen ist. Und vor Zeiten muß sein Wiedergeburtsfest bei den Südstämmen durch eine Wallfahrt begangen worden sein, bei der Jahwe – verborgen in der Lade – mitgeführt wurde. Zur Feier seiner Wiederkunft wurde das Standbild des Gottes errichtet. Die Lade dient nun als Podest für das Götterbild, das die festliche Gemeinde jubelnd begrüßt. Das heiligste Mysterium des matriarchalen Kultes ist in jenem Dunkel beschlossen, aus dem – einem innewohnenden Gesetz gehorchend – neues Licht und verjüngtes Leben geboren werden wird.

13 Marie-Joseph Stève, „Auf den Wegen der Bibel", S. 73
14 H. Gressmann, „Die Lade Jahwes ...", S. 36 f.
15 1. Kön. 8.12

Die Festgemeinde begeht dieses Ereignis mit der Wallfahrt zum heiligen Berg, wo das Leiden und Sterben des Gottes dramatisiert und seine Wiedergeburt mit ekstatischer Freude und orgiastischer Feier begrüßt wird. Ein Nachhall solcher Wallfahrt hat sich in den Kalvarienprozessionen der christlichen Gemeinden bis auf den heutigen Tag erhalten.

Dem levitischen Gesetzesglauben gerät die jubelnde Freude der Festgemeinde zur Sünde. Die späte alttestamentliche Dogmatik läßt das Sterben und Wiedergeborenwerden des Gottes nicht mehr zu. Sie ordnet die Aaron-Gestalt dem Mose-Bild zu. Bei der Zusammenschau der beiden Traditionsträger zu „Brüdern" vertritt Mose die asketisch strenge Gesetzesreligion, während Aaron die Züge des matriarchalen Priesters bewahrt.
Der Bibeltext stellt das so dar:

Moses ist auf den Sinai gestiegen, während Aaron mit seiner Festgemeinde Brandopfer, Gelage, Singetanz und Heilige Hochzeit feiert.
Jahwe, der Gott Mose, sieht vom Berge aus, daß Jahwe, der Gott Aarons, in der Ebene als Stier verehrt wird. Da sprach der Herr zu Mose: „Steige herab; denn dein Volk, das du aus Ägyptenland geführt hast, hat's verderbt. Sie sind schnell vom Wege abgetreten, den ich ihnen geboten habe. Sie haben sich ein gegossenes Kalb gemacht und haben's angebetet und ihm geopfert."[16]

Jahwe erwägt, daß er die Festgemeinde, die „ein halsstarriges Volk" sei, vertilgen wolle, während Mose zum großen Volk werden soll[17], eine Wendung, die überdeutlich macht, daß Aarons Festgemeinde und des Mose Wüstenwanderer zwei sehr verschiedene Volksgruppen sind: die eine, die ausgerottet werden soll, die andere, die zu Besonderem auserwählt ist. Ungereimtheiten bleiben immer dort stehen, wo „Klammergeschichten" oder „Verbindungserzählungen" zwei ursprünglich selbständige Überlieferungen miteinander verbinden wollen.

Als Mose vom Sinai herabsteigt, hat er unter dem Arm die Gesetzestafeln mit den zehn Geboten, deren eines fordert: Du sollst nicht töten! „Da nun Mose sah, daß das Volk zuchtlos geworden war – denn Aaron hatte sie zuchtlos gemacht – trat er in das Tor des Lagers und sprach: ‚Her zu mir, wer dem Herrn

16 2. Mose 32.7 f.
17 2. Mose 32.9 f.

angehört! Da sammelten sich zu ihm alle Kinder Levi, und er sprach zu ihnen: ‚So spricht der Herr, der Gott Israels; Gürte ein jeglicher sein Schwert um seine Lenden und durchgehet hin und zurück von einem Tor zum andern das Lager, und erwürge ein jeglicher seinen Bruder, Freund und Nächsten!‘ Die Kinder Levi taten, wie ihnen Mose gesagt hatte; und fielen des Tags vom Volk dreitausend Mann ... Und also strafte der Herr das Volk, daß sie das Kalb gemacht hatten, welches Aaron gemacht hatte.“[18]

Dem matriarchalen Jahwe, der befohlen hat: „Du sollst nicht töten!“, tritt mächtig der patriarchale Jahwe gegenüber und fordert: „Gürte ein jeglicher sein Schwert ... und erwürge ein jeglicher seinen Bruder, Freund und Nächsten!“

Moses, die Tafeln des Gesetzes unterm linken Arm, tötet seine Brüder mit der Rechten!

Deuteronomistische Brutalität spricht aus dem Text. Die „Kinder Levi“ führen den perversen Tötungsbefehl aus.

Die Forschung weiß heute, daß es „Kinder Levi“ oder einen „Stamm Levi“ nicht gegeben hat, daß Leviten nicht in Ägypten zu suchen sind. Sie sind erst nachträglich in die Sinai-Geschichte hineinkomponiert, und ihr erster Auftritt ist wahrhaftig überzeugend! Sie töten die Andersgläubigen – „... und fielen des Tags vom Volk dreitausend Mann!“ Auffallend ist jedoch, daß Aaron, der „Hauptschuldige“, aus diesem Gemetzel unbehelligt hervorgeht. Er bleibt der Hohepriester. Seine Söhne erben das Priesteramt.

In rückwärts gerichteter Projektion gehört jeder dem Stamm „Levi“ an, der als Priester überliefert wird. Daher sind auch Moses und Aaron „Söhne aus dem Hause Levi“. Sie sind alle „Kinder Levi“: der Gerechte und der Götzenmacher und die unbarmherzigen Rächer des furchtbaren Jahwe.

Aus den zahlreichen Widersprüchen des Textes läßt sich mit Sicherheit schließen: Die Auseinandersetzung des eifersüchtig auf seine Alleinherrschaft bedachten Jahwe mit seiner eigenen Stierebenbildlichkeit fand nicht am Fuße des Sinai statt. Denn Jahwe wird noch lange Zeit als Stier angebetet:

Nicht nur die Ba'al- und El-Heiligtümer Dan und Beth-El sind Anbetungsstätten des Heiligen Stiers, auch in Jerusalem hat das Heiligtum Jahwes einen Stieraltar, dessen Hörner der Verurteilte

18 2. Mose 32.25 ff. u. 35

schutzsuchend umfaßt.[19] Vor allem aber beweist die Übereinstimmung des Jahwe-Kultes mit den Stierkulten in Ugarit, daß Jahwe von den davidischen Königen als Stier vorgestellt worden ist. Mit denselben Brandopfern, den gleichen Hymnen, mit fast wörtlich übereinstimmenden Ritualtexten werden Ba'al in Ugarit und Jahwe in Jerusalem angebetet. „Auf dem Gebiet des Opferwesen besteht ... ein terminologischer Zusammenhang zwischen dem in Ugarit und später in Israel geltenden Brauchtum."[20]

Wie Ba'al sich die Natur zum Sprachrohr macht, so daß die Winde es flüstern, die Bäche es raunen: „Ba'al hat keinen Tempel im Lande!", so spricht Jahwe durch den Propheten: „Wo ich mit allen Kindern Israel hin wandelte, habe ich auch je geredet mit irgend der Stämme Israels einem, dem ich befohlen habe, mein Volk Israel zu weiden, und gesagt: ‚Warum bauet ihr mir nicht ein Zedernhaus?'"[21] Dazu sagt Johannes Hempel: „Die Schätzung des Besitzes eines Tempels als Kennzeichen eines Gottes hat ihre Parallelen in dem Streben des Salomo, seinem Gott auf seiner Burg ein Haus zu bauen."[22]

Salomo baut den Tempel des „Herrn". Die Baubeschreibung läßt keinen Zweifel daran, daß der Salomonische Tempel eine matriarchale Kultstätte gewesen ist. „Mit vierhundert Granatäpfeln an den zwei Gitterwerken"[23], „... und die Knäufe waren wie die Lilien vor der Halle, vier Ellen groß"[24], „... und er machte ein Meer, gegossen, von einem Rand zum andern zehn Ellen hoch ... und es stand auf zwölf Rindern, deren drei gegen Mitternacht gewandt waren, drei gegen Abend, drei gegen Mittag und drei gegen Morgen."[25]

Die Stiere verkörpern die Kamutef-Idee: Neugeborene Kälber sind sie als Stiere des Ostens, Söhne der kosmischen Königin. Zu voller Männlichkeit erstarkt blicken sie nach Mittag. Auf der Höhe seines Lebens ist der Stier der irdische Geliebte seiner kosmischen Herrin, Sinnbild kosmischer Kraftfülle. Alternd blicken die Stiere nach Westen, sterbend gehen sie in der Allmutter unter wie die Sonne als Kamutef in die himmlische Nut eingeht.

19 1. Kön. 1.50 und 2.28
20 J. Hempel, „Die alttestamentliche Religion", S. 124
21 2. Sam. 7.7
22 J. Hempel, „Die alttestamentliche Religion", S. 124
23 1. Kön. 7.42
24 1. Kön. 7.19
25 1. Kön. 7.23 ff.

Sie durchfahren das Reich des Todes im Zeichen des Nordens, um wiedergeboren zu werden ...

Die gesamte Anordnung symbolisiert die Wiedergeburtsrhythmen der matriarchalen Kulte. Im Zentrum werden die heiligen Wasser gesammelt, Sinnbild des sich unermüdlich erneuernden Lebens.

Quellen und heilige Wasser gehören zu jeder matriarchalen Kultstätte. Überall, wo Kirchen und Dome über Quellen und an Wassern errichtet sind, dürfen wir davon ausgehen, daß sie über ehemaligen Mutterheiligtümern erbaut worden sind.

Die Einbindung der Religion und Kultur Israels in die kanaanäisch-phönizischen Traditionen gibt heute jeder Alttestamentler zu. So sagt Johannes Hempel: „An dem Zusammenhang der israelitischen mit der kanaanäischen Religion im Sinne der Priorität der letzteren ist nicht vorbeizukommen!“[26], und Karl-Heinz Bernhardt gibt zu, daß der Tempel des Salomo „die konsequente Übernahme des kanaanäischen Tempelbautypus“[27] gewesen ist.

Konsequenterweise müssen wir schließen, daß Salomo ein matriarchaler König gewesen ist, der sich als Sohn der Himmelskönigin verstanden hat und als Inkarnation des im Symbol des Stieres dargestellten Adonai. Das Alte Testament läßt keinen Zweifel daran, denn „also wandelte Salomo Asthoreth, der Göttin derer von Sidon und Milkom, dem Greuel der Ammoniter, nach.“[28]

Die „Greuel“ verdanken wir dem Korrekturgriffel des Deuteronomisten, der die Überlieferung von Salomo kommentiert: „Und Salomo tat, was dem Herrn übel gefiel ... und baute eine Höhe Kamos, dem Greuel der Moabiter, auf dem Berge, der vor Jerusalem liegt, und Moloch, dem Greuel der Ammoniter. Also tat Salomo allen seinen ausländischen Weibern, die ihren Göttern räucherten und opferten.“[29]

Zu Salomos Zeiten waren die matriarchalen Kulte offiziell anerkannt. Sie waren im gesamten Vorderen Orient verbreitet. Da das große Ansehen dieses Königs im Bewußtsein des jüdischen Volkes nicht zu beeinträchtigen war, verlagert die korrigierende Redaktion des Deuteronomisten die „Sünden“ des Salomo auf

26 J. Hempel, „Die alttestamentliche Religion“, S. 125
27 K.-H. Bernhardt, „Das Problem der altorientalischen Königsideologie“, S. 164
28 1. Kön. 11.5
29 1. Kön. 11.6 ff.

die Jahre seines hohen Alters und schiebt die Schuld daran den „ausländischen Weibern" des Königs zu.

Die Kommentatoren des Alten Testamentes geben heute zu, daß Salomo sein ganzes Leben lang jenen „kanaanäischen" Kulten treu geblieben ist, die erst das spätere biblische Schrifttum verteufelt. Doch handelt es sich nicht um „kanaanäische" Kulte, sondern um ureigene israelitische Frömmigkeit, die ursprünglich Jahwe als den Stier seiner Mutter verstanden hat.

Ebenso wie die altorientalischen Könige, so ist auch Salomo „Tempelbauer, Hoherpriester, Träger der Anliegen seiner Bürger gegenüber dem Himmel, den Göttern verantwortlich für die Übertretungen und Verfehlungen seiner Untertanen".[30] Er soll den erzürnten Gott versöhnen durch Fasten, Gebet und andere Bußleistungen, stellvertretend für das Volk.

Salomo gilt als mit besonderen Kräften und besonderer Weisheit begabt. Er besitzt übernatürliche Kräfte und ist Repräsentant des Gottes, als dessen Sachverwalter er tätig ist. Wie im matriarchalen Kult gilt er als Inkarnation des „Gottes". Er ist der auserwählte Kultträger. Er sitzt auf dem Thron des Gottes, des „Herrn", des Adonai. Im gebühren „göttliche" Ehren. Gleichzeitig dient er Jahwe. Er ist Mittler, Subjekt und Objekt des Kultes.

In Ugarit ist der König „der liebliche Bursche Els, des königlichen Stieres, seines Vaters. Und es antwortet ihm der Stier, sein Vater El ..."[31] So heißt es von einem phönizischen König. Ebenso ist Salomo „der liebliche Bursche" – das heißt der Sohn – Jahwes. Ihm gilt die Verheißung: „Der soll in meinem Namen ein Haus bauen, und ich will den Stuhl seines Königreiches bestätigen ewiglich. Ich will sein Vater sein, und er soll mein Sohn sein. Wenn er eine Missetat tut, will ich ihn mit Menschenruten und mit der Menschenkinder Schlägen strafen."

Die Inkarnation des Gottes im Sohn ist Bestandteil des matriarchalen Glaubens. Im Sohn, dem Gottkönig auf dem Thron, wird „Gott" wiedergeboren, ob er nun Jahwe heißt, Ba'al, Adôn oder Adonai. Der „messianische Gedanke" zieht sich durch die Bibel wie ein roter Faden und meint keineswegs nur den Kultträger als den „Menschensohn" auf dem ewigen Thron des Gottes, sondern ist Bestandteil des Glaubens an die umfassende Ge-

30 K.-H. Bernhardt, „Das Problem der altorientalischen Königsideologie", S. 75
31 ebd., S. 74, Anm. 3

stalt der Himmelskönigin, deren Geschöpf und Geliebter dieser Menschensohn ist. Die Verehrung des Salomo gilt in erster Linie der Ašerat-Asthoreth, der Königin des Himmels. Nicht zu Unrecht weisen die Volksscharen noch vierhundert Jahre später den Propheten Jeremia zurück: „Wir wollen der Himmelskönigin räuchern, wie unsere Väter, unsere Könige und Fürsten getan haben in den Städten Judas und auf den Gassen zu Jerusalem!“

Bei der Einweihung des Salomonischen Tempels werden Stiere und Widder in großer Menge zum Opfer gebracht, ebenso wie in Ugarit bei der Einweihung des Ba'al-Tempels. „Der Tempelweihspruch Salomos würde seinem Gedankengehalt nach besser in den Mund des Königs Hirom von Tyrus passen; israelitisch ist an ihm nur das Wort Jahwe, aufgefaßt aber wird Jahwe als Ba'al.“[32] Das heißt aber unzweideutig, daß Jahwe als Stier aufgefaßt worden ist, als der Sohn der Himmelskönigin. Wie im matriarchalen Kult betet Salomo zu Jahwe: „Wenn der Himmel verschlossen wird, daß es nicht regnet, weil sie an dir gesündigt haben und sie werden beten an diesem Ort und deinen Namen bekennen ... so wollest du gnädig sein der Sünde deiner Knechte ... und lassest regnen auf das Land, das du deinem Volk zum Erbe gegeben hast.“[33] Das sind die gleichen Worte, mit denen Ba'al, der Stier der Himmelskönigin Anat, um Regen gebeten und die Stätte seiner Anbetung zum Ort des feierlichen Opferkultes vor Beginn der Regenperiode geweiht wird.

Virolleaud sagt: „Der Ba'als-Tempel wird mit großer Feierlichkeit eingeweiht, wobei die Riten jenen späteren durchaus ähnlich sind, die bei der Einweihung des Tempels von Jerusalem durch König Salomo zur Anwendung kamen.“[34] Hugo Gressmann sagt, es sei erwiesen, „daß sich die Religion Salomos trotz des Jahwenamens und anderer äußerer Abweichungen in ihrem innersten Wesen von der Religion der Phönizier in nichts unterschied“.[35]

Salomo hat Jahwe als matriarchalen Gott verehrt, als Jahwe-Adonai, als den Sohngeliebten der Ašerat, genauso wie man in Nordisrael den Stiergott El als matriarchalen Gott angebetet hat. Und in beiden Ländern, in Israel und Juda, sind Anat und

32 H. Gressmann, „Die Lade Jahwes ...“, S. 63
33 1. Kön. 8.35 f.
34 C. Virolleaud, „Die Große Göttin ...“, S. 155
35 H. Gressmann, „Die Lade Jahwes ...“, S. 63

Ba'al zu Hause.

Aaron, des Stiergottes Priester, ist ein mit einzigartiger Pracht und Herrlichkeit ausgestatteter Würdenträger seines Stammes.

Die zwölf Stiere sind aus der Baubeschreibung des Tempels von Jerusalem nicht mehr wegzuradieren.

Beide Berichte – jener von der Anbetung des Goldenen Kalbes am Fuße des Berges wie der andere, geschichtsnähere, der uns als detaillierte Baubeschreibung überliefert ist – beweisen, daß Jahwe ursprünglich selbst ein matriarchaler Gott gewesen ist, der „Stier seiner Mutter".

Alttestamentler geraten in Schwierigkeiten, wenn sie sich mit den Stieren im Tempel zu Jerusalem auseinandersetzen. „Stiere waren als Symbole der Stärke und Fruchtbarkeit häufig mit der Gottheit verbunden."[36] Und das heißt, sie waren mit der Himmelskönigin verbunden! „Gottheit" ist dem patriarchalen Interpreten ein teuer wertes Wort, wenn es darum geht zu verschleiern, daß es sich um eine „Göttin" handelt.

Fast könnte der Eindruck entstehen, als habe der Wissenschaftler das matriarchale Wesen des Jahwe erkannt, wenn er den Stier als Symbol von Stärke und Fruchtbarkeit beschreibt. Doch der Text ist eingebettet in traditionelle Bibelinterpretation, so daß er wirkt wie ein unerlaubter Gedanke, über den mit vielen ablenkenden Worten hinweggetäuscht werden muß.

Der Auslegung biblischer Texte sollen gemäß der kirchlichen Lehre durch Tradition und Glaubenssinn Grenzen gesetzt sein. Wie der einzelne Exeget dieses Kunststück bewerkstelligt, ist von Fall zu Fall seine Sache. Martin Noth kommentiert die anstößigen Stiere in der Baubeschreibung des Salomonischen Tempels folgendermaßen: „Die in vier nach den vier Hauptrichtungen orientierten Gruppen von je drei angeordneten Rinderfiguren, die das ‚Meer' tragen sollten, werden nicht genauer beschrieben. Meist wird – wohl mit Recht – angenommen, daß an gelagerte Rindergestalten zu denken ist, auf deren ‚nach einwärts' gerichteten Hinterteilen das ‚Meer' aufruhte, während die erhobenen Köpfe in die verschiedenen Richtungen blickten."[37] Viel Worte, die nichts wirklich erklären.

Die „hingelagerten Rinder" allerdings leisten ein Stück Exegese im Sinne patriarchaler Weltdeutung. Denn hingelagerte

36 Ernst Würthwein, „Das erste Buch der Könige 1-16", 1977, S. 78
37 Martin Noth, „Das erste Buch der Könige 1-16", 1968, S. 155

Rinder sind nicht stehende Stiere, wie sie in den Stierkulten des Orients und Ägyptens bis hin in den germanischen Raum dargestellt worden sind als Sinnbild der Stärke und Fruchtbarkeit.

Martin Noth bleibt die Erklärung schuldig, an welchen Stellen und von welchen Wissenschaftlern „meist" und wieso „mit Recht" angenommen werde, daß Salomos Stiere – im Gegensatz zur altorientalischen Kultsitte seiner Zeit – liegen sollen.

Ich kann mir die Stiere in Salomos Tempel nicht liegend vorstellen. Wie sollten diese Tiere, faul und träge hingelagert, ihre Funktion erfüllen, das heilige Kultbecken zu tragen, das riesige Wassergefäß, das der kultischen Reinigung gedient hat?

Die Erneuerung des Lebens durch Reinigung ist uraltes matriarchales Gedankengut: der neue Mensch entsteht, Sinnbild der Wiedergeburt.

Hingelagerte Stiere, faul, träge und entkräftet, haben keine symbolische Aussagekraft mehr im Sinne matriarchaler Männlichkeit.

Doch der Alttestamentler muß sich immer wieder mit der Tatsache auseinandersetzen, daß Jahwe in Stiergestalt angebetet worden ist, und so hilft er sich an anderer Stelle mit folgendem Kommentar: „Sie (die Stiere) waren wahrscheinlich gedacht als Postamente für den unsichtbar darauf stehend gedachten Gott."[38]

Die Stierkulte sind im Alten Testament allgegenwärtig. Niemand, der sich damit ernstlich auseinandersetzt, kann sie wegdiskutieren. Daher ist es sachgerechter festzustellen: „Daß man diese Tiere allgemein als Tragtiere des unsichtbar über ihnen stehenden Gottes nach Art der Postamente assyrischer und kleinasiatischer Darstellungen aufgefaßt hat, ist nicht sicher zu widerlegen, aber doch recht unwahrscheinlich. Die heilige Formel legt mindestens für die volkstümlich vertretene Frömmigkeit die Auffassung der Stiere als Bilder Jahwes nahe."[39] Zu eindeutigen und ehrlichen Schlußfolgerungen aus seinen Erkenntnissen ist auch Hempel nicht bereit. Mit der Einschränkung, Jahwe sei „in der volkstümlich vertretenen Frömmigkeit als Stier aufgefaßt" worden, läßt er den Ausweg offen, es könne doch eine Elite, und sei es ausschließlich die Priesterschaft, von Jahwe eine „höhere", rein geistige Schau gehabt haben.

38 M. Noth, „Geschichte Israels", S. 213
39 J. Hempel, „Das Ethos des Alten Testamentes", S. 198

Der Exeget befindet sich mit dieser Differenzierung in bester Übereinstimmung mit dem patriarchalen Denken, das Volk von Elite, „oben“ von „unten“, „Geist-Gott“ von „Götzen-Gott“ zu trennen weiß. Aber niemand kommt dem matriarchalen „Gott“ mit patriarchaler Begrifflichkeit nahe. Wo das matriarchale Bewußtsein auf Ganzheiten und Lebenszusammenhänge bezogen ist, begreift das patriarchale Denken nur die Teile.

Der abstrakte Gott mit dem „unaussprechlichen Gottesnamen“, der keine anderen Götter neben sich duldet, ist nicht der Gott der biblischen Könige gewesen.

Das Leben des Mose währte tausend Jahre ...

Aus dem Dunkel der Vorzeit tritt der Mann Moses in die alttestamentliche Geschichte ein: Ein matriarchaler Mann, der hinzieht, die Schafe seiner Frau zu hüten am Gottesberg Horeb; ein Kultpriester des matriarchalen Jahwe, der sein Volk erlöst und sicher durch die tödliche Wüstenlandschaft führt; ein Mann, der tausend Jahre später mit den steinernen Gesetzestafeln des patriarchalen Jahwe beladen wird; der Kultheros des Volkes Israel, der am Ende zum Gesetzesstifter erstarrt.

Die steinernen Tafeln patriarchaler Gesetzgebung sind zum Moses-Symbol geworden. Ohne das Attribut dieser Steintafeln gibt es kein Moses-Denkmal, kein Mosesbild.

Moses ist eine legendäre Gestalt. Er hat die Denkmuster der religiösen und kulturellen Bewußtseinsentwicklung zahlreicher Generationen auf sich gezogen. Seine ursprüngliche Persönlichkeit ist dabei überlagert und in den Hintergrund gedrängt worden.

Seiner Herkunft nach ist Moses ein matriarchaler Mann.
Er zieht nach Midian, um „einem Weibe anzuhangen".

Dieser alte Bericht paßt ganz und gar nicht in die Heldengeschichte dieses auserwählten Mannes, dessen Leben wunderbar bewahrt worden ist, um ihn einer großen Aufgabe zuzuführen.

Geschickt klammert der biblische Redakteur die alte Überlieferung in das Anliegen der neuen Erzählung ein: Moses muß fliehen, denn er hat einen Ägypter erschlagen. Mit dieser hübschen Klammergeschichte ist gleichzeitig die leidige Tatsache beschönigt, daß Moses nach Midian wandert, dort heiratet und dort bleibt, um die Herde seines Schwiegervaters zu weiden – ein Dokument matriarchaler Gesellschaftspraxis. „Moses aber hütete die Schafe Jethros, seines Schwiegervaters, des Priesters in Midian."

Moses hütet nicht nur die Schafe des Priesters Jethro, er nimmt auch dessen Glauben an. Der matriarchale Mensch wird vor allen Dingen die Gottheit des Ortes, an dem er sich befindet, verehren. Zwar ist er gewohnt, ein Votivbild seiner heimatlichen Gottheit mitzuführen, das er für sich allein verehrt. Im übrigen erweist er dem Kult seines Gastgebers die erforderliche Zuwendung und Aufmerksamkeit.

„Die Ortsnumina und die Landesgötter gehören zur Umwelt des Menschen im Altertum. Und der Mensch muß sich nach seiner Umwelt richten ... Jedes Land hatte seine Götter, und wer im Lande leben will, der muß sich an der Verehrung der jeweiligen Gottheiten beteiligen."[1]

Moses ist nicht nur zu Gast in Midian. Da er Zippora, Jethros Tochter, geheiratet hat, übernimmt er nach matrilokaler Ordnung ihren Kult.

Zippora betet Jahwe an, den Herrn – Adonai. Sie selbst wird Priesterin gewesen sein. Wir können das nur vermuten. Nachweisen läßt es sich nicht.

Es ist Zipporas Gott, der sich dem Moses beim Hüten der Schafe seiner Frau am Berge Horeb offenbart! Sie und ihr Vater gehören dem Jahwe-Kult an.

Nachdem Moses seine Frau verlassen, sich nach Ägypten zurückbegeben und das Volk Israel befreit hat, besuchen Zippora und Jethro die Israeliten in der Wüste. Dort, im Lager der Israeliten, gibt Jethro seiner Freude über Israels Errettung aus den Händen der Ägypter Ausdruck. Dann bringt er, Jethro, am „Berg Gottes" die Opfer dar zur Ehre Jahwes. *Er* ist der Priester des Herrn.

Schließlich gibt er seinem Schwiegersohn Ratschläge, wie das israelitische Stammesleben zu organisieren sei, wie die Richterkompetenzen verteilt werden sollen. Von ihm, und nicht von Moses, stammen die Anfänge israelitischer Gesellschaftsordnung.[2]

Ein alttestamentlicher Kommentator sagt dazu, daß „sich deutlich erkennen läßt, von wem Israel die Verehrung Jahwes als eines ihm bisher fremden Gottes übernommen hat, und Israel auf ganz schlichte Weise durch Vermittlung des Midianiters Jitro, dessen Schwiegersohn der geflüchtete Moses geworden war, zum Jahweglauben" kommt.[3]

Moses ist nicht nur in matriarchale Gesellschaftsordnungen eingebunden.

1 K.-H. Bernhardt, „Das Problem der altorientalischen Königsideologie ...", S. 104
2 2. Mose Kap. 18
3 K.-H. Bernhardt, „Gott und Bild", S. 125

Er ist Kultträger des matriarchalen Kultes, Priester, Gott und Mensch, Überwinder des alten Königs, Held und Heros seines Stammes, der bereit ist, für sein Volk Leiden auf sich zu nehmen und stellvertretend zu sterben.

Die Bibel hat diese kultischen Ereignisse zu historischen „Fakten" umgedeutet. Moses begibt sich wieder nach Ägypten. Er offenbart sich dem Pharao als der von Gott Erwählte. Leid und Plage suchen den ägyptischen König heim, bis er schließlich bei der Verfolgung der Israeliten im Meer den Tod findet. Moses aber, der Begnadete, weiß seinem Volk Heil und Leben zu geben. Mitten in der Wüste ist er der Erlöser von Hunger und Durst. Er macht bitteres Wasser süß[4], läßt Wachteln und Manna vom Himmel fallen[5] und schlägt mit seinem Stab gegen den Felsen, so daß eine Quelle herausspringt[6]: Eine in epischer Breite ausgemalte Geschichte vom Untergang des „Alten Königs" und dem strahlenden Sieg des Nachfolgers, der die Wiedergeburt der Natur verkörpert. Eine uralte matriarchale Kultliturgie ist der Kristallisationskern für ein umfangreiches Kapitel der Religionsgeschichte geworden.

In ihrer Endgestalt kommt in der Moses-Legende fast keine Frau mehr vor. Es gibt eine einzige Stelle, die wörtlich einem matriarchalen Kulttext entnommen ist. Als der Pharao ertrunken ist und Moses sich als der herrliche Sieger erwiesen hat, „da nahm Mirjam, die Prophetin, eine Pauke in ihre Hand, und alle Weiber folgten ihr nach hinaus mit Pauken und Reigen. Und Mirjam sang ihnen vor: Laßt uns dem Herrn singen; denn er hat eine herrliche Tat getan!"[7]

So könnte die Priesterin der Anat in Ugarit singen, wenn Ba'al seinen Widersacher Môt überwunden hat: Ba'al hat eine herrliche Tat getan. Er hat Môt in die Unterwelt verbannt! Und alle Ba'als-Priesterinnen folgen ihr nach mit Pauken und Reigen ...

Das matriarchale Kultdrama ist deutlich: Die Hohepriesterin Mirjam tanzt mit ihren Priesterinnen den ekstatischen Kulttanz aus Freude über das wiedergeborene Leben. Moses ist der Hohepriester, der Kultträger des sterbenden und wiedererstehenden Gottes. Die Gemeinde verehrt ihren Gott im Stierbild, dem Symbol umfassender Zeugungskraft. Der „Untergang" des ägyp-

4 2. Mose 15.25
5 2. Mose Kap. 16
6 2. Mose 17.6
7 2. Mose 15.20 ff.

tischen Königs im „Meer“ ist symbolisch zu verstehen. Meere bedeuten im matriarchalen Bewußtsein Todeslandschaften, wohin der sterbende Gott seine Unterweltsfahrt macht.

In seiner vorliegenden Form weist der Bibeltext alle Merkmale des Umgangs patriarchaler Schriftstellerei mit matriarchalen Kulttexten auf: Das Kultdrama wird historisiert: Wir sollen glauben, es habe einen geschichtlichen Pharao gegeben, der mit seinem Heer im Meer ertrunken sei. Gefangen im patriarchalen Bewußtsein mühen sich die Forscher vergebens, einen geschichtlichen Haftpunkt für dieses Ereignis zu rekonstruieren. Aber keine ägyptische Quelle bestätigt die phantastische Bibelerzählung. Hätte es einen samt seinem Heer ertrunkenen Pharao jemals gegeben, so würde die relativ gut belegte ägyptische Geschichte sich eine Erinnerung daran aufbewahrt haben.

Die Geschichte mutet uns – wie alle überarbeiteten ursprünglichen Kultlegenden – den Glauben an „Wunder“ zu, an den herrlichen Kriegsgott Jahwe, der genau im rechten Augenblick dramatische Naturkatastrophen in Gang setzt, um seinem auserwählten Volk zum Sieg zu verhelfen. Viele Forscher suchen noch immer nach globalen oder gar kosmischen Naturereignissen, die das „Wunder am Schilfmeer“ verursacht haben könnten: Erdbeben und Meteorabsturz – sogar das „Einfangen des Planeten Venus in unser Sonnensystem“ sind schon verantwortlich gemacht worden für den „starken Ostwind, der blies die ganze Nacht und machte das Meer trocken, so daß Moses und die Kinder Israel mitten durchs Meer auf dem Trockenen gingen, und die Wasser wurden ihnen zu Mauern zur Rechten und zur Linken“. Als die Ägypter ihnen aber nachfolgen, läßt Jahwe die Wasser wieder zusammenschlagen und stürzt die Feinde mitten ins Meer.[8]

Wir sollen glauben, daß Mirjam und ihre Frauen nicht nur auf den Fluchtweg durch die Wüste, sondern auch beim Durchschreiten des Meeresgrundes – im Wettlauf mit dem nackten Leben – ihre Pauken mitgenommen haben. Diese Darstellung der biblischen Endredaktion hält kritischer Überlegung nicht stand.
Die Zurückführung auf matriarchale Kultpraxis bringt Sinn in den unverständlichen Bibeltext.

Jahwe war ein Gott wie alle anderen Götter seiner Zeit und seines Kulturkreises auch: Der Gott der Vegetation, der sterben-

8 2. Mose 14.21 ff.

Abb. 8 Moses vom Sakramenthaus, Ulmer Münster

Abb. 9 Gehörnter Moses vom Mosesbrunnen in Dijon

de Gott, der sich von Wiedergeburt zu Wiedergeburt in seinen Kultpriestern inkarnierte. Es ist sinnlos, mit der Endredaktion der Bibel das Gegenteil beweisen zu wollen. Die Bibel versucht, mit ihrer Endgestalt einen Text vorzulegen, der Jahwe als patriarchalen Alleinherrscher, als den Schöpfergott an den Anfang der Dinge projiziert.

Moses aber ist der irdische „Gott" – im Verständnis des matriarchalen Gottesbegriffes – wenn Jahwe zu ihm sagt: „Du sollst Gott sein!"[9], der priesterliche Gott-König, der Menschensohn.

Vater und Mutter des Mose sollen der Bibel zufolge aus dem „Hause Levi" stammen. Ein „Haus Levi" hat es nachweislich im vordavidischen Israel nicht gegeben. Die kultische Bedeutung des Mose läßt sich aber leicht erklären, wenn wir ihn als Sohn einer matriarchalen Priesterin auffassen. Durch seine priesterliche Abstammung ist er der vorherbestimmte Kultträger. Er ist damit ohne Zweifel der Kamutef, der Stier seiner Mutter, kraftbegabt und zur Wiedergeburt berufen.

Moses mit den Stierhörnern ist ein Motiv in der bildenden Kunst geworden (Abb. 8 und 9). Angeblich soll es auf einen Übersetzungsfehler zurückzuführen sein. Eine lateinische Bibelübersetzung nennt das Gesicht des Mose, der in göttlichem Strahlenglanz vom Berge Sinai herabkommt, „facies cornuta", das „gehörnte Gesicht". Es habe aber, so sagt man, „facies coronata" – strahlendes Gesicht – lauten müssen.

Im zweiten Buch Mose lesen wir: „Als aber Mose vom Berge Sinai herabstieg – es waren aber die beiden Gesetzestafeln in der Hand des Mose, als er vom Berge herabstieg – da wußte Moses nicht, daß die Haut seines Gesichtes bei seinem Reden mit Gott Hörner trug. Als nun Aaron und alle Israeliten an Mose wahrnahmen, daß die Haut seines Gesichtes Hörner (kāran) trug, fürchteten sie sich, ihm nahe zu kommen."[10] Luther übersetzt diese Bibelstelle: „,... daß die Haut seines Angesichts glänzte davon, daß er mit Gott geredet hatte".

Das Wort kāran wird heute allgemein mit „Strahlen werfen" oder „glänzen" übersetzt. „Diese Übersetzung ist aber durchaus willkürlich und durch nichts zu begründen."[11] Martin Noth umgeht in seinem Kommentar die Problematik mit dem Hinweis,

9 2. Mose 4.16
10 2. Mose 34.29 ff.
11 Anton Jirku, „Von Jerusalem nach Ugarit", S. 43 f.

daß kāran mit dem gleichlautenden Stamm „Horn" zusammenhänge, sein Sinn „strahlend werden" könne „nur aus dem Zusammenhang erschlossen werden".[12] Das heißt nichts anderes als: Mit dem „gehörnten Moses" kann unser Bewußtsein keinen Sinn mehr verbinden, „aus dem Zusammenhang können wir indessen erschließen", daß durch die Begegnung mit Gott des Mose Haut müsse „strahlend geworden" sein – eine willkürliche und vor allem falsche Übersetzung: Wir verstehen nicht mehr, was die „Hörner" ursprünglich bedeutet haben, wir ersparen uns das Eindringen in die Vorstellungswelt des originalen Textes und übersetzen das Wort kāran auf eine Weise, die dem modernen Verständnis entspricht!

Anton Jirku nimmt an, daß Mose bei der Verrichtung des Kultes eine Stiermaske getragen habe: „Wie diese hörnertragende Gesichtsmaske des Mose allenfalls ausgesehen haben mag, dazu gibt uns vielleicht ein bei den Ausgrabungen in Megiddo gemachter origineller Fund einen Fingerzeig. Hier fand man in der Siedlungsschicht von Eisen I – II (900 bis 600 v. Chr.) das Skelett eines Rinderkopfes, an dem noch die Hörner erhalten waren (Abb. 10). Der Rinderkopf zeigte Spuren menschlicher Bearbeitung und war außen mit roter Farbe angestrichen. Das legt die

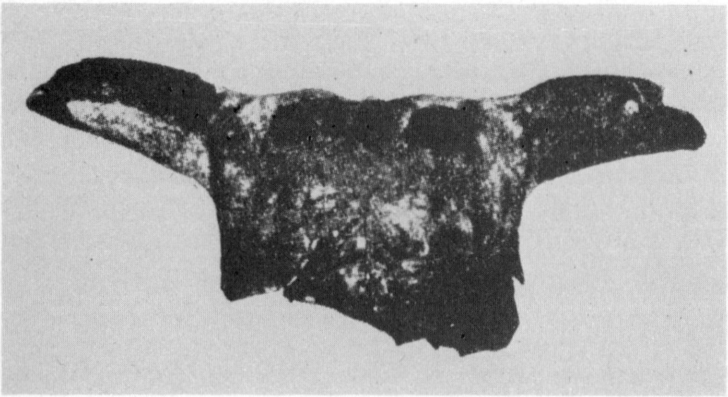

Abb. 10

12 M. Noth, „Das zweite Buch Mose", S. 220

Annahme nahe, daß es sich um eine kultische Gesichtsmaske handeln wird und daß wir in ihr ein Gegenstück zu der Gesichtsmaske des Mose sehen dürfen."[13]

Moses ist im Laufe einer Jahrhunderte währenden Entwicklung zum Prototyp patriarchaler Männlichkeit geworden. Zu ihm scheint die Stiersymbolik nicht zu passen.

Für matriarchale Männlichkeit ist der Stier Sinnbild innewohnender göttlicher Kraft. Noch ein um 600 v. Chr. geschriebener prophetischer Text redet von „Gott, der zwei Hörner trägt – darin war verborgen seine Macht".[14] Luther übersetzt die Stelle: „Sein Glanz war wie Licht; Strahlen gingen von seinen Händen; darin war verborgen seine Macht." Selbst im deuteronomistischen Text verleiht Moses durch seinen Segen die Kraft des Stieres an Joseph: „Seine Herrlichkeit ist wie die eines erstgeborenen Stieres, und seine Hörner sind Hörner eines wilden Stieres ..." Aber Kraft und Macht des Männlichen werden destruktiv gedeutet: „... mit denselben wird er Völker stoßen zuhauf bis an des Landes Grenzen".[15] Der Text ist Mitte des sechsten vorchristlichen Jahrhunderts entstanden. Er geht von der Vorstellung aus, daß die Kraft des Stieres durch Segen von einem Kultträger dem nachfolgenden verliehen werden kann. Das matriarchale Motiv ist vollständig erhalten, aber es wird ihm eine patriarchale Deutung unterschoben: Die Stiereskraft meint jetzt abgespaltene, zerstörerische Aggression, nicht mehr die integrierte Fähigkeit zum sinnvollen Zugriff auf das Leben. Aus der Ganzheitlichkeit matriarchaler Seinsweise herausgelöst, wird „Stiereskraft" zu einem völkermordenden Potential.

Wenn wir die Aussage, daß Moses aus der Begegnung mit seinem Gott mit „gehörntem Gesicht" hervorgegangen ist, ernst nehmen, erschließt sich der Zugang zu seinem ursprünglichen matriarchalen Wesen. Moses war – wie die altorientalischen Götter und ihre Kultträger – mit der Symbolik des Stieres verbunden. Er war im Besitz universeller männlicher Kraft. Der Deuteronomist berichtet von der außergewöhnlichen Kraft des Mose: „Und Moses war 120 Jahre alt, da er starb. Seine Augen waren nicht dunkel geworden, und er hatte die Feuchte im Bett behalten bis zum letzten Tag."[16] Luther übersetzt die Textstelle

13 A. Jirku, „Von Jerusalem nach Ugarit", S. 45
14 Habakuk 3.4
15 5. Mose 33.17
16 5. Mose 34.7

etwas zurückhaltender: „... und seine Kraft war nicht verfallen".

Wie im Josephsegen sieht der Deuternonomist nur abgespaltene Kräfte im Stiersymbol ausgedrückt: dort die aggressiv mörderische Potenz, hier die Sexualität. Seine männliche Draufsicht hat keinen Zugang mehr zu der im Symbol verdichteten umfassenden Kraftfülle, die vom Kultträger ausstrahlt und im Kultakt alle erfaßt, Männer und Frauen. Der matriarchale Mensch weiß sich aller kosmischen und irdischen Kräfte teilhaftig. Er ist von ihnen durchdrungen. Er empfängt sie und kann sie zurückgeben. Er kann sich verausgaben. Denn die Kraft ist unerschöpflich.

Die patriarchale Legende läßt Moses 120 Jahre alt werden. Alte Männer gehören zum patriarchalen Selbstverständnis. Wenn Moses bei seinem Tode 120 Jahre alt gewesen ist, muß er achtzig Jahre gewesen sein, als er jungverheiratet von Midian nach Ägypten zurückging, um sein Volk aus der Knechtschaft zu befreien und auf die vierzigjährige Wanderung durch die Wüste zu führen.

Des Mose Leben trägt alle Züge des matriarchalen Kult-Heros: Er ist der Auserwählte, der Besondere, der Befreier und Erlöser seines Volkes. Er ist der zu ewiger Wiedergeburt Bestimmte, doch auch der zum Sterben Bereite. Wie er den „alten König" überwunden hat, wird auch er sein Leben dahingeben. Das weiß er: „Ich muß in diesem Lande sterben ..., ihr aber werdet hingehen und solch gutes Land einnehmen."[17] An anderer Stelle heißt es: „Tilge mich aus deinem Buch, das du geschrieben hast!"[18] Geheimnisvoll verklärt stirbt Moses schließlich auf dem Berge Nebo[19] – ein Zug matriarchaler Gläubigkeit. Wenn Moses dort durch kultisches Opfer gestorben ist, kann er nicht alt geworden sein. Er ist der Leidende, dem im Tode noch die Verheißung vom „Gelobten Land" seines Volkes zuteil wird.

Über Moses, den Sohn einer matriarchalen Kultpriesterin, der nach Midian zog, um seinem Weibe Zippora anzuhangen, der die Schafe seiner Frau hütete und ihrem Gott diente, über den Kultträger des matriarchalen Jahwekultes, breitet sich *die Sage.*

Das dramatische Schicksal dieses Heros folgt einem Schema, das im vorderasiatisch-griechischen Kulturkreis zum Grundbe-

17 5. Mose 4.22
18 2. Mose 32.32
19 5. Mose 34.1

stand des Mythos einer ganzen Epoche gehört:
Ein Sohn wird geboren, der zu Außerordentlichem Berufene.

Doch sein Leben ist bedroht. Schon vor der Geburt ist seine Vernichtung geplant. Ein Vater oder König fürchtet um seine Macht und um sein Leben. Er sieht in dem Nachfolger den Besonderen, den Auserwählten, der seine Stellung bedrohen könnte. Deshalb soll die Geburt dieses Sohnes verhindert oder das neugeborene Knäblein getötet werden.

Die Angst vor dem Nachfolger schafft eine Literaturgattung, die immer wieder das gleiche Drama erzählt.

So wird die Persönlichkeit des Mose zum Exponenten einer kulturellen Bewußtseinsentwicklung. Die Legende bemächtigt sich seiner und kristallisiert einen universellen Prozeß der Kollektivpsyche am individuellen Einzelschicksal an.

Ägyptens König fürchtet die Israeliten; denn dieses Volk mehrt sich und könnte zur Gefahr werden. Sollte es Krieg geben, könnte es sich zu den Feinden schlagen. Da gebietet Pharao seinem Volk und spricht: „Alle Söhne der Hebräer, die geboren werden, werft ins Wasser, alle Töchter laßt leben."

Da ward eine Priesterin schwanger, eine Tochter aus dem Hause Levi. Und sie gebar einen Sohn. Als sie sieht, daß es ein feines Kind ist, verbirgt sie es drei Monate lang, doch kann sie es nicht länger versteckt halten, und so macht sie ein Kästchen aus Rohr; das verklebt sie mit Erdharz und Pech und legt das Kind darein. Vor den ägyptischen Häschern verbirgt sie das Kind im Schilf am Ufer des Nil. Sie läßt aber ihre Tochter in der Nähe wachen, um zu sehen, was dem Kinde widerfahren würde.

Da kommt die Tochter Pharaos zum Ufer, um zu baden. Sie sieht das Kästchen im Schilf und sendet eine Magd, es zu holen. Die Prinzessin sieht das Kind weinen und entschließt sich, es zu retten. Die Schwester des Knaben tritt herzu und fragt: „Soll ich dir der hebräischen Weiber eines holen, das gerade säugt, so daß es dir das Kindlein nähren möge?"

Pharaos Tochter ist mit diesem Vorschlag einverstanden. Das Mädchen holt die Mutter des Kindes, die nun ihr eigenes Kind im Auftrage der Königstochter säugt und heranzieht.

Als das Kind das Alter erreicht hat, wird es an den Pharaonenhof gebracht und wächst dort auf wie ein Königskind.

Als Moses herangewachsen ist, sieht er, unter welch harter Fron seine Landsleute arbeiten müssen. Er ist Zeuge, wie ein ägyptischer Aufseher einen Hebräer schlägt, und weil er glaubt, unbeobachtet zu sein, tötet er den Ägypter und verscharrt ihn im Sande.

Trotzdem kommt die Kunde dieses Mordes vor Pharao, und Moses muß um des eigenen Lebens willen fliehen.

Als er zurückkommt, erfüllt sich seine Bestimmung, und er wird der Vatergestalt zum Schicksal.

In Kleinasien erzählt man sich die Geschichte von Priamos, dessen Sohn Paris bestimmt sei, den Vater zu verderben.

In Griechenland entsteht der Mythos von Laos, der seine Frau verstößt, damit der Sohn nicht geboren werde, von dessen Hand dem Vater der Tod droht. Doch Ödipus wird geboren, da Jokaste, die Königin, Laos zu verführen versteht. Deshalb trachtet ihm Laos nach dem Leben, wie Priamos seinen Sohn Paris zu töten sucht.

Der Paris des kleinasiatischen Troja wird von einem Hirten gerettet, genauso wie der Ödipus des griechischen Theben. „Laut einer anderen Version dieser Geschichte setzte Laos seinen Sohn Ödipus nicht aus, sondern verschloß ihn in einer Truhe, die von Bord eines Schiffes ins Meer hinabgelassen wurde."[20] Diese Truhe trieb an eine Küste, wo eine Königin das Kindlein fand. Die Verwandtschaft mit der Moses-Sage ist unverkennbar.

Die Geburtslegende König Sargon I. (2414 bis 2358 v. Chr.) des sumerisch-semitischen Herrschers, erzählt einen ähnlichen Hergang: „Sargon, der mächtige König, der König von Akkad bin ich. Meine Mutter war eine Gottesherrin, meinen Vater kannte ich nicht. Meine Stadt war Azupiranu, welches am Ufer des Euphrat liegt. Es empfing mich die Mutter, die Gottesherrin; im Geheimen gebar sie mich, setzte mich in ein Kästlein aus Schilf, mit Erdpech verschloß sie meine Tür, übergab mich dem Flusse. Der trug mich zu Akki, dem Bewässerer. Akki nahm mich zum Sohn an und zog mich auf. Er machte mich zum Gärtner. Während ich Gärtner war, gewann mich Ištar lieb, und ich übte über ... Jahre die Königsherrschaft aus."[21]

Der mythologische Grundbestand dieser Erzählungen ist unverkennbar. Er geht auf archaisch-matriarchale Kultpraxis zurück. Während bei Sargon ein Vater nicht existiert, erinnern die im Mittelmeerraum beheimateten Erzählungen an den rituellen Tod des alten Königs mit dem sterbenden Jahr und dessen Über-

20 R. v. Ranke-Graves, „Griechische Mythologie", 105. c
21 Hugo Gressmann, „Altorientalische Texte zum Alten Testament", S. 234

windung durch den Priesterkönig, der das Blühen und Wachsen der Vegetation für das kommende Jahr garantiert.

Der gläubig Vertrauende sieht den sterbenden im „wiedergeborenen" – dem neuerwählten – König inkarniert. Das Mysterium des Kultes, die integrierende Liebeskraft der Priesterin, lassen das geopferte Leben im Leben des Neuerwählten wieder erstehen.

Als das Fundament des matriarchalen Glaubens verloren gegangen ist, entsteht die Angst vor dem Tode.

Das ganzheitliche, Leben und Tod als Einheit umspannende, matriarchale Bewußtsein hat die Angst vor dem Tode nicht gekannt. Das beweist die orgiastisch ekstatische matriarchale Festlichkeit, die überschwengliche Freude über das wiedergeborene Leben, die zärtliche Liebe der „Göttin", die in ihrem Geliebten immer den Einen umarmt.
Die Opferung des Königs im Kult hat die Angst nicht erzeugt.

Die matriarchale Kultpraxis hat der aufkommenden Individualität Rechnung getragen. Längst wird das „kultische Jahr" eines Priesterkönigs verlängert. Tiere werden statt seiner geopfert. Seine jährliche Wiedergeburt wird im Thronbesteigungsfest gefeiert. Sein Sterben und die Trauer über seinen Tod, seine Heilige Hochzeit und das Wiedererstarken seiner Kraft werden im Ritus dramatisiert, sie werden längst nicht mehr tatsächlich vollzogen: „Er macht uns lebendig nach zwei Tagen; er wird uns am dritten Tage wieder aufrichten, daß wir vor ihm leben werden"[22], sagt ein biblischer Kulttext aus der Mitte des achten vorchristlichen Jahrhunderts. In drei Tage Unterweltsfahrt wird der „Tod" des Königs verdichtet. Längst ist das symbolische Handeln anstelle des Königsopfers getreten.

Trotzdem entsteht die Angst vor dem Tode. Mit dem „Siegeszug" des patriarchalen Bewußtseins wird der Gedanke an den Tod systematisch verdrängt und ins Unbewußte verlagert. Dort wirkt er zerstörerisch und angstauslösend; denn alles, was der Mensch nicht bewußt verarbeiten kann, macht ihn krank. Der matriarchale Mensch hat sich den Tod – so paradox es klingt – lebendig gemacht: Er hat den Tod im Kultdrama aktualisiert. Die Unterweltsfahrt des göttlichen Helden wird in phantastischen Bildern vor Augen gestellt. Je größer die Gefahr ist, umso tapferer erweist sich der heroische Kultträger. Die Gemeinde hat

22 Hosea 6.2

im Kultvollzug teil an der Todesfahrt ihres Priesterkönigs. Sie erlebt seine heilige Wiedergeburt durch die Priesterkönigin. Die Angst hat keine Möglichkeit, die Seele des matriarchalen Menschen zu beherrschen, weil er sich der Dunkelseite des Daseins bewußt stellt, sie dramatisiert und verarbeitet. Anders verhält sich der patriarchale Mensch. Das differenzierende Bewußtsein, auf das er sich mit so großem Stolz beruft, spaltet die Dunkelseiten des Daseins ab und verdrängt sie aus seinem Bewußtsein. Im Unbewußten angelagert, sind sie der Anlaß zur Neurotisierung des Menschen.

Wenn der moderne Mensch in Liturgie und „Glaubensbekenntnis" von Christus aussagt, er sei „niedergefahren zur Hölle und am dritten Tage wieder auferstanden", geschieht keine matriarchale kultische Teilhabe. Blaß und meist gedankenlos ergeht die Liturgie über die Gemeinde, kein dramatisches Mitvollziehen der Todesfahrt ermöglicht dem abendländischen Menschen die *bewußte* Auseinandersetzung mit der dunklen Schattenwelt des Daseins. Und so entsteht die Angst.

Der patriarchale Jahwe ist nicht sterblich. Er tötet nur – tötet als grausame Strafe, vernichtet seine Widersacher, läßt sie in die Grube fahren, aus der es keine Rückkehr gibt.

Die Angst schafft sich eine neue Gattung des Mythos, der die Angst des alternden Königs, des Vaters, vor dem Nachfolger aktualisiert. Die Angst behält recht: Der Sohn setzt sich immer wieder durch.

Ödipus und Paris ebenso wie Moses erfüllen schließlich ihren schicksalhaften Auftrag. Der archaische Mythos vom Sterben des Kultkönigs und dem Sieg des Sohnes hat sich an geschichtliche Persönlichkeiten angelagert. Der Mythos ist „historisiert" worden. Einmal geschehen, kann er abgetan werden. Er muß sich nicht immer wieder vollziehen.

Doch das Seelendrama ist nicht überwunden, weil es nun als „Vergangenheit" betrachtet werden kann. Die Angst vor dem Tode ist damit nicht endgültig verarbeitet. Im Gegenteil.

Losgelöst von der integrierenden Kraft des Großen Weiblichen wird der Tod zum Grauen und Entsetzen.

Um nicht zu sterben, tötet der Mann: den Feind, den Sohn, den Widersacher. Er tötet „alles, was männlich ist", – eine im Alten Testament geläufige Formel. Er unterwirft sich die Gebärfähigkeit der Frau, um sich ungezählt zu vervielfachen. Und er rottet andere Völker aus, um dies ungezählt Vervielfachte in neuen Räumen anzusiedeln, die ihm nicht zustehen!

Der Gott dieser neuen Bewußtseinsentwicklung kann zwangsläufig nur ein Kriegsgott sein: der das Land-Verheißende, der Sieg-Garantierende, der Gesetzgeber einer patriarchalen, frauenunterdrückenden Gesellschaftspraxis.

Die Legende bedient sich der charismatischen Führergestalt des Mose, um eine Entwicklung, die sich über Jahrhunderte hinzieht, mit dieser Einzelpersönlichkeit in Verbindung zu bringen. Moses wird nicht nur zum Großen Einzelnen, der den Pharao, die legendäre „Vatergestalt" schließlich überwindet; er wird auch zum Religionsstifter und Gesetzgeber, zum Führer eines ganzen Volkes in das „Gelobte Land".

Die Schultern eines Einzelnen sind zu schwach, um eine solche Größe zu tragen. Aber das patriarchale Bewußtsein liebt glanzumgebene, machtvolle Führerpersönlichkeiten. Deshalb ist es nicht selten, daß die Leistungen ganzer Völker und vieler Generationen auf einen besonderen Menschen projiziert werden.

Dem forschenden Bemühen ist die Persönlichkeit des Mose nur noch im Kleide dieser ans Göttliche reichenden Verherrlichung zugänglich. Immer wieder ist die Frage gestellt worden, wann dieser Moses gelebt habe.

Welcher Moses? Der matriarchale Mann, der mit Zippora, der Midianiterin, eine beena-Ehe führt? Der Kultträger des matriarchalen Jahwe-Kultes? Der Moses der großen Menschheits-Sage, auf den das patriarchale Bewußtsein seine Ängste projiziert? Oder der Moses jener rigiden levitischen Gesetzesreligion, die von einem kleinen Zirkel judäischer Priester im verwüsteten Jerusalem zu Papyrus gebracht worden ist?

Moses müßte nicht 120, sondern mehr als tausend Jahre gelebt haben, wenn er der Kultbringer für die ihm zugeschriebene Entwicklung gewesen sein sollte!

„Wenn Moses ein Ägypter war", und wenn er am Hofe Echnatons erzogen worden wäre, meint Sigmund Freud[23], dann könne er die monotheistische Idee als ägyptisches Erbgut an die Hebräer vermittelt haben. Doch der Ketzerkönig Echnaton hat seinen Aton-Glauben nicht monotheistisch verstanden. Dieser Pharao hat neben seinem Gott Aton alle mit dem Königskult und dem Totenglauben verbundenen Göttinnen und Götter genauso verehrt wie seine Vorgänger und Nachfolger. Daß er dem

23 Sigmund Freud, „Der Mann Moses und die monotheistische Religion"

Gott Amun absagte und Ägyptens Residenz vom oberägyptischen Theben nach Amarna verlegte, hatte politische Gründe und richtete sich gegen die Übermacht der Amunpriester in Theben.

Vor allem aber hat Moses nicht zur Zeit des Echnaton gelebt. Wie sein Name andeutet, gehört er in die Zeit der Tutmosiden, der Könige Amose oder Tutmosis. „Im 480. Jahr nach dem Ausgang der Kinder Israel aus Ägyptenland, im vierten Jahr des Königreichs Salomon, ... ward das Haus des Herrn gebaut."[24] Nach eigener biblischer Überlieferung wird der geschichtliche Haftpunkt für das Leben des Mose etwa um 1450 v. Chr. gesucht. Damals war Tutmosis III. Pharao in Ägypten, der Ururgroßvater Echnatons. Echnaton kann nicht der „Vater" des um mehr als hundert Jahre älteren Mose gewesen sein, und er kann ihm keinen Glauben vermittelt haben, dem er selbst nicht anhing.

Andere Forscher nehmen die Erwähnung der Baugeschichte der Städte Pithom und Ramsesstadt zum Anlaß, das Leben des Mose in die Zeit zwischen 1290 und 1223 zu datieren, weil erwiesen ist, daß Israeliten beim Bau dieser Pharaonenstädte Frondienste getan haben.

Es bleibt die Erwähnung der Israeliten auf der sogenannten Israelstele des Pharao Merneptah, die eine Auseinandersetzung zwischen Ägyptern und Israeliten in Palästina zum Inhalt hat. Für die geschichtliche Einordnung des Mose ist dieser Beleg ganz unbrauchbar.

Moses, der Hohepriester, Gott und König, Inkarnation des matriarchalen Gottes auf Erden, wird zur Symbolgestalt für ein Volk und eine über Jahrhunderte ausgedehnte geistig-religiöse Entwicklung.

Moses ist der Vermittler zwischen Vergangenheit und Zukunft. Wir können nicht behaupten, er habe um 1500 v. Chr. gelebt oder irgendwann später. In seiner Gestalt sind die Ideen von Jahrhunderten vereint, und die jüngste Kristallisationsschicht ist die jüdische Gesetzesreligion des monotheistischen Jahwe.

„Von den verschiedenen Gesetzen, die später als Fixierungen der Bundesverpflichtungen nach und nach der Sinaierzählung zugewachsen sind, geht keines sicher bis auf den Grundbestand der Überlieferung, die meisten nicht einmal bis in die älteste literarische Fassung zurück."[25]

24 1. Kön. 6.1
25 M. Noth, „Geschichte Israels", S. 121

Die levitische Redaktion unterwirft die archaische Gestalt des Mose ihrem theologischen Dogma und macht aus dem matriarchalen Kultheros den Religionsstifter der patriarchalisierten Jahwe-Religion: „Moses kam an den Berg Gottes, Horeb. Und der Engel des Herrn erschien ihm in einer feurigen Flamme aus dem Busch. Und er sah, daß der Busch mit Feuer brannte und ward doch nicht verzehrt."[26]

Es gibt im mediteranen Klimagürtel Bäume, deren Rinde dermaßen schwammig ist, daß Feuer sie nicht anzugreifen vermag. Diese Arten sind außerordentlich widerstandsfähig, breiten ihr Wurzelwerk weit·aus und behaupten ihren Standort für sich allein. Um sie herum wächst nichts.

Robert von Ranke-Graves hält es für theologisch äußerst bedeutsam, daß sich Jahwe aus einem solchen Baum zu erkennen gibt: „Hätte er sich aus der Terebinthe zu erkennen gegeben wie der frühere Jahwe zu Hebron getan hatte, dann hätte ihn dies als Bel oder Marduk ausgewiesen ... aus der Akazie aber ... offenbarte er sich als Gott der Menora, als transzendenter himmlischer Gott, als Gott, der sprach: ‚Du sollst keine anderen Götter neben mir haben ... denn ich, der Herr, dein Gott, bin ein eifriger Gott!' Die Akazie* ist tatsächlich ein dorniger, eifersüchtiger, genügsamer Baum; sie braucht sehr wenig Wasser und erstickt mit ihren Wurzeln – wie Odins Esche – alle anderen Bäume in der Nähe."[27]

Der unerbittliche Alleinherrschaftsanspruch Jahwes gehört zum jüngsten Überlieferungsstrang der Moses-Legende. Ebenso ist die Symbolik des brennenden Baumes, den kein Feuer verzehren kann, späte Dichtung. Aber diese Erzählung ist so geschickt in den Gesamtzusammenhang eingeflochten, daß wir fast vergessen, daß Moses sich noch immer in Midian befindet und des Jethro Schafe am Berge Horeb, dem Berge des midianitischen, des matriarchalen Jahwe, hütet.

– Moses zieht die kultische Gesetzgebung auf sich, die die Bibel in den „neuen Gesetzestafeln" zusammenfaßt.[28] Ihre Gebote setzen ein ackerbautreibendes Volk voraus, kein „Nomaden-

26 2. Mose 3.2

* Als „Akazie" wird oft fälschlicherweise der Schmetterlingsblütler Robinie bezeichnet. Akazien sind bedornte Sträucher und Bäume, im tropisch-subtropischen Raum sind etwa 50 Arten bekannt.

27 R. v. Ranke-Graves, „Die Weiße Göttin", S. 315

28 2. Mose Kap. 34

volk" in der Wüste. Sie bestimmen, was Jahwe zum Opfer gebracht werden müsse: die Erstlinge des Ackers und die Erstlinge der Herde. Sie setzen die Feiern zu Ehren des Herrn fest, die Feier zur Zeit der Weizenernte und das Erntedankfest, wenn die übrigen Früchte reifen. Jahwe knüpft seinen Segen an allerlei Gebote, daß die Israeliten keine gegossenen Götterbilder anbeten und die Einwohner des Landes nicht ehelichen dürfen. In erstaunlicher Weise stimmen alle Festtagsgebote mit den Traditionen überein, die aus Kanaan oder Ugarit bekannt sind.

– Moses zieht die Gesetze der prophetischen Predigt auf sich. Sie bestimmen, daß Jahwe als Alleinherrscher angebetet werden muß.[29] Sie enthalten das Bilderverbot, Ehegesetze und Eigentumsgesetze. Jedes Kind lernt sie als „Die zehn Gebote Gottes". Martin Noth kommentiert, daß sie „in keiner der alten Erzählungen von der Gotteserscheinung am Sinai ursprünglich gestanden haben, sondern erst im Laufe der Zeit eingeschaltet worden" sind.[30]

– Schließlich wird Moses zum Vermittler des deuteronomistischen Gesetzes, das die prophetische Schrift schärfer formuliert und an Gesetzesübertretungen unbarmherzige Strafen knüpft.

„Auf daß ihr nicht verderbet und macht euch irgendein Bild, das gleich sei einem Mann oder Weib oder dem Vieh auf Erden oder einem Vogel unter dem Himmel, ... daß du nicht deine Augen aufhebst gen Himmel und sehest die Sonne und den Mond und die Sterne, das ganze Heer des Himmels ... und betest sie an und dienest ihnen", warnt der Deuteronomist, und er fügt später sein menschenverachtendes Gebot hinzu, alle Andersgläubigen auszurotten: „Wenn dich dein Bruder, deiner Mutter Sohn, oder dein Sohn oder deine Tochter oder das Weib in deinen Armen oder dein Freund, der dir ist wie dein Herz, heimlich überreden will: Laß uns gehen und andern Göttern dienen! ... so sollst du dich nicht erbarmen, sondern sollst ihn erwürgen. Deine Hand soll die erste über ihm sein, daß man ihn töte, und danach die Hand des ganzen Volkes."[31]

29 2. Mose Kap. 20
30 M. Noth, „Das zweite Buch Mose", S. 124
31 5. Mose 4.16 und 13.7 ff.

Aus dem Hintergrund matriarchaler Kultpraxis tritt Moses, der Menschensohn, der Uranfängliche, Wiedergeborene, der Priester, Gott und König in die patriarchale Legende ein und bekommt ein unwiederbringliches Leben: Seine Geburt und Bedrohung, seine wunderbare Bewahrung, sein wundertätiges Leben und seinen unwiderruflichen Tod. Er wird „historisiert“, aber niemand kann sagen, wann er gelebt hat.

Er wird zum Gesetzgeber einer tausendjährigen Gesellschaftsentwicklung. Aus seiner Vergangenheit heraustretend, empfängt er die jahwistischen, die prophetischen und schließlich die deuteronomistischen Gesetze des untergehenden und in alle Völker zerstreuten Volkes. Gesetze, die alle von seßhaften Stämmen und Völkern geschaffen worden sind; Gesetze, die Ackerbau, Eigentum und traditionelle Ehe als gesellschaftliche Praxis voraussetzen, werden in die „nomadische Vergangenheit“ der israelitischen Stämme zurückverlagert.

Moses wird schließlich auch noch der Prototyp eines Nomadenführers, und seine vierzigjährige Wüstenwanderung mit dem Volke Israel im Sinaigebiet dient dem Beweis, daß Nomadenvölker, einer inneren Gesetzmäßigkeit entsprechend, schon immer – von Anfang an – patriarchal organisiert gewesen seien und an einen patriarchalen Alleingott geglaubt hätten.

Von Moses geht die überwältigende Suggestion aus, die israelitischen Stämme seien ebenso traditionell wie überzeugt patriarchal gewesen, als sie in Kanaan einwanderten und dort auf ein primitives Heidenvolk trafen, das unbelehrbar Götzenbilder anbetete, Stiere, Anat und Ašerat, Ba'al, Marduk, Tammuz und Moloch, den Greuel der Ammoniter.

Ihrer eigenen Überlieferung nach sind die Israeliten jedoch in Ägypten seßhaft gewesen, als Moses in einer überschaubaren, ägyptischen Siedlung zur Welt gekommen ist, offensichtlich in der Hauptstadt, wo Pharaos Tochter den Knaben im Schilf gefunden haben soll.

Unter den israelitischen Stämmen mögen einige gewesen sein, die ein halbnomadisches Leben geführt haben wie die Beduinen. Doch gerade Halbnomaden sind noch unerbittlicher dem Naturrhythmus ausgesetzt als Ackerbauern. Die Große Herrin war auch immer die Herrin der Tiere. Sie spielte für Halbnomaden- und Jägerkulturen eine große Rolle. Erst die Seßhaftigkeit führt zur Ausbildung von Eigentum und zu sozialen Hierarchien, die die Voraussetzung für die patriarchale Gesellschaftsentwicklung sind.

Man argumentiert gern, daß Nomadenvölker aggressiver und kriegerischer veranlagt seien, weil sie nur durch eine erhöhte Fähigkeit, sich durchzusetzen, Überlebenschancen gehabt hätten.

An diesem Vorurteil ist die Moses-Legende entscheidend beteiligt. Sie vermittelt uns die Vorstellung, als hätten die Israeliten jahrzehntelang ein nomadisches Dasein in der Wüste geführt, seien dann – unter der Führung ihres Kriegsgottes Jahwe – in einem gigantischen Überfall in Kanaan eingedrungen, um dieses „Gelobte Land" für sich zu erobern. „Alle Städte verbrannten wir, mit Männern, Weibern und Kindern. Aber das Vieh und den Raub der Städte raubten wir für uns. Also nahmen wir zu der Zeit das Land aus der Hand der zwei Könige ..."[32]
Alle zeitgenössischen historischen Zeugnisse widerlegen diese biblische Kriegslegende. Die beduinischen Israeliten führen keine Kriege.

Je später der Korrekturstift legendenbildend sich der geschichtlichen Überlieferung bemächtigt, umso idealtypischer wird die „Landnahme" der Israeliten als ein einziger geschlossener historischer Akt eines einzigen zusammengehörigen Volkes beschrieben.

Auf diese Weise wird aus der Geschichte eines einzelnen Stammes, der von den ägyptischen Städten Ramsesstadt und Pithon heraufgezogen sein mag, „*die* Geschichte Israels". Und die Lebensgeschichte des Mose, die aus archaischen Bildern herausgewachsen ist und Gestalt angenommen hat, bekommt die idealbiographischen Züge des charismatischen Führers einer ganzen Nation.

Zur Zeit der Babylonischen und Persischen Großkönige – im 6. und 5. vorchristlichen Jahrhundert – ist selbst im Judentum die Durchsetzung des patriarchalen Alleingottes nicht erreicht. Doch von seinen fanatischen Priestern wird der patriarchale Monotheismus in rückwärts gerichteter Projektion in die Vorzeit verlagert.

Beschwörend mahnt das Bilderverbot, daß der Unsichtbare unanschaulich zu fassen sei. „Ist aber eine solche rein geistige Verehrung Gottes überhaupt möglich, und wo findet sie sich? In der Religion des Alten Testamentes jedenfalls nicht!"[33]

32 5. Mose 3.6 ff.
33 K.-H. Bernhardt, „Gott und Bild", S. 80

Sechshundertdreizehn Einzelgebote sind im Laufe von Jahrtausenden in das „mosaische Gesetz“ eingegangen.
Der Mann Moses hat nicht ein einziges von ihnen gekannt.

Ich, eine Mutter in Israel

Die rigide Gesetzlichkeit des alttestamentlichen Glaubens stammt nicht von Moses, sondern ist das Werk des deuteronomistischen Schrifttums. Nicht nur im fünften Buch Mose begegnen wir dem unbarmherzigen alttestamentlichen Gesetzesglauben. Die althebräischen Sagen und das gesamte geschichtliche Überlieferungsgut der Juden und Israeliten wird von der deuteronomistischen Redaktion ideologisiert: In der Geschichte offenbare sich das Handeln Gottes mit dem Menschen. Durch Lohn und Strafe beweist der alttestamentliche Gott seine Existenz.

Mit ermüdender Monotonie wiederholen sich die deuteronomistischen Einschübe: „Da taten die Kinder Israel übel vor dem Herrn und dienten den Baalim und verließen den Herrn, ihrer Väter Gott, der sie aus Ägyptenland geführt hatte, und folgten andern Göttern nach von den Göttern der Völker, die um sie her wohnten und beteten sie an und erzürnten den Herrn; denn sie verließen je und je den Herrn und dienten Baal und den Astharoth. So ergrimmte denn der Zorn des Herrn über Israel, und er gab sie in die Hand der Räuber, daß diese sie beraubten, und verkaufte sie in die Hände ihrer Feinde umher. Und sie konnten nicht mehr ihren Feinden widerstehen; sondern wo sie hinauswollten, da war des Herrn Hand wider sie zum Unglück, wie denn der Herr gesagt und ihnen geschworen hatte. Und sie wurden hart bedrängt."[1]

Die deuteronomistische Weltsicht überlagert mit ihrer Projektion die Überlieferungsstoffe und macht ein Schwarz-Weiß-Gemälde daraus: Einst habe es ein geschlossenes Volk mit einem einheitlichen Glauben gegeben, das einmütig den eifersüchtigen Gott der Sinai-Offenbarung verehrt habe. Dieses an „Zucht und Ordnung" gewöhnte Volk wird von den Fremdvölkern umla-

1 Richter 2.11-15

gert, die wie der leibhaftige Satan nichts anderes im Sinne haben, als das Volk Gottes beständig vom Wege abzubringen und zum Bösen zu verführen. Unkritisch wird diese Anschauung noch von modernen Theologen vertreten: „Jedenfalls erschienen die Kanaaniter den einwandernden Israeliten, die an strenge patriarchale Sitten und Gebote gebunden waren, als zuchtlos, sonderlich durch ihren zum Teil erotisch-orgiastischen Kultus der Fruchtbarkeitsgottheiten Baal und Astarte."[2]

Eine so sehr mit Vorurteilen belastete Einstellung bringt uns dem Wahrheitsgehalt der Überlieferungsgeschichten nicht näher. „Erst wer erkannt hat, unter welchen Umständen sie entstanden sind und worauf sie hinauswollen, kann die unumgängliche Frage beantworten, warum sie aus der Fülle des Geschehenen gerade das erzählen, was sie erzählen, und warum sie es gerade so erzählen, wie sie es erzählen, und kann daran erst richtig ermessen, worüber man von ihnen Auskunft erwarten kann und worüber nicht und welches Gewicht dem beizumessen ist, was sie sagen, und dem, was sie verschweigen."[3]

Befreit man das altjüdische Sagen- und Geschichtswerk von seiner tendenziösen Überlagerung, treten jene eindrucksvollen Gestalten vor unser Auge, von welchen die große Menschheitsliteratur allenthalben zu berichten weiß: Zärtlich und heroisch Liebende wie Sieglinde, Astarte oder Anat, irdische Göttersöhne, ungebärdige Wildlinge, die erst durch die Begegnung mit dem Weib gezähmt werden, wie Siegfried oder der Enkidu der Gilgamesch-Sage und heldische Frauen wie Brünhilde oder Medea.

Aus dem altisraelitischen Sagengut will ich drei Frauengestalten und die Männer, die auf sie bezogen sind, herausstellen.

Die Sage von der Richterin Debora gibt einen realistischen Einblick in das israelitische Stämmesystem: Ohne gegenseitige Verpflichtung siedeln einzelne Stämme in Kanaan in losem Verband. Nichts deutet auf den „Bundesschluß bei Sichem". Von „zwölf" Stämmen ist nicht die Rede! Schon gar nicht von einem prähistorischen System, das auf Zeiten zurückginge, in denen „die mittelpalästinensischen Stämme ihre nachmaligen Kulturlandwohnsitze noch nicht eingenommen hatten".[4]

2 G. v. Rad, „Das erste Buch Mose", S. 171
3 M. Noth, „Geschichte Israels", S. 49
4 ebd. S. 86

Eine Frau hat in Ephraim das höchste Kultamt inne: Debora. Ihr Name ist uns schon einmal begegnet. Die „Amme" der Rebekka heißt Debora, die Himmelsherrin, die israelitische Neith. Die Richterin Debora ist ihre Kultpriesterin. Sie mobilisiert die westjordanischen Stämme angesichts der Übermacht der sie bedrängenden Kanaaniter.[5]

Die Kanaaniter mit ihrer Streitwagenmacht sind den israelitischen Stämmen überlegen und halten sie in Abhängigkeit.

„Aber die Kinder Israels taten übel vor dem Herrn ..., und der Herr verkaufte sie in die Hand Jabins, des Königs der Kanaaniter. Und sein Feldhauptmann hieß Sisera. Und die Kinder Israels schrien zu dem Herrn; denn Sisera hatte neunhundert eiserne Wagen und zwang die Kinder Israel mit Gewalt zwanzig Jahre. Zu der Zeit war Richterin in Israel die Prophetin Debora, das Weib Lapidoths. Und sie wohnte unter der Palme Deboras zwischen Rama und Beth-El auf dem Gebirge Ephraim. Und die Kinder Israel kamen zu ihr hinauf vor Gericht."

Debora läßt den Naphtaliter Barak rufen und fordert ihn auf, mit zehntausend Mann gegen Sisera auszuziehen. Doch Barak erwidert: „Wenn du mit mir ziehst, so will ich ziehen; ziehst du aber nicht mit mir, so will ich nicht ziehen!"

Debora verspricht ihm, mitzuziehen, aber der Preis des Kampfes werde nicht sein werden; denn Sisera werde durch die Hand einer Frau fallen. Auf dem Berge Tabor versammeln sich die israelitischen Stämme, und wieder ermuntert Debora den Barak zum Angriff: „Auf, das ist der Tag, da dir der Herr den Sisera hat in deine Hand gegeben!" Und also zog Barak vom Berge Tabor herab und zehntausend Mann ihm nach.

Er schlägt die Streitmacht des Sisera. Sisera aber flieht zu Fuß und sucht Schutz in der Hütte Jaëls, eines kenitischen Weibes, deren Stamm auf Kain zurückgeführt werden soll. Dort, im Hause der Jaël, fühlt Sisera sich sicher und bittet um Wasser.

Jaël gibt Sisera Milch zu trinken. Doch während er trinkt, nimmt sie einen großen Nagel und einen Hammer und schlägt ihm den Nagel durch die Schläfe. Da nun aber Barak Sisera nachjagte, ging Jaël heraus, ihm entgegen und sprach zu ihm: Gehe her! Ich will dir den Mann zeigen, den du suchst. Und da er zu ihr hereinkam, lag Sisera tot, und der Nagel steckte in sei-

5 Richter 5.14-18 und Richter 4.4

ner Schläfe.[6]

Strahlend und selbstbewußt ist das Siegeslied der Debora:

„Lobet den Herrn, daß Israel wieder frei geworden ist.
Höret zu, ihr Könige und Fürsten.
Ich will – dem Herrn will ich singen!
Dem Herrn, dem Gott Israels will ich spielen.
Herr, da du von Sair auszogst
und einhergingst vom Felde Edoms,
da erzitterte die Erde,
der Himmel troff,
und die Wolken waren schwer vom Wasser.
Die Berge ergossen sich vor dem Herrn,
der Sinai vor dem Herrn, dem Gott Israels.
Zu den Zeiten Šamgars, des Sohnes Anats,
zu den Zeiten Jaëls waren verlassen die Wege;
und die da auf den Straßen gehen sollten,
die wandelten durch krumme Wege.
Es gebrach, an Regiment gebrach's in Israel,
bis daß ich, Debora, aufkam,
bis ich aufkam, ich, eine Mutter in Israel.“[7]

Im weiteren Verlauf schildert das Siegeslied die Schlacht, es lobt die Stämme, die sich am Widerstand gegen Sisera beteiligt haben: Ephraim und Benjamin, Machir (der Sohn Manasses), Sebulon, Isaschar und Naphtali.

Aber fern blieben Ruben, Dan, Asser und Gilead.

Ungenannt bleibt der Stamm Simeon, „für den die alte Überlieferung kein einziges Stammesgebiet anzugeben weiß“.[8] Es fehlt Levi. Was die Bibel über Joseph zu berichten weiß, gleicht eher einer Königsnovelle als geschichtlicher Überlieferung. Im Debora-Text fehlt auch er. Schließlich fehlt Juda, das im Bewußtsein Nordisraels vor der Eroberung durch David völlig unbedeutend gewesen ist.

Das Lied der Debora endet mit einem Preisgesang auf Jaël und den Jubelruf über den Tod des Sisera: „Also müssen umkommen, Herr, alle deine Feinde! Die ihn aber liebhaben, müssen sein wie die Sonne aufgeht in ihrer Macht!“[9]

6 Richter Kap. 4 (gekürzt)
7 Richter 5.2-7
8 M. Noth, „Geschichte Israels“, S. 69
9 Richter 5.31

Seiner Form und Anlage nach ist das Siegeslied der Debora ein altes Kultlied, in das der Kriegsbericht nachträglich eingefügt ist. Der Jubel gilt Jahwe, der vom Himmel Regen niedertropfen läßt, der die Wolken schwer gemacht hat von Wasser, der die Erde im Donner erzittern läßt. Jahwe als Berg- und Gewittergott wird in diesem Lied gepriesen, nicht der eifersüchtige Gott vom Sinai!

Der „Sinai" ist im Deboralied eine offensichtliche nachträgliche Hinzufügung.

Die letzte Strophe des Liedes spricht vom Untergang der Feinde und dem neuen Aufgang der Sonne in ihrer Macht – eine religiöse Vorstellung im matriarchalen Kult.

Der Name Debora bedeutet „Biene", ein Attribut, das auch der großen ägyptischen Göttin Neith anhaftet. Auch der Neith wird ein streitbares Wesen nachgesagt, trägt sie doch die Attribute des Kampfes, ein Paar sich kreuzender Pfeile und ein altertümliches Schild als Kultsymbol. Doch ist sie sicher nicht „ursprünglich" eine Kriegsgöttin gewesen, wie manche Ägyptologen behaupten. Sie wohnt in Memphis „nördlich der Mauer", auf der Dunkelseite der Tempelanlagen. Ihr Kampf hat den Unterweltsmächten gegolten und ist erst später mit den irdischen Feinden des Königs in Verbindung gebracht worden.

Sowenig Neith, sowenig auch Anat ursprünglich Kriegsgöttinnen gewesen sind, sowenig könnte Debora ursprünglich etwas mit einem Kriegszug israelitischer Stämme zu tun gehabt haben.

Womöglich reduziert sich der geschichtliche Aussagewert der Deborageschichte auf die realistische Benennung der miteinander im Kriegsbündnis stehenden Stämme, auf die Existenz von Streitwagen bei den technisch weiter entwickelten kanaanitischen Stämmen und auf den Beweis, daß die israelitischen Stämme Fürsten und Könige gehabt haben. „Höret zu, ihr Könige und Fürsten!" beginnt Debora ihr Triumphlied.

Wen spricht sie an? Fremde Könige sind nicht anwesend. Es können nur die Könige der eigenen Stämme gemeint sein. Die Unterscheidung zwischen einem auf Saul und David begründeten Königtum und einer historischen Epoche der Richter und Propheten haben wir der späten Redaktion der Bibel durch die Priesterschrift zu verdanken. Kulturgeschichtlich ist eine solche Unterscheidung gänzlich irreführend; denn der geweihte Kultträger ist Häuptling, priesterlicher König, Richter, Stammesfürst in einer Person. Er vertritt seine Sippe, seinen Stamm, sein Volk gegenüber der Gottheit, nimmt stellvertretend für die Menschen das Leiden auf sich, verjüngt das Leben durch Tod und Unterweltsfahrt und siegt herrlich über die dunklen Mächte durch seine Wiedergeburt. Er repräsentiert aber auch die Stärke nach außen. Durch Prachtentfaltung demonstriert er seine Kraft gegenüber Nachbarstämmen und sichert dadurch das Lebensgebiet seiner Gruppe. An der Seite der kultischen Königin richtet er das Volk, regelt die sozialen Probleme der Gruppe.

Vieles spricht dafür, daß der „Kriegszug der Debora" ein Phantasieprodukt der legendenbildenden Volkspsyche ist, die das kultische Verständnis der Priesterin, ihre die Unterwelt besiegende Kraft, ummünzt in weltliche Kriegshandlung, die Opferung des Kultkönigs in Tötung eines Stammesfeindes.

„Gesegnet sei unter den Weibern Jaël ... gesegnet sei sie in der Hütte unter den Weibern!" jubelt Debora in ihrem Siegeslied.[10] Diese Seligpreisung ließe sich gut im kultischen Zusammenhang verstehen. Denn: „Über die Folgen (dieses Krieges) wird uns nichts berichtet. Daß die Israeliten nunmehr Städte in den Ebenen im ganzen oder auch vereinzelt erobert und in Besitz genommen hätten, davon verlautet nichts, und es ist daher auch nicht wahrscheinlich."[11] Im Gegenteil, diese kanaanitischen Städte haben noch zu Davids Zeit existiert und sind erst von ihm – jedoch unter Belassung ihrer kanaanitischen Kultur – erobert worden. „Eine archäologische Datierung des Ereignisses ... ist nicht möglich."[12]

Die Debora-Sage muß zum festen Bestandteil israelitischer Kultur noch zur Zeit der Babylonischen Gefangenschaft gehört haben. Anders ist es nicht zu erklären, daß die Geschichte einer Frau, einer Richterin und Prophetin, dem Korrekturstift des Deuteronomisten entgangen ist. Er konnte diese Überlieferung nicht unterschlagen, weil sie in aller Munde war.

Umso mehr ist es zum Anliegen der Erben des alttestamentlichen Überlieferungsgutes geworden, diesen Text durch eine dem patriarchalen Selbstverständnis entsprechende Exegese ins rechte Licht zu rücken. Martin Noth gibt die folgende Erläuterung zum Debora-Lied: „Ein Naphtalit, Barak, aus Kedes in Naphtali wurde zum Anführer, inspiriert durch eine ‚Prophetin' mit Namen Debora. Hier begegnet uns zum ersten Male die Erschei-

10 Richter 5.24
11 M. Noth, „Geschichte Israels", S. 140
12 ebd. Anm. 1

nung des charismatischen Führertums bei den israelitischen Stämmen. Im Namen des Gottes Israel wird durch einen Gottesboten („Propheten") ein Mann zu einer bestimmten Tat aufgerufen und, ohne daß er ein bestimmtes Amt hätte, schreitet er zu dieser Tat und findet als ein von Gott Berufener Gefolgschaft; und der Krieg, der nun geführt wird, ist ein ‚heiliger Krieg'."[13]

Wenn man die Debora-Sage im Original liest, hat man den Eindruck, daß dieser Barak zu seiner Tat recht beklommen und zaghaft „schreitet"; ein Zauderer, der einer „heiligen Johanna" bedarf, um ermutigt zu werden: „Wenn du mit mir ziehst, so will ich ziehen; ziehst du aber nicht mit mir, so will ich nicht ziehen!" Debora verspricht ihm mitzuziehen ..., „aber der Preis wird nicht dein sein auf dieser Reise, die du tust, sondern der Herr wird Sisera in eines Weibes Hand übergeben".

Durch das Prisma patriarchaler Deutung gebrochen wird jede Tat zur Mannestat: Frauen können nur „durch einen Mann hindurch" handeln. Ihre geistige Kraft wird zur „Inspiration", die sie dem Manne leihen, um diesen zu sich selbst und auf den Weg seiner Berufung zu führen. Der Prozeß patriarchaler Bewußtseinsentwicklung ist noch immer nicht abgeschlossen. Er wird durch Männer unseres zwanzigsten Jahrhunderts stabilisiert. Sie basteln unbeirrt weiter an einer Weltdeutung, die Frauen zu Geschöpfen des Mannes macht.

Die charismatische Führergestalt der altisraelitischen Sage ist Debora. Durch die patriarchale Brille gesehen, wird Barak der heilsbegabte Heros. Und selbst als Frau und Prophetin gerät Debora durch die Interpretation des Alttestamentlers ins Abseits der Zufälligkeit: Wird der Mann doch – „normalerweise" – durch Gottesboten (maskulinum!) und Propheten (maskulinum!) zu seinen Taten berufen.

Doch Debora ist eine matriarchale Frau.
Ihr Triumphlied gleicht den Isis-Aretalogien.
Debora sagt: „Ich!"

Ihr Lied zeugt von Sendungsbewußtsein und Selbstsicherheit, es ist eine Selbstrühmungshymne nach der Art der Preislieder, mit denen die matriarchale Herrin von ihrer allumfassenden Kraft singt.

Israel lag darnieder. Es gebrach dem Volk an Kraft ...
„... bis daß ich, Debora, aufkam,

13 M. Noth, „Geschichte Israels", S. 139

bis ich aufkam. Ich, eine Mutter in Israel!"

Frauen haben verlernt, „Ich" zu sagen. Das Alte Testament in seiner uns vorliegenden Endgestalt hat Wesentliches dazu beigetragen, den Stolz der Frau zu brechen, ihr Ichbewußtsein zu unterdrücken und die Erinnerung an große Frauengestalten auszulöschen. Es gibt Mütter in Israel, von denen wir noch nicht einmal mehr den Namen wissen.

„Es war aber ein Mann zu Zora vom Stamme Dan, mit Namen Manoah, und sein Weib war unfruchtbar und gebar nicht. Und der Engel des Herrn erschien dem Weibe und sprach zu ihr: ‚Siehe, du bist unfruchtbar und gebierst nicht; aber du wirst schwanger werden und einen Sohn gebären. Und der Knabe wird ein Geweihter Gottes sein von Mutterleib an und wird Israel erlösen'."[14]

Die Unfruchtbarkeit der Priesterin ist ein bekanntes, immer wiederkehrendes Motiv. Es spricht in verhüllender Symbolsprache von der Dürre des Landes und der Unfruchtbarkeit der Natur.

Im Akt der Heiligen Hochzeit geschieht die Erlösung. Jahwe selbst erscheint der Frau in Gestalt eines Engels und „verkündet" ihr die Geburt des Sohnes, der ein Geweihter sein wird von Mutterleib an. Der Kultakt und die Geburt aus dem Schoß der königlichen Priesterin machen diesen Sohn zum Geweihten, zum Kultträger, zum Richter, Priester und König, zum stellvertretend Leidenden und Sterbenden.

Der Kultpriester der heiligen Handlung verwandelt sich unter der Redaktion des alttestamentlichen Autors zum „Mann Gottes" und zum „Engel Gottes". Seine Begegnung mit der Priesterin bleibt intim. Er erscheint ihr. Sie ist allein. Er gibt ihr nüchtern vernünftige Ratschläge: „So hüte dich nun, daß du nicht Wein noch starkes Getränk trinkest und nichts Unreines essest; denn du wirst schwanger werden und einen Sohn gebären, dem kein Schermesser soll aufs Haupt kommen. Der soll Israel erlösen!"[15]

Die Erlösung ist ein matriarchaler Kultbegriff. Jeder neue Schöpfungsakt, jede Wiedergeburt, jede Wiederbelebung der Natur ist Erlösung: Erlösung von Dürre, Untergang und Tod.

Der biblische Autor bindet den Erlösungsbegriff ins politische

14 Richter 13.2 ff.
15 Richter 13.4 f.

Denken ein. Der Geweihte soll Israel von den Philistern erlösen. Das Kultdrama wird zu politischer Geschichte umgemünzt!

Der Verkündigungstext wird noch ein drittes Mal wiederholt, eingekleidet und der namenlosen Heiligen Priesterin in den Mund gelegt. Sie berichtet das Geschehen ihrem Mann. Diesmal wird der ursprüngliche Kultsinn am deutlichsten, denn jetzt heißt es: „Der Knabe soll ein Geweihter Gottes sein von Mutterleib an *bis an seinen Tod.*“ Er wird der Menschensohn sein, der zu kultischem Leben und Sterben Geweihte. Erst dieser Text erwähnt auch den Tod als seine Bestimmung – und hier, wie so häufig, wird die älteste Überlieferung von späteren Redakteuren, die ihre eigene Sichtweise als Einschub voranstellen, nach hinten verlagert.

Der folgende Bericht deutet einen kultischen Opfertext in alttestamentliche Wundergeschichte um:

„Da bat Manoah den Herrn und sprach: ‚Ach Herr, laß den Mann Gottes wieder zu uns kommen, den du gesandt hast, daß er uns lehre, was wir mit dem Knaben tun sollen, der geboren werden soll.‘“[16]

Gott erhört die Bitte des Manoah. Der Engel Gottes kommt wieder und gibt sich auch dem Mann als der verkündende Gottesbote zu erkennen. Das begnadete Paar will den Engel zum Mahle laden, doch dieser lehnt ab, und als die beiden zu Gottes Ehren auf dem Felsen des Herrn ein Opfer bringen, fährt der Engel des Herrn auf der Lohe vom Altar gen Himmel.

Der Opfertod des Kultpriesters wird fast unverändert vor unser Auge gestellt. Der Sterbende fährt zum Himmel auf und wird im Sohn inkarniert. Das Wunder von Tod und Wiedergeburt wird Ereignis.

Die biblische Redaktion hat das Opfer verschleiert und doch so viel von der Kulthandlung erhalten, daß der ursprüngliche Hergang nachvollzogen werden kann.

Während aber einstmals das Wunder durch die neue Geburt geschehen ist, die das geopferte Leben verjüngt zurückgibt, erscheint die „leibhaftige Himmelfahrt des Engels in der lohenden Flamme des Altars“ als Paradoxon. Der Engel stirbt nicht in der Flamme und hat Wiedergeburt nicht nötig. Wir müssen das Durchbrechen der Naturgesetze für möglich halten, wenn wir dieses Wunder glauben sollen.

16 Richter 13.8

Die königliche Priesterin ist zum namenlosen Gefäß geworden, dessen sich ein Gott bedient, um durch „Verkündigung", und nicht durch Zeugung, den Erlöser in die Welt zu setzen.

Sie – eine Mutter in Israel – begegnet uns nur noch als „das Weib des Manoah" und als die Mutter Simsons. „Und das Weib gebar einen Sohn und hieß ihn Simson. Und der Knabe wuchs und der Herr segnete ihn."

Sein Name bedeutet „die kleine Sonne".[17] Er ist der Abendstern, die Venus in männlicher Gestalt. Wir erinnern uns an das Pantheon in Ugarit. Sonne und Mond kommen zusammen zur Zeit des Neumonds. Dann erglüht die Sonne und der männliche Mondgott, der Himmelsstier, geht in sie ein. Voller Leidenschaft ist die Begegnung, aus der das Venusgestirn hervorgeht in seiner Kraft.

Sie, die namenlose Mutter in Israel, wird einen fürstlichen Sonnennamen getragen haben. Der biblische Autor hat einen Grund gehabt, ihren Namen zu verschweigen. Wie die leidenschaftliche Liebe zwischen Ašerat und El wird die Begegnung von Priesterin und Priester ursprünglich überliefert worden sein und dem ungebärdigen Wesen des Sohnes entsprechen, der in diesem Akt gezeugt wird.

Simson ist ein Mann von übernatürlicher Körperkraft. Er tötet einen Löwen mit der bloßen Hand, zerreißt die dicksten Stricke, mit denen man ihn bindet. Mit einem skelettierten Eselskinnbacken erschlägt er tausend Philister. Die Muskeln seiner Arme sind so stark, daß sie die tragenden Säulen eines Gebäudes niederreißen, das ihn und seine Feinde unter sich begraben wird. Er ist ein unzähmbarer Wildling in seiner Kraft.

Eine zu „unbefleckter Empfängnis" verblaßte Begegnung zwischen Gottesboten und einem namenlos keuschen Weiblichen kann diesen Sohn nicht gezeugt haben. Verkündigungslegende und Simson-Sage heben sich durch einen unerhörten Stilbruch voneinander ab. Simson hat nichts eingebüßt von seiner ursprünglichen derben Lebenskraft. Doch von der zu heiliger Ekstase sich steigernden leidenschaftlichen Ergriffenheit seiner Mutter ist im biblischen Text nichts übrig geblieben.

Im literarischen Stilbruch spiegelt sich der kulturelle Umbruch. In den Jahren nach 587 v. Chr., als der Deuteronomist die Bibeltexte überarbeitet, sind Juda und Israel durch eine Fol-

17 E. Wasserzieher, „Hans und Grete", S. 106/107

ge einander ablösender Kriege politisch ausgelöscht. Die Geschichte als Drama, in dem nur Männer auftreten, steht im Vordergrund seines schriftstellerischen Interesses. Er versteht seinen Gott als Kriegsgott, der Macht und Sieg nur seinen Lieblingen zukommen läßt. Ohnmacht und Niederlage müssen die erleiden, die den „rechten" Gott vernachlässigt haben. Vor diesem Hintergrund wird die Frau zur Bedeutungslosigkeit abgewertet. Es gibt nur noch Väter und Söhne. Selbst der Himmel wird männlich.

Die matriarchale Weltsicht geht mit dem Männlichen gleichberechtigt um. Anat baut Ba'al einen Tempel. Sie nennt ihn beim Namen, liebt ihn und sorgt für seine Anbetung.

Ganz anders geht die levitische Weltdeutung mit dem Weiblichen um. Die Anbetung der Frau wird unterdrückt und ausgelöscht. Die Tempel der Ašerat werden zerstört. Die Mütter werden oft nicht einmal mehr mit dem Namen überliefert. Frauen werden nur noch als Dienende geduldet. Ihre starke Stellung im matriarchalen Kult wird auch in der Erinnerung ausgelöscht. Es soll vergessen werden, daß Frauen die alles übergreifende Liebeskraft der matriarchalen Himmelskönigin verkörpern. Die korrigierende Redaktion des deuteronomistischen Schrifttums sorgt dafür. Entweder gerät die Heilige Hochzeit zu einem esoterisch unkörperlichen Verkündigungsakt, oder die Priesterin wird zur gefährlichen Buhlerin und Hure.

Unter der Bearbeitung der Simson-Sage durch den Deuteronomisten werden die Frauen, die diesem Helden begegnen, zu Verführerinnen und Verderberinnen, zum Prinzip des Bösen schlechthin.

Als Simson erwachsen ist, geht er eines Tages hinab nach Thimnath, wo die Philister wohnen, und dort sieht er eine Frau, die er zum Weibe begehrt. Von seinen Eltern fordert er: „Gebt mir nun diese zum Weibe!"

Die Eltern sind empört. „Ist denn nun kein Weib unter den Töchtern deiner Brüder und in all deinem Volk, daß du hingehen mußt, eine Philisterin zu nehmen?"

Doch – schiebt der biblische Neubearbeiter ein – „sein Vater und seine Mutter wußten nicht, daß es von dem Herrn wäre; denn er suchte Ursache wider die Philister. Die Philister aber herrschten zu der Zeit über Israel."[18]

18 Richter 14.1 ff.

Der historisierende Einschub wird der feinfühligen Leserin auch ohne textkritische Forschung deutlich!

Simson besteht auf seiner Wahl: „Also ging Simson hinab mit seinem Vater und seiner Mutter gen Thimnath. Und als sie kamen an die Weinberge zu Thimnath, siehe, da kam ein junger Löwe brüllend ihm entgegen. Und der Geist des Herrn geriet über ihn, und er zerriß ihn, wie man ein Böcklein zerreißt, und hatte doch gar nichts in seiner Hand. Und sagte es nicht an seinem Vater noch seiner Mutter, was er getan hatte."

Simson besiegt den Löwen wie der Siegfried der germanischen Sage den Drachen besiegt und der Gilgamesch aus Uruk das Ungeheuer Chumbaba überwindet. Aber Vater und Mutter, die Simson begleitet haben, merken es noch nicht einmal. Bei dem unglücklichen Bemühen, eine Heldensage in alttestamentliche Familiengeschichte umzuschreiben, ist sogar die Grammatik auf der Strecke geblieben: „*Sie kamen* an die Weinberge, da kam *ihm* ein Löwe brüllend entgegen ..."

Simson wirbt um die Philisterin und kommt nach etlichen Tagen wieder, um sie zum Weibe zu nehmen. Auf dem Weg findet er den verendeten Löwen. Ein Bienenschwarm hatte sich im Fleisch des Tieres eingenistet, und Simson versorgt sich mit Honig.

Bei den Hochzeitsfeierlichkeiten gibt er den Brautgesellen ein Rätsel auf: „Speise ging hin von dem Fresser und Süßigkeit von dem Starken." Doch keiner kann den Sinn dieser Worte ergründen. Deshalb drängen die Männer die Braut, sie möge von Simson des Rätsels Lösung erfragen. Die junge Frau – auch ihren Namen erfahren wir nicht! – weint die sieben Tage der Hochzeit, und schließlich gibt Simson nach und verrät ihr sein Geheimnis. Sie sagt es den Leuten ihres Volkes; denn man hat sie bedroht, ihr und ihres Vaters Haus anzuzünden, wenn sie's nicht verriete.

So antworten die Männer dem Simson: „Was ist süßer als Honig? Was ist stärker als der Löwe?" Daraufhin gerät der Geist des Herrn über Simson, und er tötet dreißig Männer, um ihre Gewänder und Federkleider den Hochzeitsgesellen zu geben; denn das war der Preis für des Rätsels Lösung.

„Und er ergrimmte in seinem Zorn und ging herauf in seines Vaters Haus. Aber Simsons Weib war einem seiner Gesellen gegeben." Das hindert Simson aber nicht, nach einiger Zeit – zur Zeit der Weizenernte – wieder zu seiner Frau zu gehen. Doch als er in ihre Kammer gehen will, verweigert ihr Vater es ihm.

Simson rächt sich und zündet der Philister in Garben stehendes Korn an, vernichtet ihre Weinberge und verbrennt ihre Ölbäume.

Wer hellhörig geworden ist für matriarchale Kulttexte, der mag an die alles vernichtende Sommerhitze denken, die Korn, Weinberge und Ölbäume verbrennt. Die Zeit ist gekommen, daß Simson sein Leben dahingebe für sein Volk.

In der biblischen Bearbeitung klingt das so: Die Philister ziehen in einem Rachefeldzug wider Juda und fordern Simsons Leben. Simson aber ist längst entkommen in die Steinkluft zu Etam. Dreitausend Judäer ziehn in die Steinkluft, um Simson als Pfand in der Philister Hand zu geben. „Weißt du nicht, daß die Philister über uns herrschen? Warum hast du denn das an uns getan?" werfen sie ihm vor. Simson läßt sich binden. Doch vor den Philistern zerreißt er seine Bande, als seien es Fäden. Er nimmt einen Eselskinnbacken und tötet damit tausend Philister. Und als ihn dürstet, spaltet Gott eine Höhle und läßt eine Quelle entspringen. Simson wandert nach Gaza und liebt dort eine Hure.

Unterweltsfahrt durch die „unwegsame Steinkluft"! Der Held ist „gebunden in des Todes Macht"; aber er erweist sich als der Stärkere, er siegt über die Feinde, überwindet die Todesmächte. Neues Wasser, die Quelle des Lebens, sprudelt aus dem Stein. Die Priesterin lädt den wiedergeborenen Geliebten zur Heiligen Hochzeit. „Er sah eine Hure und kam zu ihr!" ist alles, was die Bibel von dem Kultbericht erhalten hat.

Danach gewinnt Simson ein Weib lieb, die heißt Dalila. Die Philisterfürsten haben Dalila mit 1 100 Silberlingen bestochen. Sie soll ihnen verraten, worauf Simsons übernatürliche Kräfte beruhen, so daß sie ihn endlich überwinden könnten.

Dalila ringt dem Simson unter Liebesschwüren das Geständnis ab, daß in seinem langen Haupthaar, das niemals ein Schermesser antasten darf, seine große Kraft beschlossen liege. Da ließ Dalila ihn entschlafen in ihrem Schoß und rief einen Philister, ihm den Kopf zu scheren.

Wehrlos geworden, ist Simson in der Feinde Hand. Die stechen ihm die Augen aus, binden ihn und fesseln ihn an eine Getreidemühle, die er unermüdlich drehen muß.

Langsam wachsen die Haare des Simson in der Gefangenschaft, und als man ihn eines Tages holt, um sich von ihm Lieder vorspielen zu lassen, ergreift er die Säulen des Hauses und bringt es zum Einsturz. Seine Kraft ist ihm wiedergegeben. Doch mit den Philistern tötet er nun auch sich selbst.

Ohne Zweifel ist die Simson-Sage in Syrien-Palästina erzählt worden, lange, bevor die Philister in diesem Lande Fuß gefaßt und sich in den Küstenstädten festgesetzt haben. Der Kern der Sage läßt sich leicht aus dem umklammernden Geschichtsbericht herausschälen.

In Heiliger Hochzeit gezeugt, ist Simson ein Götterabkömmling von übernatürlichen Begabungen und Kräften. Nicht von den Philistern erlöst dieser ungewöhnliche Mensch sein Volk, sondern vom Tode. Die Übereinstimmung mit Kulttexten ist deutlich. Zur Zeit der Weizenernte wandert Simson ins Tal, um mit einem Weibe zu schlafen. Die Weizenernte ist kultische Zeit.

Wir erinnern uns: Auch Ruben geht aus zur Zeit der Weizenernte und sucht Liebesäpfel für seine Mutter Lea. Der Frühling ist die Hohe Zeit der Heiligen Liebe, wenn die Frühfrucht reift, wenn die Granatbäume blühn.

Wenn der Sommer mit seiner zerstörerischen Hitze das Land überzieht, kann es zu Flurbränden kommen. Simson brennt das Korn und die Ölbäume – Symbol der Sommerhitze in ihrer zerstörenden Kraft. Er verbirgt sich in der Steinkluft Etam. Dort, wo weder Baum noch Strauch gedeiht, begegnet er dem Grauen der Unterwelt.

Dann besiegt er die feindliche Natur, er tötet den Löwen als Sinnbild des Ungeheuerlichen, das das Leben seines Volkes bedroht. Er bringt Quellen zum Sprudeln. Er ist Heros, Heiland, Erlöser, Gott und Menschensohn. Seine Kraft garantiert die Überwindung der unfruchtbaren Periode.

In die „Getreidemühle" eingespannt, die das sich drehende Himmelszelt darstellt, umkreist Simson – der Venusstern – die Mitte.

Simson erlöst sein Volk und erleidet dabei schließlich selbst den Tod. Mit seiner persönlichen Aufopferung, mit seinem Leiden und Sterben gehört Simson in die Welt der archaischen Kultkönige, die in jährlichem Rhythmus ihr Leben hingegeben haben für das Leben des Volkes, für die Wiedergeburt der Natur.

Sein wildes Leben in der Auseinandersetzung mit der Natur, im Kampf mit den Tieren, in der Suche nach Quellen und frischem Wasser, dem Ausheben von Honignestern, dem Wohnen „in der Steinkluft von Etam", seine übernatürliche Körperkraft, sein lang wallendes Haar, und nicht zuletzt die Überwältigung, die für ihn die Begegnung mit Frauen bedeutet, dies alles rückt ihn in die Nähe des Enkidu aus dem Gilgamesch-Epos, von dem es heißt, daß ihn die Göttin mit Kraft beschenkt habe, als sie ihn schuf. Enkidus Kraft wird an ähnliche Attribute geknüpft wie des Simson übernatürliche Stärke:

„... *mit Haaren bepelzt am ganzen Leibe,*
Mit Haupthaar versehen wie ein Weib.
Das wallende Haupthaar, ihm wächst es wie der Nisaba.[19]
Der Stärkste im Land ist er, Kraft hat er,
Gleich dem Himmelsgewölbe gewaltig ist seine Stärke."[20]

Simsons wie Enkidus Kraft wird durch ein Weib gebrochen. Sieben Tage schläft Enkidu mit einer „Hure", ebenso wie Simson sieben Tage Hochzeit feiert.

„*Ihren Busen macht die Hure frei,*
Tat auf ihren Schoß, er nahm ihre Fülle,
Sie scheute sich nicht, nahm hin seinen Atemstoß,
Entbreitet ihr Gewand, daß er auf ihr sich bettete,
Schaffte ihm, dem Wildling, das Werk des Weibes.
Sein Liebesspiel raunte er über ihr.
Sechs Tage und sieben Nächte war Enkidu auf,
Daß er die Hure beschlief."[21]

Das Ungeheuer Chumbaba aus dem Gilgamesch-Epos versinnbildlicht die gleiche Menschheitserfahrung, von der die Simson-Sage erzählt. „Sein Brüllen ist Sintflut, Feuer sein Rachen, sein Hauch der Tod!"[22] heißt es im sumerischen Epos. Wie im hebräischen Epos sind die jahreszeitlichen Rhythmen gemeint: Die Feuer der Hochsommersonne atmen den Hauch des Todes, im Brüllen der Stürme entladen sich die Regengüsse.

Im Bild des sumerischen Helden Gilgamesch läßt sich die Gestalt des Simson wiederfinden.

19 Getreidegöttin
20 „Das Gilgamesch-Epos", S. 19 f., I. Tafel III. Zeile 3 f.
21 ebd., S. 22, I. Tafel IV. Zeile 16 ff.
22 ebd., S. 31, I. Tafel IV. Zeile 109 ff.

„Elf Ellen lang war sein Wuchs.
die Breite der Brust, ihm maß sie neun Spannen.
Zwei Teile sind Gott an ihm – Mensch ist sein dritter Teil.
Ragend ist die Gestalt seines Leibes ...
Wilde Kraft setzt er ein gleich dem Wildstier,
erhabenen Schrittes.“[23]

Wie Enkidu ist auch Simson ein archaischer Heros, der als Kultkönig im gesellschaftlichen Mittelpunkt seines Stammes steht. Als „Richter“ in Israel läßt er sich schwer vorstellen.

„Er richtete aber Israel zwanzig Jahre!‘, sagt der biblische Schriftsteller am Schluß zweier Kapitel.[24] Die Worte hängen wie ein Fremdkörper im Raum. Wo sollte Simson sein Richteramt ausgeübt haben? In der Steinkluft zu Etam? Oder in den Armen der Dalila?

Die kultische Symbolsprache benennt zyklische Abläufe: Die Steinkluft zu Etam ist der Ort des Todes, in den Armen einer Frau erfährt der Mann Leben und Wiedergeburt. Zur Beschreibung linearer geschichtlicher Abläufe, zur Benennung geographischer Fixpunkte eignet sich Kultsprache nicht.

Durch ihre Namen erweisen sich die heroischen Gestalten der Bibel als kultische Könige. Šalem, der Venusstern, ist in Jeru-Šalem genauso angebetet worden, wie bei den Nordstämmen.

Das Hebräische und Phönizische bedienen sich rein konsonantischer Schreibweise. Salomo verfügt über den gleichen Konsonantenstamm wie das phönizische Šalem. Man sagt, daß der Name Salomo der „Friedliche“ bedeute – ein Attribut, das gern der Venus als Abendstern zugefügt wird, während die Venus als Morgenstern sein kriegerisch feindlicher Bruder ist.[25]

Die Namen Schamgar – Šamgar, der Sohn der Ašerat, Simson oder Samson haben die gleiche Wurzel wie der Priestername Samuel. Auch dieser Priester ist ein Geweihter und Kultträger. Nichts spräche dagegen, ihn als kultischen König aufzufassen. Doch mit der Verschleierung der matriarchalen Kulte wird auch die Erinnerung an ein Kultkönigtum in Israel unterdrückt. Samuel wird in die Priestertradition gestellt.

Seine Mutter ist Hanna. Ihre priesterliche Würde und kultische Bedeutung sind im biblischen Bericht verhüllt. Hanna ist

23 ebd., S. 18, I. Tafel 8 + II. Tafel 1 ff.
24 Richter 15.20 und Richter 16.31
25 s. S. 43

eine unfruchtbare Frau, und sie leidet darunter. Sie fastet und betet, hat ihre kultische Begegnung mit dem Priester Eli und wird schwanger. Sie bringt den Sohn zur Welt, stillt ihn und bringt ihn zur Erziehung in das Haus des Herrn. Sie betet lange. Dann überläßt sie den Sohn, den sie doch so sehr ersehnt hat, dem Priester. Sie selbst tritt gänzlich in den Hintergrund. Ihr restliches Mutterglück erschöpft sich im Nähen der Kultkleidung für den Sohn: „Dazu machte ihm seine Mutter ein kleines Oberkleid und brachte es ihm hinauf zu seiner Zeit, wenn sie mit ihrem Mann hinaufging, zu opfern das jährliche Opfer."[26]

Welch erbärmliches Frauenlos! Hannas Leben hat keinen anderen Sinn als den, diesen besonderen Sohn zur Welt zu bringen. Und als sie ihn geboren hat, führt sie ihn seinem Auftrag zu und verbringt den Rest ihres Lebens mit der Erinnerung an jene kurze Weltminute, die sie zum Werkzeug des Besonderen gemacht hat, zur Magd, die Gnade gefunden hat.

Die Niederschrift dieses trostlosen Frauenschicksals mag im sechsten vorchristlichen Jahrhundert erfolgt sein. Seine endgültige Form wird der Text erst in nachchristlicher Zeit erhalten haben. Gelebt hat Hanna ausgangs des zweiten vorchristlichen Jahrtausends. Ihre legendäre Unfruchtbarkeit ist kultische Symbolik, ihre ursprüngliche Geschichte die einer Priesterin am Heiligtum zu Silo.

Während der Zeit der Unfruchtbarkeit der Natur trauert die Priesterin, wie Anat um ihren Geliebten trauert: „So weinte sie dann und aß nichts."[27]

Wenn das Jahr sich der Regenzeit zuneigt, wenn die Wiedergeburt der Natur erwartet wird, finden die orgiastischen Festlichkeiten statt, mit denen die Natur wiedererweckt wird. Spiel und fröhliches Gelage wechseln einander ab. Kultischer Tanz und Wein steigern die festliche Ekstase zu heiliger Trunkenheit.[28] Wir finden die Hohepriesterin betend im Heiligtum, und auf dem Höhepunkt des Festes feiert sie die Heilige Hochzeit mit dem Kultpriester.

Sie gelobt dem „Herrn Zebaoth", dem Herrn der himmlischen Heerscharen, daß der Sohn dem Kult geweiht werden soll. „Kein Schermesser soll auf sein Haupt kommen."[29] Denn dieser Sohn wird König sein, der starke Stier seines Volkes ... „und der

26 1. Samuel 2.19
27 1. Samuel 1.7
28 Vergl. 1. Sam. 1.13-15
29 1. Sam. 1.11

Herr wird Macht geben seinem König und erhöhen das Horn seines Gesalbten". (!)[30] Dieser Sohn wird sterben und wieder lebendig werden, „er führt in die Hölle und wieder heraus".[31]

Und während die Hohepriesterin mit dem königlichen Kultträger das Fest der Heiligen Hochzeit feiert, greift die Ekstase auf die Kultpriesterinnen und Kultpriester über; denn die Söhne des Hohenpriesters „schliefen bei den Weibern, die da dienten vor der Hütte des Stifts".[32]

Ich habe jene Textreste, die verdächtig erscheinen, dem matriarchalen Kult verpflichtet zu sein, herausgeschält und die Geschichte der Hohenpriesterin Hanna so geschildert, wie sie dem matriarchalen Kult gerecht wird. Zum Teil habe ich die alttestamentlichen Texte wörtlich benutzt. Ich will meinen Umgang mit den Bibelstellen begründen:

– „Wie lange willst du trunken sein?" fragt Eli, „laß den Wein von dir kommen, den du bei dir hast!" Daraufhin verteidigt sich Hanna und erklärt sie sei kein „loses Weib".
  Allzu offensichtlich ist das redaktionelle Bemühen, die heilige Trunkenheit des matriarchalen Kultes in patriarchale „Sitte und Ordnung" hinüberzuführen!
– „Mein Horn ist erhöht in dem Herrn!"[33] betet Hanna. Das Horn ist das Sinnbild des Stieres und seiner matriarchalen Manneskraft. Im Zusammenhang mit der Anbetung eines monotheistischen Vatergottes, der keinen Sohn hat, keinen Stier, dessen Zeugungskraft sich dem Schoß der Wiedergeburt anvertraut, verliert diese Gebetsstelle jeden Sinn. „Der Herr ... wird erhöhen das Horn seines Gesalbten!" wiederholt Hanna.
  Die Kraft Gottes wird im Alten Testament noch immer als Stiereskraft verehrt: „Gott ist wie das Horn des Wildstiers."[34] Drei Jahrtausende haben nicht ausgereicht, um den Gottesbegriff endgültig von der Stiersymbolik zu trennen. Noch im 20. Jahrhundert sind die Bibelanstalten darum bemüht, den Zusammenhang zwischen Gott und Stier zu verschleiern. Aufgrund der im Jahre 1912 vom Deutschen Evangelischen Kirchenausschuß genehmigten Bibelübersetzung darf die Lutherübersetzung „Gott ist wie das Horn eines Wildstieres" nur in

30 1. Sam. 2.10
31 1. Sam. 2.6
32 1. Sam. 2.22
33 1. Sam. 2.1
34 4. Mose 23.22 und 4. Mose 24.8

der berichtigten Form gedruckt werden: „Seine Freudigkeit ist wie eines Einhorns ...“, worunter sich niemand mehr etwas vorstellen kann! Die Entstellung eines Textes wird eher akzeptiert als die Gefahr, Erinnerungen an matriarchale Stierkulte zu bewahren.

– Sterben und Wiedergeburt, Höllenfahrt und Wiederkehr sind der Integrationskraft der Großen Herrin, der alttestamentlichen Himmelskönigin anvertraut.
  Im Hannagebet wird der „Herr“ zum Subjekt der Wiedergeburtsvorstellung: „Der Herr tötet und macht lebendig, führt in die Hölle und wieder heraus.“ Solche Aussagen beweisen die matriarchale Herkunft der Jahwereligion. Gleichzeitig wird einmal mehr deutlich, daß die Patriarchalisierung der Welt ein Prozeß der Aneignung matriarchaler Werte und Fähigkeiten durch den Vatergott ist.
– „Der Herr wird seinem König Macht geben!“ Hanna sieht in ihrem Sohn, dem Abkömmling aus heiliger Liebe, den König! Das Kultkönigtum Israels ist so alt wie das Volk selbst und wurzelt in seiner matriarchalen Vergangenheit – nicht anders als bei anderen Völkern auch.
– Während der Text sich nicht scheut, Gottes Kraft mit der Kraft wilder Stiere zu vergleichen, wird weibliche Sexualität einer rigorosen Zensur unterworfen. Die Heilige Hochzeit, in deren Mittelpunkt die Hohepriesterin als Inkarnation der Himmelskönigin steht, wird, in die fromme Geisteswelt des Gebets verflüchtigt, solange es sich um die Begegnung zwischen Hanna und dem Hohenpriester Eli handelt.

Die Priesterinnen am Jahweheiligtum, die nicht das Glück haben, die Mütter herausragender Söhne zu werden, verkommen zu „Weibern, die da dienten vor der Hütte des Stifts“. Auch die Sprache der kultischen Liebe verkommt. Die Heilige Hochzeit wird zur „Tempelprostitution“. Die Priesterin entartet zur Hure. Wer dem heiligen Kult noch einige Ehrfurcht entgegenbringen will, spricht mit fremder Zunge vom „hieros gamos“.

Ich habe aus dem althebräischen Überlieferungsgut drei Frauengestalten herausgegriffen: Königliche, souveräne, frei über sich selbst verfügende Frauen, Priesterinnen, Mütter in Israel.

Es gibt andere, von denen zu berichten sich lohnen würde: Jephtahs Tochter, von der überliefert ist, wie sie in freier Entscheidung sich dem Dienst der Ištar verpflichtet. Sie ist ihrer Eltern einziges Kind. Mit ihrem Entschluß fügt sie ihnen Schmerz zu. „Da nun Jephtah kam gen Mizpa zu seinem Hause, siehe, da geht seine Tochter heraus ihm entgegen mit Pauken und Reigen; und sie war sein einziges Kind, und er hatte sonst keinen Sohn noch Tochter."[35]

Wir werden an Mirjam erinnert, an ihren Kulttanz am Schilfmeer mit Pauken, Singen und Reigen zu Ehren der Himmelskönigin und ihres wiedergeborenen Sohnes.

Wie Mirjams Überlieferung, so ist auch der Bericht von der Tochter des Japhtah überlagert durch die patriarchale Reaktion, die den Vater zum Gebieter über das Schicksal der Tochter macht.

Ein Alttestamentler bedauert die Verdrängung der alten Heiligtumsgeschichten: „Das Jungfrauenfest zu Mizpa wird nicht zu Ehren der in die Unterwelt hinabgestiegenen Ištar, sondern zur Erinnerung an Jephtahs Töchterlein gehalten. Und die Laubhütten dienen am Herbsttag nicht dem Adonis, sondern der Erinnerung an Israels Wüstenzug ..."[36]

Jephtahs Tochter hat so wenig einen Namen wie Simsons Mutter. Söhne, die der kultischen Liebe entstammen und deshalb der Himmelskönigin durch heilige Geburt geweiht sind, werden zu „Geweihten Gottes von Mutterleib an".

Eine ferne Erinnerung nur an Debora überliefert uns, daß Frauen einst „Ich!" gesagt haben:
„Ich, eine Mutter in Israel!"

35 Richter 11.34
36 J. Hempel, „Geschichten und Geschichte ...", S. 121

Vom Kultkönigtum zur politischen Königsmacht

Die Zerstörung der matriarchalen Glaubens- und Gesellschaftsformen geht Hand in Hand mit der Überwindung des kultischen Königtums und der Aneignung politischer Macht durch den König.

Im abendländischen Bewußtsein gehören die Begriffe „König" und „Macht" unlösbar zusammen. Im Laufe einer mehrtausendjährigen Entwicklungsgeschichte hat sich Königtum mit absoluter Herrschaftsbefugnis, Tyrannis, Prachtentfaltung und militärischer Überlegenheit verbunden. Das patriarchale Bewußtsein verknüpft den Königsbegriff ausschließlich mit diesen zuletzt entstandenen Funktionen der Macht und hat die Vorstellung matriarchalen Kultkönigtums verdrängt. Darin folgt das menschliche Denken einem Gesetz, das Aristoteles als Grundprinzip jeder Entwicklung beschreibt: Das zuletzt Entstandene erscheint keineswegs als das Letzte, vielmehr als das Erste und Ursprüngliche, das a priori Gegebene.[1]

Dieser Verdrängungsprozeß ist durch das alttestamentliche Schrifttum entscheidend beeinflußt worden. Die Bibel stellt Königtum nicht in seiner allmählichen Entwicklung dar, sondern als eine Institution der Macht, die zu einem bestimmten geschichtlichen Zeitpunkt eingesetzt worden ist. Aus dem Dunkel sagenumwobener Vorzeit tritt nahezu übergangslos ein Koloß in die Geschichte ein: der Davidische Gottesstaat als Prototyp altorientalischen Großkönigtums.

Von der modernen alttestamentlichen Forschung wird diese Vorstellung eher zementiert als hinterfragt. „Es gab eine Zeit, da Israel noch keinen König hatte. Darin stimmen alle alttestamentlichen Zeugnisse überein."[2]

Es ist mir unbegreiflich, wie ein ernsthafter Forscher von „Zeugnissen" reden kann, da die textkritische Arbeit am Alten

1 Aristoteles, „De animalibus historia", hrg. von L. Dittmeyer, Buch II, Kap. I
2 K.-H. Bernhardt, „Das Problem der altorientalischen Königsideologie", S. 91

Testament unter anderem die Ideologien und Tendenzen der verschiedenen Bibelautoren heranzieht, um Textscheidungen vorzunehmen.

Jeder weiß, daß die Priesterschaft ein existenzielles Interesse daran gehabt hat, ihre Daseinsberechtigung gegenüber dem Königtum zu behaupten. Und gerade *weil* es ein Kultkönigtum gegeben hat, entwickelt sich der Widerspruch zwischen kultischem Dienst und königlicher Macht.

Einst vereinte der Stammesfürst das Kultamt, die Richterwürde und die repräsentative Königsstellung auf sich allein. In diesem Amt war der König gleichzeitig der Gott, der Nachfahre des Urahnen, von dem der Stamm sich herleitete. Oft trug dieser Gott-König den Namen des Stammes; das Land, in dem der Stamm siedelte, trug den Stammesnamen. Die israelitischen Stämme folgten diesem Selbstverständnis ebenso wie die Kanaanäer.

In der kanaanäischen Ansiedlung Sichem wohnten die Sichemiten mit ihrem Stammesfürsten Sichem.[3] Die israelitischen Stämme haben nicht erst durch den Einfluß der Verhältnisse im Kulturland die gleiche Organisationsform angenommen. Ru-Ben kam schon als „Leas Sohn" ins Land, prägte seinem Siedlungsgebiet seinen Namen auf und verehrte einen Kult-Heros des gleichen Namens. Sie waren alle in matriarchale Gesellschafts- und Kultformen eingebettet: Ben-Jamin, der Glücksohn der Rahel, Ašer, Ašerats Sohn.

Die Stämme wuchsen, schlossen sich mit anderen zusammen, bildeten größere Gesellschaftsgruppen, und der Kultkönig bedurfte der dienenden Priester, der helfenden Richter. Dabei blieb der König der Hohepriester, wenn nicht das Priestertum so sehr erstarkte, daß es die Würde des Hohenpriesters für sich beanspruchte und dem König den Dienst am Heiligtum verwehrte.[4]

Die Redaktion der Priesterschrift fällt in eine Zeit ohne Königtum. Die Könige hatten versagt, und niemand konnte den Priestern das Recht auf die Vorrangstellung in Jerusalem streitig machen. Das Alte Testament legt Zeugnis ab von der Bemühung der Priester, ihren Machtanspruch in der Vergangenheit zu verankern, aber nicht Zeugnis davon, daß es eine Zeit gegeben ha-

3 1. Mose 34.2 ff.
4 s. S. 86 f. und 2. Chr. Kap. 26

be, „da Israel noch keinen König hatte"!

Von der Priesterschrift geht die tendenziöse Behauptung aus, das israelitische Volk habe mit der Wahl des ersten Königs Schuld auf sich geladen, seine von Gott gewollte Gesellschaftsform sei eine Stammesorganisation unter strengem priesterlichem Führertum. Die Priester bezeichnen das Königtum als kanaanitisch, heidnisch, von Fremdvölkern übernommen.

Viele Alttestamentler, die die Priesterschrift wie eine Offenbarung werten, stabilisieren deren Auffassung. „Königtum und cultura agri gehören zusammen."[5] Ihres Ackerbaus wegen müssen die Israeliten gezwungenermaßen das Königtum annehmen: Es ist „a natural even necessary consequence of the adaption of settled life in towns".[6]

Bernhardt behauptet, Israel habe nie mit voller Überzeugung seinen Königen angehangen: „Israel muß sich im Kulturland zur Lebensform des Königtums entschließen; aber es geschieht dies nur insoweit, als die realen Bedingungen seiner Umwelt es erfordern und unter beharrlicher Beibehaltung der Formen der alten nomadischen Lebensweise der Jahwe-Amphiktyonie."[7]

Als „Beweis" für die Ablehnung des Königtums in vordavidischer Zeit wird gern Jerub-Ba'al, genannt Gideon, zitiert. Er fordert Tribute, wie es gegenüber dem König üblich war. Doch die priesterschriftliche Überarbeitung legt ihm die Worte in den Mund: „Ich will nicht Herr sein über euch, und mein Sohn soll nicht Herr sein über euch, sondern der Herr soll Herr über euch sein."[8]

Für das Volk dürfte es belanglos sein, ob es seine Abgaben einem König oder Priester oder königlichen Priester schuldig ist. Für die Priester entscheidet sich damit die Machtfrage.

Die beiden Samuelis-Bücher sind eine Sammlung unterschiedlicher Überlieferungsstoffe[9], die eine Fülle matriarchaler Kultlegenden – Lesetexte zum Ritual – zu einem wirren und unanschaulichen Gesamtbild verfremden. Saul, der „erste" König Israels, wird *viermal* zum König erwählt. Aus diesen unterschiedlichen Darstellungen läßt sich keine Geschichte des Königs Saul

5 K.-H. Bernhardt, „Das Problem der altorientalischen Königsideologie", S. 181
6 C. J. Gadd, „Divine Rule", S. 35. Es ist die natürliche, wenn nicht sogar notwendige Konsequenz, die auf die Übernahme eines niedergelassenen Lebens in Städten erfolgt.
7 K.-H. Bernhardt, „Das Problem der altorientalischen Königsideologie", S. 177
8 Richter 8.23 ff.
9 Otto Eißfeldt, „Die Komposition der Samuelisbücher", passim

gewinnen, wohl aber die Geschichte des israelitischen Königtums *vor* seinem „ersten" König.

Der erste Bericht von Sauls königlicher Bestimmung ist der zutiefst verborgene: Saul ist ein „Geweihter Gottes von Mutterleib an". Als Hanna, die „Mutter Samuels", ihren Sohn im Arm hält, heißt es: Sie nannte ihn Samuel, „denn ich habe ihn von dem Herrn *erbeten*".[10] Der „Erbetene" heißt aber „Sa-ul". Der Logik dieser Textstelle folgend, müßte Hanna die Mutter Sauls sein, nicht die Mutter Samuels.

Johannes Hempel sagt dazu: „Das Bekenntnis der Hanna ...: ‚Denn von Jahwe habe ich ihn erbeten!' verlangt im vorhergehenden Halbsatz nicht den Namen des Samuel, sondern des Saul. Sie gebar einen Sohn und nannte ihn ‚den Erbetenen' – Sa'ul –".[11] Die Konsequenz, daß hier ein Eingriff in den Text vorliegen müsse, mit dem die Priesterschrift die heilige Geburt, die den Kultträger von Mutterleib an zu Hohem bestimmt, auf Samuel ummünzt, zieht Hempel nicht.

Das Alte Testament überliefert uns keine Nachricht von der Mutter Sauls. Welchem redaktionellen Eingriff ist sie zum Opfer gefallen? Ist die Verknüpfung Hannas mit dem Priester Samuel eine künstliche Komposition, die wir der Korrektur der Priesterhandschrift zu verdanken haben? Heilige Hochzeit, besondere Geburt, Danksagung für den Erbetenen im Heiligtum sind Stationen im kultischen Ablauf eines Königslebens in der matriarchalen Gesellschaft.

Mit der Wahl und Einsetzung Sauls zum König macht uns ein weiteres Erzählfragment bekannt: Die Stämme kommen zusammen, um sich einen König zu wählen. Das Los fällt auf den Stamm Benjamin. Benjamin wählt unter seinen Geschlechtern, und das Los fällt Matris zu. Die Matrisleute aber erwählen Saul. Doch als sie ihn rufen, ist er nicht da. Er hält sich versteckt, und man muß ihn suchen. Als er endlich unter das Volk tritt, ist er „eines Hauptes länger denn alles Volk". Keiner ist ihm gleich. Das Volk jauchzt und wünscht dem neuen König Glück. Etliche aber verachten Saul und bringen ihm keine Geschenke.[12]

Der Text ist umklammert von der Samuelgeschichte, die dem archaischen Erzählsplitter das Vorzeichen setzt: Samuel ruft das Volk zusammen. Düster verkündet er: „Ihr habt heute euren

10 1. Sam. 1.20
11 J. Hempel, „Geschichten und Geschichte ...", S. 112
12 1. Samuel 10.20 ff.

Gott verworfen, der euch aus all eurem Unglück und Trübsal geholfen hat und sprecht zu ihm: ‚Setze einen König über uns!' Wohlan, so tretet nun vor den Herrn nach euren Stämmen und Freundschaften." Samuel setzt die Wahl an! Er „sagt dem Volk alle Rechte des Königs". Die Klammergeschichte historisiert das Ereignis der Königswahl. Die in regelmäßiger Wiederkehr gewohnte rituelle Handlung wird zum einmaligen geschichtlichen Akt erklärt – ein Vorgang, durch den die Erinnerung an matriarchale Kult- und Gesellschaftspraxis eliminiert wird: Saul wird zum „ersten König" in Israel.

Der überlieferte matriarchale Kulttext wird bis zur Unkenntlichkeit verstümmelt: Saul, der auserwählte König, ist nicht zu finden. Dieses Motiv ist ein bedeutsames Moment im matriarchalen Kultdrama; denn noch ist der Held und Erlöser unauffindbar, seine Unterweltsfahrt ist noch nicht überwunden. „Wohin ist dein Freund gegangen, du schönste unter den Frauen?"[13] fragt der Chor im Kultlied die Priesterin. „Sie suchten ihn; aber sie fanden ihn nicht!"[14] heißt der Kulttext im Hohen Lied und genauso im Erwählungslied des Saul. Nur – statt die „schönste unter den Frauen" nach dem Verbleib des auserwählten Königs zu fragen – „da fragten sie fürder den Herrn: ‚Wird er auch herkommen?' Der Herr antwortete: ‚Siehe, er hat sich bei dem Geräte versteckt!' Da liefen sie hin und holten ihn von dort ..." Die patriarchale Schreibweise hat das kultische Mysterium banalisiert. In der vorliegenden Form entbehrt der Text jeden Sinns.

Aus dem Vergleich mit altorientalischen Kultdramen wissen wir, daß die „Wahl" des Königs ein ritueller Akt ist, der symbolischen Charakter trägt. Es handelt sich nicht um die Auswahl des einen aus der Menge der vielen, sondern um „Erwählung", feierliche Einsetzung des vorbestimmten Kultträgers in sein Amt.

Saul ist „um ein Haupt länger denn alles Volk" – er ragt auf über die anderen wie Simson, der Held Israels, wie Gilgamesch, von dem es heißt: „Elf Ellen lang war sein Wuchs."

Schließlich sind Leute unterm Volk, die fragen: „Was soll uns der neue König helfen?" Die verachten Saul und bringen ihm keine Geschenke. Wo aber Geschenke erwartet werden, haben wir es mit Tradition zu tun. Erst gegenüber tief verwurzelter Ge-

13 Hoheslied 5.17
14 Hoheslied 5.6 und 1. Samuel 10.21

wohnheit wird es erwähnenswert, daß „einige keine Geschenke gebracht haben".

Der neu erwählte König pilgert zu den Kultstätten seines Landes. Er kommt zum Rahelgrab, zu der Eiche Tabor, und er bringt Opfer dar am Stierheiligtum zu Beth-El. Männer bringen ihm die Opfergaben, Brot, Wein und ein Böcklein. Zweimal wird ausdrücklich die Landesgrenze erwähnt: Saul kommt „an die Grenze Benjamins zu Zelzah", später erreicht er einen Ort, „der an der Philister Schildwacht" liegt.

Im Königskult des alten Orient ist die Sitte weit verbreitet, daß der neue König sein Land umschreitet. In feierlicher Prozession ergreift er sinnfällig von seinem Land Besitz. Er demonstriert seine Königsmacht auch seinen Nachbarn und sichert so – allein durch die Ausstrahlung seiner Würde – die Respektierung seiner Grenze.

Mit Pauken, Flöten und Harfen kommen Propheten dem König entgegen. Sollten es Frauen gewesen sein, die die Pauken schlagen? Andere Bibelstellen überliefern die Tradition, daß Frauen dem neuen König mit Kultinstrumenten zujubeln.[15]

Die kultische Begehung wandelt das Wesen des neuen Würdenträgers. Kraft und göttliche Weisheit strahlen von ihm aus: „Du wirst ein anderer Mann werden! Der Geist des Herrn wird über dich kommen, daß du weissagst!"[16]

Es hat den Anschein, daß Saul mit seiner Prozession nur vom Lande Benjamin Besitz ergreift, und vielleicht ist seine Wahl zum König von ganz Israel der Überarbeitung des Textes zu verdanken. Die deuteronomistische Schriftstellerei hat auch aus der Einwanderung des Stammes Benjamin einen Eroberungszug aller israelitischen Stämme gemacht![17]

Wie ein dunkler Schatten breitet sich die Textüberarbeitung über den Kultbericht von der Prozession des neuen Königs. „Da nahm Saul ein Ölglas und goß auf sein Haupt und küßte ihn und sprach: ‚Siehst du, daß dich der Herr zum Fürsten über sein Erbteil gesalbt hat? Wenn du jetzt von mir gehst, so wirst du zwei Männer finden bei dem Grabe Rahels ...'", und nun sagt Samuel dem neuen König alle Begegnungen auf der Kultprozession wie „Wunder" voraus. Am Ende des Textabschnittes faßt der Überarbeiter den Inhalt mit den Worten zusammen: „Und da Saul

15 2. Mose 15.20
16 1. Sam. 10.6
17 M. Noth, „Geschichte Israels", S. 72

seine Schultern wandte, daß er von Samuel ginge, gab ihm Gott ein anderes Herz, und alle diese Zeichen kamen auf denselben Tag."[18]

Ein Prophet Jahwes hat wieder einmal wunderbar geweissagt ...

Saul wird ein drittes Mal zum König erwählt.

Die Ammoniter bedrohen die Stadt Jabes in Gilead. In ihrer Not wenden sich die Ältesten der Stadt um Hilfe an die westjordanischen Stämme. Saul sammelt eine Heeresmacht aus ganz Israel, um die bedrängte Stadt Jabes zu befreien. Die Aufforderung zum Heeresdienst erfolgt auf äußerst altertümliche Weise: Saul zerstückelt einige Ochsen und sendet den Stämmen die blutigen Teile: „Wer nicht auszieht, Saul (und Samuel) nach, des Rindern soll man also tun!" läßt er durch Boten sagen. Da fällt Furcht auf das Volk und sie kommen zum Kampf wie *ein* Mann.[19]

Die Befreiung der Stadt Jabes gelingt im ersten Ansturm, und in der Begeisterung des Sieges wird Saul im Heiligtum zu Gilgal als König bestätigt: „Kommt, laßt uns nach Gilgal gehen", sagt Samuel, „und daselbst das Königreich erneuern."[20] „Und das Volk machte Saul zum König ... und opferten Dankopfer vor dem Herrn."[21]

Zu Zeiten, da das alljährliche Königsopfer durch ein symbolisches Sterben und Wiedererwecken des Königs rituell ersetzt worden ist, beginnt man in Israel zum Neujahr das Thronbesteigungsfest zu begehen, eine Zeremonie, in der das Kultkönigtum des regierenden Königs erneuert wird.[22]

Die Komposition des Bibeltextes läßt vermuten, daß das ältere Fragment – Vers 15 – von einer archaischen Königswahl berichtet, während die vorangestellten Zeilen – Vers 14 – jünger sind und die Erneuerung des Königs im Thronbesteigungsfest beschreiben wollen.

Der vierte Bericht von Sauls Erwählung zum König über Israel steht am Anfang der Saulgeschichten. Daß der Text am Anfang steht, macht ihn schon verdächtig, zuletzt entstanden zu sein. Es handelt sich um eine Redaktion der Priesterschrift, die das Königtum als Institution verunglimpft und der alttestamentli-

18 1. Sam. 10.9
19 1. Sam. 11.7
20 1. Sam. 11.14
21 1. Sam. 11.15
22 Literaturbeispiele zum Thema: Paul Volz, „Das Neujahrsfest Jahwes"; Sigmund Mowinckel, „Das Thronbesteigungsfest Jahwäs"; Hans Schmidt, „Die Thronfahrt Jahwes".

chen Dogmatik jene Wendung gibt, die nur Jahwe allein als König gelten läßt.

„Setze nun einen König über uns, der uns richte, wie alle Heiden haben!“[23] läßt der priesterliche Einschub das Volk aufbegehren.[24] Der Deuteronomist ist gegenüber dem Königtum als Institution positiv eingestellt gewesen. Seine Bedingung ist, daß der König aus den Reihen des israelitischen Stämmebundes gewählt und daß er Jahwe treu ergeben sein soll. „Setze als Fürsten über dich einen deiner Brüder ein!“ lautet sein Königsgesetz.[25]

Dagegen urteilt die Priesterschrift, das Volk habe „Gott verworfen“, wenn es sich einen König wähle. Samuel hält dem Volke vor, was es an Tributen erbringen müsse, wenn es einen König über sich setze: „Das wird des Königs Recht sein, der über euch herrschen wird: Eure Söhne wird er nehmen zu seinen Wagen und zu Reitern, und daß sie vor seinem Wagen herlaufen, und zu Hauptleuten und zu Ackerleuten, die ihm seinen Acker bauen, und zu Schnittern in seiner Ernte, und daß sie seine Kriegswaffen und was zu seinem Wagen gehört, machen. Eure Töchter aber wird er nehmen, daß sie Salbenbereiterinnen, Köchinnen und Bäckerinnen seien. Eure besten Äcker und Weinberge und Ölberge wird er nehmen und seinen Knechten geben. Dazu von eurer Saat und euren Weinbergen wird er den Zehnten nehmen. Von euren Herden wird er den Zehnten nehmen, und ihr müßt seine Knechte sein!“[26]

Samuel verschweigt, dem Gesetz kluger Wahlpropaganda gehorchend, daß die Priester von allem die Erstlinge fordern, die Erstlinge der Herde, die Erstlinge der Feldfrucht. Darüber hinaus fällt der Einschub durch seine Anachronismen auf: In Sauls zweijähriger, von den Nöten kriegerischer Auseinandersetzungen mit den Philistern überschatteter Königszeit hat es keine lukrative Hofhaltung gegeben. Und eine wohlausgestattete Streitmacht mit Wagen und Reitern konnte erst Salomo einrichten.

Doch das Volk läßt sich nicht beeindrucken und will seinen König: „Mitnichten, sondern es soll ein König über uns sein, daß wir auch seien wie alle Heiden, daß uns unser König richte, und vor uns her ausziehe und unsere Kriege führe.“[27]

23 1. Samuel 8.5
24 Vergl. die Ausführungen bei K.-H. Bernhardt, „Das Problem der altorientalischen Königsideologie“, S. 138/139
25 5. Mose 17.15 ff.
26 1. Sam. 8.11-17
27 1. Sam. 8.20

Um die Saulsage mit der Samuel-Gestalt zu verbinden, bedient sich der alttestamentliche Schriftsteller einer geschickten Wendung: Gott selbst greift ein. „Der Herr aber sprach zu Samuel: ‚Gehorche ihrer Stimme und mache ihnen einen König!'"[28]

Es ist Gottes Wille, daß es zu einer ersten Begegnung zwischen Saul und Samuel kommt. Saul ist auf der Suche nach verlorenen Eselinnen. Als er sie nicht findet, entschließt er sich, den Seher Samuel aufzusuchen, um ihn nach dem rechten Weg zu fragen. Samuel hat inzwischen die Weissagung Gottes erfahren, daß Saul, der von Gott Erwählte, ihn aufsuchen würde. „Morgen um diese Zeit will ich dir einen Mann senden aus dem Hause Benjamin, den sollst du zum Fürsten machen über mein Volk Israel, daß er mein Volk erlöse von der Philister Hand. Denn ich habe mein Volk angesehen, und sein Geschrei ist vor mich gekommen!"[29] Die altertümliche Überlieferung von dem matriarchalen Helden, dem Gottessohn, Erlöser und Retter, wird eingeklammert durch die patriarchale Schriftstellerei. Saul wird dem Priester untergeordnet, der ihn zu salben hat. Aus dem kultischen Erlöser wird der „Erlöser aus der Philister Hand"!

Zu Ehren Sauls opfert Samuel auf der Höhe[30], wo man den matriarchalen Herrinnen zu opfern pflegte. Saul erfährt besondere Ehrungen und wird zum König gesalbt.

„Da nahm Samuel ein Ölglas und goß auf sein Haupt und küßte ihn und sprach: ‚Siehst du, daß dich der Herr zum Fürsten über sein Erbteil gesalbt hat?'"[31] Gott scheint nun ganz und gar einverstanden zu sein, daß Saul König wird, denn er soll Israel von den Philistern erlösen. Der historische Haftpunkt, an den die alttestamentliche Überlieferung die Wahl des „ersten" israelitischen Königs knüpft, ist ein geschichtlicher Augenblick höchster Gefährdung des Volkes durch die vom Westen herandrängenden Eroberer.

Die Philister ziehen von ihren Küstenstaaten aus ins Landesinnere und haben Israel fast völlig unterworfen. Die Bibel erzählt, daß die Israeliten zu ihrer Ermutigung die Heilige Lade ins Feldlager überführt hätten, um mit ihres Gottes Hilfe den Sieg zu erringen. Doch sie unterliegen, und das Bundesheiligtum fällt in die Hände der Feinde. Die Philister besetzen das ganze Land, verbieten den Israeliten das Schmieden, so daß diese weder Waf-

28 1. Sam. 8.22
29 1. Sam. 9.16
30 1. Sam. 9.19
31 1. Sam. 10.1

fen noch Werkzeuge herstellen können. Die Niederlage ist vollkommen. Der Tempel in Silo ist völlig zerstört worden.[32] Das ist auch archäologisch bewiesen.[33]

Saul greift da und dort im Lande die Besatzungsposten der Philister an. Besonders sein Sohn Jonathan tut sich in diesen Guerillakämpfen hervor. Die Macht der Philister wird durch Sauls Kleinkrieg empfindlich gedämpft.

Saul führt einen Krieg gegen die Amalekiter.[34] Er ist siegreich, drängt die Feinde zurück bis gegen die ägyptische Grenze. Aber er hat nicht alles getötet, wie der Herr befohlen hat. Samuel wirft ihm vor: „Der Herr sandte dich aus auf den Weg und sprach: ‚Zieh hin und verbanne die Sünder, die Amalekiter, und streite wider sie, bis du sie vertilgest!‘“[35] Saul verteidigt sich: „Habe ich doch der Stimme des Herrn gehorcht und bin hingezogen des Weges, den mich der Herr sandte, und habe Agag, der Amalekiter König, gefangen und die Amalekiter verbannt.“[36] Aber Saul hätte auch alle Tiere, die Schafe und Rinder, töten sollen. Niemals hätte er den Fremdkönig zum Gefangenen machen dürfen. Vertilge! hat der Herr befohlen, und das bedeutet: Töte sie alle!

„Ungehorsam“, wirft ihm Samuel vor, „ist eine Zaubereisünde, und Widerstreben ist Abgötterei und Götzendienst. Weil du nun des Herrn Wort verworfen hast, hat er dich auch verworfen, daß du nicht König seist ... Auch lügt der Held in Israel nicht, und es gereut ihn nicht; denn er ist nicht ein Mensch, daß ihn etwas gereuen sollte.“[37] Samuel läßt den König der Amalekiter vorführen und haut den Gefangenen in Stücke vor dem Herrn in Gilgal.[38]

Dieser Bericht zeugt vom Fanatismus des Deuteronomisten. Doch ein Bruchstück archaischer Kultsprache ist erhalten geblieben: „Der Held in Israel ist nicht wie ein Mensch!“ Er ist Gott-König, der Heiland des matriarchalen Kultes! Der Geschichtsschreiber mutet dem matriarchalen Kultträger das finstere Heldentum patriarchaler Männlichkeit zu: er soll den Feind mitleidlos töten!

32 Jeremia 7.12 und 14 und 26.6 und 9
33 M. Noth, „Geschichte Israels“, S. 154, Anm. 1
34 1. Samuel Kap. 15
35 1. Sam. 15.18
36 1. Sam. 15.20
37 1. Sam. 15.23 und 29
38 1. Sam. 15.33

Saul hat nicht erbarmungslos getötet. Er ist schuldig.

„Ich habe Saul verworfen!" spricht der Herr zu Samuel und entsendet ihn, noch zu Lebzeiten Sauls, einen neuen König zu salben: „Fülle dein Horn mit Öl und gehe hin. Ich will dich senden zu dem Bethlehemiter Isai. Denn unter seinen Söhnen habe ich mir einen König ausersehen!"[39]

Saul, dem vom Unglück Verfolgten, lastet die Legende Schuld an und macht ihn zum Verworfenen.

Da Saul den Opferdienst versieht, wird er auch von der Priesterschrift verworfen: „Du hast nicht gehalten des Herrn, deines Gottes, Gebot. Er hätte dein Reich bestätigt über Israel ... nun aber wird dein Reich nicht bestehen." Saul wird wegen der Ausübung des Priesteramtes verworfen, während David die Würde des Hohenpriesters ganz selbstverständlich in Anspruch nimmt.[40]

Würden die tendenziösen Texte der Priesterschrift die Heldensage des letzten archaischen Israelitenkönigs nicht mit ihrer Polemik gegen das Kultkönigstum überlagern, wüßten wir sicher mehr von den israelitischen Königen vor der Eroberung des Nordreiches durch David. Was die deuteronomistischen Schriften von den Erinnerungen an archaische Kultlegenden noch stehen gelassen haben, ist dem Kulturkampf um die Vormacht im Staate Israel zum Opfer gefallen.

Das Reich Sauls konnte nicht bestehen. Die Übermacht der Philister war zu groß.

Verärgert durch den beständigen Guerilla-Krieg der kleinen Truppenkontingente Sauls, sammeln die Philister ihre Streitmacht und rücken gegen Saul vor. Ein einziger Angriff genügt, um Saul vernichtend zu schlagen. Er und seine drei Söhne fallen auf dem Schlachtfeld.[41]

Die siegreichen Philister schlagen seinem Leichnam den Kopf ab, den sie als Siegestrophäe durch die Lande führen. Sie legen Sauls Rüstung in den Tempel der Ašerat! Und seinen Körper pfählen sie auf der Mauer der Stadt Beth-Sean.[42]

Als die Bevölkerung der Stadt Jabes Kunde von diesen Ereignissen bekommt, gehen einige Männer des Nachts, um die Leiche des Königs zu bergen. Und sie begraben den König in Jabes unter dem Heiligen Baum und fasten sieben Tage.[43]

39 1. Sam. 16.1
40 1. Sam. 13.13 – vergl. dazu S. 250
41 1. Sam. 31.2 ff. und 1. Chronik 10.6
42 1. Sam. 31.9 ff.
43 1. Sam. 31.11 ff.

Die Israeliten jenseits des Jordans verlassen angesichts dieser totalen Niederlage ihre Städte und fliehen. Und die Philister besetzen die verwaisten Ansiedlungen und wohnen darin.

Sauls Nachfolger auf Israels Königsthron ist David. Auch über diese Nachfolge weiß das Alte Testament in vielfacher Sicht zu berichten und stiftet mehr Verwirrung, als daß es Klarheit in den geschichtlichen Sachverhalt bringen würde:

– David wird von Gott zum Königsamt ausersehen und von Samuel designiert.
– Die israelitischen Stämme wählen David zum König.
– David heiratet Sauls Tochter Michal und erwirbt sich die Königswürde durch Heirat der Erbprinzessin.
– Tiefes Geheimnis breitet das Alte Testament über die Ahinoam, Sauls Frau: Der Name „Ahinoam" kommt in der Bibel nur zweimal vor. Einmal ist Ahinoam Sauls Frau[44], und später wird sie als Davids Frau[45] erwähnt, ohne daß wir irgend etwas erfahren über die Art und Weise, wie diese Heirat zustande gekommen sei.

Das Alte Testament spricht von Ahinoam, der Frau Davids, der Jesreelitin mit einer gewissen Betonung: Es gibt keine Erwähnung dieser ersten Frau Davids ohne den Zusatz, daß sie aus Jesreel stamme, als sei diese Herkunft etwas Besonderes und Auszeichnendes. Dann muß es sich um das israelitische Jesreel gehandelt haben, jene Stadt, die später den Königen des Nordreiches als Residenz gedient hat. Wenn Davids Frau Ahinoam aus dem Nordreich stammt, so läge die Vermutung nahe, daß sie zuvor Sauls Frau gewesen ist.

Nun soll man gewiß einen sehr seltenen Namen, der in der Bibel nur zweimal vorkommt, nicht dadurch noch seltener machen, daß man unterstellt, es handle sich um die gleiche Person. Es besteht für den Exegeten aber nicht die geringste Veranlassung zu behaupten, Ahinoam, die Gattin Davids, stamme „aus dem wahrscheinlich kenitischen Orte Jesreel – südöstlich von Hebron in nicht genau bekannter Lage"[46]. Damit greift er – bewußt oder unbewußt – dem Urteil kritischer Bibelleser vor. M. Noths Jesreel „südöstlich von Hebron in nicht genau bekannter Lage" hat einen allzu brüchigen Rückhalt in der Beschreibung der „Grenzen Judas"[47] im Josua-Bericht. Diese Grenzbeschrei-

44 1. Sam. 14.50
45 1. Sam. 25.43
46 M. Noth, „Geschichte Israels", S. 166
47 Josua 15.56

bungen weisen Juda ein Riesengebiet zu, das bis ans Meer reicht. Niemand nimmt diese Texte als Realität. Die Erwähnung einer Stadt namens Jesreel im dortigen Zusammenhang beweist noch nicht einmal, daß es überhaupt ein zweites Jesreel gegeben hat.

Es wäre nur die erste, doch keineswegs die einzige Frau, die David einem anderen Mann abgenommen hat, um sich selbst die Vorteile zu verschaffen, die ein Mann in einer matriarchalen Gesellschaft *nur* durch die Ehe mit einer einflußreichen Frau erwerben kann. So könnte hinter dem, was der Text über Ahinoam verschweigt, ein Hinweis verborgen sein, daß David sich durch die Aneignung der Königin das Recht auf den Thron ertrotzt hat.

Kritische Bibelleser vermuten, daß sich David den Thron Israels durch gemeinen Mord erworben habe.[48]

Die Tatsache, daß David ein rücksichtsloser Emporkömmling gewesen ist, läßt sich nicht beiseiteschieben und wird in irgendeiner Form von jedem Alttestamentler zugegeben. In zu grellen Farben malt sich der gewissenlose Charakter Davids auf dem düstern Hintergrund der Geschichte ab, als daß ein Schleier frommer Legende ihn als den „Gesalbten Gottes“ glaubhaft machen könnte.

Faszinierend an der Gestalt Davids ist nur sein Zugriff auf die Macht. Er ist der Erfolgreiche, und darum wird er für die deuteronomistische Schriftstellerei der Angelpunkt, um den sich die Geschichte Israels dreht. Auf David hin ist alle Vorgeschichte ausgerichtet. Er hat den Gottesstaat verwirklicht, den Jahwe bereits Abraham verheißen hat. Von ihm aus wird die „Einheit“ Israels und Judas in die Vergangenheit projiziert. Seinetwegen wird Juda zu dem bedeutendsten Jakobsohn, der mit besonderem Segen bedacht wird – vorausschauend, wie die Männer der Bibel nun einmal sind! Das winzige Land Juda, für das kaum Raum auszumachen ist, wo es angesiedelt gewesen sein soll, wird Davids wegen zum Giganten, zum Land, dessen Grenze ans Meer reicht.

In der Person Davids pervertiert der matriarchale Messias zum politischen Erlöser, der sein Volk groß macht unter anderen Völkern. Aber nur in rückwärts gerichteter patriarchaler Geschichtsbetrachtung ist David der Herrscher auf einem Männerthron. Er war ein brutaler Kriegsmann. König ist er durch seine

48 Stefan Heym, „Der König David Bericht“, S. 83/110 ff. und öfter

Heiraten geworden. In Juda, Israel, in Jerusalem und Hebron war das Königtum in matriarchale Gesellschaftsstrukturen eingebettet.

Patriarchale Königsmacht ist weder durch Volkswillen noch durch einen Staatsakt plötzlich institutionalisiert worden.
Die Entwicklung des patriarchalen Königtums in Israel war ein langsamer Prozeß. Das Schicksal des „auserwählten Volkes" fällt aus der Geschichte seiner Umwelt nicht heraus, wie der Erwählungsdünkel des deuteronomitischen Schrifttums glauben machen möchte.

Die Davidlegende

Die Legende sagt kaum etwas aus über den wirklichen Menschen, von dem sie handelt, sondern weit mehr über die Persönlichkeit und die seelische Befindlichkeit ihres Autors.

Dieser „Autor" mag die Volksseele sein, die ihre Sehnsucht nach dem Ideal, nach dem herausragenden Vorbild, auf eine geschichtliche Gestalt projiziert. Sie verklärt den Gegenstand ihrer Verehrung und macht einen Heiligen aus ihm. Sie dichtet ihm übernatürliche Kräfte an, taucht ihn in die Wunderwelt göttlichen Heilsgeschehens ein oder macht einen demütigen Dulder aus ihm. Sie mag uralte Kulterzählungen mit ihm verknüpfen. So entsteht aus dem Kulttext die Heiligenlegende. Oft kristallisiert sie ein Seelendrama menschlicher Bewußtseinsentwicklung an einem einzelnen an und macht ihn zum Träger der psychischen Prozesse, durch die die Menschheit beunruhigt wird.

Der Autor kann auch ein einzelner sein. Und seine Geschichte wird volkstümlich, weil sie dem Volk aus der Seele spricht.

Die Davidlegende umspinnt einen Erfolgreichen mit rührenden Geschichten. Sie bemäntelt seine Charakterfehler. Und weil seine Morde und Raubzüge, weil seine Kriege und sein heimtükkischer Verrat immer geglückt sind, so wird ihm auch verziehn. Er wird zum „Liebling Gottes".

Gott selbst hat David auserwählt, den jüngsten Sohn des Isai aus Bethlehem. Er ist noch ein Knabe und hütet die Schafe seines Vaters auf dem Felde. David war „bräunlich, mit schönen Augen und guter Gestalt. Und der Herr sprach: ‚Auf, und salbe ihn; denn er ist's!' Da nahm Samuel sein Ölhorn und salbte ihn mitten unter seinen Brüdern".[1]

David wird der Waffenträger Sauls. Als die Philister ihre Heere sammeln, zu streiten wider Israel, da sammelt David fünf glatte Steine aus dem Bach und steckt sie in seine Hirtentasche, um gegen den Riesen Goliath zu kämpfen. Er, der kleine Hirtenkna-

1 1. Sam. 16.12 f.

be, hat schon früher einen Bären und einen Löwen mit der bloßen Hand erwürgt, um ein gerissenes Schaf zu retten. Er wird auch gegen den Philister siegen; denn Gott ist mit ihm.

„Da nun der Philister sah und schaute David an, verachtete er ihn; denn er war ein Knabe, bräunlich und schön. Und der Philister sprach zu David: ‚Bin ich denn ein Hund, daß du mit Stekken zu mir kommst?' Und er fluchte David bei seinem Gott und sprach zu David: ‚Komm her zu mir, ich will dein Fleisch geben den Vögeln unter dem Himmel und den Tieren auf dem Felde!' David aber sprach zu dem Philister: ‚Du kommst zu mir mit Schwert, Spieß und Schild; ich aber komme zu dir im Namen des Herrn Zebaoth, des Gottes des Heeres Israels, heutigentages wird dich der Herr in meine Hand überantworten!' Da sich nun der Philister aufmachte und daherging und nahte sich gegen David, eilte David und lief auf das Heer zu, dem Philister entgegen. Und David tat seine Hand in die Tasche und nahm einen Stein daraus und schleuderte und traf den Philister an seine Stirn, daß der Stein in seine Stirn fuhr, und er zur Erde fiel auf sein Angesicht.
Also überwand David den Philister mit der Schleuder und mit dem Stein. Und da David kein Schwert in seiner Hand hatte, lief er und trat zu dem Philister und nahm sein Schwert und zog's aus der Scheide und tötete ihn und hieb ihm den Kopf damit ab.
Da aber die Philister sahen, daß ihr Stärkster tot war, flohen sie. David aber nahm des Philisters Haupt und brachte es gen Jerusalem; seine Waffen aber legte er in seine Hütte."[2]

Aber der König mißgönnt dem frommen Hirtenknaben den Erfolg; denn es singen die Frauen: „Saul hat tausend geschlagen, aber David hat zehntausend geschlagen!" Sie singen und tanzen einen Reigen, spielen die Pauken und Geigen.

Da sinnt der König Böses gegen David und gedenkt, ihn zu töten. Er bietet ihm seine Tochter Merab zur Frau, wenn er ihm noch hundert Vorhäute der Philister auf dem Schlachtfeld gewönne. Und Saul denkt, David möge beim nächsten Kampf nicht gegen die Philister bestehen und dabei umkommen.

Doch Merab wurde eines anderen Frau. Aber die jüngere Tochter Sauls, Michal, hatte den David lieb, und Saul willigte in die Verbindung ein. David zog zur Schlacht gegen die Philister

2 1. Sam. Kap. 17 gekürzt

aus und schlug von den Philistern zweihundert Mann. „Und David brachte ihre Vorhäute dem König in voller Zahl, daß er des Königs Eidam würde. Da gab ihm Saul seine Tochter Michal zum Weibe."[3] Saul aber begann, David zu fürchten und trachtete erneut, ihn zu töten.

Als David ihm Lieder auf der Harfe vorspielt, wirft Saul seinen Speer gegen ihn. Gott aber behütet David, und der Speer fährt an ihm vorbei in die Wand. Als David sich vor dem unberechenbaren König zu seiner Frau flüchtet, stellt ihm Saul auch dorthin nach. Doch Michal hat ihrem Liebsten längst aus dem Fenster in die Flucht verholfen. Den königlichen Schergen sagt sie, David sei krank und läge zu Bett.

Sie hat aber indessen ein Götzenbild ins Bett gelegt, mit Ziegenfellen und Kleidern bedeckt.

Saul, wutentbrannt, weil David entkommen ist, nimmt die Verfolgung des Flüchtigen auf.

Wunderbar wird David von Gott bewahrt. Einmal, als Saul seiner fast habhaft geworden wäre, fallen die Philister erneut ein, und Saul muß sich mit seiner Kriegsmacht auf diesen Feind konzentrieren. Ein andermal ist David in die Wüste entflohen und hat sich mit seinen Leuten, Schutz suchend vor der großen Hitze, im tiefen Dunkel einer Höhle gelagert. Da tritt Saul in die gleiche Höhle und legt sich zum Schlaf zur Stunde der Mittagsglut. Der Herr hat Saul in Davids Hand gegeben. Die Leute fordern, daß David den Saul töte. Doch David schneidet dem schlafenden König nur einen Zipfel seines Mantels ab. „Und danach schlug ihm das Herz, daß er den Zipfel Sauls hatte abgeschnitten"[4], ... so sanft und empfindsam ist David!

Als Saul aufwacht und aus der Höhle geht, macht auch David sich auf den Weg und ruft Saul nach: „Mein Vater, sieh doch den Zipfel von deinem Rock in meiner Hand, erkenne doch, daß ich nichts Böses gegen dich im Sinn habe; sieh doch, daß ich dich nicht erwürgen wollte, als ich den Zipfel von deinem Rock schnitt!" Da hebt Saul seine Stimme auf und weint: „Der Herr vergelte dir Gutes für diesen Tag, wie du an mir getan hast!" Und sie ziehen beide ihrer Wege.

Doch wenig später macht sich Saul mit dreitausend Mann auf, um David in der Wüste Siph zu überfallen. Des Nachts, als sich

3 1. Sam. 18.27
4 1. Sam. 24.6

Saul in seiner Wagenburg zum Schlaf niedergelegt hat, schleicht sich David mit wenigen Männern ins Lager Sauls und nimmt seinem Widersacher den Spieß und den Wasserbecher und geht damit seines Weges zurück. Niemand ist aufgewacht. Niemand hat ihn gesehen. Als David auf die andere Seite des Tals gekommen ist, steigt er auf die Spitze des Bergs, und von dort ruft er den Feldhauptmann Sauls mit lauter Stimme: „Warum hast du deinen Herrn nicht behütet? Siehe, hier ist der Spieß des Königs und der Wasserbecher, die zu seinen Häupten waren!"

Wieder ist Saul beschämt. Und David predigt: „Der Herr wird einem jeglichen vergelten nach seiner Gerechtigkeit und nach seinem Glauben. Denn der Herr hat dich heute in meine Hand gegeben. Ich aber wollte meine Hand nicht an den Gesalbten des Herrn legen." Und wieder trennen sich der beiden Wege.

Die Streifzüge Sauls gegen David sind nicht nur stilistisch und inhaltlich legendär, sie sind auch in Sauls zweijähriger Königszeit nicht unterzubringen!

Der David der Legende ist ein gehorsames Werkzeug in Gottes Hand, ein Knabe noch, als Gottes Wahl ihn trifft. Willig läßt er sich führen. Seinem Gottvertrauen dankt er den Erfolg. Das Bild des guten Hirten, der es in der Gefahr auch mit Löwen und Bären aufnimmt, um die ihm anvertrauten Schäflein zu retten, zeichnet in sentimentaler Weise die Aufgabe des archaischen Kultkönigs nach. Wie der matriarchale Kultführer seine Stammesangehörigen zu repräsentieren und gegebenen Falles nach außen zu sichern hat, so begegnet uns der legendäre David als der „gute Hirte". Er spielt das Kultinstrument, die Harfe. Für einen Hirten auf dem Felde ist die Harfe ein unglaubwürdiges Attribut. Doch der Kultkönig hatte dieses Instrument zu Fest und Feier zu spielen.

Gott läßt den Unbewaffneten gegen den Waffenstarrenden siegen. In diesem Legendenzug ist die gesamte Eroberungsgeschichte, die zur Errichtung des davidischen Großreiches geführt hat, in ein Sinnbild verschmolzen: Wie es dem unbedeutenden Stamm Juda gelingt, die Philisterübermacht zu besiegen, so überwindet der Hirtenknabe David den Koloß, den „Stärksten" unter den Feinden.

Demütig erfährt der Glückliche die Liebe der Königstochter: „Was bin ich? Und was ist mein Leben und das Geschlecht meines Vaters in Israel, daß ich des Königs Eidam werden soll?" fragt David bescheiden. „Aber Michal, Sauls Tochter, hatte den

David lieb!"[5] Es ist die Prinzessin, die wählt! Matriarchale Gewohnheit der Liebeswerbung spricht aus diesem Erzählfragment.

Unter Gottes Führung erobert David die geforderten Vorhäute der Philister.

Während Saul ihm nach dem Leben trachtet, bleibt David der unverändert Gütige, ein esoterischer Kunstjünger, der des Königs wirres Gemüt mit Harfenklängen beruhigt. Von Saul verfolgt, weiß sich David in Gottes Hand, und er beschämt seinen Feind. Mit Sanftmut und Liebe beantwortet er die Mordandrohungen des Königs.

Ein Seelendrama der Menschheit hat in diesen Verfolgungsgeschichten seinen Niederschlag gefunden. Der alternde König sieht in dem Augenblick, als seine Tochter den Gemahl wählt, in diesem Eidam seinen Nachfolger, seinen Überwinder, seinen „Mörder". Es wird ihm bewußt, daß er sterben muß, und er reagiert mit einer unüberwindlichen Angst.

Die rührende Erzählung von Michals Liebe zu David und von der beiden frühen Heirat ist reine Legende. Michal ist Davids Frau geworden, doch sehr viel später, nachdem sie bereits die Frau eines anderen gewesen war.

An das Schicksal des vom Unglück verfolgten Königs Saul und seines vom Glück begünstigten Nachfolgers hat die menschliche Phantasie ihre Seelenangst angelagert. Die Legende hat sich zweier Gestalten bemächtigt, um ihre Angst vor Untergang und Tod, die Angst des Vaters vor der Bedrohung durch den Sohn, der seine Stelle einnehmen wird, zu verbalisieren.

Der David der Legende spielt nicht nur die Harfe. Er dichtet auch. Er soll der Urheber der meisten überlieferten Psalmen sein. David als Musensohn, als Harfenspieler und Dichter, als Sänger und schöngeistiger Mensch, gehorsamer Heiliger und seinem eifersüchtigen Jahwe fromm ergebener Gottesknecht gehört zum unausrottbaren Tugendbild, das die Bibel von diesem rücksichtslosen Emporkömmling malt. Bereitwillig folgt das patriarchale Denken der Legende, die die Phantasie mit dem Erfolgreichen verbindet.

Die Psalmenforschung hat längst erwiesen, daß die Redaktion der dem David zugeschriebenen Gebete, Loblieder und Klagegesänge wesentlich jünger ist als er. Die kultische Tradition aber,

5 1. Sam. 18.18 ff.

auf die die Psalmen zurückgreifen, hat ein hohes Alter und geht auf matriarchale, echte Legenden – Lesetexte zum Kultablauf – zurück.

Der 18. Psalm findet sich in nahezu wörtlicher Übereinstimmung im Geschichtsbericht über David wieder.[6] Sein Text spiegelt sehr deutlich die Herkunft aus dem matriarchalen Kultlied, während seine Überarbeitung auf deuteronomistische Redaktion schließen läßt: „Es hatten mich umfangen die Schmerzen des Todes, und die Bäche des Verderbens schreckten mich."[7] „Der Hölle Bande umfingen mich, und des Todes Strickes überwältigten mich."[8] Wir hören den Klagegesang des sterbenden Gottes, der in der Unterwelt leidet.

„Die Erde bebte und ward bewegt, die Grundfesten des Himmels regten sich, ... verzehrend Feuer ging von seinem Munde aus, daß es blitzte." Genauso kündigt Ba'al die von den Bergen heraufziehenden Wetter an, die dem erneuernden Regen vorausgehen. Und wie der Gewittergott Hadad oder El Šaddai von den Bergen herabfährt, spricht David von seinem Gott Jahwe: „Und er fuhr auf dem Cherub und flog daher, und er schwebte auf den Fittichen des Windes. Sein Gezelt um ihn her war finster und schwarze, dicke Wolken. Vor dem Glanz vor ihm brannte es mit Blitzen. Da donnert der Herr vom Himmel her, und der Höchste erhebt seine Stimme. Er schoß seine Strahlen und zerstreute sie; er ließ sie blitzen und schreckte sie."[9]

Ziehen wir einen Ras-Schamrah-Text zum Vergleich heran: „Es öffnet der Ba'al einen Spalt in den Wolken. Seine heilige Stimme läßt der Ba'al erschallen. Seine heilige Stimme macht erzittern die Erde. In Ost und West schwanken die Höhen der Erde.
Die Augen des Ba'al sind auf seine Hand gerichtet, in der er den Speer trägt. Er schwingt den Blitz in seiner Rechten. In Finsternis ist gehüllt das Land um Ugarit, in Dunkelheit hüllen die Wolken die Erde."[10] Eine in Ugarit gefundenen Ba'al-Figur trägt in der linken Hand eine Keule, in der rechten den Blitzspeer."[11]

Ba'al und Jahwe begegnen uns in den beiden Kulttexten als

6 2. Sam. Kap. 22 bis 23.8
7 2. Sam. 22.5
8 2. Sam. 22.6
9 2. Sam. 22.11-15
10 Ras-Schamrah-Texte bei C. Virolleaud, „Syria 13", S. 113 ff./II AB VII, Zeile 28 f.
11 J. Aistleitner, „Die Nikkal-Hymne aus Ras-Schamrah", in: Zeitschrift der deutschen Morgenländischen Gesellschaft Nr. 18, 1939, S. 56

synonyme Götter, Jahwe ist selbst der Ba'al, der Stiergott, der im Wettergeschehen die Erlösung ankündigt; denn die Leuchte der Götter, die Sonnengöttin Schpsch hat wochenlang am Himmel gestanden ohne Regen.[12] Der „Gott der Väter" ist ein matriarchaler Fruchtbarkeitsgott gewesen, der Gott Jakobs, der Gott Isaaks und der Gott Abrahams. Der „Mächtige Jakobs" in der Kultdichtung geht direkt auf die Anrede „Stier Jakobs" zurück.[13] Die Anbetung des El als Stiergott gehört zum Ureigensten des israelitischen Volkes, wie es zum Urbestand judäischer Frömmigkeit gehört, im Stier den Ausdruck der Stärke Jahwes zu begreifen!

David singt das Lied des geschundenen Landes, der abgestorbenen Natur, mit der jeder königliche Kultträger identisch ist: „Da sah man das Bett der Wasser, und des Erdbodens Grund war aufgedeckt von dem Schelten des Herrn, von dem Odem und Schnauben seiner Nase. Er streckte seine Hand aus von der Höhe und holte mich und zog mich aus den großen Wassern. Er errettete mich von meinen starken Feinden, von meinen Hassern, die mir zu mächtig waren, die mich überwältigten zur Zeit meines Unglücks; und der Herr ward meine Zuversicht. Und er führte mich aus in das Weite, er riß mich heraus; denn er hatte Lust zu mir."[14]

Nur sehr gezwungen konnten die „Feinde" des Kultliedes mit den politischen Feinden Davids in Übereinstimmung gebracht werden; denn das Kultlied meinte die Feinde der Vegetation, Dürre und sengende Sonne oder Winter und eiskalten Tod. Da sah man das ausgetrocknete Flußbett, das „Bett der Wasser". Nun aber kam mit dem Gewittergott der erlösende Regen. Der Gott wurde wiedererweckt. Die Himmelskönigin – nicht Jahwe! – hatte Lust zu ihm. Zu ihrem Sohngeliebten! David sang noch immer das uralte Kultlied, das lange vor seinen Zeiten gesungen wurde, im Herbst, wenn die Regen herabfielen und das neue Jahr begann.

Aus dem Dunkel des Todes entsteht neues Leben. Jubelgesang begrüßt den wiedergeborenen Gott: „Der Herr lebt!"[15] Einer wird auserwählt. Dieser eine wird König sein, der Geliebte

12 C. Virolleaud, „Syria 13", S. 113 ff., II AB VIII Zeile 21 f.

13 Johannes Hempel, „Jahwegleichnisse der israelitischen Propheten", Zeitschrift für alttestamentliche Wissenschaften Nr. 42, 1924, S. 100

14 2. Sam. 16-20

15 2. Sam. 47

der Priesterin: „Darum will ich dir danken ... der seinem Könige großes Heil beweist und wohltut – seinem Gesalbten, David und seinem Samen – ewiglich.“[16]

Der aus matriarchaler Tradition geborgte Kultgesang wird David in den Mund gelegt. Aus dem Kultsohn der matriarchalen Mutter wird der „Gesalbte des Herrn“. Der Gedanke der Wiedergeburt wird durch die Formel vom männlichen Samen ersetzt.

Dennoch ist die vom patriarchalen Jahwe so konsequent verdrängte Naturanbetung des matriarchalen Glaubens in diesem Kultlied erhalten geblieben: „Ein Gerechter herrscht unter den Menschen, er herrscht in der Furcht Gottes und ist wie das Licht des Morgens, wenn die Sonne aufgeht, am Morgen ohne Wolken, da vom Glanz nach dem Regen das Gras aus der Erde wächst.“[17]

Welch ein Hohn, den gewissenlosen Eroberer David als „den Gerechten“ zu preisen und die Kultlyrik der Heiligen Hochzeit zum Triumphgesang Davids über seine Feinde zu machen!

Nicht genug, daß David sich preist: „Der Herr tut mir wohl nach meiner Gerechtigkeit, er vergilt mir nach der Reinigkeit meiner Hände.“[18]

Aus dem Gott des immer wiederkehrenden Lebens wird der Kriegsgott, der Gott des Mordes und der Vernichtung: „Denn mit dir kann ich Kriegsvolk zerschlagen und mit meinem Gott über die Mauer springen.“[19] „Er lehrt meine Hände streiten und lehrt meinen Arm den ehernen Bogen spannen ... Ich will meinen Feinden nachjagen und sie vertilgen und will nicht umkehren, bis ich sie umgebracht habe. Ich will sie umbringen und zerschmettern; sie sollen mir nicht widerstehen und müssen unter meine Füße fallen. Du kannst mich rüsten mit Stärke zum Streit; du kannst unter mich werfen, die sich wider mich setzen. Du gibst mir meine Feinde in die Flucht, daß ich zerstöre, die mich hassen ... Ich will sie zerstoßen wie Staub auf der Erde, wie Kot auf der Gasse will ich sie verstäuben und zerstreuen.“[20]

Der Stilbruch gegenüber der matriarchalen Kultlyrik wird an den perversen Widerwärtigkeiten deutlich, zu denen die deuteronomistische Sprache oft ausartet. David ist nicht der Dichter des matriarchalen Kultliedes, das von Tod und Unterweltsfahrt,

16 2. Sam. 22.50 und 51
17 2. Sam. 23.3 und 4
18 2. Sam. 22.21
19 2. Sam. 22.30
20 2. Sam. 22.35-43

vom Schnauben des Wettergottes, von neuem Leben und dem Glanz der Sonne nach dem Regen singt. Er hat den Text auch nicht zur Anrufung eines menschenmordenden Kriegsgottes umgeprägt. Um die Wende zum ersten Jahrtausend, als David gelebt hat, ist Jahwe noch kein Kriegsgott gewesen.

Die matriarchalen Kultlieder hat ein Späterer auf die historische Situation Davids abgestimmt. Aber es ist ihm nicht gelungen, ihren ursprünglichen Inhalt völlig zu entstellen und zu entfremden. Denn noch immer weht die zeitlose Gültigkeit der Natursymbole aus diesen Liedern, die Todesfahrt des Gottes, seine Wiedergeburt, die ist „wie das Licht des Morgens, wenn die Sonne aufgeht", seine Heilige Hochzeit, die ihn zum König erhöht, lange bevor sich David die Königswürde gewaltsam angeeignet hat.

Die politische Demütigung Israels unter den erstarkenden vorderorientalischen Großmächten, die Gefangennahme des Königs von Jerusalem und seine Deportation nach Babylon, haben die Legendenbildung um David begünstigt. Von David geht der Traum vom Gottesreich Jahwes in dieser Welt aus.

Der David der *Legende* ist ein sanfter Mann. Er hat alle kraftvolle matriarchale Männlichkeit abgelegt. Ist es Zufall, daß er kleiner ist als seine Brüder, nicht mehr der archaische Held, der seine Leute „um eines Hauptes Länge" überragt wie Saul oder der Simson der Richtersage?

David ist nicht mehr der matriarchale Held und Messias, der Menschensohn der kosmischen Königin. Er hat seine Kraft abgespalten und an Jahwe delegiert. Er sammelt fünf flache Bachkiesel und vertraut auf Jahwe, der für ihn siegen wird. Er stellt sich nur hin. Alles andere macht der liebe Gott.

Jahwe verfügt über jene im Laufe der patriarchalen Bewußtseinsentwicklung mit dem „Männlichen" identifizierten Qualitäten: Er hat absolute Macht – Allmacht. „Jahwe ist der rechte Kriegsmann!"[21] „Wie Kot auf der Gasse" tötet er seine Feinde! Aggression und Macht, aus dem Lebenszusammenhang abgespalten, werden destruktiv. Sie wirken nicht mehr als integre Kraftströme von innen her, dienen nicht der Entstehung, sondern der Vernichtung von Leben.

Der legendäre David ist auf seinen Gott Jahwe bezogen als der gehorsame Knecht, dem – kraft seiner Gottergebenheit –

21 2. Mose 15.3

der Aufstieg Israels zur politischen Weltmacht zu verdanken ist.

Unschwer sind Davids Charakterqualitäten – unbedingter Gehorsam, tiefste Gottergebenheit und Demut – als Eigenschaften zu erkennen, die das patriarchale Bewußtsein mit „dem Weiblichen" zu identifizieren pflegt. Auch patriarchale Weiblichkeit ist ein abgespaltener Wert, kraftlos, degeneriert und zur Sentimentalität verflacht. Die legendäre David-Gestalt zeigt derartige Züge: Wenn David seinem Verfolger Saul nur einen Zipfel des Kleides abschneidet, wenn er ihm selbstgefällige Predigten von der eigenen Gerechtigkeit vor Gott hält, wenn er immer wieder bezeichnet wird als der Liebling Gottes, sanft, bräunlich und schön.

In der deuteronomistischen Ideologie stehen sich die Qualitäten des „männlichen Prinzips" – Macht und Herrschaft – und des „weiblichen Prinzips" – Gehorsam, Anpassung, Liebe – als Kräfte universaler patriarchaler Weltordnung gegenüber. Das Alte Testament vergleicht in allegorischem Verständnis häufig Jahwe mit dem Geliebten und sein Volk Israel mit der Braut. Die aus matriarchaler Ganzheit abgespaltenen gegensätzlichen Eigenschaften sind dem patriarchalen Geschlechtsverständnis entsprechend einander zugeordnet.

Ebenso werden in der patriarchalen Gesellschaft der einzelnen Frau und dem einzelnen Mann gewohnheitsmäßig die sogenannten geschlechtsspezifischen Eigenschaften zudiktiert. Mann und Frau werden dann nicht als ganze Menschen, sondern als ergänzungsbedürftige einander zugeordnet.

Heute möchte man gern aus dem „weiblichen" und dem „männlichen" Menschen wieder den „ganzen" Menschen herstellen. Doch die beiden aus der Ganzheit matriarchaler Menschlichkeit abgespaltenen Seelenhälften ergeben zusammen kein „Ganzes". Die männlichen Werte sind zu eindimensional aufgewertet und hochgezüchtet worden, während alles Weibliche minderbewertet wird und auf die Schattenseite der menschlichen Existenz abgedrängt worden ist. Zärtlichkeit und Liebe sind kein Äquivalent zu Aggression und Macht, können das destruktive Potential patriarchaler Gesellschaftsentwicklung nicht ins Gleichgewicht bringen.

Auch der einzelne Mensch kann durch die Kultivierung seiner gegengeschlechtlichen Psyche kein „ganzer" Mensch werden, sowenig aus dem sentimentalen, gehorsam gottvertrauenden David der Legende und dem geschichtlichen David, der seine Feinde zersägt, zerhackt und in Ziegelöfen verbrennt[22], eine ganzheitliche Persönlichkeit entsteht. Der patriarchale Mensch – ob Mann oder Frau – wird immer zwei Seelen in seiner Brust haben.

Wir sollten uns hüten, den Gedanken an die Einbeziehung des „Weiblichen" in die männliche Kultur als eine Errungenschaft zu betrachten. Es klingt verlockend, wenn Erich Neumann sagt: „Die abendländische Menschheit muß notwendigerweise zu einer Synthese gelangen, in welcher die – ebenfalls in ihrer Isolierung einseitige – weibliche Welt fruchtbar mit einbezogen wird. Erst dann kann auch die Entwicklung der psychischen Ganzheit des Einzelmenschen möglich werden, die dringend nötig ist, wenn der abendländische Mensch psychisch den Gefahren gewachsen sein soll, die sein Dasein von innen und außen bedrohen."[23]

Die patriarchale Kultur hat die „weibliche Welt" immer „fruchtbar einbezogen", sich zum Dienst, zur Aufwertung und zur Stütze. Die Gefahr aber, in der die abendländische Menschheit steht, kann durch ein „Weibliches", das kein Gegengewicht gegen das überdimensional entwickelte „Männliche" darstellt, nicht abgewendet werden.

Wenn wir Re-Integration wollen, die Wiederherstellung menschlicher Ganzheit, so darf keine Rede davon sein, das Weibliche ins Männliche zu „integrieren". Der Prozeß muß umgekehrt verlaufen: Der ganzheitliche Mensch ist nur zu gewinnen durch die Re-Integration des Männlichen ins Weibliche, durch die Zurücknahme des Machtanspruchs, die Hineinnahme der aggressiven, der zupackenden menschlichen Kräfte in den Lebenszusammenhang.

Matriarchale Männer und Frauen haben sich in Symbolen Ausdruck einer Ordnung geschaffen, die allein den Fortbestand des Lebens auf der Erde ermöglicht und auch heute den einzigen Weg aus der „Gefährdung der abendländischen Menschheit" weist: Wie in der Hathor-Hieroglyphe ist das Männliche vom Weiblichen als Haus und Tempel umschlossen. Der Mensch ist eingebettet in die Ordnungen der Natur als des Großen Weiblichen, das er nicht zerstören darf und dessen Be-Herr-schung seinen Untergang bedeuten wird.

22 2. Sam. 30-31 und s. S. 249
23 Erich Neumann, „Die Große Mutter. Eine Phänomenologie der weiblichen Gestalten des Unbewußten", S. 16

Herren im Lande waren die Philister. Unter dem Druck der Besatzungsmacht kamen die gesellschaftlichen Ordnungen ins Wanken. In zermürbendem Kleinkrieg griff die Bevölkerung immer wieder einzelne Posten der Philister an. Im Gegenzug zerstörten die Soldaten die Felder der Bauern. Existenzen wurden vernichtet. Entwurzelte Menschen zogen raubend, plündernd und vagabundierend durchs Land.

Im westjordanischen Gebirge sammelte David „eine Schar abenteuernder Elemente um sich, mit denen er von allerlei Beutezügen lebte. ... David war damit zum Condottiere geworden, zum Berufskrieger, dem das Kriegshandwerk zum Lebensinhalt wurde.“[1]

Wesentlich schonender ist der Sachverhalt im Luthertext formuliert. Dort heißt es: „Und es versammelten sich zu ihm allerlei Männer, die in Not und Schulden und betrübten Herzens waren; und er war ihr Oberster, daß bei vierhundert Mann bei ihm waren.“[2]

Ein moderner Alttestamentler übersetzt: „... lauter Männer, die unter Druck standen, sowie allerlei Männer, denen ein Gläubiger zu schaffen macht, und lauter Verbitterte.“[3] Und er kommentiert dazu: „... allerlei unzufriedene und verwegene Gesellen, die irgendeinen Grund haben, den heimatlichen Verhältnissen zu entweichen, und die, um einen Führer wie David geschart, eine gefährliche Bande bilden konnten.“[4] Streng genommen ist David ein Anonymus. Sein Name ist unbekannt; denn David ist kein Eigenname, sondern ein Fremdwort für „Truppenführer“ oder „Befehlshaber“. Erst durch den zum König des Großreiches Israel aufgestiegenen „dawidum“ ist „David“ zum Eigenna-

1 M. Noth, „Geschichte Israels“, S. 166
2 1. Sam. 22.2
3 Biblischer Kommentar/Die Samuelisbücher übersetzt und kommentiert von Wilhelm Hertzberg, Text: 1. Sam. 22.2
4 ebd. S. 148

men geworden.[5]

Besonderes Draufgängertum zeichnet diese Helden aus. Sie haben sich alle durch riskante Mutproben bewiesen. Dazu bieten die Plänkeleien mit den philistäischen Posten überall im Lande reichlich Gelegenheit. Die deuteronomistische Darstellungsweise stilisiert solche Heldenstücke zu heiligen Handlungen hoch. Von dem Helden Eleasar wird erzählt: „Da stand er und schlug die Philister, bis daß seine Hand müde am Schwert erstarrte, und der Herr gab großes Heil zu der Zeit, daß das Volk umwandte ihm nach, zu rauben."[6]

Es mag verständlich sein, daß die unter dem Besatzungsdruck stöhnenden Israeliten dem Helden nachstürmten, um zu rauben. Sie mögen ihren Raubzug auch als Heil in der Not empfunden haben. Der biblische Kommentar geht noch ein Stück weiter: „Besonders wichtig ist, daß ... gesagt wird, der Herr habe großes Heil durch diese Taten bewirkt. Damit rücken (die Helden) in die göttliche Heilsökonomie ein. Es handelt sich ... nicht bloß um tapfere Männer, ‚Helden' im gewöhnlichen Sinn, sondern um Kämpfer im Heiligen Krieg, deren kriegerische Betätigung besonders gewertet wird."[7]

Widerstandskampf gegen fremde Willkürmacht wird zu allen Zeiten ethisch hoch eingestuft. Aber die deuteronomistische Geschichtsschreibung idealisiert auch Davids rücksichtslose Eroberungskriege und sieht in ihnen den Heilsplan Gottes verwirklicht. Kritiklos nennt die Bibel einen Mann namens Benaja „berühmt unter den Helden und herrlicher denn dreißig andere", weil er einen angesehenen Ägypter auf der Straße überfallen hat: „Er riß dem Ägypter den Spieß aus der Hand und erwürgte ihn mit seinem eigenen Spieß."[8]

Die drei hervorragendsten unter den Helden zeichnen sich durch ein besonderes Heldenstück aus: „David war damals an sicherem Ort; aber die Philister lagen zu Bethlehem. Und David war lüstern und sprach: ‚Wer will mir Wasser zu trinken holen aus dem Brunnen zu Bethlehem unter dem Tor?' Da brachen die drei Helden ins Lager der Philister und schöpften Wasser aus dem Brunnen zu Bethlehem unter dem Tor und trugen's und brachten's David. Aber er wollte es nicht trinken, sondern goß

5 M. Noth, „Geschichte Israels", S. 165, Anm. 2
6 2. Sam. 23.10
7 W. Hertzberg, „Die Samuelisbücher", S. 334
8 2. Sam. 23.21

es aus für den Herrn und sprach: ‚Das lasse der Herr fern von mir sein, daß ich das tue! Ist's nicht das Blut meiner Männer, die ihr Leben gewagt haben und dahin gegangen sind?‘ Und wollte es nicht trinken.“[9]

Der Brunnen ist der Lebensnerv einer Stadt. Hat der Belagerer die Kontrolle über den Brunnen, kann er mit der baldigen Ergebung der Bevölkerung rechnen. Am Brunnen müssen wir uns die philistäischen Truppen konzentriert vorstellen. Für nur drei Männer ist es ein lebensgefährliches Unterfangen, ins Lager der Philister einzubrechen und Wasser zu schöpfen.

Die drei Männer setzen ihr Leben ein, weil David lüstern ist. Und David gießt das Wasser auf den Boden! Die deuteronomistische Beschönigung, David habe das „für den Herrn“ getan, gerät zu unerträglicher Blasphemie. Nicht für Jahwe haben die „drei Helden“ diese Mutprobe bestanden, sondern einzig und allein für David. „Wer will *mir* Wasser holen?“ hat David gefragt – nicht: „Wer will Wasser holen für Jahwe?“

Nach dem eigenen Anspruch des deuteronomistischen Weltbildes fordert Jahwe, als einziger Gott angebetet zu werden, und er fordert Gehorsam gegen sein Gesetz. Aber sinnlose Todesverachtung zur Befriedigung der perversen Machtansprüche eines Truppenführers fordert er nicht!

David ist lüstern. Nicht nach Wasser, sondern nach Macht! Er braucht „Helden“, die ihm blind ergeben sind, Werkzeuge für seine rücksichtslose Machtdurchsetzung. Deshalb erzieht er seine Krieger zu willenlosen Geschöpfen, von denen er absoluten Gehorsam fordert. Das unter dem Einsatz des Lebens gewonnene Wasser gießt David achtlos fort. Er demonstriert: Ich achte euer Leben für ein Nichts!

Gründlicher kann er Menschen nicht demütigen! Die „Helden“ haben die Mutprobe bestanden. Doch Davids menschenverachtende Geringschätzung demoralisiert ihre Persönlichkeit, vernichtet ihren Selbstwert und löscht ihr Ich aus. „Ein hübsches Beispiel für das Verhältnis Davids und seiner Männer untereinander“, kommentiert der Alttestamentler diese Erzählung.[10]

Mit dieser Truppe ihm höriger Männer geht David auf Beutezüge aus. Ein Beispiel wird im Alten Testament geschildert[11]:

9 2. Sam. 23.14-17
10 W. Hertzberg, „Die Samuelisbücher“, S. 334
11 1. Sam. 25.2-43

David hält sich an die Hirten eines reichen Grundbesitzers und bietet ihnen den Schutz seiner Leute an. Angesichts der Übermacht bleibt diesen nichts anderes übrig, als den „Schutz“ zu akzeptieren und mit David und seinen Leuten das Essen zu teilen. Dafür stehen Davids Leute „wie Mauern“ Tag und Nacht um die Schafe. Als nun eines Tages Nabal, der Herr der Herden, anläßlich der Schafschur ein großes Fest ausrichtet, schickt David aus der Wüste zehn Jünglinge zu ihm. David will mit seinen Leuten einen Anteil am Fest. Scharf weist Nabal die Männer zurück: „Wer ist dieser David?“ fragt er, „und wer ist der Sohn Isais? Sollte ich mein Brot, Wasser und Fleisch nehmen, das ich für meine Scherer geschlachtet habe, und den Leuten geben, die ich nicht kenne, wo sie her sind?“

Da Nabal nicht über ausreichende Männer verfügt hat, um sich, seine Leute und seine Herden zu verteidigen, war seine Reaktion kaum klug zu nennen. Die Hirten jedenfalls, die David kennen, übersehen die Lage realistisch: „So merke nun und siehe, was du tust“, wenden sie sich an Abigail, die Frau des Nabal, „denn es ist gewiß ein Unglück vorhanden über unsern Herrn und über sein ganzes Haus.“

Abigail schätzt die Lage nicht günstiger ein und packt eilends zweihundert Brote, Wein, gekochte Schafe, Mehl und hundert Rosinenkuchen, dazu zweihundert Feigenkuchen auf Esel und reitet mit ihren Jünglingen David entgegen. Denn daß er heraufziehen wird, dessen ist sie sicher.

„Als sie hinabzog im Dunkel des Berges, da kam David und seine Männer ihr entgegen, daß sie auf sie stieß.“

Davids Sinnen ist deutlich: „Wohlan, ich habe umsonst behütet alles, was dieser hat in der Wüste, daß nichts gefehlt hat an allem, was er hat; und er bezahlt mir Gutes mit Bösem. Gott tue dies und noch mehr den Feinden Davids, wo ich diesem bis zum lichten Morgen übriglasse *einen*, der männlich ist, aus allem, was er hat!“

Da fällt Abigail vor David nieder auf ihr Antlitz, bittet um Barmherzigkeit und daß er ihre Geschenke annehmen möge. David nimmt ihre Gaben an und läßt sie wieder heimwärts ziehen. Doch als Abigail des andern Morgens ihrem Mann von der Sache berichtet, „da erstarb sein Herz in seinem Leibe, daß er ward wie ein Stein. Und über zehn Tage schlug ihn der Herr, daß er starb.“

Dieser Tod kommt David außerordentlich gelegen. Er hat seine Rache, und er schickt einen seiner Knechte, um mit Abigail zu reden, daß er sie zum Weibe begehre.

Wenn Abigail ihr Leben liebt, kann sie kaum widersprechen. Sie setzt sich daher eilends auf einen Esel, nimmt fünf Mägde mit sich und gibt sich David zur Frau.

Auf diese Weise ist David mit einem Schlage nicht nur ein reicher Mann. Der Besitz, den Abigail mit in die Ehe bringt, liegt in Maon, 15 km südlich von Hebron, dem Haupt- und Kultort des Stammes Kaleb. Damit hat „David, offenbar, um später daraus Nutzen zu ziehen, gute Beziehungen zu den südlich von Juda sitzenden Stämmen angeknüpft".[12]

Welche kultische Bedeutung die Heirat mit dieser hervorragenden Frau gehabt haben muß, wird von der üblichen alttestamentlichen Exegese nicht ins Auge gefaßt. Martin Noth sieht nur, daß „David ... den Weg zu politischer Machtentfaltung von Anfang an ganz bewußt und konsequent beschritten hat".[13]

Wer die Macht sucht, muß sich zu den Mächtigen halten. „Für David und die um ihn gesammelte Schar bot das philistäische Heeressystem, das neben dem Bestand an schwer bewaffneten Einzelkämpfern sich noch angeworbener Söldnertruppen bediente, die besten Chancen."[14]

Eines Tages bietet David seine Dienste dem Philisterfürsten Achis an. Achis gibt David den Ort Ziklag und das dazugehörige Land zum Lehen und nimmt ihn und seine inzwischen auf sechshundert Mann angewachsene Söldnertruppe in Kriegsdienst.

Wenn das Märchen von den Nachstellungen des Königs Saul nicht geschickt diesem Bericht vorangestellt worden wäre, läge für jeden Bibelleser das intrigante Wesen Davids offen zutage.

Doch angenommen, die Verfolgungen des Saul seien Realität. Dann müßten auch die wunderbaren Behütungen des David ernst genommen werden. Bedurfte es des Verrats am eigenen Volk, um Saul zu entkommen? „Es ist mir nichts besser, denn daß ich entrinne in der Philister Land, daß Saul von mir ablasse, mich fürder zu suchen im ganzen Gebiet Israels; so werde ich seinen Händen entrinnen"[15], legt der Bibelautor dem David in den Mund.

Von Ziklag aus unternimmt David allerlei Beutezüge. Er wendet sich nach Süden und überzieht Stämme, die „seit alters her

12 M. Noth, „Geschichte Israels", S. 166
13 ebd. S. 165
14 ebd. S. 166
15 1. Sam. 27.1

die Einwohner des Landes von Sur bis Ägypten" gewesen sind, mit den Schrecken seiner Raubzüge. „Da aber David das Land schlug, ließ er weder Mann noch Weib leben und nahm Schafe, Rinder, Esel, Kamele und Kleider und kehrte wieder um und kam zu Achis."

König Achis darf von diesen Unternehmungen nichts wissen. Auf seine „Kriegszüge" befragt, belügt David seinen Lehnsherrn: Er sei in Juda eingefallen, bei den Jerachmeelitern und bei den Kenitern, den südlichen Nachbarn Judas, denen David durch seine Heiraten und durch seine politischen Absichten verbunden gewesen ist. Achis ist erfolgreich getäuscht.

David ließ aus den mit Raub und Plünderungen überzogenen Gebieten „weder Mann noch Weib lebendig gen Gath kommen und gedachte: ‚Sie möchten wider uns reden und schwätzen!' Also tat David, und das war seine Weise, solange er wohnte in der Philister Lande." Kein „Schwätzer" ist jemals in die Königsstadt Gath gekommen, „darum glaubte Achis dem David und gedachte: ‚Er hat sich stinkend gemacht bei seinem Volk und soll immer mein Knecht sein.'"[16]

Von seinen Raubzügen schickt David allerlei Geschenke an die Ältesten der Südstämme. Er treibt ein intrigantes Doppelspiel, indem er sich sowohl zu den Südstämmen des Landes Juda hält wie zu den Philistern. „In der Wahl seiner Mittel hatte er offenbar wenig Hemmungen"[17], bemerkt der Alttestamentler. David hat sein Ziel erreicht, als ihn die Südstämme zum König salben.

Aus welchem Selbstverständnis heraus salben die Südstämme David zum König? Die Priesterschrift hat uns belehrt, daß Jahwe das Königtum nicht schätzt. Die biblische Exegese behauptet, daß es vor Saul kein Königtum gegeben habe. Saul ist König bei den Nordstämmen gewesen. *Seine* Nachfolge tritt David in Hebron nicht an!

Er stützt sich auf matriarchale Gesellschaftspraxis. Seine Initiation geht auf kultische Tradition zurück, die mit Hebron und dem Heiligen Hain zu Mamre verbunden ist. Er ist durch Heirat ein Angehöriger der Südstämme geworden und hat seine Erwählung durch Geschenke geschickt vorbereitet.

Altorientalischer Brauch verpflichtet den vorgesehenen Kult-

16 1. Sam. 27.8-12
17 M. Noth, „Geschichte Israels", S. 167

träger, Geschenke zu schicken. Vergleichbar heißt es im Ištar-Ritual von dem Kultkönig: „Nach Uruk habe ich die Hochzeitsgeschenke gebracht!"[18]

„Die Salbung zum König war ein sakraler Weiheakt, der an einem Heiligtum vollzogen wurde."[19] Es besteht kein Zweifel darüber, daß dieses Heiligtum der Hain zu Mamre gewesen ist: „... dabei wird man an das kultische Zentrum von Mamre denken müssen", gibt Martin Noth zu.

„Diese Königswahl ... ist ohne die Designation durch einen Propheten erfolgt."[19] Mit einiger sachlicher Kritik muß jedem klar sein, daß die „Designation" der Könige durch Propheten nachträgliche Hinzufügungen der Priesterschrift sind, um eine Geschichte der Abhängigkeit des Königtums von der Priesterschaft zu schreiben.

Die alttestamentlichen Kommentatoren geraten in Verlegenheit, wenn sie erklären sollen, wieso das kurzfristige Königtum Sauls im Nordreich Israel, das „bis vor kurzem in *Israel* noch etwas Fremdes"[19] gewesen sei, die Südstämme (!) veranlassen solle, David zum König zu krönen. Zwei Jahre *israelitisches Königtum* können den Gedanken an einen König nicht in *Juda* verwurzelt haben! Noch viel weniger kann ein derart traditionsloses Königtum „durch einen sakralen Weiheakt" kultisch initiiert worden sein. Kultakte haben immer Tradition.

Wir gehen daher nicht fehl in der Annahme, daß David in Hebron die Nachfolge eines lange verwurzelten, matriarchalen Königtums angetreten hat, für das er sich durch seine Verbindung mit der vornehmsten Frau der Südstämme die Legitimation geschaffen hat. Nur so läßt sich erklären, daß David gleichzeitig Lehnsmann der Philister sein, in deren Kriegsdiensten stehen, und König in Juda werden konnte.

David hat seine kultische Funktion von vornherein als Sprungbrett für seine Machtentfaltung betrachtet.

Die Philisterfürsten scheinen David richtig beurteilt zu haben. Sie trauen ihm nicht. Als es zum Entscheidungskampf gegen Saul kommt, schicken sie David und sein Söldnerheer nach Ziklag zurück.

In Ziklag erreicht David die Kunde von Sauls Tod. Der Nachfolger Sauls wird Es-Ba'al.

18 A. Falkenstein, „Compte rendu de la troisième rencontre assyriologique international", S. 53
19 M. Noth, „Geschichte Israels", S. 168

Kein Zweifel, daß dieser König ein Ba'alspriester gewesen ist. Sein Name beweist es. „Der Name Esbaal ist unverändert nur in 1. Chr. 8.33 und 9.39 erhalten, während er in 2. Sam. zu Isboseth entstellt ist, weil er den später verpönten Gottesnamen Baal enthält.“[20] Zu Sauls Zeiten kann der Name nicht verpönt gewesen sein, sonst hätte kein König auf Israels Thron einen Baalsnamen getragen.

Mit der Behauptung, Esbaal sei der Sohn des Saul gewesen, gerät die Bibel zu sich selbst in Widerspruch. Sauls Söhne werden namentlich erwähnt: „Jonathan, Iswi, Malchisua, und seine zwei Töchter hießen also: die erstgeborene Merab und die jüngere Michal.“[21] Auf dem Schlachtfeld sind alle drei Söhne gefallen. Um die patriarchale Erbfolge glaubhaft zu machen, taucht plötzlich ein Saulsohn auf, den es vorher nicht gegeben hat! Esbaal ist vierzig Jahre alt, als er auf den Thron kommt. Wie sollte Saul, der selbst nur zwei Jahre König gewesen ist, einen vierzigjährigen Sohn hinterlassen haben? Wieso soll gerade *der* Sohn, der die Thronfolge antritt, zuvor so unwichtig gewesen sein, daß die Bibel ihn nicht erwähnt?

Anzunehmen ist eher, daß Saul bei seinem Tode im mittleren Alter war und seine Söhne noch als Jünglinge gefallen sind. Er hat keinen männlichen Erben hinterlassen.

Es-Baal wird in Mahanaim zum König gesalbt. Das ist eine uralte matriarchale Kultstätte. Von Jakob wird erzählt, er sei dort Engeln begegnet.[22] Wie überall, wo eine Kultlegende patriarchalisiert wird, rückt der alttestamentliche Bericht aus der Realität ins „Wunder“: Aus den Priesterinnen werden „Engel Gottes“. Noch das Hohelied weist auf den Kulttanz der Priesterin zu Mahanaim hin.[23]

Auf welche Weise Es-Baal seine kultische Erwählung erwirkt hat, läßt sich nicht mehr nachweisen. Sein Königtum dauert nur zwei Jahre.[24] Diese Königszeit steht in bedenkenswerter Übereinstimmung mit der „zweijährigen Königszeit“ Sauls. Kaum ist David in Juda König geworden, wird Es-Baal ermordet.

„Es waren aber zwei Männer, Hauptleute der streifenden Rotten unter dem Sohn Sauls. Und sie kamen ins Haus, Weizen zu holen und stachen ihn in den Bauch und entrannen. Denn da sie ans Haus kamen, lag er auf seinem Bette in seiner Schlafkam-

20 M. Noth, „Geschichte Israels“, S. 169, Anm.
21 1. Sam. 14.49
22 1. Mose 32.3
23 Hoheslied 7.1
24 2. Sam. 2.10

mer; und sie stachen ihn tot und hieben ihm den Kopf ab und nahmen seinen Kopf und gingen hin des Weges auf dem Blachfelde die ganze Nacht und brachten das Haupt Is-Boseths zu David gen Hebron und sprachen zum König: ‚Siehe, das ist das Haupt deines Feindes!‘ “[25]

Doch David stellt sich zornentbrannt und läßt die Hauptleute erwürgen. „Daß Esbaal ermordet wurde, kam David schwerlich ungelegen!“ meint Martin Noth.[26]

Wenn diese „Hauptleute der streifenden Rotten“, mit denen umzugehen David so gut verstanden hat, nicht im Auftrage Davids gehandelt haben, sollten die beiden so dumm oder so lebensmüde gewesen sein, David in eine Sache hineinzuziehen, die für diesen nur peinlich sein konnte? Um den Verdacht von sich abzuwälzen und um die Zeugen mundtot zu machen, läßt David die Mörder ermorden. Ein taktisch wohl überlegter Zug dieses gewissenlosen Emporkömmlings! Wenn David wirklich nichts mit der Ermordung Esbaals zu tun gehabt haben sollte, hat dann Jahwe immer im rechten Augenblick die Männer dahingerafft, die David im Wege gestanden haben? Erst Nabal, den Mann der Abigail, jetzt Esbaal?

Ob man David in Israel geglaubt hat, daß er mit dem Tode Es-Baals nichts zu tun gehabt habe?

David steht auf der Seite der Mächtigen. Als Lehensträger der Philister spielt David seine Macht rücksichtslos aus und fordert von Abner, dem ehemaligen Feldhauptmann Sauls, ihm Michal, die Tochter Sauls, zuzuführen.

Abner holt Michal fort von ihrem Manne Paltiel. „... und ihr Mann ging mit ihr und weinte hinter ihr bis gen Bahurim. Da sprach Abner zu ihm: ‚Kehre um und gehe hin!‘ Und er kehrte um.“[27]

Gewissenlos eignet sich David die Frauen an, die er für seinen politischen Aufstieg braucht. Die Stämme Israels bieten David die Königswürde an. Um diese Ehre werden die Nordstämme nicht freiwillig gebeten haben. David hat durch seine Heirat mit Michal die kultische Voraussetzung für sein Königtum in Israel geschaffen. Politisch ist er durch die philistäische Besatzungsmacht abgestützt, der er angehört.

Den Einschub, David habe nur ein Jahr und vier Monate im

25 2. Sam. 4.2 und 5 ff.
26 M. Noth, „Geschichte Israels“, S. 171
27 2. Sam. 3.16

Lehnsverhältnis zu dem Philisterkönig Achis gestanden[28], hält auch Martin Noth für unzutreffend: „Es kann nach Lage der Dinge nicht zweifelhaft sein, daß David nach wie vor ihr Lehensmann blieb und daß er als Lehensmann von Ziklag weiterhin zur Heeresfolge mit seinem Söldnerkontingent verpflichtet war."[29]

Haben die Philister zugelassen, daß David, der in ihren Diensten stand, zur gleichen Zeit auch König über Juda und Israel werden konnte? „Wie konnten die Philister ... das alles geschehen lassen?" fragt auch Martin Noth[30], und er beantwortet die Frage dahin, daß es den Philistern so lange recht gewesen sei, wie David sich nur mit den Südstämmen verbunden habe. Damit habe er für die Zersplitterung zwischen Nord- und Südstaaten gesorgt. Erst als David nun auch König der Nordstämme wird, sei für die Philister der Zeitpunkt zum Eingreifen gekommen.

Es gibt aber noch eine andere Frage, die Martin Noth gar nicht stellt: Wie war es überhaupt möglich, daß die Philister einen Nachfolger Sauls nach dessen vernichtender Niederlage zugelassen haben? Wie läßt sich die Neuinstallation eines Königtums, das es vorher im Südstaat Juda noch nicht gegeben haben soll, unter den gegebenen Besatzungsverhältnissen vorstellen?

Darauf gibt es nur die Antwort, daß Königtum keine politische Macht dargestellt hat, sondern reines Kultkönigtum gewesen ist. Am Kult hat die Besatzungsmacht das Volk nicht gehindert.

Als David aber die Königswürde übernimmt, baut er diese Stellung zur Macht aus. Die Philister wollen das nicht zulassen und wenden sich jetzt gegen ihn. Es kommt zu zwei großen Entscheidungsschlachten, die David beide gewinnt. Damit ist seine Macht besiegelt. Die Philister sind endgültig zurückgeschlagen und wagen keinen weiteren Vorstoß gegen den Söldnerführer David.

David hat die „zwölf Stämme" zu einem Staat geeint. Wäre es ihm darum gegangen, einen „Gottesstaat" zu errichten, hätte er sein Ziel jetzt erreicht gehabt. Aber David hat nicht Jahwe gemeint. Er arrangiert sich mit den Kulten Nordisraels ebenso wie mit der matriarchalen Tradition Jerusalems. In seinem „Gottesstaat" spielt Jahwe eine zweitrangige Rolle. El Eljon ist der höchste Gott in der Stadt Davids. David hat immer nur die

28 1. Sam. 27.7
29 M. Noth, „Geschichte Israels", S. 168
30 ebd. S. 168

Macht gemeint, und nach der Unterwerfung Nordisraels setzte er seine Truppen erst richtig ein.

Er eroberte die kanaanäische Stadt Jerusalem; denn das Gebiet von Jerusalem trennte die Süd- und Nordhälfte seines Landes. Anschließend fiel David in Moab ein. „Über einen besonderen Anlaß des Krieges mit Moab wird nichts gesagt."[31] Trotzdem steht geschrieben: „Er schlug auch die Moabiter also zu Boden, daß er zwei Teile zum Tode brachte und einen Teil am Leben ließ."[32]

David führte einen Feldzug gegen die Ammoniter; denn diese hatten ihn verhöhnt. Aber nicht genug damit, daß er sie schlug. „Da das Jahr um war, zur Zeit, wann die Könige ausziehen, führte Joab die Heermacht und verderbte der Kinder Ammon Land, kam und belagerte Rabba. David aber blieb zu Jerusalem. Und Joab schlug Rabba und zerbrach es."[33]

Joab wagte nicht, in die Stadt einzufallen, die er belagert hatte. Die Ehre gebührte dem König. „Deshalb sandte er Boten zu David und ließ ihm sagen: ‚Ich habe gestritten wider Rabba und habe auch gewonnen die Wasserstadt. So nimm nun zuhauf das übrige Volk und belagere die Stadt und gewinne sie, auf daß ich sie nicht gewinne und den Namen davon habe.' Also nahm David alles Volk zuhauf und zog hin und stritt wider Rabba und gewann es."[34]

Nachdem Joab bereits im Besitz der Wasserversorgung der Stadt gewesen ist, kann ihre völlige Eroberung nur noch eine Frage der Zeit sein. Diese Textstelle belegt noch einmal sehr eindrücklich die bedingungslose Unterwürfigkeit, mit der die „Helden" sich David ergeben gezeigt haben. David fordert die Ehre, die Stadt besiegt zu haben, für sich allein. „Und nahm die Krone ihres Königs von seinem Haupt und fand daran einen Zentner Gold und Edelsteine; und sie ward David aufs Haupt gesetzt. Auch führte er aus der Stadt sehr viel Raub. Aber das Volk drinnen führte er heraus und legte sie unter eiserne Sägen und Zakken und eiserne Keile und verbrannte sie in Ziegelöfen. Also tat David in allen Städten der Kinder Ammon. Da kehrte David und alles Volk wieder gen Jerusalem."[35]

David hat weder Jahwe noch den Gottesstaat vor Augen, wenn er andere Völker vernichtet, sie brutal dezimiert, sondern

31 M. Noth, „Geschichte Israels", S. 178
32 2. Sam. 8.2
33 2. Sam. 11.1
34 2. Sam. 12.26-29
35 2. Sam. 12.30-31

Gold, Edelsteine, Erzgruben. Er zieht gegen Hadadeser und dehnt sein Einflußgebiet über Damaskus hinaus gegen den oberen Euphrat aus. Dort liegen Erzgruben, die von den Aramäern ausgebeutet werden, einem „weit verstreuten und noch kaum seßhaften Stamm".[36] „Aber von den Städten Hadadesers nahm der König David sehr viel Erz."[37]

Ohne jeden Grund überfällt David das südlich des Toten Meeres gelegene Edom und „blieb sechs Monate daselbst ... bis er ausrottete alles, was ein Mannsbild war in Edom".[38] Der noch jugendliche Prinz Hadad floh mit einigen Getreuen nach Ägypten und lebte dort unter dem Schutz des Pharao bis zum Tode Davids.

Während Martin Noth zunächst kommentiert, daß es keinen ersichtlichen Anlaß zu dieser „kriegerischen Auseinandersetzung" – welch wohlwollende Formulierung für einen derartigen Schreckensfeldzug! – gegeben habe[39], rechtfertigt er in einem Spätwerk Davids Vorgehen: „Die nächstliegende Annahme ist die eines Aufstandes gegen die davidische Herrschaft in der Provinz Edom."[40] Wahrscheinlich hat Martin Noth den wahren Grund für das Vorgehen Davids gegen Edom viel eher erfaßt mit der Feststellung, daß „diese Provinz, so abgelegen sie war, wichtig war, weil sie den Zugang zum Gold von el-'akaba und damit zum Roten Meer eröffnete und weil sie die zahlreichen und schon damals ausgebeuteten Erzvorkommen an den Rändern des wadi el-'araba einschloß."[41]

Das Alte Testament übt keine Kritik an Davids politischem und militärischem Handeln. Alles ist gut, was zur Macht führt.

David übt die Priesterwürde aus und wird dafür nicht schuldig gesprochen wie König Saul: „Da sie aber die Lade des Herrn hineinbrachten, stellten sie die an ihren Ort mitten in der Hütte, die David dafür aufgeschlagen hatte. Und David opferte Brandopfer und Dankopfer und segnete das Volk in dem Namen des Herrn Zebaoth."[42]

Offensichtlich war das Hereinholen der Lade nach Jerusalem für David ein rein taktischer Akt; denn er hatte gesehen, daß

36 M. Noth, „Geschichte Israels", S. 180
37 2. Sam. 8.8
38 1. Kön. 16.11
39 M. Noth, „Geschichte Israels", S. 180
40 M. Noth, „Das erste Buch der Könige 1-16", S. 252
41 M. Noth, „Geschichte Israels", S. 180 f.
42 2. Sam. 6.18

mit diesem Kultobjekt ein Machtpotential verbunden war.[43] In der Folgezeit nahm David die Lade mit auf seine Feldzüge.[44] Daß David das alte Stämmeheiligtum sogar in seinen Kriegen gegen die ostjordanischen Völker mit sich führte, „als ob es sich bei David noch um das Führen ‚heiligen Krieges' gehandelt hätte", kritisiert Martin Noth.[45]

Nur ein einziges Mal findet der alttestamentliche Erzähler Schuld an David: Als der König sich in Jerusalem das Weib eines anderen zu eigen macht. „Und es begab sich, daß David um den Abend aufstand von seinem Lager und ging auf dem Dach des Königshauses und sah vom Dach ein Weib sich waschen; und das Weib war sehr schöner Gestalt. Und David sandte Boten hin und ließ sie holen. Und da sie zu ihm hineinkam, schlief er bei ihr. Sie aber reinigte sich von ihrer Unreinigkeit und kehrte wieder zu ihrem Haus. Und das Weib war schwanger und sandte hin und ließ David verkündigen und sagen: Ich bin schwanger geworden."

Daraufhin läßt David den Ehemann der Frau aus dem Felde holen und schickt ihn zu der Frau. Doch Uria, der betrogene Ehemann, legt sich vor der Haustüre auf den Boden und schläft dort. „Sollte ich bei meinem Weibe essen und trinken und schlafen, während meine Kameraden im Felde sind!" begründet Uria seine Haltung. David läßt den Mann noch einen zweiten Tag bleiben, macht ihn trunken und hofft, daß er jetzt zu Bath-Seba, seiner Frau, gehen würde. Doch wieder schläft Uria auf dem Boden vor der Tür. Da schickt David den Uria wieder hinaus ins Feld und läßt ihn ins heißeste Gefecht bringen, so daß er erschlagen wird.

Er nimmt Bath-Seba zu sich und macht sie zu seinem Weibe. Aber das Kind aus dieser Verbindung wird krank zum Tode, und Nathan, der Priester, wagt – wenn auch auf dem Umweg über ein Gleichnis – David für sein schuldhaftes Tun zu tadeln.[46]

David erfährt Gottes Vergebung. Nach dem Tode des ersten Kindes zeugt David mit Bath-Seba den Thronerben, Salomo.

Unerforschlich ist das ethische Prinzip des patriarchalen Jahwe, der David seine schäbige Schuld nachsieht, während Saul sterben mußte, weil er einen gefangenen König nicht in Stücke zerhackt hat.

43 Vergl. 2. Sam. 6.11
44 2. Sam. 11.11
45 M. Noth, „Geschichte Israels", S. 182
46 2. Sam. 12.1-14

Obwohl diese Ehebruchserzählung für David nicht schmeichelhaft ist, glaube ich sie nicht. Wäre Bath-Seba die Frau eines Söldners gewesen, hätte sie Glück gehabt, aufgrund ihrer Schwangerschaft unter die Kebsweiber des David eingereiht zu werden. Bath-Seba aber wird Königin. Sie wird die Mutter des Thronerben!

Sollte sie die Königin in Jerusalem gewesen sein, bevor David die Stadt erobert hat? Es ist naheliegend, daß David mit dem kultischen Akt des Beischlafes das Herrschaftsrecht über den Stadtstaat Jerusalem besiegelt hat. Er hat sich das Recht über die Südstämme und die Macht über Israel im Norden auf die gleiche Weise verschafft.

Warum wird gerade diese Geschichte als „Davids große Schuld" überliefert? Die Krankheit des Sohnes, Davids Ringen um das Leben des Knaben sind ungewöhnlich breit und anschaulich geschildert. Unser von der Gattung des Familienromans geprägtes Literaturverständnis mag in der Erzählung eine Darstellung rührender Vaterliebe sehen. Doch um die Wende vom zweiten zum ersten vorchristlichen Jahrtausend erzählt man sich Kultgeschichten. Dieser Sohn ist in Heiliger Hochzeit gezeugt, und sein Tod ist ein Unheilszeichen. Er ist der Erwünschte, der Erbetene, der Auserwählte. In den Augen des ganzen Volkes ist es ein großes Unglück, wenn der Kultsohn vorzeitig stirbt.

Nachdem das Kind tot ist, tröstet sich David, ißt und trinkt und, nachdem er „sein Weib Bath-Seba getröstet hatte, ging er zu ihr hinein und schlief bei ihr".[47] Auch hier haben wir keine tröstliche Familienüberlieferung vor uns, sondern Kulthandlung. David und Bath-Seba feiern die Heilige Hochzeit in einem offiziellen Kultakt und zeugen den neuen Kultträger.

Mit seinen Eroberungen hat David in Syrien-Palästina eine gewaltige Staatsmacht geschaffen. Davids persönliche Geschichte ist die eines Aufstiegs vom Söldnerführer einer lose zusammengewürfelten Rotte zum mächtigsten Herrscher in Vorderasien. Die politische Lage hat diese Entwicklung erheblich begünstigt; denn „in Ägypten und im Zweistromland gab es damals keine größere Macht, die auf Palästina-Syrien hätte übergreifen und Herrschaftsansprüche geltend machen können".[48]

David hat diese Situation geschickt auszunutzen vermocht. Er

47 2. Sam. 12.24
48 M. Noth, „Geschichte Israels", S. 181

hat sich der barbarischsten, menschenverachtendsten und grausamsten Mittel bedient und hat weder Verrat noch Mord gescheut, um seine Ziele zu erreichen. „Seine eigene Person mit ihren Beziehungen und das um ihn gesammelte kriegerische Gefolge bildeten die Voraussetzungen für das Beziehen der Machtposition, die das Königtum ... für ihn darstellte.“[49] Seine „Beziehungen“ sind vor allem solche zu Frauen ihn gehobener Stellung gewesen, deren gesellschaftliches Ansehen er sich zunutze gemacht hat, um zu Reichtum und Königswürde zu gelangen. In seiner Hand wird das Königtum zum Machtinstrument.

Das Interesse, den Südstämmen und den israelitischen Stämmen im Norden eine „gemeinsame Geschichte mit der gleichen kultischen Vergangenheit“ zu unterstellen, teilt David mit dem biblischen Geschichtsschreiber. David kann auf diese Weise seine Tyrannis mit dem Mantel des religiösen Ethos umgeben und seinen politischen Machtstaat zum Gottesstaat aufwerten. Unter der Devise: Ein Volk, ein Reich, ein Glaube! lassen sich Machtansprüche emotional einbinden. Soweit der Eroberer die Gefühle des unterworfenen Volkes im Sinne seiner Ziele zu manipulieren versteht, spart er Kraft und den Aufwand militärischer Machtmittel – und er verdient sich seinen Heiligenschein noch dazu.

Der Geschichtsschreiber kann den Jahwe-Kult in der Vergangenheit verankern. Er kann behaupten, Israel im Norden habe die Jahwe-Verehrung genauso gekannt wie Juda im Süden. Niemand in Israel kann wiedersprechen. Denn zum Zeitpunkt der Niederschrift der „Geschichte Israels“ existiert Israel schon fast zweihundert Jahre nicht mehr!

Die Nordstämme sind niemals Jahwe ergeben gewesen, sondern dem Mondgott El, wie schon ihr Name besagt. Israel und Juda sind kaum achtzig Jahre lang ein gemeinsamer Staat gewesen, und Israel hat den Anschluß keineswegs freiwillig vollzogen, sondern ist durch die brutale Machtergreifung eines Emporkömmlings dem Judareich angegliedert worden.

Davids neu gewonnener Großstaat heißt Israel. Warum trägt der Staat nicht den Namen des „Stammes Juda“? Sollte es „Juda“ als Stammesgebiet, dessen Namen sich dem Großreich jetzt hätte aufprägen können und müssen, zu Davids Zeiten noch gar nicht gegeben haben?

49 M. Noth, „Geschichte Israels“, S. 168

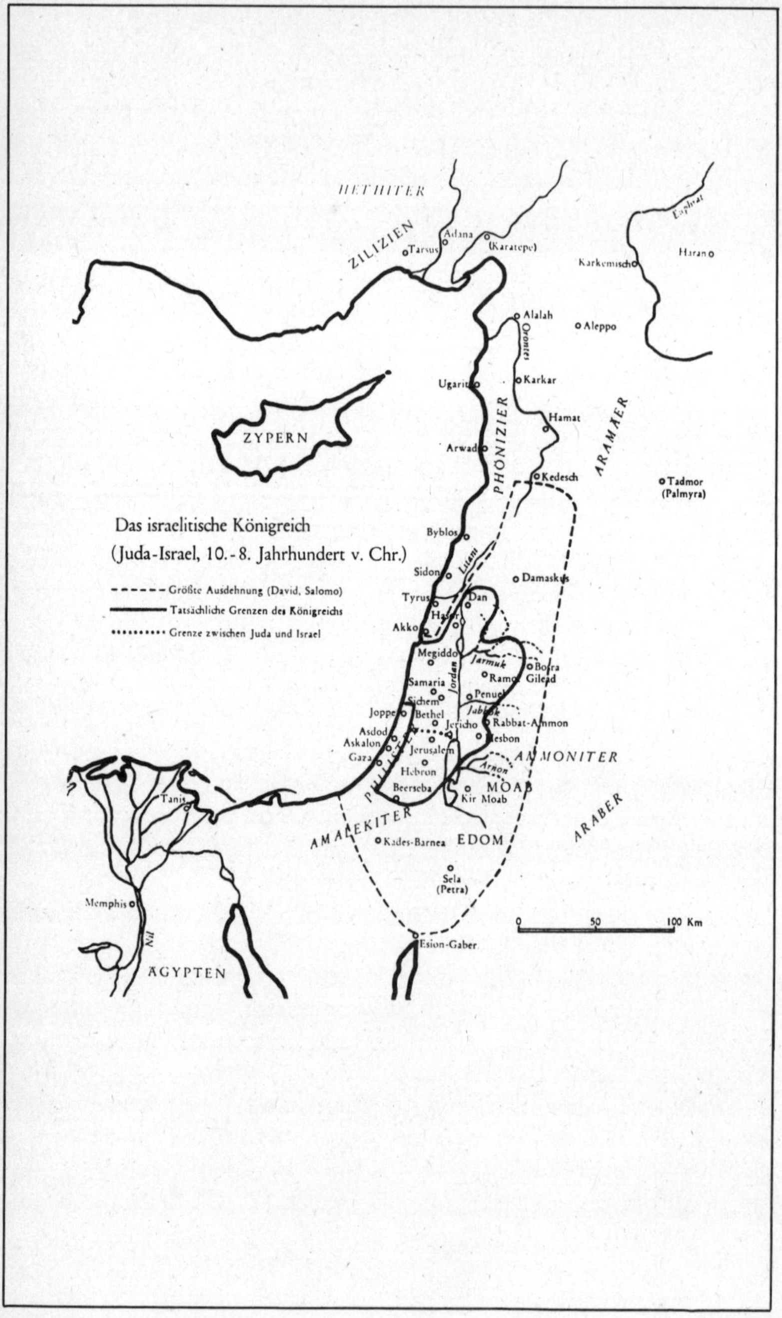
Das israelitische Königreich
(Juda-Israel, 10.-8. Jahrhundert v. Chr.)
Größte Ausdehnung (David, Salomo)
Tatsächliche Grenzen des Königreichs
Grenze zwischen Juda und Israel
HETHITER
ZILIZIEN
Tarsus
Adana
(Karatepe)
Karkemisch
Haran
Alalah
Aleppo
Orontes
Ugarit
Karkar
ZYPERN
Hamat
Arwad
PHÖNIZIER
ARAMÄER
Kedesch
Tadmor
(Palmyra)
Byblos
Sidon
Litani
Damaskus
Tyrus
Dan
Hasor
Akko
Megiddo
Jarmuk
Bosra
Ramot Gilead
Samaria
Jordan
Penuel
Sichem
Joppe
Bethel
Jabbok
Jericho
Rabbat-Ammon
Asdod
Askalon
Gaza
Jerusalem
Hesbon
AMMONITER
Hebron
Arnon
Beerseba
MOAB
Kir Moab
Tanis
PHILISTER
AMALEKITER
Kades-Barnea
EDOM
ARABER
Sela
(Petra)
Memphis
0
50
100 Km
Nil
Esion-Gaber
ÄGYPTEN

Noch im Bewußtsein des Evangelisten Lukas existiert nur „das jüdische Land". Dorthin muß Joseph, Marias Mann, sich begeben – nicht, weil er ein Angehöriger des „Stammes Juda" ist, sondern – weil er „aus dem Hause und Geschlechte Davids war".[50]

Mit dem Zerfall des davidischen Großreichs nach dem Tod Salomos nimmt der kleine Reststaat im Süden, mit Jerusalem, der kanaanitischen Stadt, als Hauptstadt, den Namen eines „Staates Juda" an. Es bleibt noch immer „das jüdische Land" nach den Landschaftsbezeichnungen seines Gebirges und der zum Toten Meer abfallenden Wüste. Und erst unter der Griffelführung des Deuteronomisten wird dem Richterbuch der Text vorangestellt: „Wer soll unter uns zuerst hinaufziehen, Krieg zu führen wider die Kanaaniter? Der Herr sprach: ‚Juda soll hinaufziehen. Siehe, ich habe das Land in seine Hand gegeben!'"[51]

Ein „Gottesstaat" ist Davids „Königreich Israel" niemals gewesen, sondern ein kompliziertes Machtgebilde, dem zahlreiche Fremdstaaten angehört haben, ein orientalisches Großreich unter der Tyrannis Davids!

50 Lukas 2.4
51 Richter 1.1 f.

Heilige Hochzeit im Schatten der Macht

Aller Könige heilige Würde und „Gottesgnadentum" ist dem matriarchalen Kult entliehen. Die Himmelskönigin symbolisiert das All, das Himmelszelt, wo die Sterne thronen. Das Abbild ihres himmlischen Thrones ist der Königsthron auf Erden (Abb. 11).

Die Himmelskönigin ist geradezu identisch mit dem Thron. An die erotische Kultsprache der Heiligen Hochzeit erinnern Ausdrucksweisen wie: Der König wird den Thron „besteigen". Er be-„sitzt" den Thron – für eine bemessene Zeit; denn er ist der sterbliche Gott.

Die priesterliche Königin ist die Stellvertreterin der Himmelskönigin auf Erden. In ihr ist die integrierende kosmische Lebenskraft inkarniert; mit ihr begeht der Kultträger die Heilige Hochzeit, das Mysterium, durch welches die Wiedergeburten des „Gottes auf dem Thron" Ereignis werden.

Im Laufe der Jahrtausende hat sich die archaisch-matriarchale Kultpraxis verändert. Der Kultkönig wird nicht mehr in jedem Jahr geopfert, die Kultkönigin nicht mehr jährlich im Ritual neu gewählt. Beide, Königin und König behalten ihre Amtsstellung lebenslang.

Das Ritual der Heiligen Hochzeit aber bedingt die Jugend der priesterlichen Königin und ihres Geliebten. Königin und König vertreten die Himmelskönigin und ihren jugendlichen Gott nur für eine bemessene Zeit. Dann treten sie dieses Kultamt an ein jugendliches Paar ab, das die hohenpriesterlichen Rituale beim Fest der Heiligen Hochzeit erfüllen wird. Normalerweise wird die Erbprinzessin ihren Bruder zum priesterlichen Kultträger erwählen. Von daher rührt die Vorstellung von der Himmelskönigin und ihrem Brudergeliebten, die wir aus vielen Kulturen kennen. Die patriarchale Geschichtsschreibung spricht gewohnheitsmäßig von einem „Mitregenten", den sich der „regierende König" zu seinen Lebzeiten ernenne, „um Thronwirren bei seinem Tode vorzubeugen". Diese Auffassung verschleiert die kultische Bedeutung des jungen Paares. Sie betrachtet nur die Würde des

Abb. 11 Isis mit dem König

Die Göttin ist identisch mit dem Thron. Ihre behutsam werbende Zärtlichkeit deutet die erotische Komponente der Thronbesteigungszeremonie an. Die Isis-Hieroglyphe – das Thronzeichen – findet im Reliefbild noch sinnfälliger Gestalt und Ausdruck.

„Kronprinzen" und schweigt über die Stellung der jungen Königin. „Mitregentschaft" ist in der Königsgeschichte des Vorderen Orient regelmäßig belegt.

„Thronwirren" – Schwierigkeiten in der kultischen Nachfolge – drohen vielmehr, wenn keine Erbprinzessin da ist. Die Königin wird dann eine Nachfolgerin als Tochter adoptieren. Dafür gibt es zahlreiche unmißverständliche Belege in der altorientalischen Wissenschaft. Andere Zeugnisse werden gern dahingehend interpretiert, als habe die Königin ihrem alternden Gemahl eine jugendliche Geliebte verschafft. Martin Noth spricht geradezu von der „auch sonst im Altertum bekannten Vorstellung, daß der Kontakt mit einem jugendfrischen Körper die Lebenskraft erneuern könne".[1] Diese Vorstellung dürfte eher im modernen patriarchalen Bewußtsein ihren Platz haben und als Verständnishilfe für altorientalische Gesellschaftspraxis höchst ungeeignet sein!

Für den zentralen Kult der Heiligen Hochzeit muß eine Tochter oder Adoptivtochter bestimmt werden. Aus dem gleichen Grund benötigt der alternde König einen „Mitregenten".

Das Königtum Davids entfaltet sich auf diesem Hintergrund matriarchaler Sitten, Gebräuche und Kulte, und über die Nachfolge auf dem Davidsthron entscheidet die kultische Tradition.

Noch sind matriarchaler Kult und matriarchale Gesellschaftspraxis im Einklang miteinander. Brutale Machtmenschen wie David haben im gesellschaftlichen Gefüge jener Zeit noch keine Entsprechung und keinen Halt gehabt. Das läßt sich überzeugend mit Davids Söldnerheer beweisen. Er hat keine Krieger aus dem Volk ausheben können, sondern seine Siege ausschließlich mit diesem Söldnerheer errungen, mit Menschen, die sich aus dem geordneten Stammesleben ausgegliedert haben. Als David den Versuch unternimmt, die wehrfähigen Männer seines Landes zu ermitteln, widersprechen ihm seine engsten Freunde und Ratgeber. Daß er trotzdem eine Volkszählung durchführen läßt und in Israel 800 000, in Juda aber 500 000 Männer ermittelt, „die das Schwert ausziehen", wird ihm zur großen und untilgbaren Sünde angerechnet.[2]

Diese Auffassung hat in der matriarchalen Gesellschaftsform ihre Heimat. Niemals würde patriarchale Denknorm in der Ermittlung der wehrfähigen Männer ein Vergehen sehen! Israels

1 M. Noth, „Das erste Buch der Könige 1-16", S. 13
2 2. Samuel 24.3

Söhne aber gehören ihren Müttern.

Um den „Heerbann" auszuheben, Männer aus dem Volk für kriegerische Aktivitäten zu gewinnen, bedarf es einer Bedrohung von außen, die allen Stammesmitgliedern einsichtig ist. Verteidigung, niemals Angriff und das machtgierige Streben nach einem Großreich werden Israels Mütter veranlassen, ihre Söhne herzugeben. Debora hat die Männer Israels zusammengerufen zum Streit. Saul zerteilt Ochsen und schickt sie als Aufforderung zu Not wendender Hilfe an alle Stämme. Und sie kommen alle zusammen wie *ein* Mann. Aber für Davids Machtinteressen läßt kein Bauer seinen Pflug stehen!

Für diese Verhältnisse ist die beena-Ehe verantwortlich, die Entscheidungen über die Teilnahme der Männer am Kampf von der Einwilligung der Mütter abhängig macht.

Darum sind viele Forscher der Ansicht, daß David energische Versuche unternommen habe, die beena-Ehe in Israel abzuschaffen, jene Form von „Besuchsehe" mit der Frau als Zentrum der Familie. Der Mann – zur Familie seiner Mutter gehörend – führt oft ein eher unstetes Leben und besucht seine Frau mehrmals im Jahr, besonders zu den großen kultischen Festen, zu den Totenklagen um den dahingeschiedenen Gott, zum Sammeln der Frühfrucht, zum Erntefest und zur Feier der Heiligen Hochzeit im Frühling. Über ihre Söhne haben die Väter kein Verfügungsrecht. Und den Müttern sind „Söhne, die das Schwert ausziehen", schwer abzuringen.

J. Hempel bezeichnet die Überwindung „matriarchaler Eheformen, vor allem der sogenannten beena-Ehe als ein Stück bewußter Politik Davids, um die mit ihr verbundene Stammesorganisation ... entscheidend zu schwächen".[3]

David, auf die Kriegsmacht seines Söldnerheeres gestützt, ist ein Außenseiter der Gesellschaft. Männer wie er setzen eine geschichtliche Entwicklung in Gang, die zur Herauslösung der menschlichen Aggression aus dem matriarchalen Integrationskraftfeld führt.

Diese „Emanzipation des Mannes aus dem Reiche der Mütter", die Sigmund Freud als Befreiungsweg des männlichen Bewußtseins beschreibt, leitet eine bedenkliche Entwicklung ein. Die aggressive Potenz des Menschen, die notwendig ist, um positiv die Aufgaben des Lebens *anzugreifen*, verselbständigt sich,

3 J. Hempel, „Das Ethos des Alten Testamentes", S. 68

löst sich aus dem Zusammenhang des natürlichen Ablaufs von Werden und Vergehen und schlägt ins Negative um, in jene desintegrierte Aggressionsfähigkeit, die vorwiegend darauf gerichtet ist, den „Feind" *anzugreifen*. Der Krieg wird zum „Vater aller Dinge".

Gottheiten, die bislang dem Kreislauf des Lebens verpflichtet gewesen sind, pervertieren zu Kriegsgöttinnen und Kriegsgöttern.

Die deuteronomistische Ideologie verherrlicht Jahwe nur als Kriegs- und Rachegott. Sie verklärt David zum Prototyp des „heldischen Königs", der tyrannische Macht an sich reißt, um die „Landverheißung" Jahwes zu erfüllen.

Als Söldnerführer hätte David sich zum bedeutenden Heerführer entwickeln können. Er wäre immer ein Fremdkörper innerhalb der Gesellschaft geblieben, gleichgültig, ob er seine Söldner für Juda, Israel oder für die Philister eingesetzt haben würde.

Dagegen ist die Königswürde ein kultisches Amt, eingebettet in den matriarchalen Gesellschaftszusammenhang. Sie ist nur durch Integration in die bestehende Tradition zu erreichen. König ist David durch seine Heiraten mit angesehenen, reichen, im Mittelpunkt des Stammeslebens stehenden Frauen geworden. Er hat Männer, die ihm bei diesen Frauen im Wege gestanden haben, rücksichtslos und brutal beseitigt. Kaltblütig berechnend hat er seine Kriegsmacht dazu eingesetzt, die Entscheidungsfreiheit dieser Frauen zu mindern oder auszuschalten.

In Juda hat David die Königswürde durch Abigail durchgesetzt. Um sich für das Königsamt in Israel zu legitimieren, heiratete er Michal, Sauls Tochter. In Jerusalem hat er sich durch die Ehe mit Bath-Seba zum König gemacht.

Die Thronfolge wird vom kultischen Vollzug der Heiligen Hochzeit bestätigt. Es sind noch immer die Frauen, die das Königtum vermitteln. Zu Davids Zeiten gibt es noch kein männliches Erbfolgerecht.[4]

Durch Davids Alter und Gebrechlichkeit entsteht nicht nur politische Unsicherheit, es bildet sich auch ein kultisches Vakuum; denn das mit dem Königtum verbundene religiöse Verständnis sieht im Throninhaber die erotische Kraft verkörpert, die Wachstum und Gedeihen der Vegetation garantiert.

Davids Großreich stellt die Stämme vor eine bisher unbekann-

4 Vergl. M. Noth, „Das erste Buch der Könige 1-16", S. 15

te Problematik: Zahlreiche Königinnen sind Trägerinnen des kultischen Amts; denn David hat die Königswürde mehrerer unterworfener Stämme durch Heirat mit den Throninhaberinnen auf seine Person vereinigt. Der Nachfolgekampf um seinen Thron ist daher zwangsläufig; denn jede der bisher souveränen Stammesfürstinnen hat das Recht, den Thron an einen von ihr gewählten Nachfolger zu vermitteln.

Die politischen Wirren, von denen der Wechsel auf dem Thron in Jerusalem begleitet ist, spiegeln daher auch die Auseinandersetzungen der Stammesfürstinnen, die Davids Frauen geworden sind. Ihre Söhne gebärden sich als Usurpatoren auf dem Thron. Sie bedienen sich politischer Machtmittel oder massiver militärischer Gewalt. Sie beseitigen rücksichtslos alles Männliche, das ihnen im Wege steht.

Doch keiner von ihnen versäumt, sich die kultische Anerkennung durch die Heilige Hochzeit zu verschaffen.

Nirgends wird die matrilineare Erbfolge einfach durch patrilineare ersetzt, so einfach, wie man einen Hebel umschalten würde oder einen Fluß kanalisieren und in ein anderes Bett leiten könnte.

Amnon, Davids ältester Sohn, liebt seine Schwester Tamar. Schon der Name der Davidstochter sollte aufhorchen lassen.[5] Der Frauenname Tamar taucht in der Bibel nur in kultisch erotischem Zusammenhang auf.

Davids Söhne sind Priester[6] ; das betont die Bibel. Daß Davids Töchter Priesterinnen gewesen sind, können wir nur noch aus dem Namen der Tamar erschließen. Der Gedanke an die kultisch-eheliche Verbindung der Tamar mit ihrem Bruder Amnon ist naheliegend.

Die Liebe des Amnon wird vom Deuteronomisten als üble Vergewaltigungsgeschichte geschildert[7]: Amnon stellt sich krank, bittet, daß Tamar ihn pflegen möge; sie bereitet ihm Speise, und als sie ihm den Kuchen bringt, tut er ihr Gewalt an. Danach schlägt seine Liebe in Haß um, und er verstößt die Schwester. Absalom, ein anderer Sohn Davids, tröstet die Unglückliche: „Nun, meine Schwester, schweig still. Es ist dein Bruder, nimm die Sache nicht so zu Herzen!“

Trotzdem sucht Absalom eine Gelegenheit, Amnon vom Kö-

5 Vergl. meine Ausführungen S. 142
6 2. Sam. 8.18
7 2. Sam. Kap. 13

nigshof zu locken, und anläßlich eines Schafschurfestes läßt er ihn töten. Absalom aber flieht und bleibt drei Jahre lang am Königshof in Gessur, bei dem Vater seiner Mutter.

Oberflächlich betrachtet, mit den Maßstäben des abendländischen Denkens gemessen, klingt die Geschichte einigermaßen glaubwürdig. Versetzen wir uns aber in die Kult- und Gesellschaftspraxis der Davidszeit, so läßt sich das ursprüngliche Kultgeschehen aus der ungeschickten Überarbeitung herausschälen.

In der vorliegenden Form ist die Erzählung voller Widersprüche. Sie beweist einmal mehr die späte Entstehung der dem Moses zugeschriebenen Moralgesetzlichkeit. Denn Jahwes unerbittliche Sexualethik findet in dieser Geschichte keine Anwendung. Absalom wäre verpflichtet gewesen, die seiner Schwester angetane Schmach zu rächen. Auf Vergewaltigung steht der Tod für den Mann. Sofern die Jungfrau schreit!

Schreit sie nicht, oder zu leise oder zu spät, soll sie gesteinigt werden. Und Tamar hat zu spät geschrien ...
Aber Absalom tröstet seine Schwester. Er tötet seinen Bruder sehr viel später anläßlich eines Schafschurfestes. Dann begibt er sich für mehrere Jahre nach Gessur an den Hof seines Großvaters. Sollte er dort – am Hofe seiner Mutter – das Königsamt erhalten haben?

Die biblische Endredaktion beschreibt Absaloms Abwesenheit von Jerusalem als „Flucht“. Doch Absalom will König über das Großreich seines Vaters werden. Er versucht, die Königswürde in Gessur als „Sprungbrett“ für den Aufstieg zu benutzen, wie einst David vom unbedeutenden Hebron aus seine Macht ausgebaut hat.

Viele Alttestamentler sind der Meinung, daß Absalom seinen Bruder als möglichen Thronerben beseitigt habe. Das „Thronrecht“ hat Amnon durch die Heilige Hochzeit mit seiner Schwester erworben. Ein Anrecht des „ältesten Sohnes“ auf den Thron besteht nicht.

Für die Auffassung, daß hinter der biblischen Vergewaltigungsgeschichte der „Tamar“ durch ihren Bruder Amnon eine Kulterzählung verborgen sei, spricht auch die Tatsache, daß drei weitere Söhne des David durch die Heilige Hochzeit ihre Bestätigung auf dem Thron gesucht haben.

Als David altert, versteht sein Sohn Absalom, sich zum Liebling des Volkes zu machen. In Hebron läßt er sich zum König ausrufen. David flieht aus Jerusalem.

„Heraus, heraus, du Bluthund, du heilloser Mann!“[8] flucht ihm ein Benjaminit aus dem Geschlecht Sauls. Die Volkswut auf diesen fürchterlichen Eroberer kann sich endlich Luft verschaffen.

Absalom zieht siegreich in die Königsstadt ein. Auf dem Dach des königlichen Palastes läßt er sich ein Kultzelt aufstellen, und vor den Augen des ganzen Volkes schläft er mit den Frauen seines Vaters.[9]

Den königlichen Ratgeber, der diese Heilige Hochzeit veranlaßt hat, preist der alttestamentliche Text: „Sein Rat war, als wenn man Gott um etwas gefragt hätte.“[10]

Die Bibel berichtet, Absalom habe mit den „Kebsweibern“ seines Vaters geschlafen. Diese abwertende Berichterstattung steht im Widerspruch zu der Überlieferung, daß der weiseste Mann am Hofe dem Königssohn diesen Rat gegeben hat. Sollte der Weise eine demütigende Machtdemonstration gegenüber dem alternden König im Auge gehabt haben? Welchen Sinn kann dieser Rat gehabt haben?

Absalom war in seiner Geburtsstadt Hebron zum König gesalbt worden. Dort – dürfen wir annehmen – versieht seine Mutter, Maacha, den Kult. Es ist nirgends davon die Rede, daß diese Königstochter mit David in Jerusalem gelebt habe. Wenn sie ihre kultische Stellung dazu benutzt hat, ihrem Sohn die Königswürde zu verleihen, so reicht ihr Einfluß nicht über Süd-Juda hinaus. Will Absalom Nachfolger seines Vaters in Jerusalem werden, muß er sich dort kultisch legitimieren – durch Bath-Seba – nicht durch die „Kebsweiber“ Davids!

Wo ist Bath-Seba geblieben, als David vor Absalom aus Jerusalem geflohen ist? Die Bibel berichtet kein Wort darüber. Einzig und allein mit *ihr* „vor den Augen des ganzen Volkes“ zu schlafen, kann für Absalom wichtig gewesen sein. Einzig diese Verbindung hat den Rat des weisesten der königlichen Ratgeber erforderlich gemacht.

Als David einst sich Bath-Seba angeeignet hat, als er Urias, ihren Mann, um ihn zu töten, dem dichtesten Schlachtgetümmel aussetzen läßt, prophezeit Nathan, daß David einmal das gleiche Schicksal werde erleiden müssen: „Du hast es heimlich getan! Aber der Nächste, den Gott dir erwecken wird, der wird es tun

8 2. Sam. 16.7
9 2. Sam. 16.22
10 2. Sam. 16.23

an der lichten Sonne, vor aller Augen!"[11]

Sinnvoll ist nur, wenn bei dieser Verknüpfung von Schuld und Sühne ein und dieselbe Frau im Zentrum des Geschehens steht: Bath-Seba, die die Königswürde auf Jerusalems Thron vermittelt.

Die Heilige Hochzeit ist immer nur mit *einer* priesterlichen Frau vollzogen worden. Wenn – nach dem biblischen Bericht – Absalom von dem gesamten Harem seines Vaters Besitz ergreift, ist das doppelt unglaubwürdig: vor allem von der Tradition der Heiligen Hochzeit her; und wer kann sich vorstellen, daß Absaloms Potenz ausgereicht haben soll, um mit einer nicht bezifferten Vielzahl von „Kebsweibern" in *einem* kultischen Akt zu schlafen?

Als nun Absalom auszieht, seinen Vater David in offener Feldschlacht zu bekriegen, unterliegt er und wird von Davids Feldhauptmann getötet.

Da gemäß der deuteronomistischen Geschichtsphilosophie eines Menschen Unglück immer Gottes Wille ist, ergibt sich aus Absaloms Niederlage die negative Bewertung dieses Davidsohnes.

David liegt totkrank darnieder und noch immer ist kein Nachfolger für ihn gefunden. Wenn wir uns in die matriarchale Denkweise hineinversetzen, muß ein solcherart entstandenes kultisches Vakuum vom Volk als höchste Gefährdung seiner Existenz empfunden werden; denn nur der regelmäßige Vollzug der Heiligen Hochzeit garantiert Leben und Gedeihen.

Davids Sterben ist als Kreislaufversagen beschrieben. Seine Kräfte lassen nach. Er kann nicht mehr warm werden. Trotz aller Decken und Kleider ist ihm kalt Tag und Nacht.

Da suchen die Diener des Königs im Lande die schönste Jungfrau. Sie finden Abisag von Sunem und holen sie an den Königshof, daß sie bei dem König schlafe und ihn erwärme.

„Sie möge ihm zur Pflegerin werden", übersetzt der deutsche Text. Doch das entsprechende hebräische Femininum gehört zu einem Maskulinum, das beispielsweise in Jesaja 22.15 vorkommt und dort mit „Schatzmeister", „Hofmeister" oder „Verwalter" übersetzt wird und im kultischen Zusammenhang steht. Es ist angemessen, der Femininform des gleichen Wortes den vergleichbaren Sinn zu unterstellen.

11 2. Sam. 12.11

Abisag von Sunem ist als Verwalterin des Tempelkultes nach Jerusalem geholt worden, als Kultpriesterin und als Schatzmeisterin des Tempelschatzes. Das vermittelt uns zunächst der Sinn des hebräischen Wortes. Die Kenntnis der orientalischen Kultpraxis darf uns zweifeln lassen, daß die „Diener des Königs" Abisag von Sunem nach Jerusalem geholt haben. Offensichtlich hat Bath-Seba keine Tochter gehabt. Nach matriarchaler Tradition wird sie sich eine Tochter des Landes als Adoptivtochter erwählen, und diese Frau nimmt die Stellung der Erbprinzessin ein und vermittelt den Thron an den jungen Fürsten.

Tatsächlich ist dieser Zusammenhang aus dem alttestamentlichen Text noch zu ermitteln. Zunächst versucht offensichtlich der totkranke David selbst, mit der schönen Abisag von Sunem zu schlafen. Der Vollzug der Heiligen Hochzeit gelingt dem König nicht. „Aber der König erkannte sie nicht", stellt die Bibel lakonisch fest.[12]

Da richten sich die Augen des ganzen Volkes auf Adonja. „Ganz Israel ist auf ihn gerichtet, daß er König sein soll."[13] An der heiligen Quelle zu Rogel krönt ihn seine Mutter, Haggith, zum König.[14] In Jerusalem wird er sich durch die Heilige Hochzeit für den Thron legitimieren. Dort ist Bath-Seba die Hohepriesterin. Ihr untersteht der Kult. Für das Amt der Heiligen Hochzeit hat sie Abisag von Sunem als Tochter adoptiert.

In feierlicher Werbung wendet sich Adonja an die Hohepriesterin Bath-Seba und erbittet von ihr die Würde des Priesterkönigs von Jerusalem: „Du weißt, daß das Königreich mein ist. Ganz Israel ist auf mich gerichtet. Nun habe ich eine Bitte an dich – du wollest mein Angesicht nicht beschämen: Gib mir Abisag von Sunem zum Weibe!"[15]

Adonja ist zu diesem Zeitpunkt der einzige Königssohn, der das Kultamt übernehmen kann. Salomo ist noch zu jung. Hinter Adonja stehen die Getreuen Davids, die den alten König sein Leben lang begleitet haben: Ebjathar, der Hohepriester[16], mit dem David in der ersten Zeit seiner Truppenführerjahre einen Bund geschlossen hat, und Joab, der Feldhauptmann, ein Sohn von Davids Schwester Zeruja[17].

12 1. Kön. 1.4
13 1. Kön. 2.15; vergl. dazu S. 310 ff.
14 1. Kön. 1.9; s. dazu meine Ausführungen S. 312 f.
15 1. Kön. 2.15-17
16 1. Samuel 22.20 ff.
17 1. Chronik 2.16

Jedoch der alte Kultpriester Jerusalems, Zadok, der Mann, den David bei der Eroberung Jerusalems übernommen hat, der das Heiligtum des El Eljon auf dem Zion verwaltet, haßt alle diese Jahwepriester aus der Familie Davids. Adon-Jah gehört zu den Davidsöhnen, die noch in Hebron geboren sind und den Jahwekult in Jerusalem heimisch machen wollen. David hat seine Söhne zu Priestern gemacht. Unterstützt werden Adon-Jahs kultische Interessen durch Joab, den ersten Offizier Davids. Auch dieser Neffe des Königs, der Sohn der Zeru-Jah, ist ein Jahwe-Anhänger.

Zadok zettelt mit Benaja, dem erbittertsten Rivalen Joabs, eine Verschwörung an, für die die beiden auch den Propheten Nathan gewinnen. Benaja tötet Joab, obwohl sich der alte Mann ins Heiligtum geflüchtet hat und die Hörner des Altars umklammert. Das sollte ihn unantastbar machen. Doch für Benaja existiert kein Tabu. „Er schlug ihn und tötete ihn."[18]

Benaja ermordet auch Adonja[19], und nun ist er der stärkste Mann im Staate. Er bekommt das Amt des Feldhauptmanns, Zadok aber kann die Anbetung El-Eljons, des höchsten El, in Jerusalem fördern. Salomo ist der Kultsohn des El, der Šalem, der Abendstern, der Friedliche, der in der heiligen Umarmung der Sonnenpriesterin mit dem Mondpriester am Neumondsfest gezeugt worden ist.

Die Bibel berichtet Adonjas Zugriff auf den Thron in Jerusalem in zwei Abschnitten. Im ersten Überlieferungsteil wird erzählt, wie sich Adonja am Brunnen Rogel zum König salben läßt. Daraufhin – so der Bibeltext – macht David Salomo zum König. Als Salomo bereits „auf dem Stuhl seines Vaters saß, und sein Königreich ward *sehr beständig*"[20], erbittet Adonja sich von Bath-Seba Abisag von Sunem zum Weibe. Die Königinmutter trägt diese Bitte dem jungen König Salomo vor, der mit äußerster Panik reagiert: „Warum bittest du Abisag von Sunem für Adonja? Bitte ihm das Königreich auch! – Adonja soll das wider sein Leben geredet haben!"[21]

Nach der Bibel läßt Salomo Adonja und Joab töten und verstößt den Priester Ebjathar. Warum sollte Salomo einen derart brutalen Entschluß gefaßt haben, wenn er fest auf dem Thron seines Vaters sitzt und sein Königreich „sehr beständig" ist?

18 1. Kön. 2.34
19 1. Kön. 2.25
20 1. Kön. 2.12
21 1. Kön. 2.22

Wieso bedeutet die Ehe mit Abisag von Sunem „das Königreich auch"? Die alttestamentliche Schriftstellerei bringt die allergrößte Verwirrung in diese Zusammenhänge.

Wenn die Heilige Hochzeit mit Abisag von Sunem der kultische Akt ist, durch den das Königtum auf dem Stuhl Davids vermittelt wird, dann kann Salomo, der nach biblischem Text nun schon König ist, selbst nur durch sie König geworden sein. Dann ist *er* bereits mit ihr verheiratet. Oder es gibt keinen Kult der Heiligen Hochzeit mehr. So möchte der Deuteronomist es darstellen. Womit ließe sich dann die Hysterie des anerkannten, fest auf dem Stuhl Davids sitzenden Salomo erklären angesichts der Absichten seines Bruders?

Salomos Königsherrschaft ist das Ergebnis einer Palastrevolution. Manche meinen, der Prinz sei bei seiner Thronbesteigung erst zwölf Jahre alt gewesen. Andere sehen in ihm einen Zweiundzwanzigjährigen den Thron besteigen.[22]

Die deuteronomistische Redaktion macht aus der Nachfolge auf dem Königsthron eine Sache unter Männern, ein Abkommen zwischen einem Vatergott und seinem Sohn auf dem irdischen Thron. Die Wiedergeburt geschieht aus des „Vaters Schoß", die Mutter ist überflüssig geworden.

Jahwe maßt sich die Bildekräfte des Weiblichen an, wenn er in eigener Vollmacht seinen Sohn auf dem irdischen Königsthron verheißt: „Ich will den Stuhl seines Königreichs bestätigen ewiglich. Ich will sein Vater sein, und er soll mein Sohn sein!"[23]

Der „Stuhl des Königreichs" stammt aus der matriarchalen Bildsprache. Es gibt noch keine patriarchale Sprache, keine tradierten patriarchalen Vorstellungsabläufe, auf die der deuteronomistische Schriftsteller zurückgreifen könnte, um den Anspruch Jahwes in Worte zu fassen. Die Denkprozesse sind dem matriarchalen Bewußtsein verhaftet und laufen über matriarchale Vorstellungen und Bilder ab.

Nur die Himmelskönigin kann durch ihre erotische Kraft den Thron des Königs immer erneut bestätigen. In der Bibelsprache setzt Jahwe, der Vatergott, den kosmischen Impuls für den

22 Diese Frage hängt eng damit zusammen, ob bei der „Konstruktion der jüdischen Geschichte" die Eroberung Jerusalems künstlich der Machtergreifung in Israel vorangestellt worden ist. Wenn es richtig ist, daß David Jerusalem erst sehr viel später besetzt hat, rückt auch die Geburt seines Spätsohnes Salomo nach vorn.
23 2. Sam. 7.13 f.

Fortbestand des irdischen Thrones. Aus der erhabenen, das weibliche und männliche Lebensprinzip umfassenden Vorstellung des matriarchalen Weltbildes spaltet der patriarchale Gott seinen Alleinanspruch ab, in dessen Kult der Eros keinen Platz hat.

Der matriarchale Glaube sieht in „Adam", dem uranfänglichen Mannesgeschöpf, das erste Glied in einer Kette unendlicher Wiedergeburten. In der Sohnesgeburt erfüllt sich die Hoffnung der Menschheit, weil sie zugleich die Wiedergeburt der Natur anschaulich macht. Darum sind alle diese Kultträger Heilande und Erlöser, göttlich durch ihre kultische Geburt und königlich durch Erwählung, die sie in der Heiligen Hochzeit erfahren. In der Bibel wird die überlieferte Abfolge matriarchaler Kultträger zu „Geschlechtsregistern" umgedeutet, zu biblischen Genealogien, die David über seine männlichen Vorfahren auf Adam zurückführen und schließlich Jesus als einen Sproß aus dem Stamm Davids auffassen.[24]

In rückwärts gerichteter Projektion bettet die levitische Geschichtsschreibung Davids Leben in patriarchales Umfeld ein. Aus einem zeitlichen Abstand von einem halben Jahrtausend verfälscht sie das Gesellschaftsbild der Davidszeit.

Das Königsbuch verschweigt jede Verbindung, die Salomo mit Abisag von Sunem gehabt haben könnte. Angesichts des Gewichtes, das er selbst dieser Verbindung beimißt, kann auch seine Königswürde nur durch die Heilige Hochzeit mit dieser Hohenpriesterin bestätigt werden.

Im Hohenlied Salomos ist uns ein Kultgedicht überliefert, in dessen Mittelpunkt die Sulamithin steht, die viele mit Abisag von Sunem gleichsetzen.[25]

Andere, denen es darauf ankommt, die Erinnerung an matriarchale Kulte zu unterdrücken und das patriarchale Bewußtsein möglichst früh in der Vergangenheit anzusetzen, behaupten: „Mit der Sulammith des Hohenliedes hat die Sunamithin Abisag nichts zu tun!"[26], obwohl nichts gegen die Annahme einer entsprechenden konsonantischen Lautverschiebung spricht.

Die Verbindung des Königs mit der Hohenpriesterin hat im Judentum eine hohe kultische Bedeutung besessen und ist für

24 Lukas 3.23-38
25 Das Hohelied – übersetzt und erklärt von Helmer Ringgren, „Bibl. Kommentar zum Alten Testament", S. 284
26 M. Noth, „Das erste Buch der Könige 1-16", S. 14

die Anerkennung des Thronfolgers entscheidend gewesen. Als priesterlicher Gottkönig ist er nach wie vor eingebettet in die Tradition des matriarchalen Kultes. Doch er erzwingt die Heilige Hochzeit mit den Mitteln seiner Macht.
Er ist nicht mehr der Auserwählte.
Er ist der Sieger.
Der Eroberer.
Der Mörder.
Er mißachtet das dem matriarchalen Bewußtsein innewohnende Ordnungsprinzip, den natürlichen Rhythmus von Leben und Tod, Werden und Vergehen.
Er greift willkürlich in den Rhythmus ein, der wie ein großer Atem ist im Kommen und Gehen, Nehmen und Geben, Luftholen und Verströmen.
Er respektiert das Leben nicht, in dem der Tod seine sinnvolle Notwendigkeit, Würde und Bedeutung hat.
Denn er tötet blindlings und sinnlos.
Er beseitigt, was sich ihm in den Weg stellt.
Er kann die Widersprüche des Lebens nicht ertragen.
Er tötet, was männlich ist, um selbst ewig zu leben.
Er nimmt Leben und Liebe nicht als Geschenk.
Er fordert, raubt und eignet sich an – auch die Liebe.
Die Ordnungen des Lebens werden seinem aufgesetzten Machtanspruch unterworfen.
Die Heilige Hochzeit ist in den Schatten der Macht geraten.

Heilige Hochzeit im Licht der Liebe

Ich betrachte das Hohelied Salomos als einen Kulttext, der zur Feier der Heiligen Hochzeit in Jerusalem benutzt worden ist.

Zerstückelt und aus seinem Zusammenhang gebracht, ist das Lied seines ursprünglichen Sinnes beraubt worden und wirkt wie eine Sammlung lose hingewürfelter Fragmente.

Seine Sprache scheint um ihrer Schönheit willen geschaffen worden zu sein. Bilder voller Glut und Farbe entstehen vor unserem Auge; aber die Gedanken hängen wie zerrissene Wolkenfetzen in der Luft, die Handlungen wirken wie unterbrochene Bewegungsabläufe.

Im Hohenlied wird die Wiederkehr des Jünglingsgottes gefeiert, des Sohnes der Himmelskönigin, der sterbend in die Unterwelt eingegangen ist, von der Göttin beweint und betrauert. Sie hat ihn aus der Gewalt des Todes befreit und feiert nun mit ihm und dem ganzen Volk die Wiederkehr des Lebens, des Frühlings und der Liebe.

Wie ist ein solcher Kultgesang in den Kanon des Alten Testaments geraten? Lange wehren sich Priester und Schriftgelehrte gegen diesen Text, der ihrem Gottesverständnis widerspricht. Um 90 v. Chr. ist die Kanonisierung des Hohenliedes entschieden worden, aber die Befürworter stehen noch immer einem so heftigen Widerstand gegenüber, daß erst Rabbi Akiba (70 bis 135 n. Chr.) die Aufnahme des Kultliedes durchsetzen kann.

Zu seiner Zeit sang man das Lied zu den Hochzeiten, man sang es auf den Gassen und in den Weinhäusern, man feierte die Heilige Hochzeit in kultischer Begehung. Davon berichten uns außerbiblische Zeugnisse. Wenn uns das Alte Testament nur die Polemik der Jahwepriester gegen den Kult der Himmelskönigin überliefert, ist das noch kein Beweis für den offiziellen Charakter der Jahwe-Religion.

Das Lied von der Liebe der Himmelskönigin zu dem sterbenden und wiederkehrenden Frühlingsgott faszinierte Herzen und Sinne der Menschen mehr als Jahwes strenge Gesetzesreligion.

So faßte Rabbi Akiba den „klugen" Entschluß, das Hohelied zu einem heiligen Text des patriarchalen Jahwe umzudeuten, das von der Liebe der „Braut Israel" zu ihrem Gott sänge.

„Wer das Lied der Lieder in den Weinhäusern singt, geht seines Anteils an der kommenden Welt verlustig!" ließ er verkünden oder: „Wer das Lied wie ein weltliches Lied liest, sündigt!" Der fromme Sinn des Liedes sei allein durch seine allegorische Deutung zu erschließen. Jahwe, der unerbittlich schreckliche Gesetzesgott vom Sinai, der grausame Kriegsgott der deuteronomistischen Theologie, muß sich immer wieder die Rückverbindung mit dem matriarchalen Urgrund gefallen lassen, dem er entstammt. So haben sich schon die Propheten der matriarchalen Kultsprache bedient, sie allegorisch verfremdet und Jahwe zum „göttlichen Geliebten der Braut Israel" gemacht. Rabbi Akiba bewegt sich in vertrauten Denkspuren, wenn er den levitischen Jahwe durch Verschmelzung mit dem matriarchalen Gedankengut zum sanften Geliebten der Menschen erklärt. Er versucht, den Kultgesängen „durch ihre Legalisierung allen ‚heidnischen' Wind aus den Segeln zu nehmen. Denn sie schienen in der Tat ewiges Leben zu haben, und nun konnten ihre ehrwürdigen Verse für Jahwe erklingen."[1]

Die christliche Kirche hat die allegorische Deutung der Texte des Hohenliedes übernommen und die Symbole der Liebe auf Christus und seine Kirche, auf Gott und die menschliche Seele oder auf die Beziehung zwischen Christus und seiner jungfräulichen Mutter angewandt.

Für die jüdische und christliche Mystik des Mittelalters bedeutete das Hohelied ein weihevolles Symbolgedicht, in dem das Geheimnis Gottes verborgen lag. Die Kabbala* sah in der Braut den göttlichen Funken schöpferischen Geistes, der in die Welt der Materie eingedrungen ist.

Bernhard von Clairvaux hat allein sechsundachtzig Predigten über die Anfangskapitel des Hohenliedes geschrieben. Für die von mystischer Ekstase ergriffenen Frauen des Mittelalters bedeutete das Hohelied eine Quelle der Verzückung.

Das allegorisch-mystische Verständnis des Hohenliedes ertastet – da und dort – einen Teilaspekt des umfassenden matriarchalen Weltbildes: Wenn es etwa die Braut mit Maria, den Ge-

1 Hartmut Schmökel, „Heilige Hochzeit und Hoheslied", in: Abhdlg. für die Kunde des Morgenlandes 32/1957, S. 122

* jüdische Geheimlehre

liebten mit Christus vergleicht und damit die uralte Kultvorstellung von der Liebe der himmlischen Mutter zu ihrem Sohn wieder aufgreift, wenn es die Liebe als das schöpferische Agens beschreibt, als den zündenden Funken, der allen Elementen innewohnt. Aber diese Deutungsversuche bleiben Stückwerk. Sie dringen nicht zum Ganzen vor. Denn die Erschütterung durch die Erotik des Körpers bleibt ausgeklammert. Die Verzückung des Mystikers ist vergleichbar dem Erlebnis eines Menschen, den man geblendet hat, um ihn dann in die Gärten des Paradieses zu führen, daß er ihre Schönheit genieße. Er hat innere Bilder. Er hat Ahnungen. Das umfassende, ganzheitliche Wissen bleibt ihm versagt. Denn alle Erfahrung ist immer auch sinnlich.

Der allegorischen Auslegung des Hohenliedes sind auch vom Text her Grenzen gesetzt: Die Umdeutung der Liebessprache in die Vorstellung vom Preis der Allgewalt göttlicher Liebe zu den Menschen wird unglaubwürdig, wo die Farbenpracht und Anschaulichkeit erotischer Bilder durchbricht und unmißverständlich und lebendig von der Liebe des Körpers spricht. Daher ist immer wieder der Versuch unternommen worden, das Hohelied als „Volksdichtung" zu begreifen, als eine Sammlung lose und unsystematisch zusammengefügter Liebes- und Hochzeitslieder.

Tatsächlich sind die Texte des Hohenliedes auch bei profanen Hochzeitsfeiern vorgetragen und zu weltlichen Liebesliedern zer-sungen worden. Aber der Ursprung der Gesänge ist hohe Dichtung, Liebes- und Kultlyrik mit einem ganz besonderen, nur in diesem Kultlied und sonst nirgends im Alten Testament vorkommenden Wortschatz. So ist auch die Deutung des Hohenliedes als Sammlung weltlicher Lieder eine Hypothese geblieben, gegen die allzuviele Widersprüche geltend gemacht werden können.

In der ersten Hälfte unseres Jahrhunderts hat lawinenartig die Kenntnis der altorientalischen Kultur zugenommen und damit das Wissen von der Umwelt, in die die Geschichte des Alten Testaments eingebettet ist. Überall in der sumerischen Frühgeschichte taucht der Heros auf, der in der entscheidenden kulturschaffenden Phase mit seiner „Herrin", der Gattin des Helden, im Mittelpunkt der Bildkunst steht und auf Weihplatten, Rollsiegeln, Vasen und Kultgegenständen die Sprache der später literarisch bezeugten matriarchalen Kulte vorausnimmt.[2]

2 Vergl. Anton Moortgat, „Die Entstehung der sumerischen Hochkultur", S. 81

Der Kulttext vom Dahinschwinden des Sohn-Geliebten der Himmelskönigin, vom Suchen, Finden und der Errettung des göttlichen Jünglings durch die liebende Himmelsmutter, die ihm zuliebe die Plage der Unterweltsfahrt auf sich nimmt und ihn erlöst, das Liebeslied, das Werbung, Jubel über die Wiedervereinigung, heiliges Mahl und göttliche Hochzeit besingt, die Mahnung, daß diese Liebe für die Vegetation der Erde Entscheidendes bedeutet – dieser Kulttext ist, von geringfügigen Variationen abgesehen, so allgegenwärtig, daß wir ihn auch als die Basis des alttestamentlichen Glaubens annehmen müssen. Und zwar nicht als ein Fremdes, mit dem sich der Jahweglaube auseinanderzusetzen hatte, sondern als die ureigenste Wurzel der palästinensisch-israelitischen Kultur.

Das Hohelied hat seine eigene Sprache, die in der Bilderwelt Jerusalems beheimatet ist. Die Kultgestalten sind anonym geworden. Die Namen der Götter werden verschwiegen. Einmal nur wird der Gottesname Jahwe genannt. In den zeitlos gültigen Text sind die Priesternamen Salomo und Sulamith eingeschoben, einzig zur Feier ihrer Heiligen Hochzeit. Darum wird das Lied Salomo zugeschrieben. Die weltanschaulichen Vorstellungen des Kulttextes sind im seinerzeit universellen matriarchalen Glauben angesiedelt. Überall gilt die Schöpfung als Werk der weiblichen hervorbringenden Kraft, und der „Gott" ist das Geschöpf, das wie die Natur sterblich ist. Auch Jahwe ist sterblich. In dem Menschensohn, seiner irdischen Inkarnation, wird er ununterbrochen wiedergeboren – von Adam bis David und Christus.

Die Vorstellung, Adam, das uranfängliche Mannesgeschöpf, sei ein Vorfahr Abrahams, und von Abraham führe eine ununterbrochene Linie zu David und dessen Nachfolgern auf dem judäischen Thron, liegt die matriarchale Idee von der Erhaltung allen Lebens durch Wiedergeburt, die symbolisch an dem Einen demonstriert wird, zugrunde.

Mit patriarchaler Genealogie hat diese Abfolge in männlicher Linie *gar nichts* zu tun, so leicht sie sich auch dahingehend umdeuten läßt. Jahwe, der sterbliche Gott, repräsentiert sich in diesen Kultträgern, ob sie nun als Priester, Richter, Fürsten oder Könige bezeichnet werden. Jahwe bedarf der Himmelskönigin und ihrer Repräsentantin auf Erden, der matriarchalen Priesterin, um wiedergeboren zu werden. Im Schoß der Großen Mutter erfährt der Gott seine ununterbrochene Erneuerung.

Alle Religionen gehen von der matriarchalen Basis aus.
Auch Jahwe ist der matriarchale Gott.
Der sterbliche Gott, das Mannesgeschöpf der Himmelskönigin.
Der Gewittergott vom Berge, der den Regen bringt.
Der göttliche Frühlingsjüngling, den die Priesterin liebt.
Er ist die Verheißung:
Solange die Erde steht, soll nicht aufhören Saat und Ernte, Frost und Hitze, Sommer und Winter.

Das Hohelied ist in seinem Urbestand sehr alt und beweist die matriarchale Basis des Jahweglaubens. „Es muß sich beim Hohenlied in seiner ursprünglichen Form um eine Kultliturgie zur Feier der Heiligen Hochzeit eines palästinensischen Götterpaares handeln ... Es war kein fremder Gott, der da auferstand und mit der Liebesgöttin Hochzeit feierte, es war ein Ba'al oder gar ein in kanaanäischer Form verehrter Jahwe der Volksreligion, dessen Frühlingsfest man beging."[3] Der Alttestamentler hütet sich vor ehrlichen Schlußfolgerungen. Das „heidnische" Umfeld Kanaans und die „niedere Volksreligion" im Gegensatz zum erhabenen und reinen Staatskult müssen die Existenz des Hohenliedes erklären, als handele es sich nicht gerade um das Kultkönigslied, das die Bibel selbst dem König Salomo zuschreibt!

Die prophetische Polemik der assyrischen und babylonischen Zeit richtet sich gegen Kult-„Dirnen" an den Jahweheiligtümern – ein Beweis, daß Israels Gott noch lange matriarchale Züge gehabt hat, gegen die eine fanatische Minderheit von Leviten gepredigt hat.

Diejenigen Forscher, die mit Nachdruck dafür eintreten, daß Jahwe von Anfang an ein patriarchaler, monotheistischer Gott gewesen sei, wie es die deuteronomistische Ideologie behauptet, setzen die Entstehung des Hohenliedes sehr spät an. Es sei erst um 300 entstanden, in der Zeit der griechischen Vorherrschaft, das sei durch einige aramäische und griechische Textstellen bewiesen. Auf diese Weise kann das Lied leicht als ein Fremdes, Aufgepfropftes, vielleicht sogar Aufgezwungenes abgetan werden.

Andere verweisen die Entstehung des Liedes in die Zeit des Königs Manasse von Juda (698 bis 643 v. Chr.), der – unter assyrischem Einfluß stehend – den Jahwe-Kult verfremdet habe.

Die Bibel selbst will im Hohenlied eine Dichtung Salomos

3 H. Schmökel, „Heilige Hochzeit ...", S. 120

sehen.

Kaum kann im Herzen eines Mannes, der den Kult zur Durchsetzung seiner Machtansprüche mißbraucht hat, eine Dichtung entstanden sein, in deren Mittelpunkt der lyrische Liebeszauber des matriarchalen Kultes eingefangen ist.

Mit der Überzeugung, daß das Hohelied ein alter Kulttext ist, der die Götterhochzeit der Himmelskönigin mit ihrem Sohngeliebten darstellt, setzt sich auch die Auffassung durch, die Entstehungszeit des Liedes müsse sehr hoch angesetzt werden. „Wir werden heute für das Verständnis der religiösen Zusammenhänge und Traditionen des alten Vorderasien und für das Erkennen ihrer Ursprünge immer weiter zurückverwiesen"[4], sagt Hartmut Schmökel, und an späterer Stelle: „Nach oben hin sind dem Ansatz der Entstehungszeit (des Hohenliedes) kaum Grenzen gesetzt"[5], und er weist bis in das dritte vorchristliche Jahrtausend zurück.

Die eindeutig dem griechischen Wortschatz des 4. bis 3. vorchristlichen Jahrhunderts zuzuschreibenden Textstellen bedeuten für diese Feststellung keinen Widerspruch; denn zahlreiche Überarbeitungen hat das Lied mit Sicherheit zu allen Zeiten erfahren.

Der einschneidendste Eingriff muß zu jener Zeit erfolgt sein, als der Text in den Kanon der Bibel aufgenommen worden ist. Um der unausrottbaren Lebenskraft des matriarchalen Kultes zu begegnen, sind die Strophen des Liedes umgruppiert und die Namen der Himmelskönigin und des Gottes eliminiert worden. Auf diese Weise sollten die Menschen den matriarchalen Kult vergessen.

Würden nicht die Einheitlichkeit des Wortschatzes, das Besondere des Sprachstils und die durchgängig vorkommenden eigenartigen Redewendungen, die das Alte Testament sonst nicht kennt, die ursprüngliche Zusammengehörigkeit der Texte des Hohenliedes beweisen, erschiene es eher als eine Sammlung voneinander unabhängiger Einzelgesänge.

Der Vergleich mit matriarchalen Kultliedern des Alten Orient erlaubt die Wiederherstellung des Hohenliedes in seinem ursprünglichen Aufbau. Der Alttestamentler Hartmut Schmökel hat bereits eine derartige Rekonstruktion geleistet[6], doch kann

4 H. Schmökel, „Heilige Hochzeit ...", S. 6
5 ebd. S. 124
6 ebd. Kap. VI

ich mich der von ihm vorgeschlagenen Textfolge nur selten anschließen, weil er dem herkömmlichen Bild von der frauenunterdrückenden Gesellschaftspraxis in Israel folgt und dadurch die dem matriarchalen Kult entsprechende Wiederherstellung des Liedes letztlich blockiert. Daß der Anfang des Liedes in der Bibel an den Schluß gerückt worden ist, darin stimme ich mit Hartmut Schmökel überein.

Der Kultgesang beginnt mit einem Chorlied der Gemeinde. Lange hat sich die Göttin nicht sehen lassen. Nun wird sie aufgefordert, sich wieder zu zeigen:

„*Die du in den Gärten weilst,*
Laß uns deine Stimme hören,
während die Gefährten lauschen!" (HL 8.13)

Dieser einleitende Chorgesang „geriet bei der Endredaktion gewiß nicht ohne Grund an den Schluß, wo er nun jeden Sinnes entbehrt".[7] Der Kult der Himmelskönigin hat ursprünglich in Heiligen Gärten und Hainen stattgefunden. Davon zeugt die Klage der Bibeltexte, daß noch immer auf den Höhen, in den Heiligen Hainen und unter grünen Bäumen angebetet werde. Auch der Garten des Paradieses ist ursprünglich der Heilige Hain der Himmelskönigin, wo die Priesterin mit dem für den Kult erwählten Mann das Fest der Heiligen Hochzeit feiert. Wir haben dabei in keiner Weise nötig, darauf hinzuweisen, daß „das Wohnen im Garten, der Sitz im Hain ... ein Charakteristikum der Inanna-Ištar"[8] sei – die israelitische Kultur bietet genügend eigene Belege dafür an![9]

Die Statue der Anat/Ašerat wird enthüllt, und der Chor der Gemeinde fragt nach dem Wesen der Himmelskönigin:

„*Wer ist sie, die herabschaut wie Morgenrot,*
Schön wie der helle Mond
Und rein wie die Sonne,
Furchtbar wie das Todesdunkel.[10]
Wende ab deine Augen von mir.
Sie sind's, die mich schrecken!" (HL 6.10)

7 H. Schmökel, „Heilige Hochzeit ...", S. 47
8 ebd. S. 48
9 5. Mose 12.2 / 1. Kön. 14.23 / 2. Kön. 16.4 / 2. Kön. 17.10 / Jes. 57 / Jer. 2.20 / Jer. 3.6 und 17.2 / Hes. 6.13 und 20.28

Den ewigen Widerspruch, dem alles Lebendige unterworfen ist, übergreift die Himmelskönigin mit ihrer allumfassenden kosmischen Gestalt. Für den Menschen ist es schwer, fast unerträglich, dem Widerspruch zwischen Leben und Tod ins Auge zu sehen.

Doch die Hohepriesterin tröstet:

„Dunkel bin ich,
Ihr Töchter Jerusalems,
Doch auch lieblich und hell.
Wie die Zelte Kedars,
Wie die Wandteppiche Salomos.
Fürchtet mich nicht,
Weil ich dunkel bin.
Die Sonne hat mich verbrannt,
Meiner Mutter Söhne haben mich zur Hüterin ihrer
Weinberge gemacht.
Meinen eigenen Weinberg habe ich nicht behütet.“

(HL 1.5-6)

Die aus schwarzen Ziegenfellen hergestellten Hirtenzelte Kedars stehen im Gegensatz zu den herrlichen Wandteppichen in Salomos Königspalast – ein schönes Gegensatzpaar altjüdischer Bildsprache!

Die Priesterin ermutigt ihre Gemeinde – und offensichtlich besonders die Frauen unter ihnen, denn sie spricht besonders die „Töchter Jerusalems“ an – die Gegensätzlichkeiten des Lebens zu ertragen. Dunkel ist das Leben, doch auch lieblich und hell! Sollten Frauen leichter bereit und in der Lage sein, des Daseins Dunkelseiten zu ertragen als der Mann?

Daß die Sprecherin nun erklärt, die Sonne habe sie verbrannt, weil sie des Bruders Weinberg habe hüten müssen, ist eine derart simplizifierte „Erklärung“ für ihren schreckenerregenden numinosen dunklen Aspekt, daß Hartmut Schmökel hier mit Recht

10 Die Übersetzung dieser Textstelle ist unklar und strittig. Die Bibel schreibt „Heerscharen“, andere Exegeten übersetzen „Bannerscharen“. Im alttestamentlichen Kommentar bei Ringgren findet sich die Übersetzung „furchterregend wie Sternbilder“. Hartmut Schmökel verwendet den Namen eines altorientalischen Unterweltgottes und setzt symbolisch „Nergal“ ein. Die Septuaginta und die Vulgata lesen hebräisch „Amminadab“ und übersetzen „des fürstlichen Gefolges“. Da der Text eindeutig die Doppelgesichtigkeit der Angesprochenen zum Inhalt hat, habe ich die einfache Vokabel „Todesdunkel“ eingesetzt im Gegensatz zum Bild des Lebensbeginns, das sich im Symbol der Morgenröte ausdrückt, um den wenig bekannten „Nergal“ zu vermeiden.

„eine verdunkelnde Korrektur der Redaktoren“ erkennt.[11]

Er übersetzt daher die beiden letzten Zeilen:

„Meiner Mutter Sohn hat mich heiß gemacht,
Meinen Weinberg habe ich nicht gehütet.“

„Meinen Weinberg behüten“ bedeutet in der Symbolsprache „die Unberührtheit bewahren“. Die Himmelskönigin hat sich aber ihrem Bruder hingegeben, wie sie hier bekennt. Daß die himmlische Mutter und der göttliche Sohn auch als Bruder und Schwester aufgefaßt werden, findet sich im Alten Orient des öfteren, zum Beispiel in Ägypten mit Isis und Osiris oder in Ugarit, woher wir das Geschwisterpaar Anat und Ba'al kennen.

Wer ist nun der Bruder, der Geliebte der Himmelsherrin? Ist er wirklich der Besondere, der Eine, auf den sich der Welt Hoffnung richtet, der die Natur wieder zum Wachsen und Gedeihen bringen wird?

Die Gemeinde fragt:

„Was zeichnet deinen Geliebten vor anderen aus,
Du Schönste unter den Frauen?“ (HL 5.9a)

Anstelle der Anrede „du Schönste unter den Frauen“ hat sicher einmal der Name der matriarchalen Himmelskönigin gestanden, deren Kult gefeiert worden ist. Und wenn die Priesterin als Vertreterin der kosmischen Herrin der Gemeinde antwortet, wird auch sie den Namen des verehrten Gottes genannt haben, während feierlich seine Statue enthüllt wird. Nur die Beschreibung des Götterbildes ist uns erhalten:

„Mein Liebster ist weiß und rot,
Auserkoren unter Zehntausenden.
Sein Haupt ist feines Gold,
Die Locken rabenschwarz.
Seine Auge sind wie Tauben
Über wasserführenden Bächen,
Wie gebadet in Milch,
Sitzend an reicher Flut.
Seine Wangen sind wie Balsambeete,

11 H. Schmökel, „Heilige Hochzeit ...“, S. 51, Anm. 6

Die Duftkräuter tragen.
Seine Lippen sind wie Lilien,
Duftend von flüssiger Myrrhe.
Seine Hände sind aus lauterem Gold
Mit Türkisen besetzt.
Sein Leib ist aus Elfenbein,
Mit Saphiren bedeckt.
Seine Schenkel sind Marmorsäulen,
Auf Goldsockel gestellt.
Sein Aussehen gleicht dem Libanon,
Auserwählt wie Zedern." (HL 5.10-15)

Die Farben weiß, schwarz und rot sind kultische Symbolfarben, die dem Mond in seinen Phasen entsprechen. Darauf weist Heide Göttner-Abendroth hin.[12]

In den orientalischen Religionen ist der Mond meist männlich, und wir finden die symbolischen Mondfarben an den Priestergewändern und Götterstatuen wieder. Da sowohl El wie auch Jahwe ursprünglich Mondgötter gewesen sind, liegt es nahe, daß die enthüllte Statue einen von ihnen darstellt.

Schmökel weist darauf hin, daß „Funde reichlich Belege bieten", die im Hohenlied beschriebene Göttergestalt als Statue aus Marmor und Elfenbein wiederzuerkennen: goldbelegt und mit Edelsteinen geschmückt. Eingelegte Augen betonen das Weiße des Augapfels. Vorrichtungen zur Befestigung von Perücken finden sich schon auf den ältesten sumerischen Götterköpfen.

Der junge Held aber, der Heros der aktuellen Kultfeier, bleibt noch unsichtbar. Es gilt, ihn zu suchen und zu finden. Im matriarchalen Kultdrama steht der verborgene Gott, der aus der Unterwelt wieder ins Leben zurückgeholt werden muß, im Zentrum des „ersten Aktes".

An die Statue gewandt fragt die Priesterin:

„Tu mir kund, du, den meine Seele liebt,
Wo du deine Schafe weidest,
Wo du sie am Mittag lagern läßt,
Damit ich nicht wie eine Herumirrende sei
Bei den Herden deiner Gefährten." (HL 1.7)

12 H. Göttner-Abendroth, „Die Göttin und ihr Heros", S. 5

Wie die Viehzucht im Mittelpunkt der alten Kulturen stand, so war auch der gute Hirte eine zentrale Auffassung der Gottesvorstellung. Der Geliebte wurde hier als Schafhirte aufgefaßt.

Die Frage der Priesterin wird von den Kultdienern beantwortet:

„*Wenn du es nicht selbst weißt,*
Du Schönste unter den Frauen,
So gehe hinaus auf den Fußstapfen der Schafe
Und weide deine Ziegenböckchen bei den Hirtenhäusern."
(HL 1.8)

Es drängt sich geradezu auf, daß hinter den Umschreibungen „du, den meine Seele liebt", und „du Schönste unter den Frauen" die ursprünglichen Namen verborgen sind. Welche Frau würde ihren Geliebten nicht beim Namen nennen, welche Gemeinde die Himmelskönigin nicht bei ihrem persönlichen, verehrten Namen anrufen?

Es folgt der Sehnsuchtsgesang der priesterlichen Königin, der die erste Kultszene abschließt:

„*Ach, wärst du mein Bruder,*
Hättest du an den Brüsten meiner Mutter gesogen,
Träfe ich dich auf der Straße, würde ich dich küssen,
Und sie könnten mich nicht verachten.
Ich brächte dich zum Haus meiner Mutter,
In die Kammer derer, die mich gebar.
Da wollte ich dich tränken mit gewürztem Wein
Und mit dem Most meiner Granatäpfel." (HL 8.1-2)

Im ersten Vers ist der Kulttext verdunkelt, denn der erwartete Geliebte *ist* der Bruder der Himmelskönigin. Mit dem „Most der Granatäpfel" wird auf einen Liebestrank angespielt, den die Priesterin ihrem Geliebten bereiten will.

Das Drama nimmt an Spannung zu; denn jetzt gilt es, den neuen König zu suchen und zu finden, ihn, der ausersehen ist, sein Volk zu erlösen. Wo ist er, der lebendige Gott, der als priesterlicher König den ewigen Thron der Himmelskönigin besitzen soll für eine bemessene Zeit?

„*Wohin ist dein Geliebter gegangen,*

Du Schönste unter den Frauen?
Wohin hat sich dein Geliebter gewandt,
Daß wir ihn mit dir suchen?" (HL 6.1)

Für ein weltliches Hochzeitslied wäre es sehr merkwürdig, müßte der Bräutigam erst gesucht werden. Einzig im Zusammenhang mit dem matriarchalen Kult gewinnt diese Textstelle ihren Sinn. Das Suchen und Finden spielt in den alten Kulttexten eine bedeutende Rolle. Denn der sterbende Gott ist hinabgestiegen in die Unterwelt. Ihn zu befreien, ist die kultische Aufgabe der Himmelskönigin.

In die Dramatik von Christi Tod und Höllenfahrt und vor den Jubel über seine Auferstehung fügt Johann Sebastian Bach seiner Matthäuspassion die Textstelle aus dem Hohenlied ein: „Wohin ist dein Freund gegangen, du Schönste unter den Frauen?"

Mit einfühlsamer Intuition, mit einem unbewußt sensiblen Gespür für das Urmysterium der Menschheit ist diese Textstelle aus dem Hohenlied aus dem Gewirr mutwillig erzeugter Zusammenhanglosigkeit von einem genialen Menschen wieder genau an *den* Ort im Ablauf des Geschehens gerückt worden, wo sie in der matriarchalen Liturgie ihren Platz gehabt hat.

Hinabgestiegen ist auch der kultische Geliebte im Hohenlied:

„Mein Geliebter stieg hinab in seinen Garten,
Zu den Balsambeeten,
Nach den Reben zu sehen,
Lilien zu pflücken." (HL 6.2)

Das Bild vom Unterweltsgarten ist im Alten Orient bezeugt.[13] Um zu sehen, wie weit der Frühling vorangeschritten, wie nahe daher auch das Kommen des Geliebten ist, begibt sich die Priesterin in ihren Garten.

„Ich bin hinab zum Nußgarten gegangen,
Um die Knospen des Tals zu sehen,
Um zu sehen, ob der Weinstock getrieben,
Ob die Granatbäume blühen.
Ich kannte mich selbst nicht mehr ..." (HL 6.11-12a)

13 Vergl. H. Schmökel, „Heilige Hochzeit ...", S. 55 ff.

In überquellender, ihr fast die Besinnung raubender Sehnsucht fahndet die Priesterin nach dem ersten Wachsen, Knospen und Blühen. Denn jede Pflanze, jede Knospe verrät ihr etwas über den herannahenden Zeitpunkt der Wiederkehr des Geliebten.

Wenn die Natur es anzeigt, wird es Zeit sein, in die Unterwelt zu steigen, um den Geliebten endgültig zu befreien:

„*Des Nachts auf meinem Lager suchte ich,* (HL 3.1)
Den meine Seele liebt und fand ihn nicht.
Ich will aufstehen und umherstreifen, (HL 3.2)
Will suchen, den meine Seele liebt.
Ich suchte ihn, doch ich fand ihn nicht.
Mich fanden die Wächter. (HL 5.7)
Die schlugen mich,
Stießen mich,
Rissen das Gewand mir ab.
Kaum, daß ich vorüber war, (HL 3.4)
Fand ich, den meine Seele liebt.
Ich hielt ihn. Ich werde ihn nicht lassen."

Im matriarchalen Kulttext ist die Unterweltfahrt der Herrin, die ihren Geliebten befreit, der Höhepunkt der dramatischen Handlung. „Gerade darum war für die Redaktoren hier die Aufgabe der Säkularisierung und Umdeutung besonders dringlich."[14] Auch Schmökel nimmt an, daß hinter der mehrmals wiederholten Formulierung „der, den meine Seele liebt" ursprünglich der konkrete Name des geliebten Gottes gestanden habe, der durch diese Umschreibung aus dem Text entfernt worden sei. Die Umdeutung in „Stadt", die Erwähnung „in den Gassen und auf den Plätzen" trägt zur Verdunkelung des ursprünglichen Textes bei.[15]

„*Ich schlief, aber mein Herz war wach.*
Horch, mein Geliebter klopft!
‚*Tu mir auf, meine Schwester, meine Freundin,*
Meine Taube, meine Reine;
Denn mein Haupt ist voll Tau,
Meine Locken von den Tropfen der Nacht!'

14 H. Schmökel, „Heilige Hochzeit ...", S. 61
15 Vergl. ebd., S. 62

‚Ich habe mein Kleid schon abgetan,
Sollte ich es wieder anziehen?
Ich habe meine Füße gewaschen,
Sollte ich sie wieder beschmutzen?'
Mein Geliebter streckte die Hand aus,
Und mein Innerstes bebte vor ihm.
Ich stand auf, meinem Liebsten zu öffnen. (HL 5.2-5a)
Meine Seele war außer sich, als er redete. (HL 5.6b)
Meine Hände troffen von Myrrhe,
Meine Finger von flüssiger Salbe
Am Griff des Riegels.
Ich öffnete meinem Geliebten.
Doch mein Geliebter war auf und davon!
Ich suchte ihn, aber ich fand ihn nicht.
Ich rief ihn, doch er antwortete nicht. (Hl 5.5b-6.c)
Mich stellten die streifenden Wächter.
‚Habt ihr gesehen, den meine Seele liebt?' (HL 3.3)
‚Ich beschwöre euch, ihr Töchter Jerusalems:
Wenn ihr meinen Liebsten findet –
Was sollt ihr ihm melden?
Daß ich krank bin vor Liebe!'" (HL 5.8)

Diese Textstelle wird allgemein als Traumgesicht aufgefaßt. Im Kultdrama kommt ihm die Bedeutung zu auszudrücken, daß beide, Himmelskönigin und der wiederkehrende „Gott", einander voller Sehnsucht suchen. Doch noch finden sie einander nicht.

Eindeutig wird hier die Umschreibung des Gottesnamens durch „den meine Seele liebt". Wie sollte der Geliebte gefunden werden, wenn sein Name ein Geheimnis bleibt, wenn niemand weiß, wer er ist?

Die ganze Gemeinde beteiligt sich an der Suche nach dem Auserwählten. Sie will von der Priesterin genau wissen, wer der neue König ist. Erfüllt er die kultischen Bedingungen? Ist er der Besondere?

„Was ist dein Liebster für ein Liebster,
Daß du uns so beschworen hast?" (HL 5.9b)

Diese Frage erfordert eine Antwort, für die der Kulttext Spielraum gelassen hat, sie dem jeweiligen neuen König entsprechend zu beantworten. Als das Hohelied „*Salomos*" hätten wir jetzt ein Preislied auf diesen König zu erwarten. Ist er der berechtigte Nachfolger, der Kultträger auf dem Königsthron? Ist er der Erwählte der Himmelskönigin? Hat er die kultischen Bedingungen erfüllt?

Mit der ausführlichen Beantwortung dieser Fragen muß der „zweite Akt" des Kultdramas beginnen.

Das feierliche Einholungslied leitet den nächsten Akt der heiligen Handlung ein, denn jetzt steht das Erscheinen des neuen Königs unmittelbar bevor.

> „*Komm vom Libanon – vom Libanon sollst du kommen!*
> *Steige herab vom Gipfel des Amana,*
> *Vom Gipfel des Senir und Hermon,*
> *Von den Höhlen der Löwen, von den Bergen der Panther.*"
>
> (HL 4.8)

„Komm mit mir, meine Braut, vom Libanon, vom Libanon sollst du kommen?" heißt es in der Endredaktion des Hohenliedes. Der Einschub „meine Braut" wird allein durch die Satzkonstruktion deutlich: Wäre er ursprünglich, so müßte es auch im zweiten Satzteil heißen: „... vom Libanon sollst du *mit mir* kommen!" Allenfalls ließe sich Sinn in den Satz bringen, wenn er hieße: „Komm *zu* mir, meine Braut, vom Libanon, vom Libanon sollst du zu mir kommen!" Wegen dieses Widerspruchs hat nicht nur Hartmut Schmökel die „Braut" als endredaktionellen Einschub bezeichnet, sondern viele Exegeten teilen diese Ansicht.

Nach der matriarchalen Kultvorstellung sind Berg, Wüste und Steppe symbolische Landschaften für den Todesort des Gottes. „Der Held, der Kraftvolle, ist nach dem Berge gefahren!" heißt es in einem Tammuzlied.[16] Vom Berge kommt der Gott zurück, wenn er sich durch den Regen ankündigt. Die syrisch-palästinensischen Gebirge Libanon, Amanus, Senir und Hermon sind in der israelitischen Glaubensvorstellung heilige Berge gewesen. Weil diese Zusammenhänge gar nicht wegzudiskutieren sind, haben diejenigen, die an der Deutung des Hohenliedes als Festlied zu profanen Hochzeiten festhalten wollten, der Strophe den

16 Heinrich Zimmern, „Sumerisch-babylonische Tammuzlieder", S. 228

sinnlosen Einschub „meine Braut“ zugemutet, um so von dem Gott abzulenken, der selbstverständlich aus den Bergen kommt. Die Vertreter der allegorischen Auffassung lehnen diese Strophe als Fremdkörper ab.

Indessen begegnen wir alsbald einem anderen Todesort des Gottes: der Steppe. Die Priesterin ist herabgestiegen in die Steppe, um ihren Geliebten einzuholen.

„Denn der Augenblick ist da – die versammelte Gemeinde hat im kultischen Erleben an ihm teil –, daß der Langersehnte, der verlorengeglaubte Geliebte wieder erscheint.“[17]

Die Priesterin hat sich ins Tal begeben, von wo aus sie mit dem erwählten priesterlichen König zum Heiligtum hinaufsteigt, während die Gemeinde singt:

„Wer ist's, die da heraufsteigt aus der Steppe,
Sich lehnend an den Geliebten?“ (HL 8.5)

Wieder gibt uns der überlieferte Text keine Antwort auf die gestellte Frage! Der Name der amtierenden Kultpriesterin ist verloren gegangen. Für das Fest der Thronbesteigung Salomos müßte mit dem Namen der Frau geantwortet werden, die Salomo zur Gattenschaft und damit zum Gottkönig erhöht hat. Etwa:

„Sehet, es ist Abisag von Sunem,
die da heraufsteigt aus der Steppe,
sich lehnend an ihren Geliebten!“

Wer ist dieser Geliebte? Diese Frage muß jetzt neu und auf den zu erwartenden König gestellt werden. Daher fragt die Gemeinde:

„Wer ist es, der da heraufkommt aus der Steppe
In einer Rauchsäule,
Umduftet von Myrrhe und Weihrauch
Und allem Räucherwerk des Händlers?“ (HL 3.6)

Die Antwort lautet:

„Siehe, es ist die Sänfte Salomos,

17 H. Schmökel, „Heilige Hochzeit ...“, S. 75

Sechzig Helden sind rings um sie
Aus den Helden Israels.
Alle sind sie Schwertträger,
Geübt im Kampf,
Jeder trägt sein Schwert an seiner Seite
Gegen die Schrecken der Nacht.
König Salomo ließ einen Tragsessel sich bauen
Aus Hölzern vom Libanon.
Seine Füße sind aus Silber,
Seine Lehnen aus Gold,
Mit Purpur ist der Sitz gepolstert,
Die Innenseite mit Elfenbein ausgelegt." (HL 3.7-10)

Der König ist von Helden begleitet. Kultisch symbolisieren diese „Starken"[18] die Kämpfer gegen die Mächte der Unterwelt, die Sieger über die Gewalten des Todesdunkels. Sie verkörpern sich in der Stärke, der im Sinnbild des Stieres verdichteten männlichen Geschlechtskraft, die dazu beiträgt, neues Leben in Gang zu setzen. „Sollen (die Krieger), ein schwertgewaltiges Königsgeleit, den vom Tode erstandenen Buhlen gegen die ihm die Auferstehung neidenden und ihn verfolgenden lebensfeindlichen Kräfte der Unterwelt, den ‚Schreck der Nächte', bewahren?" fragt Hartmut Schmökel.[19]

Ganz sicher führt diese Deutung auf den ursprünglichen Sinn dieser Textstelle zurück. Nicht von im Kampf geübten Kriegern ist ursprünglich die Rede gewesen, sondern von der positiven Kampfkraft der Liebesmacht gegen die Gewalt des Todes.

Hartmut Schmökel hat in seiner Übersetzung den Namen Salomo als „Hinzufügung" gestrichen. Er rückt die Praktizierung des Kultes weit in die archaische Vorzeit und verweigert die Auseinandersetzung mit der Tatsache, daß die Heilige Hochzeit noch in geschichtlicher Zeit in Jerusalem begangen worden ist.

Ist nun aber der, der da heraufzieht, wirklich legitimiert, der kommende Messias, der König auf dem Thron zu sein?
Voller Jubel ist die Bestätigung:

„Ihr Töchter Jerusalems, ihr Töchter Zions!
Kommt und schauet an,

18 Vokabel aus der Bibelübersetzung bei Luther HL. 3.7
19 H. Schmökel, „Heiige Hochzeit ...", S. 94

Den König Salomo mit der Krone,
Mit der seine Mutter ihn krönte
Am Tag seiner Hochzeit,
Am Tage seiner Herzenslust!" (HL 3.11)

Das Prunklied ist ein besonders für Salomos Heilige Hochzeit gedichteter Text. Er ist eingeschoben, um die einmalige geschichtliche Persönlichkeit dieses Königs, *seine* Feier der Heiligen Hochzeit, seine Krönung und sein Thronbesteigungsfest zu begehen.

Schmökel meint, daß „eine Krönung durch die Mutter unbekannt"[20] sei. Im Gegensatz zu ihm bin ich der Meinung, daß mit dieser Textstelle ein alter kultischer Brauch deutlich wird, der bis ins späte jüdische Königtum gesellschaftliche Relevanz besessen hat. Ich werde darauf noch zurückkommen, wenn ich mich mit der Stellung der Königinmutter im Alten Testament befassen werde.[21]

Die Mutter hat den König gekrönt, die junge Kultpriesterin erweckt in ihm den kommenden Heros.

Der folgende Vers spiegelt deutlich die späte matriarchale Kultpraxis, wie sie durch das lebenslängliche Kultamt der Königin entstanden ist. Im Kult der Heiligen Hochzeit wird die Königinmutter durch ihre Tochter oder Adoptivtochter vertreten. Beide Frauen sind aber durch den Kultort miteinander verbunden:

„Unter dem Apfelbaum erweckte ich dich,
Wo deine Mutter dich gebar.
Leg mich wie ein Siegel an dein Herz,
Wie eine Spange an deinen Arm.
Denn stark wie der Tod ist die Liebe,
Hartnäckig wie die Unterwelt ist die Leidenschaft.
Ihre Gluten sind Flammen Gottes,
Ihre Flammen sind Flammen Jahwes.
Große Wasser können sie nicht löschen,
Ströme schwemmen sie nicht fort.
Gäbe einer den ganzen Reichtum seines Hauses um Liebe –
Dürfte man ihn verachten?" (HL 8.5b-7)

20 H. Schmökel, „Heilige Hochzeit ...", S. 93
21 s. S. 310 ff.

Unter dem Apfelbaum hat die göttlich Liebende ihren Heros zu neuem Leben erweckt. Weltumspannend ist das Symbol des Apfelbaums als Baum ewigen Lebens. Hera besitzt einen Hain mit Apfelbäumen im Westen der Welt. Die germanische Freia verfügt über einen Apfelgarten, dessen Früchte von den Göttern begehrt sind, weil der Genuß des Apfels ewige Jugend verleiht.

Schon Steinzeitgöttinnen werden mit dem Apfel in der Hand dargestellt. Im alten Palästina war der Apfelbaum heilig. Robert von Ranke-Graves erwähnt ein Bild, das Adanos von Hebron darstellt, der durch einen Apfel von der Mutter allen Lebens unsterblich gemacht wird.[22] Die jahwistische Sündenfallerzählung ist Polemik gegen die matriarchale Lebenskraft, die sich im Apfel symbolisiert.

Im Hohenlied ist der matriarchale Zusammenhang noch deutlich. Die ewig weibliche hervorbringende Kraft schenkt ihrem Geschöpf hier, im heiligen Hain unter dem Apfelbaum, Geburt und Wiedergeburt und die Verheißung des ewig fortdauernden Lebens.

Wie der Tod immer wieder nach dem Leben greift, so entreißt die Liebe mit ihrer leidenschaftlichen Kraft dem Tode ihre Geschöpfe. Es sind die Gluten der Herrin, der Himmelskönigin – nicht des Gottes, und schon gar nicht Jahwes – die mit ihrer Allgewalt neue Lebensprozesse in Gang setzen. Verkörpert doch im ugaritischen Götterhimmel Ašerat die Sonne. In *ihre* Glut begibt sich El und zeugt mit ihr die unendlichen Sterne. Die Wasser der Unterwelt vermögen diese Glut nicht zu löschen.

Und spielt die letzte Zeile des Verses nicht darauf an, daß die Priesterin bereit ist, alles hinzugeben für die Liebe? Wie es Ištar getan hat, als sie in die Unterwelt hinabstieg, um den Tammuz zu befreien? Wie auch „die Wächter Jerusalems" der Herrin alles abnehmen, ihr sogar die Kleider vom Leibe reißen. (HL 5.7)

Hartmut Schmökel weist darauf hin, daß „alle Kenner des alten wie des modernen Morgenlandes darin übereinstimmen, daß die arabisch-orientalische Psyche eine echte und dauerhafte, den anfänglichen Sinnenreiz überdauernde Liebe der Geschlechter kaum kenne." Anders sei es bei den Göttern.[23] Wie sollte der Mensch eine Dimension der Liebe, die er selbst nicht kennt, in die Götterwelt projizieren? Der Mensch kann sich keine Tod

22 R. v. Ranke-Graves, „Griechische Mythologie", 159.3
23 H. Schmökel, „Heilige Hochzeit ...", S. 79

und Leben überdauernde, „den anfänglichen Sinnenreiz überlebende Liebe der Geschlechter" vorstellen, wenn er sie nicht lebendig zu erfahren vermag.

Alle Religion ist Transzendenz des Diesseitigen. Der Mensch erwartet im kosmischen Raum die Wiederholung seiner irdischen Erfahrungen.

Die matriarchale Weltanschauung geht von der Naturerfahrung aus und transponiert den Wechsel des Jahreslaufs, die hervorbringende Fähigkeit des Weiblichen, die sterbende und zu neuem Leben erwachende Geschöpflichkeit in die kosmische Dimension. Nichts im matriarchalen Weltbild ist ohne Sinnbild und diesseitiges Erleben. Das macht den matriarchalen Glauben so überzeugend und in seinem letzten Kern unüberwindlich. Die Tod und Leben übergreifende Liebe gehört zur Erlebnisfähigkeit matriarchaler Männer und Frauen. Als Transzendenz einer erschütternden Diesseitserfahrung spiegelt sie sich im matriarchalen Kult.

In der patriarchalen Gesellschaft entspricht die Verdrängung der Frau aus der Öffentlichkeit und dem kulturellen Leben dem Verlust transzendenter Weiblichkeit. Die Unterwerfung der Frau in der patriarchalen Gesellschaft spiegelt sich im Jahwe-Kult, dessen die Geschlechtsliebe verteufelnde Polemik katastrophale Auswirkungen hat auf die Liebesfähigkeit des streng nach patriarchalen Gesichtspunkten erzogenen Menschen.

Wenn die arabisch-orientalische Psyche eine dauerhafte Liebe der Geschlechter nicht kennt, so ist das eine Folge der Patriarchalisierung ihrer Gesellschaften.

Die den Tod überwindende Liebe steht im Zentrum matriarchaler Gläubigkeit, und vielleicht kommen wir dem ursprünglichen Text noch etwas näher, wenn wir übersetzen:

> *„Stärker als der Tod ist die Liebe,*
> *Ihre Leidenschaft überwindet die Unterwelt!"* (HL 8.6b)

Die letzte Strophe verbindet sinnvoll den bisherigen Ablauf des Dramas mit dem Vollzug der Liebesfeier, die bevorsteht.

Wir haben die Herrin, die nach langer Zeit bereit ist, sich wieder zu zeigen, in ihren Gärten kennengelernt. Dort wird ihre Statue und die des Gottes von der Priesterin enthüllt. Die Preislieder auf das Wesen der Himmelskönigin und ihres Sohngeliebten leiten den Kult ein. Die Unterweltsfahrt des Gottes ist aktualisiert worden. Die Frage nach dem neuen Kultkönig ist beantwortet.

Die jugendliche Hohepriesterin und ihr königlicher Geliebter stehen nun vor der Gemeinde in all ihrer Pracht. Noch einmal rufen sie den Menschen das große Geheimnis ins Gedächtnis, das mit dem Kult der Liebe verbunden ist: Die Überwindung des Todes!

Damit ist der Augenblick gekommen, das Liebesfest zu begehen. Der „dritte Akt" des Kultdramas beginnt:

„Nun auf, meine Freundin,
Meine Schönste, und komm!
Denn siehe, der Winter ist vorbei,
Die Regenzeit ist vorüber und vergangen.
Die Blumen blühen im Lande,
Und der Ruf der Turteltaube erklingt.
Der Feigenbaum treibt seine Frühfrucht,
Und die Weinstöcke duften.
Die Zeit des Lobgesangs ist gekommen.
Nun auf, meine Freundin,
Meine Schönste, und komm!
Meine Taube in den Felsklüften,
Im Versteck der Bergwand,
Laß mich deinen Anblick schauen,
Laß mich deine Stimme hören,
Denn deine Stimme ist süß
Und dein Anblick ist lieblich." (HL 2.10-14)

Der Vergleich der Göttin mit der Taube hat viele Parallelen in anderen Kulturen, in denen wir der Taube als heiligem Vogel der Liebesgöttin begegnen.

Die Gemeinde fordert die Priesterin zum Tanz auf. Sie wissen ihren Namen:

„Tanze, Sulamith, tanze!
Tanze, daß wir dich schauen!" (HL 7.1)

Die Priesterin fragt zurück, ob die Gemeinde wohl weiß, wo der Ursprung des Kulttanzes ist, den sie jetzt tanzen wird:

„Was sehet ihr an Sulamith?"

Sie kennen alle den traditionellen Kultort Israels – Mahanaim. So antworten sie:

„Den Reigen von Mahanaim!"

Und während die Priesterin tanzt, preist der Priester ihre Schönheit:

„Wie schön sind deine Schritte in den Sandalen,
Du Fürstentochter!
Dein Schoß ist ein runder Becher,
Dem es niemals mangelt an Getränk,
Dein Leib ist ein Weizenhaufen,
Von Lilien umsäumt.
Deine Brüste gleichen jungen Rehzwillingen.
Dein Hals ist ein elfenbeinerner Turm,
Dein Haupt auf ihm wie der Karmel,
Deine Augen sind wie die Teiche zu Hesbon
Am Tore von Beth Rabbim.
Deine Nase ist wie der Turm auf dem Libanon,
Der nach Damaskus schaut.
Die Flechten deines Haares leuchten wie Purpur.
Der König ist in deinen Fesseln verstrickt." (HL 7.1-6)

Die Bildsprache der altjüdischen Liebeslyrik ist für uns ungewohnt, doch erweist gerade sie die originale hebräische Dichtung. Jede Herleitung und Interpretation des Textes aus anderen Kulturkreisen schafft nur Verwirrung. Der „Reigen von Mahanaim" erinnert an den Kultort, der bereits mit Jakobs Gotteserlebnis verbunden ist[24]; dort ist Sauls Nachfolger zum König von Israel gesalbt worden.[25]

Daß die Priesterin nackt tanzt, daran ist gar kein Zweifel. Der Streit, ob mit der „Sulamithin" Abisag von Sunem gemeint ist, erscheint mir müßig. Ihr Name verbindet sich sinnvoll der Nennung des Königsnamens Salomo. Auch die fürstliche Priesterin wird in den Textstellen, die zur Feier dieses bestimmten Paares

24 1. Mose 32.2-3
25 2. Samuel 2.8

eingeschoben sind, mit ihrem persönlichen Namen angeredet.

Nach dem Tanz beginnt das Heilige Mahl. Die priesterliche Königin lädt den König ein:

„Bis zum Tageswehen
Bis zum Schwinden der Schatten
Tafele!
Tu es gleich der Gazelle, Liebster,
Oder dem Junghirsch in den Bergen des Wohlgeruchs."
(HL 2.17)

„Die Bilder waren jedem antiken Leser klar!"[26] meint Hartmut Schmökel. Der Geliebte wird zum festlichen Mahl geladen, er soll sich bis zum Morgen an der Liebe ergötzen, zwischen ihren Brüsten ruhen – „nichts anderes kann mit den ‚Bergen des Wohlgeruchs' gemeint sein".

Beim Festmahl sprechen die beiden Menschen von ihrer Liebe, preisen gegenseitig ihre Vorzüge.
Der Priester spricht:

„Einer Stute vor Pharaos Wagen
Vergleiche ich dich, meine Freundin.
Wie lieblich sind deine Wangen mit den Perlenschnüren,
Dein Hals mit den Muschelketten!
Goldschnüre wollen wir dir machen
Mit silbernen Perlen." (HL 1.9-11)

Die Priesterin antwortet:

„Meine Narde gibt ihren Duft,*
Solange der König an der festlichen Tafel lagert.
Ein Bündel Myrrhe ist mir mein Liebster,
Der zwischen meinen Brüsten ruht,
Eine Cypertraube ist mein Geliebter
Aus den Weinbergen des Engedi." (HL 1.12-14)

Der Priester:

26 H. Schmökel, „Heilige Hochzeit ...", S. 99
* Wohlriechendes Kraut

„Du bist die Blume von Saron,
Die Lilie der Senken,
Wie die Lilie unter Dornen,
So ist meine Freundin unter den Mädchen.

Die Priesterin:

„Wie der Apfelbaum unter den Wildbäumen,
So ist mein Geliebter unter den Jünglingen.
In seinem Schatten möchte ich sitzen,
Und seine Frucht ist meinem Gaumen süß!“ (HL 2.1-3)

Der Priester:

„Ein verschlossener Born ist meine Schwester,
Ein versiegelter Quell,
Die Gewächse des Hains
Sind Granatäpfel mit köstlichen Früchten.
Safran, Würzrohr und Zimt
Samt allen Weihrauchhölzern,
Narde, Myrrhe und Aloë
Samt allen kostbaren Balsamen!

Die Priesterin:

„Der Quell meines Gartens
Ist der Born lebendigen Wassers,
Das da herabströmt vom Libanon.
Wach auf, Nordwind,
Und komm herbei, Südwind,
Durchwehe meinen Garten,
Daß seine Düfte strömen.
Es komme mein Liebster
In seinen Garten und esse
Seine köstlichsten Früchte!“ (HL 4.12-16)

Die Frau fordert ihren Geliebten zur Liebe auf, und der Kultpriester antwortet:

„Ich komme in meinen Garten, meine Schwester,
Ich pflücke mir Myrrhe und Balsam,

Ich esse meine Wabe mit Honig,
Trink meinen Wein und die Milch.
Eßt Gefährten, und trinkt
Und berauscht euch an der Liebe!" (HL 4.12-5.1)

Das festliche Mahl gilt als wichtige Vorfeier zur Heiligen Hochzeit, „ist doch das gemeinsame Essen und Trinken ein sich angemessen darbietendes Symbol der unio, deren Vollzug in jenem" (!) – dem matriarchalen – „Glaubensbereich eine so grundlegende Bedeutung hatte."[27]

Priesterin und Priester sitzen einander gegenüber, feiern das Festmahl und leiten durch ihr Liebesgespräch zur Heiligen Hochzeit hinüber. Die Wechselreden steigern sich vom Preis der Schönheit und vom Kosewort bis hin zu inbrünstigem Liebesbekenntnis und heißer Zärtlichkeit, die der Vereinigung zudrängt. Das kultische Liebesmahl wird im Bildmaterial des Alten Orient außerordentlich häufig dargestellt.

Das Bild des heiligen Gartens, in den der „heilige Born lebendigen Wassers herabströmt", ist Symbolsprache für die allgegenwärtigen Kräfte männlicher und weiblicher Zeugungskraft. Sie begegnet uns in Ägypten, sie findet sich in einem mythologischen Ras-Schamrah-Text, in dem es heißt: „Ich mache ihr Feld zu einem Weingarten, das Feld ihrer Liebe zu meinem Garten." Dasselbe Bild findet sich in der Bibel: „Und Gott der Herr ließ aufwachsen aus der Erde allerlei Bäume, lustig anzusehn und gut zu essen, und den Baum des Lebens mitten im Garten ... und es ging von Eden ein Strom, zu wässern den Garten" – Bilder aus der matriarchalen Kultsprache! Noch die Propheten verwenden die Liebessymbole des matriarchalen Kultes: „Und am Strom, am Ufer auf beiden Seiten, werden allerlei fruchtbare Bäume wachsen, und ihre Blätter werden nicht verwelken noch ihre Früchte ausgehen; und sie werden alle Monate neue Früchte bringen; denn ihr Wasser fließt aus dem Heiligtum."[28] Der Garten und sein Wasser verheißen das immer wiederkehrende Leben.

Safran, Zimt und Würzrohr sind Bestandteile des heiligen Salböls.[29] Gebräuche, die in der matriarchalen Kultpraxis ihre Wurzel haben, werden übernommen, ihre Herkunft wird verges-

27 H. Schmökel, „Heilige Hochzeit ...", S. 100
28 Hesekiel 47.12
29 2. Mose 30.23

sen, und schließlich werden sie als Bestandteil patriarchaler Sitten verstanden und gedeutet. In den Apokryphen findet sich ein Text, der mit der matriarchalen Kultliturgie des Hohenliedes eng verwandt ist:

„Ich bin hochgewachsen wie eine Zeder auf dem Libanon und wie eine Zypresse auf dem Gebirge Hermon. Ich bin aufgewachsen wie ein Palmbaum am Wasser und wie die Rosenstöcke, die man zu Jericho zieht ... Ich gab lieblichen Geruch von mir wie Zimt und köstliche Würze und wie die beste Myrrhe, ich breitete meine Zweige aus wie eine Eiche, und meine Zweige waren schön und lustig. Ich sproßte lieblich wie der Weinstock, und meine Blüte brachte herrliche Frucht. Kommt her zu mir alle, die ihr mein begehrt und sättigt euch an meinen Früchten! Mein gedenken ist süßer denn Honig, und mich haben süßer denn Honigseim. Wer von mir ißt, den hungert immer nach mir, und wer von mir trinkt, den dürstet immer nach mir. Wer mir gehorcht, der wird nicht zu Schanden, und wer mir folgt, wird unschuldig bleiben."[30]

Die erotische Sprache wird spiritualisiert und zur Allegorie verfremdet. Im Bild des befruchtenden Wassers wird symbolisch der „Verstand", das „Gesetz des Mose", die „Weisheit" gesehen: „Ich aber ging hervor wie ein Bächlein aus dem Strom und wie eine Wasserleitung in den Lustgarten. Ich sprach: ‚Ich will wässern meinen Garten!'" Die liturgische Sprache des matriarchalen Kulttextes ist unverkennbar.

Die männliche Zeugungskraft im Bilde des befruchtenden Windes begegnet uns in den ältesten Schöpfungsmythen der Menschheit. „Wach auf, Nordwind, und komm herbei, Südwind, durchwehe meinen Garten!" spielt ganz unmittelbar auf den Vollzug der Liebe an, und die Priesterin ist in diesem Liebesgespräch allein die aktiv Werbende.

„Der Erlöste", sagt Hartmut Schmökel, „ist Gottmensch, er steht in der Rangordnung weit unter der Herrin Ištar, die bis zum Range einer Königin des Himmels aufsteigt; so mag er zwar rühmen und werben, die Entscheidung aber, auch im Liebeshandel, kommt der Ištar zu."[31] Immer wieder weicht Hartmut Schmökel der Konsequenz aus, daß die israelitische Himmels-

30 Auszug aus Kap. 24 des Buches von Jesus Sirach, das in den alttestamentlichen Apokryphen steht, von denen Luther sagt, sie seien Bücher, der heiligen Schrift nicht gleichzuhalten, aber nützlich zu lesen.

31 H. Schmökel, „Heilige Hochzeit ...", S. 86 f.

königin, die Anat-Ašerat, gemeint ist.

Der Kultkönig gibt seiner Ergriffenheit Ausdruck:

„Du hast mich verhext, meine Schwester
Mit dem Strahl deiner Augen,
Mit den Locken deines Nackens!
Wie schön ist deine Liebe, meine Schwester,
Wieviel besser ist deine Liebe als Wein
Und der Duft aller Salben und Wohlgerüche.
Von Honig triefen deine Lippen,
Sahne ist unter deiner Zunge,
Und deine Kleider haben Libanonduft." (HL 4.9-11)

„Eine Göttin, und noch dazu die Herrin der Liebe, wird gepriesen, ein Gott besingt sie, und ein erwählter Priester ist es, der in feierlicher Kulthandlung diese Texte rezitiert"[31a], sagt Schmökel, und er weist jene Exegeten zurück, die versuchen wollen, solche Texte für eine Bauernhochzeit in Anspruch zu nehmen.

Die Schwester ist angesprochen, die göttliche Geliebte. Schmökel zieht den Ištar-Kult zum Vergleich heran. Dem israelitischen Kult viel näher liegend ist der Vergleich mit Anat, die die Schwester ihres Geliebten Ba'al ist. Und hat nicht auch Davids Tochter Tamar mit ihrem Bruder Amnon geschlafen?

„Mein Liebster ist mein
Und ich bin sein,
Der in den Lilien weidet." (HL 2.16)

„In den Lilien weiden" umschreibt den Geschlechtsakt. Der Bildvergleich wird gewählt, da die Lilien im Kult der Liebesgöttin eine besondere Bedeutung gehabt haben.

Der Priester steigert jetzt den Lobpreis seiner Kultbraut:

„Schön bist du, meine Freundin wie Tirza,
Lieblich wie Jerusalem.
Dein Haar gleicht einer Ziegenherde,
Die von Gilead herabwallt.
Deine Zähne sind wie eine Herde von Mutterschafen,
Die aus der Schwemme steigen,

31a H. Schmökel, „Heilige Hochzeit ...", S. 86 f.

Alle zwillingsträchtig,
Keine von ihnen unfruchtbar.
Wie eine Spalte des Granatapfels
Sind deine Wangen durch deinen Schleier hindurch.
Sechzig sind die Königinnen
Und achtzig die Nebenfrauen,
Die Mädchen sind ohne Zahl.
Einzig ist sie, meine Taube, meine Fehllose allein.
Mädchen sahen sie und priesen sie
Königinnen und Nebenfrauen rühmten sie." (HL 6.4-9)

Die Priesterin wird mit den israelitischen Städten Tirza und Jerusalem verglichen, ihr Haar mit dem israelitischen Gebirge Gilead. Diese Bilder beweisen, daß das Hohelied ureigenstes Kultgut Israels ist. Die Wangen der Braut werden dem Granatapfel gleichgesetzt, der kultischen Liebesfrucht der Himmelskönigin, mit denen Aaron, der Kultpriester, seinen Mantel gesäumt hat.

Die sechzig Königinnen und achtzig Nebenfrauen und die Mädchen ohne Zahl interpretiert Schmökel im Vergleich mit dem Ištarkult als die Zahl der Priesterinnen.[32] Selbstverständlich hat man auch versucht, auf Salomos angeblich so großen Harem zu schließen, eine Interpretation, die sich eng an diese in der Endredaktion gebotene Wortwahl hält. Die Königinnen und Nebenfrauen sollen verschleiern, daß ursprünglich im Text von Priesterinnen die Rede gewesen ist.

Bei „Mutterschafen" will Schmökel an Inanna-Ištar als Herrin der heiligen Herden denken. Warum denkt er nicht an Rahel, deren Name „Mutterschaf" bedeutet?

In seinem dritten Preislied wiederholt und steigert der Priester seinen Lobgesang auf die Geliebte:

„*Wahrlich, du bist schön, meine Freundin,*
Deine Augen sind wie Tauben,
Dein Haar ist wie eine Ziegenherde,
Die vom Gebirge Gilead herabwallt.
Deine Zähne wie eine Herde Neugeschorener,
Die aus der Schwemme steigen,
Alle zwillingsträchtig,
Keine unter ihnen unfruchtbar,

32 H. Schmökel, „Heilige Hochzeit ...", S. 89

Wie ein Scharlachband sind deine Lippen
Und dein Mund ist lieblich.
Wie eine Spalte vom Granatapfel ist deine Wange
Durch deinen Schleier hindurch.
Wie der Davidturm ist dein Hals
Lotrecht erbaut.
Tausend Schilde hängen an ihm,
Alles Tartschen der Helden.*
Deine Brüste sind wie zwei Böckchen,
Zwillinge der Gazelle. (HL 4.1-5)
Alles an dir ist schön, meine Freundin,
Und kein Makel ist an dir." (HL 4.7)

Die Erwähnung des „Davidturms" kann nicht besagen, daß das Lied zu Davids oder späteren Zeiten entstanden sei, wohl aber, daß es zur Königszeit gesungen und im Laufe der Jahrhunderte überarbeitet worden ist.

Das Mahl neigt sich dem Ende zu, und die königliche Geliebte läßt ihren Freund wissen, daß sie sich nach der Vereinigung sehnt:

„*Ich bin meines Liebsten,*
Und nach mir steht sein Verlangen!" (HL 7.11)

Im matriarchalen Kultlied lockt, wirbt und ruft zuerst die Frau den Mann, und davon dürfen wir auf die matriarchale Gesellschaftspraxis schließen. Im Hohenlied *antwortet* der Priester auf die Liebeswerbung der Priesterin:

„*Wie schön bist du und wie lieblich,*
Du Geliebte, du Wonnevolle!
Dein Wuchs gleicht der Dattelpalme
Und deine Brüste den Trauben.
Ich dachte: Ich will die Palme besteigen,
Fassen nach ihren Rispen.
Deine Brüste seien mir wie Trauben
Und dein Hauch wie Äpfel,
Dein Kuß wie edler Wein,
Der meinem Kuß begegnet
Und Lippen und Zähne mir netzt." (HL 7.7-10)

* altertümlicher Schild

Frauengestalten mit dem Namen Tamar/Palme haben im Alten Testament eine stark erotische Bedeutung, wenn auch die deuteronomistische Redaktion nichts von ihrer ursprünglich kultischen Funktion überliefert hat.[33]

Die Priesterin hat das Bedürfnis, ihren Gespielinnen und Freundinnen, der ganzen Gemeinde von ihrem Glück zu sagen:

„Seine Schönheit ist Süßigkeit,
Er ist ganz und gar Wonne.
So ist mein Geliebter,
So ist mein Freund,
Ihr Töchter Jerusalems." (HL 5.16)

Seit der Kult der Heiligen Hochzeit in den Tempeln gefeiert wird, befindet sich das Brautgemach in einem hinteren Tempelteil oder auf der Spitze des Tempelturms.[34] Der folgende Liedtext stammt aus alten Zeiten, in denen der Kult noch im Heiligen Hain gefeiert worden ist und eine Laubhütte als Brautgemach diente.

„Horch! Mein Liebster, sieh da kommt er.
Er springt über die Berge, hüpft über die Hügel.
Sieh, schon steht er hinter der Wand,
Schaut durch's Fenster, blickt durch's Gitter!" (HL 2.8-9)
Komm nur, mein Liebster, laß uns hinausgehen in die Flur,
Nächtigen im Weinberg,
Früh wollen wir aufsteh'n und schau'n,
Ob der Weinstock treibt,
Ob die Weinblüten aufgehen,
Die Granatbäume blüh'n.
Dort will ich dir meine Liebe schenken.
Die Liebesäpfel spenden ihren Duft,
Und an unserer Tür sind allerlei köstliche Früchte,
Heurige und vorjährige, die ich dir,
Mein Geliebter, aufbewahrt habe." (HL 7.12-14)

Ob die Priesterin mit diesen Worten die Frühlingsnatur meint oder sich selbst in symbolischen Bildern darbietet, als sich öff-

33 Vergl. meine Ausführungen S. 142 f. zu 1. Mose 38.6-30 und S. 261 f. zu 2. Samuel Kap. 13
34 H. Schmökel, „Heilige Hochzeit ...", S. 104

nende Blüte, als duftende Frucht, ändert nichts am Verständnis des Liebesliedes: Die Geliebte ist bereit, sich ihrem Freund hinzugeben.

Die „Liebesäpfel", die „dudaim", sind Mandragorafrüchte, kleine, rötliche, giftige Früchte der Alraunwurzel, die im Alten Orient als Aphrodisiakum gedient haben. Sie sind auch in Israel seit uralter Zeit belegt. Der Kult ist nicht durch Fremdberührung eingeführt worden. Auch Ruben brachte seiner priesterlichen Mutter Lea Liebesäpfel zur Zeit der Weizenernte, um mit ihr die Heilige Hochzeit zu feiern – ein Zusammenhang, den die Bibel gern verschleiern möchte.[35]

„Der heute in Strophen anderen Zusammenhangs bis fast zur Unauffindbarkeit verborgene Text führt uns bis unmittelbar an das zentrale Geschehen des lebenschaffenden Ištar-Tammuz-Ritus"[36], sagt Hartmut Schmökel. Er kritisiert die Verschleierungsmethoden der alttestamentlichen Endredaktion. Er selbst aber verschleiert durch den ständigen Verweis auf den Ištar-Tammuz-Ritus, daß die matriarchale Kultpraxis ihren festen Sitz in der gesellschaftlichen Tradition des alten Israel gehabt hat. Alle Landschaftssymbole nennen Gebirge, Flüsse und Oasen Palästinas und beheimaten damit das Hohelied eindeutig in Israel.

Die Empfängnis des Einen, des auserwählten Sohnes im Tempel, die Begegnung der „jungfräulichen" Priesterin mit dem „Mann Gottes" zieht sich in verschleierter Form wie ein roter Faden durchs Alte Testament. Wenn wir tatsächlich Entsprechungen und eindeutige Parallelen mit dem Ištarkult auffinden können, beweist das lediglich die Allgegenwärtigkeit und hinsichtlich der Kultsprache auch die Übereinstimmung der matriarchalen Rituale im Vorderen Orient.

Auch Inanna-Ištars Geliebter stirbt in jedem Jahr und wird von der Göttin zu neuem Leben erweckt, mit heiligem Salböl gesalbt, mit einem roten Festgewand bekleidet und als Bräutigam, als Buhle der Hohen Herrin[37] zum Liebesfest geleitet. Das Ištar-Ritual hat mit dem Hohenlied fast wörtlich übereinstimmende Strophen, wie den folgenden sumerischen Text:

„Nach Uruk habe ich die Hochzeitsgeschenke gebracht,

35 1. Mose 30.14 ff.; s. S. 146
36 H. Schmökel, „Heilige Hochzeit ...", S. 109
37 Henry Genouillac, „Textes religieux sumériens", I.10

Die heiligen Lippen habe ich geküßt,
Den heiligen Schoß,
Den heiligen Schoß der Inanna
Habe ich ergötzt."[38]

Und die Priesterin erinnert sich:

„*Mit deiner Rechten hast du meinen Schoß liebkost,*
Deine Linke hast du an mein Haupt geführt,
Hast deinen Mund an meinen Mund gepreßt,
Meine Lippen an dein Haupt gepreßt,
Und doch verflucht hast du mich ..."

Diese Zeile spielt auf die Doppelgesichtigkeit der lebensschaffenden Liebe an, die immer wieder in den Tod münden muß.

„*Mein Geliebter, der mit Üppigkeit angetan,*
Der mit Üppigkeit angetan, deine Reize sind süß!
Mein Granatapfel, der mit Üppigkeit angetan,
Deine Reize sind süß.
Mein Granatapfel, der reiche Früchte trägt,
Deine Reize sind süß."[38]

Unverkennbar sind Stimmung, Sinn und Inhalt in einigen Textstellen des Hohenliedes wiederzufinden:

„*Tränke mich mit den Küssen deines Mundes,*
Denn besser als Wein ist deine Liebe.
Ausgegossene Salbe ist dein Name,
Drum lieben dich die Mädchen.
Zieh mich an dich, laß uns eilen,
Bring mich, o König, in deine Kammer!
Wir wollen froh sein und uns deiner freun,
Mehr als am Wein uns berauschen
An deiner Liebe. (HL 1.2-4)
...
Schön ist mein Liebster, ach so wonnig!
Die Balken unseres Hauses sind Zedern,

38 A. Falkenstein, „Compte rendu dela troisieme rencontre assyriologique international", S. 53 und 61 f.

Seine Täfelung sind Zypressen.
Ach, grün ist unser Lager! (HL 1.16-17)
...
Seine Linke liegt unter meinem Haupte,
Seine Rechte liebkost mich.
Ich beschwöre euch, ihr Töchter Jerusalems,
Bei den Gazellen und Hirschkühen des Feldes:
Daß ihr nicht stört,
Daß ihr ja nicht störet die Liebe,
Bis es ihr selbst gefällt.“ (HL 2.6-7)

Diese Formel wiederholt der Priester:

„Ich beschwöre euch, ihr Töchter Jerusalems,
Bei den Gazellen und Hirschkühen des Feldes:
Daß ihr meine Freundin nicht aufweckt noch regt,
Bis es ihr selber gefällt.“ (HL 3.5)

Abschließend – während das Heilige Paar sich der Liebe hingibt – erklingt das Echo des Chores:

„Ich beschwöre euch, Töchter Jerusalems,
Daß ihr die Liebe nicht aufweckt noch stört.
Bis es ihr selbst gefällt.“ (HL 8.4)

Während sich die Strophe 2.6 wörtlich im sumerischen Kultgesang wiederfindet, gemahnt die Beschwörungsformel „bei den Gazellen und Hinden“ an eine im Koran gebräuchliche Eidesformel.[39]

Auch wenn die Anrufung der „Töchter Jerusalems“ eine nicht wörtlich zu nehmende Prunkformel ist, die durchaus auch bei der Feier der Heiligen Hochzeit an anderen Kultorten Israels denkbar ist, so beweist sie doch die Beheimatung des Hohenliedes in der Tradition Jerusalems selbst.

Die „Töchter Jerusalems“ sind von der alttestamentlichen Endredaktion als Deckname zur Verschleierung der im Urtext genannten Jahwepriesterinnen benutzt worden. Hartmut Schmökel sieht hinter diesem „Prunknamen“ ... die „durch ihn verhüllten Dienerinnen oder Gefährtinnen“ der Prieste-

39 Vergl. „Das Hohelied“, übersetzt und erklärt von Helmer Ringgren, S. 263

rin.[40]

Um seines Namens willen wird der Gott von den Mädchen geliebt (HL 1.3), eine Anspielung darauf, daß der Gott „der Liebling der Frauen“ genannt wird. „Liebling der Frauen“ ist geradezu eine Umschreibung für den matriarchalen Frühlingsgott. Im Alten Testament findet sich eine Stelle, die direkt darauf Bezug nimmt[41]: Um die Hybris eines verhaßten Fürsten zu beschreiben, sagt Daniel: „Er achtet die Götter seiner Väter nicht, er achtet den Liebling der Frauen nicht noch irgendeinen anderen Gott. So überheblich ist er.“ Luther übersetzt die kritische Stelle: „Er wird weder Frauenliebe noch irgendeines Gottes achten.“[41] Es besteht heute kein Zweifel daran, daß diese Lutherübersetzung falsch ist.[42] Die Niederschrift des Danieltextes wird auf die Zeit von 165 bis 145 v. Chr. angesetzt. Schmökel schreibt mit Bezug auf diesen Danieltext: „Es besteht Übereinstimmung der Forschung darin, daß auch hier die Gestalt des Adonis-Tammuz als des ‚Lieblingsgottes der Frauen‘ gemeint ist.“[43] Die Textstelle aus dem Danielbuch ist ein Beleg für den Bestand der matriarchalen Kultpraxis um die Zeitenwende.

Auf der anderen Seite ist das hohe Alter des Hohenliedes bewiesen durch Sprachelemente, die in den Richtertexten Parallelen finden.[44] „Bei den durch neuere Funde immer mehr erhellten Beziehungen, die seit dem dritten Jahrtausend zwischen Mesopotamien und Syrien-Palästina bis nach Ägypten hin bestanden, kann eine Bekanntschaft mit dem zugrundeliegenden mythischen Stoff im kanaanäischen Gebiet schon für sehr alte Zeit vorausgesetzt werden, und seine kultisch-mimische Agierung braucht nicht jünger zu sein. Nichts steht im Wege, ein Ur-Hoheslied im kanaanäischen 2. Jahrtausend anzunehmen, und in jedem Fall verweist der mythische Gesamtgehalt zunächst eher in den kanaanäischen als in den israelitischen Bereich“[45], sagt Hartmut Schmökel. Wo aber sollen die Israeliten, die hier als etwas Besonderes ausgegrenzt werden, hergekommen sein, wenn nicht aus Mesopotamien oder Ägypten, falls nicht einige der später

40 H. Schmökel, „Heilige Hochzeit ...“, S. 109
41 Daniel 11.37
42 Aage Bentzen, „Daniel“, Handbuch zum AT, herg. von O. Eißfeldt, I.19, S. 51
43 H. Schmökel, „Heilige Hochzeit ...“, S. 34
44 ebd. S. 42
45 ebd. S. 124

zum Israelitischen Stämmeverband zusammengeschlossenen Gruppen bereits seit Urzeiten in Kanaan ansässig gewesen sind?

Noch im nachexilischen Jerusalem bezeugt der Prophet Sacharja indirekt die Begehung der Heiligen Hochzeit. Er nennt den matriarchalen Gott Hadad-Rimmon und weiß um dessen kultische Verehrung. Wir schreiben etwa das Jahr 520 v. Chr., als der aus Babylon nach Jerusalem zurückgekehrte Prophet sagt: „An jenem Tage wird groß sein die Klage um Jerusalem, wie die Klage um Hadad-Rimmon in der Megiddo-Ebene."[46] „Daß es sich um einen Gott, nicht um den Namen einer Stadt in der Megiddo-Ebene handelt, ist längst bekannt."[47] In der Megiddo-Ebene muß es einen uralten Kultort gegeben haben, wo das Sterben des Gottes rituell begangen wurde. Mit dieser Vorstellung verknüpfte sich noch der Tod des Königs Josia, der in der Megiddo-Ebene im Kampf gegen den Pharao Necho starb. „Und Jeremia beklagte Josia, und alle Sänger und Sängerinnen redeten in ihren Klageliedern über Josia bis auf diesen Tag und machten eine Gewohnheit daraus in Israel."[48] Überall, wo das Sterben eines Gottkönigs mit Klageliedern kultisch begangen worden ist, ist auch seine Wiedergeburt in der Heiligen Hochzeit gefeiert worden. Noch Josia wird in Kultliedern als der matriarchale Gottkönig beklagt.

Die Heilige Hochzeit wird von modernen Forschern und Wissenschaftlern als der „größte aller religiösen Kulte des Altertums" bezeichnet.[49] Einigkeit besteht jedoch darüber, daß die Frau *nur im Kult* jene bevorzugte Stellung gehabt habe, während die gesellschaftliche Praxis patriarchal gewesen sei.

Hartmut Schmökel verwendet dieses Argument sogar zur Bestätigung dafür, daß es sich im Hohenlied um einen Kulttext handeln müsse: „Das Hervortreten des Mädchens als des mit Vorrang sprechenden, fast ausschließlich handelnden, stets bestimmenden und fordernden Teils widerspricht schlechterdings allem, was über Stellung und Rechte der jungen, sich zu Liebe und Ehe rüstenden Israelitin bekannt ist, paßt dagegen durchaus zu der hervorragenden Stellung der Ištar im altorientalischen

46 Sach. 12.11
47 H. Schmökel, „Heilige Hochzeit ...", S. 33, Anm. 3
48 2. Chr. 35.25
49 Heinz Lenzen, „Die Sumerer", S. 12; A. Falkenstein, in: Bibliotheca Orientalis, Leiden 1948/5, S. 93

Pantheon und ihrer Rolle im Tammuzmythos, der, wie es nach den neuesten Forschungsergebnissen scheint, dem Dumuzi-Tammuz zunächst nur die Rolle eines *Menschen*, eines irdischen Königs, zuweist."[50] Dieses Zitat beweist, wie sehr patriarchale Forschung schon von der Fragestellung, vom Ansatz her, durch Vorurteile belastet ist: Die „frei über sich selbst verfügende Frau im Himmel", aber nicht auf Erden (!) scheint ein Schutzmechanismus zu sein, mit dem das patriarchale Bewußtsein sich gegen den Durchbruch der Erkenntnis abschirmt, daß es einmal eine matriarchale *Gesellschaftspraxis* gegeben hat.

Es gibt keine Herrin im Himmel, die sich einer freien Liebessprache bedient, ohne die entsprechende Gesellschaftspraxis auf Erden. Patriarchate auf Erden projizieren den Vatergott an den Himmel. Patriarchal definierte „Jungfräulichkeit" verdrängt matriarchale Jung-Fraulichkeit – etwa die liebesselige Jungfrau Anat – aus dem Himmel. Die Herrin im Himmel weicht der „Magd Gottes".

Die Verwirrung wird groß, wenn versucht wird, mit dem vom patriarchalen Bewußtsein definierten Gottesbegriff die „Rolle des Tammuz" zu verstehen, der „nur" ein Mensch, ein irdischer König ist, der Menschensohn der matriarchalen Himmelskönigin.

Der matriarchale Gott ist sterblich. Er hat keine kosmische Funktion.

Die moderne Forschung kann von der Begriffswelt des abendländischen Bewußtseins nicht abstrahieren: Gott muß allmächtig sein und kosmische Funktion haben – andernfalls ist er „nur Mensch"!

Die Frau muß schweigen und die Werbung des Mannes passiv abwarten – andernfalls ist sie keine Frau!

„Die in den Texten festgestellte offene erotische Sprache im Munde des Mädchens und insbesondere die Bezugnahme auf stattgefundene Liebesvereinigung mit dem Buhlen ist für ... die Braut des israelitischen Palästina undenkbar, stimmt aber mit Art und Auftreten Ištars, der ‚Hierodule der Götter', völlig überein."[51]

Welch ein Widerspruch! Das israelitische Volk, das die Sexualität seiner Frauen unterdrückt, kanalisiert und eingeschüchtert

50 H. Schmökel, „Heilige Hochzeit ...", S. 119
51 ebd. S. 119

hat, sollte einen Kult gepflegt haben, der die Liebesfähigkeit der Frau in ihrer schönsten Entfaltung zum Ausdruck bringt?

Der Ritualtext läßt keinen Zweifel daran, daß die ganze Kultgemeinde aktiv an der Heiligen Hochzeit teilgenommen hat. Der liturgische Gesang ist ein Wechselspiel zwischen Priesterin, Priester und Chor. Auf dem Höhepunkt der Handlung fordert der Priester die Gemeinde auf: „Eßt, Gefährten und trinkt und berauscht euch an der Liebe!"[52]

Die Beschwörungsformel: „Störet nicht die Liebe!" wird abschließend vom Chor aufgenommen. Mit Sicherheit bitten die „Töchter Jerusalems" nun auch in eigener Sache, daß man ihrer aller Liebe nicht stören möge. Sie haben teil an dem entscheidenden Ereignis ihres Glaubens und Kultes. Davon geht – widersprüchlicherweise – auch Hartmut Schmökel aus: „Wir werden folgern dürfen, daß sie das gleiche Ungestörtsein auch für ihre eigene Liebesstunde im Rahmen des Ištarfestes beanspruchen."[53]

Wenn es indessen zuträfe, daß für die israelitische Frau die Sprache des Hohenliedes undenkbar wäre, könnte sie am Kult der Heiligen Hochzeit nicht teilgenommen haben. Sie könnte die Chöre nicht mitgesungen und schon gar nicht ihre eigene Liebesstunde im Rahmen der Heiligen Hochzeit gefeiert haben. Da aber gerade die Beteiligung der Kultgemeinde am Vollzug der Heiligen Liebe bezeugt ist, müssen wir eine dem Kult entsprechende Gesellschaftspraxis voraussetzen, die das Selbstbestimmungsrecht der Frau und eine dem matriarchalen Bewußtsein gemäße Auffassung von Liebe und Sexualität zur Grundlage hat.

Erst die frauenverachtende Gesetzlichkeit des Deuteronomisten verlangt, daß Frauen, die vor der Ehe Geschlechtsverkehr gehabt haben, oder gar solche, die bei ehelicher Untreue ertappt werden, gesteinigt werden sollen. Auf diese biblische Überlieferung stützt sich die Auffassung von der strengen Zucht, der die Israelitin unterworfen gewesen sei. Erst das deuteronomistische Geschichtswerk nennt rückwärtsblickend die matriarchalen Kulte „Greuel" und die Heilige Hochzeit „Hurerei". Es verurteilt die Priester, „daß sie schliefen bei den Weibern, die da dienten vor der Tür der Hütte des Heiligtums".[54] Es stellt mit Ge-

52 s. S. 294, Textstelle HL 5.1
53 H. Schmökel, „Heilige Hochzeit ...", S. 109
54 1. Sam. 2.22

nugtuung fest, daß König Josia (639 bis 609 v. Chr.) die matriarchalen Kulte bekämpft: „Er ließ das Ašerabild aus dem Hause des Herrn führen hinaus vor Jerusalem an den Bach Kidron und verbrannte es zu Staub und warf den Staub auf die Gräber der gemeinen Leute, und er brach die Häuser der Hurer ab, die am Hause des Herrn waren, darin die Weiber wirkten Gewänder für die Ašera ... und verunreinigte die Höhen, da die Priester räucherten."[55]

Dessen ungeachtet ist die Zeit der Könige eingebettet in die matriarchale Geisteswelt, und während die Priester und Propheten gegen die Tempelkulte zu Ehren der Himmelskönigin polemisieren, bedient sich die prophetische Sprache weiterhin der Bilder, die der matriarchalen Kultsprache entnommen sind.[56] Noch hat sich die Sprache aus dem Hintergrund des matriarchalen Bewußtseins nicht gelöst. Der gesellschaftliche Umbruch hat Jahrhunderte gedauert und ist unter erbitterten Kämpfen abgelaufen.

Das weitverbreitete Vorurteil, es seien die matriarchalen Tempelkulte der Anlaß zu sexuellen Ausschweifungen gewesen, wird durch das Hohelied widerlegt. Seine Sprache vermittelt uns matriarchales Lebensgefühl: Für Mann und Frau sind Liebe und Sinnengenuß ein heiliges Erlebnis. Sie überschreiten sich selbst, steigern sich in göttliche Ekstase und werden der schöpferischen kosmischen Lebenskraft teilhaftig.

„Die sakrale Hochzeitsfeier ist in ihrem Vollzug von so elementarer Wichtigkeit und dazu ein so hohes Mysterium, daß sie weder gestört noch angetastet werden darf."[57]

Die Heilige Hochzeit steht im Zentrum des matriarchalen Kultes. Mit ihr wird nicht nur eine Zeugung gefeiert, sondern die Wiedergeburt der gesamten erstorbenen Natur gewährleistet.

Die Liebe ist stärker als der Tod, und „hartnäckig wie die Unterwelt ist die Leidenschaft". (HL 8.6b)

Ohne Furcht kann sich der matriarchale Mensch den Dunkelseiten des Lebens überlassen, weil er um ihre Überwindung durch die Liebe weiß. Im weitesten Sinne kann alles Leid, alle Trübsal und jedes Unglück durch die Macht der Liebe besiegt werden. Das matriarchale Weltbild trägt den gläubigen Menschen durch alle Lebensängste hindurch, denn die Gewißheit

55 2. Kön. 23.7 f.
56 siehe dazu meine Ausführungen S. 347 ff.
57 H. Schmökel, „Heilige Hochzeit ...", S. 110

unendlicher Wiedergeburten tröstet ihn. Der Mensch vermag tiefste Dunkelheit zu durchschreiten, in der sicheren Hoffnung auf das kommende Licht, in der Zuversicht auf die Macht der Liebe.

Der patriarchale Mensch sucht die Widerstände und Mißlichkeiten des Lebens mit Gewalt zu überwinden, und der Krieg wird ihm zum Vater aller Dinge, der Krieger aber zum gesellschaftlichen Vorbild für ideale Männlichkeit.

Im patriarchalen Weltbild wird nicht mehr der alles durchflutenden Liebe die Kraft der Weltschöpfung zugetraut – der Schöpfungsakt wird zum abstrakten Werk eines einsamen Weltenherrschers.

Aus der allumfassenden Liebe wird Sexualität abgespalten, unterworfen und funktionalisiert. Die Feier der Heiligen Hochzeit verkommt – in der zerstörerischen Sicht des patriarchalen Bewußtseins – zur „kleinen Münze des Liebesrausches auf der Straße“[58]. „Die Verehrung des sterbenden und auferstehenden Gottes und seiner Geliebten, der ‚Großen Mutter‘, ein Glaube, der die letzten Rätsel und Ängste zu lösen versprach“[59], ist vergessen.

Doch das Hohe Lied der Liebe, das Lied der Lieder, behält seine literarische Bedeutung. Denker aller Zeiten sehen in seinen Strophen das Mysterium der Menschheit verschlüsselt.

Die Liebeslyrik einer versunkenen Epoche, die eigenartige Bilderwelt der altjüdischen Dichtkunst und die offene Liebessprache der freien matriarchalen Frau sind erhalten geblieben.

„Ich habe das Hohelied Salomos übersetzt, welches ist die herrlichste Sammlung Liebeslieder, die Gott erschaffen hat“, schreibt Goethe 1775 in einem Brief an Merck. Und in seinen Noten und Abhandlungen zum Westöstlichen Divan spricht Goethe von dem „Zartesten und Unnachahmlichsten, was uns vom Ausdruck leidenschaftlicher, anmutiger Liebe zugekommen.“

Bereits Goethe beklagt auch, „daß uns die fragmentarisch durcheinander geworfenen, übereinandergeschobenen Gedichte keinen vollen, reinen Genuß gewähren, und doch sind wir entzückt, uns in jene Zeit hineinzuahnden, in welchen die Dichtenden gelebt ...“

58 H. Schmökel, „Heilige Hochzeit ...“, S. 104
59 ebd. S. 27

Seine Zeit ist noch nicht reif für die Frage, was das für eine Zeit gewesen ist, in der die Frau ihrer Liebe einen derart leidenschaftlichen, zärtlichen und bilderreichen Ausdruck geben durfte. Aber das Gespür für das reinere, vom Agens der allesdurchpulsenden Liebe erfüllte Lebensgefühl, mag der Anlaß für die Faszination gewesen sein, mit der Dichter und Denker, Forscher, Prediger und Gelehrte aller Zeiten das Hohelied übersetzt, überarbeitet und immer wieder neu ausgelegt haben. Eine Bibliographie dieser Autoren würde allein ein umfangreiches Buch füllen.

Wer die bräutliche Liebessprache der Priesterin im Hohenlied als leidenschaftliche Ergriffenheit der menschlichen Seele von Gott interpretiert, kommt nicht in Konflikt mit dem Befremden und der Abwehr, die streng patriarchales Bewußtsein gegenüber einer werbenden Frau hat.

Viele aber haben das Hohelied – ohne jede allegorische Verfremdung – als schönste jüdische Liebeslyrik verstanden und nehmen trotzdem an der offenen Liebessprache der Braut keinen Anstoß. Eher löst das sehnsuchtserfüllte, leidenschaftliche Werben der Frau eine tiefe Erschütterung aus – als rühre die Sprache des Hohenliedes längst Vergessenes und Verdrängtes an – als würden plötzlich Reichtum und Reife einer Liebesbeziehung bewußt, in der gleichwertige Menschen – durch keine rigide Moral eingeschüchtert – ihre Gefühle frei zum Ausdruck bringen dürfen.

Die Krone, mit der seine Mutter ihn krönte

Zwei verschiedene Texte berichten in stark voneinander abweichender Weise von Salomos Krönung. Der eine steht im Hohenlied, den anderen verdanken wir dem deuteronomistischen Königsbuch. Im Hohenlied heißt es:

> „*Ihr Töchter Jerusalems,*
> *kommt und schaut an,*
> *ihr Töchter Zions,*
> *den König Salomo mit der Krone,*
> *mit der seine Mutter ihn krönte*
> *am Tage seiner Hochzeit,*
> *am Tage seiner Herzensfreude.*"[1]

Diese Textstelle ist in das zeitlose Kultlied eingeschoben, um Salomos Heilige Hochzeit, *sein* Thronbesteigungsfest zu feiern. Sein Name wird genannt. Salomo zieht herauf aus der Steppe, der unfruchtbaren Todeslandschaft, geschmückt mit der Krone, „mit der seine Mutter, Bath-Seba, ihn krönte". Der Kulttext spricht eine unmißverständliche Sprache.

Die Vorstellung, daß die königliche Herrin ihren Sohn zum König krönt, paßt nicht ins patriarchale Geschichtsbewußtsein. Der abendländische Mensch folgt daher bereitwillig jenen Interpreten, die „das für uns fremdartige Bild"[2] aus der gesellschaftlichen Wirklichkeit hinwegerklären.

Hartmut Schmökel verlegt die Krönung des Königs durch die Mutter in die Welt der Götter. Ištar sei als die Mutter ihres Geliebten Tammuz aufgefaßt worden. Die Göttin Ninsuna singe:

> „*Ich bin Ninsuna, die Mutter des Herrn,*
> *Die Mutter des hohen Jünglings.*

1 HL 3.11
2 H. Schmökel, „Heilige Hochzeit ...", S. 94

Geštinanna, die Herrin, bin ich."[3]

Die Göttin sei überall nicht nur die Geliebte und Schwester, sondern auch die Mutter des Jünglingsgottes gewesen, und daher besage das Krönungsbild „lediglich, daß Ištar ihren königlichen, aber ursprünglich ja menschlichen Buhlen zur Gattenschaft und damit zum Gott erhöht."[4] Schmökel geht hier wieder von einer Welt der Götter aus, die in der menschlichen Gesellschaftspraxis keine Entsprechung habe. Eine Göttin, die ihren göttlichen Sohn krönt, wird leichter akzeptiert als eine Königin, von der die Geschichte berichtet, daß sie ihren Sohn gekrönt habe. In seiner Übersetzung des Hohenliedes hat Hartmut Schmökel den Namen des Salomo gestrichen und damit den konkreten Bezug zu dem geschichtlichen König, von dem eindeutig ausgesagt wird, daß er von seiner Mutter gekrönt worden ist, zerstört. Er bricht damit der Herausforderung, die eine solche Erwähnung für das patriarchale Bewußtsein bedeutet, die Spitze.

Den König zu erwählen und in sein Amt einzusetzen, gehört in matriarchalen Gesellschaften zum hohen kultischen Auftrag der königlichen Priesterin. Es läßt sich aus den Texten des Alten Testaments nachweisen, daß Bath-Seba Hohepriesterin in Jerusalem gewesen ist. Denn von ihr sind einige Erzählfragmente erhalten geblieben. Dagegen finden die späteren Königinnen in den alttestamentlichen Königsbüchern nur als „Mütter der Könige" im Zusammenhang mit den amtlichen Nachfolgeberichten der Königshäuser eine karge Erwähnung. Schon von der Gemahlin König Salomos erfahren wir nur bei der Thronbesteigung seines Sohnes: „So war Rehabeam, der Sohn Salomos, König in Juda. Einundvierzig Jahre alt war Rehabeam, da er König ward, und regierte siebzehn Jahre zu Jerusalem, in der Stadt, die der Herr erwählt hatte aus allen Stämmen Israels, daß er seinen Namen dahin stellte. Seine Mutter hieß Naëma, eine Ammonitin."[5]

Der deuteronomistische Geschichtsbericht verdunkelt die Stellung der G^{e}bira* auf dem Thron Jerusalems bis zur Nicht-Existenz. Aus den spärlichen Berichten der Bibel läßt sich dennoch herausarbeiten, daß eine Königin beim Tode ihrer Vorgän-

3 A. Falkenstein/von Soden, „Sumerische und akkadische Hymnen ...", S. 186
4 H. Schmökel, „Heilige Hochzeit ...", S. 94
5 1. Kön. 14.21
* G^{e}bira ist das hebräische Wort für Herrin.

gerin Gebira wird und ihre Amtsstellung lebenslang innehat. Sie kann – wie wir sehen werden – Ehefrau, Mutter und sogar die Großmutter des regierenden Königs sein. Nur für das Kultamt der Heiligen Hochzeit wird ihr die rechtzeitige Weitergabe des Kultdienstes an eine geeignete Nachfolgerin abverlangt, an ihre Tochter oder – falls keine Tochter vorhanden ist – an eine Adoptivtochter. Ebenso wird sie ihrem königlichen Gatten zur geeigneten Zeit einen Nachfolger auf dem Thron bestimmen, den „Mitregenten", der ihn im Kult der Heiligen Hochzeit vertritt.[6]

Obwohl Bath-Seba im deuteronomistischen Bericht zur Sklavin wird, die bei David für ihren Sohn fleht, lassen sich die ursprünglichen Zusammenhänge noch erkennen. Lassen wir den alttestamentlichen Bericht zu Worte kommen:
„Und Bath-Seba neigte sich und fiel vor dem König nieder: ‚Mein Herr, du hast deiner Sklavin geschworen bei dem Herrn, deinem Gott: Salomo soll nach mir König sein! Er soll es sein, der auf meinem Thron sitzen wird. – Du aber, mein Herr König, die Augen des ganzen Israel sehen auf dich, daß du ihnen anzeigst, wer auf dem Stuhl meines Herrn Königs nach ihm sitzen soll.'"[7]

Warum „sehen die Augen des ganzen Volkes Israel auf den König", daß er einen Nachfolger bestellen soll? Bath-Seba hat eine Nachfolgerin ins Kultamt bestellt, Abisag von Sunem. Der König hat die Heilige Hochzeit selbst mit ihr begehen wollen, doch der Vollzug der Liebe gelingt ihm nicht.[8] In diesem Augenblick bedrängt Bath-Seba ihren Gemahl David, einen Nachfolger für die kultische Königswürde zu benennen.

Es ist sehr fraglich, ob die Königin mehr in ihrer Eigenschaft als Mutter handelt, wie es der alttestamentliche Bericht nahelegt, oder ob für sie das Amt der Hohenpriesterin im Vordergrund steht. Denn bei Bath-Seba bemüht sich Adonja um das königliche Kultamt. Er bittet um Audienz bei ihr und legt ihr dar, daß die Augen ganz Israels auf ihn als den künftigen König gerichtet seien, und er erbittet von *ihr* Abisag von Sunem zum Weibe.[9]

Warum sind die Augen des Volkes auf Adonja gerichtet? Er ist bereits gesalbt, hat die Krönungszeremonie am „gleitenden Stein" am Brunnen Rogel gefeiert.[10] Dort ist seine Mutter Hag-

6 Vergl. hierzu die Bemerkungen von H. Schmökel, „Heilige Hochzeit ...", S. 76
7 1. Kön. 1.16 ff.
8 1. Kön. 1.4
9 1. Kön. 2.13-18
10 1. Kön. 1.9

gith die amtierende Priesterin und Gebira. Um aber König in Jerusalem zu sein, muß Adonja durch Abisag von Sunem bestätigt werden.

Die Probleme ergeben sich durch Davids Großkönigtum. Absalom, der Sohn Maachas (und Davids), war seinerzeit nach Hebron gezogen und hatte dort die sakrale Weihe empfangen. Auch er hatte in Jerusalem mit „den Frauen seines Vaters vor den Augen des ganzen Israel" geschlafen, um die Krönung durch seine Mutter mit der Bestätigung durch die Heilige Hochzeit in Jerusalem zu besiegeln.

Nun steht Adonja vor der Gebira von Jerusalem, vor Bath-Seba, und bittet für sich um die Bestätigung durch die Heilige Hochzeit mit Abisag von Sunem.

Der Text des Königsbuches rückt dieses Ereignis in die Königszeit Salomos. Ich weise noch einmal darauf hin, wie oft geschichtliche und kultische Abfolgen dadurch entstellt werden, daß einem Ereignis andere vorangestellt werden. Wie wir wissen, reagiert Salomo mit der Ermordung seines Bruders auf dessen Ansinnen, Abisag von Sunem zum Weibe zu begehren – eine völlig sinnlose Reaktion, wenn er bereits der König gewesen ist!

Als Königin und Verwalterin des höchsten Kultamtes obliegt es der Bath-Seba, Leben und Gedeihen des ganzen Volkes zu sichern. Sie wird *den* krönen, auf den die „Augen des ganzen Volkes" gerichtet sind. Das ist zunächst Adonja gewesen. Als er tot ist, gilt es, Salomo zum König zu krönen.

Das deuteronomistische Königsbuch legt die Entschcidung hierüber dem König David in den Mund: „‚Ich will heute tun, was ich versprochen habe! Salomo soll König nach mir sein, und er soll auf meinem Stuhl sitzen für mich!' Da neigte sich Bath-Seba mit ihrem Antlitz zur Erde und fiel vor dem König nieder und sprach: ‚Glück meinem Herrn, König David, ewiglich!'" Bath-Sebas Handlungen erschöpfen sich in Demutsgebärden, und die Salbung ihres Sohnes Salomo ist nach dem deuteronomistischen Königsbericht reine Männersache: Auf des Königs Gebot setzen der Priester Zadok, der Prophet Nathan und der Feldhauptmann Benaja Salomo auf eine Eselin und führen ihn zur Quelle Gihon.[11]

Der Gihon ist eine heilige Quelle, aus der Jerusalem das lebensspendende Wasser empfängt.[12] Sie liegt östlich des jebusi-

11 1. Kön. 1.32 f.
12 Vergl. 2. Chron. 32.30

tisch-davidischen Jerusalem und heißt heute „Marienquelle".[13]

Adonja hatte sich am „gleitenden Stein" beim Brunnen Rogel salben lassen. Absalom, der Sohn Maachas, war nach Hebron gezogen, um die sakrale Königsweihe zu empfangen.

Drei Söhne Davids – und drei verschiedene Kultorte für ihre Erhebung zum König!

Die biblischen Kommentatoren fragen, warum David die Gihon-Quelle für die Salbung Salomos zum König gewählt habe. Sie finden keine Erklärung dafür.

Vielleicht läßt sich diese Frage beantworten, wenn wir uns entschließen, nicht den Maßstab patriarchalen Denkens, sondern matriarchale Denknormen zur Grundlage unserer Überlegungen zu machen. Lassen wir den unentwegt aktiven, wählenden, allein Entscheidungen treffenden Mann beiseite: Die drei Söhne Davids, Absalom, Adonia[14] und Salomo haben verschiedene Mütter gehabt. Die sakralen Stätten, an denen ihre Söhne gesalbt werden, sind uralte matriarchale Kultorte. Im Heiligen Hain zu Mamre feierte Sarah, die Königin, ihre Heilige Hochzeit nach den Zeiten der Unfruchtbarkeit. Seitdem ist dieser Ort heilig geblieben, und Maacha, die Mutter Absaloms, steht ihm als Hohepriesterin vor.

Die „gleitenden Steine" sind Masteben, vergleichbar den Menhiren überall in Europa. Jakob hat in vorgeschichtlicher Zeit den Ort Bethel durch die Aufstellung eines solchen Steines geweiht. Es wird erzählt: „Er nahm den Stein, den er zu seinen Häupten gelegt hatte und richtete ihn auf zu einem Mal und goß Öl obendarauf. Und er nannte die Stätte Bethel."[15] Der „gleitende Stein", der am Brunnen Rogel liegt, dürfte seinen Namen dem Öl verdanken, mit dem er zu seiner Weihe übergossen worden ist. Dort müssen wir Haggith, die Mutter des Adonia, als Hohepriesterin vermuten. In der Bibel wird die Heilige Stätte nur dies einzige Mal im Zusammenhang mit Adonias Krönung, seiner Opferzeremonie und dem Kultmahl erwähnt.

Im übrigen verfallen diese Stätten, die dem israelitischen Volk einst als höchste Heiligtümer gegolten haben, im levitischen Schrifttum der Verfemung – König Josia, der die heiligen Steine

13 H. Gressmann, „Altorientalische Texte ...", S. 445

14 Adon-Jah heißt „Mann Jahwes". In den deutschen Bibelübersetzungen wird das hebräische Jota (j) meist mit „i" transskribiert, so daß wir Adonia lesen.

15 1. Mose 28.18 f.

zu Staub zerstößt, wird dafür als frommer Mann gepriesen![16] Wir erfahren nichts über die Kulte, die mit der Gihon-Quelle in Verbindung stehen. „Ihre hiesige Nennung ist der einzige Beleg dafür, daß der Gihon Schauplatz einer sakralen Handlung – eine Königssalbung war eine solche – sein konnte."[17] Nur, weil die Kultstätte im Zusammenhang mit der Salbung Salomos nicht unterschlagen werden *kann*, wird sie flüchtig erwähnt. Im übrigen schweigt der Bibeltext diese Kultstätte tot – ein Zeichen für die Eliminierung der matriarchalen Erinnerung auf eine ebenso einfache wie wirksame Weise: Es wird nicht mehr darüber gesprochen.

David hat die Stätte für die Salbung seines Sohnes nicht „gewählt"; er ist dem Kult unterworfen, dessen Hohepriesterin Bath-Seba ist. Das Alte Testament und seine Exegese gehen davon aus, daß David den Jahwe-Kult auf dem Berg Zion zentralisiert habe. Wäre das gelungen, so sollte sein Nachfolger an diesem Zentralheiligtum gesalbt worden sein: Die Kulthandlungen finden jedoch in geheimnisvollen Hainen, an Quellen, heiligen Brunnen und geweihten Steinen statt.

Quellen sind seit alters her matriarchale Kultorte gewesen, Symbole der lebensspendenden und lebenerneuernden Kräfte der Himmelskönigin. An den geomantischen Kraftfeldern der Erde sind oft heilige Steine errichtet worden, ein sichtbares Zeichen für die kultische Bedeutung des Ortes, aber auch, um kosmische Kräfte zusätzlich auf diesen Punkt zu konzentrieren. Auch heilige Haine sind an geomantischen Kraftfeldern angelegt und mit kultisch bedeutsamen Bäumen bepflanzt worden.

Von diesen Orten gingen heilende Kräfte aus. Die Menschen wallfahrteten zu den heilenden Zentren, um ihre Gesundheit zurückzuerlangen, wie der moderne Mensch in Heilbäder reist. Zu allen Zeiten ist an diesen Stätten die Konzentration der kosmischen Heilkraft als weiblich erfahren worden.

Das uralte Wissen konnte selbst durch das Christentum nicht verdrängt werden. Wenn die ehemaligen matriarchalen Heiligtümer von christlichen Kirchen überbaut werden, sehen wir Marienkathedralen entstehen – ein Zugeständnis an den matriarchalen Ursprung des kraftgeladenen Ortes. Wenn Maria an diesen Heiligtümern „Wunder" tut und Kranke heilt, wirkt der ver-

16 2. Kön. 23.14 ff.
17 M. Noth, „Das erste Buch der Könige 1-16", S. 23

gessene matriarchale Kultort, entfalten sich Kräfte, zu denen das matriarchale Bewußtsein einen direkten Zugang gehabt hat.

Wir gehen gewiß nicht fehl, wenn wir den Heiligen Hain zu Mamre bei Hebron, den gleitenden Stein am Brunnen Rogel und die heilige Quelle am Fuß des Hügels von Jerusalem als matriarchale Kultorte bezeichnen, an denen judäische Fürstinnen ihre Söhne zum König gekrönt haben. Priester und Propheten haben an den geheimnisvollen Weihestätten der Himmelskönigin keinen König in sein Amt eingesetzt!

Der Deuteronomist kann sich nicht recht entschließen, wem David den Auftrag zur Salbung seines Sohnes gegeben habe, dem Priester Zadok oder dem Propheten Nathan. David sagt: „Der Priester Zadok und der Prophet Nathan salbe ihn daselbst." Auf die *beiden* Männer folgt das Verb in der Singularform. Wegen dieser Unstimmigkeit hält der biblische Kommentator die Salbung durch den Propheten Nathan für einen späteren Einschub.[18] Mit Sicherheit sind *beide*, der Priester *und* der Prophet, an die Stelle der G^e^bira gerückt, der jebusitischen Königin, die in alleiniger Vollmacht ihren Sohn salbt und krönt.

Die Bibel liefert dafür selbst die Beweise: Die Könige werden an matriarchalen Kultorten gekrönt, an Orten, die mit aller Zurückhaltung erwähnt werden und allgemein der levitischen Polemik verfallen. Daher „scheint es empfehlenswert, die Rolle der Bath-Seba aktiver einzuschätzen als man gemeinhin zu tun pflegt", sagt ein Forscher.[19] Sie, die Mutter, hat ihren Sohn gekrönt, wie es das Hohelied aussagt, und Salomos Krönungsstätte, die Quelle Gihon, ist ein matriarchaler Kultort gewesen, was die Bibel gern verschleiern möchte.

Daß die alttestamentliche Schriftstellerei bedenkenlos Namen „verschönt", wenn sie allzudeutlich auf matriarchale, verpönte Kulte aufmerksam machen, wissen wir aus der Änderung des Namens Es-Ba'al in Isbo-Seth. Ob der Name „Bath-Seba" der echte Name dieser großen Königin ist, können wir nur fragen. Vielleicht ist ihr Name aus Beth-Heba abgeleitet worden, um zu verschleiern, daß sie im Kult der Heba (Eva) gestanden hat? Wir wissen es nicht.

Erst unter der deuteronomistischen Redaktion werden die heiligen Haine zu verpönten Orten, und die Anbetung „unter al-

18 M. Noth, „Das erste Buch der Könige 1-16", S. 24
19 Herbert Donner, „Art und Herkunft des Amtes der Königinmutter im Alten Testament", Festschrift Johannes Friedrich zum 65. Geburtstag, S. 109

len grünen Bäumen" zum Greuel in den Augen Jahwes.

Frauen müssen ihre verloren gegangene Geschichte mühsam zwischen den Zeilen patriarchaler Geschichtsschreibung herauslesen. Martin Noth hält es schon für bedeutsam, daß die Königsmutter im deuteronomistischen Geschichtsbericht nur erwähnt wird und kommentiert folgendermaßen: „Die regelmäßige Nennung der Mutter der judäischen Könige in den offiziellen Angaben über die Könige ist darauf zurückzuführen, daß eben diese Mütter eine offizielle Bedeutung hatten."[20]

Welcher Art diese „offizielle Bedeutung" gewesen sei, berichtet uns kein deuteronomistischer Text. „Wenig wissen wir von den Funktionen der ‚G^{e}bira' ... Wieweit sie die Politik mitbestimmte, ist aus dem Alten Testament nicht ersichtlich, ebensowenig, wieweit sie öffentlich hervortrat. Die regelmäßige Nennung der Namen läßt aber darauf schließen, daß ihre Stellung im Staatsleben nicht unwichtig war."[21]

Andere Alttestamentler bemühen sich eher, die Funktion der königlichen Herrin noch mehr ins politisch-gesellschaftliche Abseits zu drängen als der Bibeltext selbst es tut. So können wir lesen, die G^{e}bira sei lediglich Vorsteherin des königlichen Frauenhauses gewesen.[22]

Andere rücken ihre Bedeutung an die Mutterfunktion heran: „Als Normalfall wird vorausgesetzt, daß die Mutter ihren königlichen Gemahl überlebte und noch während der Regierungszeit ihres Sohnes am Leben war."[23]

Die biblischen Königsannalen überliefern die Namen aller judäischen Könige über mehrere Jahrhunderte hinweg mit nur zwei Ausnahmen gemeinsam mit ihren „Müttern". Es ist kaum anzunehmen, daß alle diese Königinnen ihren königlichen Gemahl überlebt haben, zumal die Frauen der orientalischen Könige oft älter sind als ihre Männer. Die Amtsstellung der G^{e}bira muß beim Tode der Königin auf die Tochter übergegangen sein, und zwar auch dann, wenn der König, ihr Vater noch lebt und im Amt ist, wenn wir davon ausgehen, daß „ihre Stellung im Staatsleben nicht unwichtig war". In altorientalischen Königshäusern ist es nicht ungewöhnlich, daß beim frühzeitigen Tod

20 M. Noth, „Das erste Buch der Könige 1-16", S. 335
21 Georg Molin, „Die Stellung der G^{e}bira im Staate Juda", Theologische Zeitschrift Basel, 10. Jhg., 1954, Heft 3, S. 165
22 Immanuel Benzinger, „Die Bücher der Könige"
23 M. Noth, „Das erste Buch der Könige 1-16", S. 336

der Königin der amtierende König seine Tochter heiratet, um die Legitimation für die Königswürde aufrechtzuerhalten.[24] Aus dem Alten Testament können wir Hinweise auf eine derartige Praxis zwar nicht finden. Doch die „regelmäßige Nennung der Mütter“ muß unser kritisches Denken wecken: Es ist unmöglich, daß durch viereinhalb Jahrhunderte hindurch jeder König – mit zwei Ausnahmen – bei seiner Thronbesteigung noch seine leibliche Mutter gehabt hat. Die „Nennung der Mütter“ kann sich daher nur auf eine Amtsstellung beziehen, die auch von der Ehefrau oder der Tochter des amtierenden Königs wahrgenommen werden kann. Auf eine Tote bezieht sich die amtliche Erwähnung nicht, sondern auf eine Frau mit einer wichtigen Stellung im Staatsleben.

Über die Stellung der G^{e}bira im judäischen Königtum können wir von den Königsbüchern des Alten Tesaments wenig Aufschluß erwarten. Daher wird ein Blick auf geschichtliche Zeugnisse der altorientalischen Nachbarvölker interessante Vergleichsmöglichkeiten bieten.

Im Königreich Elam, dessen Blütezeit um das 12. vorchristliche Jahrhundert anzusetzen ist, lernen wir eine hochentwickelte matriarchale Kultur kennen. Mit seiner Hauptstadt Susa liegt es östlich der Mündung von Euphrat und Tigris. Ein König von Elam begegnet uns in dem womöglich ältesten Bibeltext, dem Bericht über den sogenannten „Krieg der Könige“.[25] In Elam ist ein Prinz nur thronberechtigt, „wenn er als Sohn eines regierenden Geschwisterehepaares gezeugt ist. Er hat wiederum zur Erzielung einer erbberechtigten Nachkommenschaft eine purpurgeborene Tochter des letzten regierenden Königs zu ehelichen (seine Schwester oder Adoptivschwester). Ist eine solche nicht vorhanden, seine Mutter oder Adoptivmutter.“[26] Mit anderen Worten: der Thron wird in weiblicher Linie vererbt. Ist keine Tochter da, hat der Thronanwärter entweder seine Mutter zu ehelichen oder eine von ihr erwählte und adoptierte Nachfolgerin auf dem Thron. Erst diese Ehe legitimiert ihn für das Königsamt. Die Geburt „als Sohn eines regierenden Geschwisterehepaares“ gibt ihm zwar die günstigsten Voraussetzungen, die

24 Hellmut Brunner, „Eine neue Amarna-Prinzessin“, Zeitschrift für Ägyptische Sprache und Altertumsforschung, S. 108
25 1. Mose 14.1 ff.
26 G. Molin, „Die Stellung der G^{e}bira ...“, S. 171 f.

Königswürde zu erlangen. Aber eher kann sich ein Fremder oder Usurpator die Königsrechte durch die Ehe mit der Königin oder Königstochter verschaffen als ein „purpurgeborener Sohn" ohne Ehe mit der Erbprinzessin. Denn es gibt keinen erbberechtigten Sohn.

Diese gesellschaftlichen Bedingungen hat David sich zunutze gemacht, als er durch die Ehe mit Fürstentöchtern seine kultische Anerkennung als König begründet hat. Im Kampf um den Thron setzen seine Söhne die gesellschaftliche Stellung ihrer Mütter ein.

In die Kultur des Hethiter-Reiches sind die Israeliten eng verflochten. Zu Abrahams Zeiten haben die Hethiter ihren Einfluß bis an die Grenze Ägyptens ausgedehnt. Sie wohnen in Hebron und sind Besitzer des Juda-Landes. Von ihnen kauft Abraham die zwiefache Grabhöhle für seine Frau Sarah.

Bath-Seba ist die Frau des Hethiters Urias.

Die Königin im hethitischen Reich hat eine hervorragende Stellung inne. Sie wird die Tawananna genannt. Sie ist „Inhaberin des Thrones des Königinnentums" gewesen.

Briefe, die ausländische Fürsten an den hethitischen Königshof entsenden, sind doppelt ausgefertigt; das eine Schreiben ist an die Königin, ein gleichlautendes an den König geschrieben. Staatsverträge sind mit der Unterschrift der Tawananna versehen. „Die Tawananna war Oberpriesterin der höchsten Landesgottheit, der Sonnengöttin Arinna."[27] Von ihr sind Gebete überliefert, die eine Bitte um Leben, Länge der Tage und die Festigung ihrer Regierung zum Gegenstand haben.

Die dynastische und politische Bedeutung der Tawananna ist so fest in ihrer kultischen Stellung verankert, daß jeder Widerstand gegen ihre Person zum Sakrileg wird.

Ein interessantes Dokument zeugt von einem Gerichtsverfahren, daß ein hethitischer König gegen die Tawananna angestrebt hat. Er wirft ihr vor, sie habe unberechtigte Einkünfte bezogen, die Tempel ihrer Schätze beraubt, sie habe seine Sprachstörung verschuldet, seine Gattin verflucht und das Königshaus zugrunde gerichtet – Anschuldigungen, die weit eher auf die gestörte Psyche des Klägers schließen lassen als auf ein Vergehen der Angeklagten. Nur in der Umbruchszeit zu patriarchaler Machtentfaltung sind derartige Auseinandersetzungen um die Rechtsstel-

27 G. Molin, „Die Stellung der G^{e}bira ...", S. 167

lung der Landesherrin denkbar.

Der Adelsrat spricht die Tawananna schuldig, setzt sie ab und verbannt sie. Dieser ungewöhnliche und eingreifende Staatsakt belastet den König schwer. In ergreifenden Gebeten beteuert er, daß er für die Verbannung der Tawananna nicht verantwortlich sei.

Gegen den politischen Rechtsstreit hat er den seelischen Konflikt eingetauscht. Verwurzelt im matriarchalen Bewußtsein nützt ihm kein Rechtsspruch zu seinen Gunsten. Er fühlt sich schuldig. Aus tiefster religiöser Überzeugung bleibt die Königinmutter die Herrin. Sich gegen sie aufzulehnen, das ist, als würde man die Herrin des Himmels selbst beleidigen.

Durch Urkunden aus Ugarit ist inzwischen die Frage der Stellung der judäischen Königin in ein neues Licht gerückt worden und kann von daher auch beantwortet werden.

Briefe an die Herrin von Ugarit bezeugen die politische Bedeutung der Königin. Sie wird von ihrem offensichtlich abwesenden Sohn über wichtige Staatsgeschäfte in Kenntnis gesetzt.[28] Der Brief eines Tributpflichtigen schildert dessen bedrängte Lage: Feinde setzen ihm zu und machen die Erfüllung der Tribute unmöglich. Der Brief ist an die Königin gerichtet, was beweist, daß die Regierungsgeschäfte ihr obliegen. „Für die Königin und Königinmutter von Ugarit ist eine rege Beteiligung am Wirtschafts- und Geschäftsleben des Landes nachzuweisen."[29] In den ugaritischen Urkunden befindet sich der Brief eines assyrischen Beamten an seinen Kollegen in Ugarit mit der Bitte, der Königin Dokumente politischen Inhalts zur Durchsicht vorzulegen.[30]

Die Königin verfügt über einen eigenen Hofstaat. Bezeugt ist der „Ratgeber der Königin". Von einem „Kaufmann der Königin von Ugarit" ist die Rede. Die Königin hat umfangreiches Grundvermögen, über das sie selbständig verfügt.

Die Ergebenheitsformel, mit der alle Briefe an die Königin von Ugarit beginnen und schließen, sind nur jenen zu vergleichen, die wir aus den Amarnabriefen gegenüber dem ägyptischen Pharao kennen. Der König schreibt an seine Mutter: „Zu Füßen meiner Mutter bin ich niedergefallen. Meiner Mutter möge es wohlergehen! Die Götter mögen dich beschützen und be-

28 H. Donner, „Art und Herkunft des Amtes der Königinmutter ...", S. 114
29 ebd. S. 120
30 ebd. S. 116

wahren!" Fernerstehende und untergebene Personen drücken sich noch demütiger aus: „Zu Füßen meiner Herrin bin ich siebenmal siebenmal niedergefallen!" schreibt ein Beamter des Hofes.[31]

Wo immer die moderne Forschung zugestehen muß, daß die Stellung der Frau in Israel mit der Gesellschaftspraxis benachbarter Länder übereinstimmt, sucht sie mühsam nach dem „Einfluß", dem die israelitische Kultur ausgesetzt gewesen sei.

Herbert Donner macht die ugaritische Nachbarschaft, das hethitische Kulturerbe und vor allem den Einfluß des Kanaanäertums für die Einrichtung der gewichtigen Amtsstellung judäischer Königinnen verantwortlich. Er sagt, „daß Struktur und Verlauf der israelitischen Kulturgeschichte weitgehend von der Berührung mit den Kulturgebilden des im Lande alteingesessenen Kanaanäertums bestimmt und geprägt worden sind".[32] Dabei sei die Verschmelzung mit dem Kanaanäertum durch das Staatsgebilde Davids, das über einen jüdisch-israelitischen Nationalstaat weit hinausgegangen sei, besonders gravierend gewesen.

Es ist kaum denkbar, daß eine „schon immer patriarchale Gesellschaft" unter der Gesetzlichkeit eines patriarchalen monotheistischen Gottes nach der Machtdemonstration Davids, nach seiner Erhebung zum vorderasiatischen Großkönig, ausgerechnet jetzt das Amt einer G^{e}bira auf dem judäischen Thron hätte einrichten sollen. Ein siegreiches Volk, unter patriarchaler Disziplin und Ordnung aufgewachsen, hätte sich dem Einfluß der besiegten Völker unterworfen, um die patriarchale Königsherrschaft seines Thrones der Vormachtstellung einer Königin zu unterstellen!

Bei den Nordstämmen werden seit Jahrhunderten die Götter verehrt, die wir aus dem Pantheon in Ugarit kennen: Ašerat und El, Anat und Ba'al. Die Sonnengöttin Ašerat und die Himmelsherrin Anat sind offensichtlich bald synkretistisch miteinander verschmolzen. Wir kennen die Elfenbeinschnitzerei, die Ramses II. darstellt, der „die Milch der Ašerat trinkt und die Brust der Jungfrau Anat, der göttlichen Amme, saugt."[33]

In der Bibel begegnet uns ausschließlich Ašerat. Wir können vermuten, daß durch die politische Entwicklung im Großstaat Da-

31 H. Donner, „Art und Herkunft des Amtes der Königinmutter ...", S. 121
32 ebd. S. 126
33 s. S. 55

vids die Ortsgöttinnen mehr oder weniger in den Hintergrund getreten sind zugunsten der Durchsetzung einer „höchsten Landesgöttin", der Ašerat. Wie die hethitische Tawananna Oberpriesterin der Sonnengöttin Arinna ist, der erhabendsten Gestalt im Hethiterreich, so wird auch die judäische Fürstin Hohepriesterin der Sonnengöttin Ašerat gewesen sein.

Salomo hat neben Jahwe zwei hohe Gottheiten verehrt: Ašerat, die Sonnengöttin, und Milkom, die Gottheit der Ammoniter. Wenn wir von der deuteronomistischen Interpretation abstrahieren, können wir feststellen, daß König Salomo diese beiden Gottheiten völlig offiziell verehrt hat. Die Bibel belegt mehrfach, daß Ašerat im Tempel zu Jerusalem verehrt worden ist. Milkom ist der Gott der Naëma, der Gattin Salomos, einer Ammoniterin, die die Mutter des Thronfolgers Rehabeam geworden ist.

Über das Schicksal der Abisag von Sunem erfahren wir nichts. Sie, mit deren Liebe die Bestätigung der Gottessohnschaft und Königswürde verbunden gewesen ist, wird totgeschwiegen. Wir wissen nur, daß Salomo seinen Bruder Adonja ermordet hat, damit nicht dieser Abisag von Sunem zum Weibe nehmen könne. Danach erwähnt das Königsbuch den Namen der hohen Frau nicht ein einziges Mal mehr. Ist sie früh gestorben? Sollte sie einer Intrige zum Opfer gefallen sein? Vielleicht ist sie kinderlos geblieben. Alle Herrinnen des Alten Testaments sind Mütter gewesen. Es ist nicht unmöglich, daß Mutterschaft die Grundbedingung für die Stellung der Gebira gewesen ist.

Naëma, die Mutter des Thronfolgers Rehabeam wird Gebira im Lande Juda nach dem Tode der Bath-Seba.[34] Sie wird im Alten Testament nur mit dem Namen erwähnt im Zusammenhang mit der Thronbesteigung ihres Sohnes und der offiziellen Nennung des jungen Königs in der Königsliste. Wir wissen sonst absolut nichts von ihr.

Dagegen wird Salomos Heirat mit der Pharaonentochter besonders erwähnt. Im Vorderen Orient ist es üblich gewesen, daß eine Königstochter bei ihrer Verheiratung einen ganzen Hofstaat mitgebracht hat – oft mehrere hundert Frauen, die als „Harem" des Königs mißdeutet werden. In Wirklichkeit waren diese Frauen absolut frei. Königliche Beamte sind stolz gewesen, aus ihren Reihen Ehefrauen zu finden.

34 1. Kön. 14.21 und 31

Immer wieder stellt die alttestamentliche Forschung die Frage, warum nicht ein Sohn der Pharaonentochter Salomos Nachfolger auf dem Thron geworden sei.

Diese ägyptische Königstochter hat in Juda/Israel weder ein kultisches Amt noch eine Staatsstellung. Wäre sie in Ägypten Erbprinzessin gewesen, so hätte sie niemals an einen ausländischen Hof geheiratet, sondern sie hätte den Pharaonenthron an ihren Bruder vermittelt.

Rehabeam, der Sohn der Naëma, hat eine erbberechtigte Tochter aus dem Hause David geheiratet. Diese Heirat mit einer „im Purpur geborenen Frau" legitimiert ihn für den Königsthron. Rehabeam verbindet sich mit Maacha, einer Tochter Absaloms. Absalom und Salomo sind, wie wir wissen, Halbbrüder.

Beim Tode Absaloms ist Salomo noch ein Knabe gewesen. Sein Sohn Rehabeam ist daher erheblich jünger als die Tochter Absaloms. Diese Überlegung ist für einige Alttestamentler Grund genug, eine Ehe zwischen den beiden Davidenkelkindern für völlig unmöglich zu erklären. Wie sehr sie dabei von der modernen abendländischen Gesellschaftsnorm ausgehen, unsere heutige Denkweise zum Maßstab für die Beurteilung orientalischer Verhältnisse machen, läßt sich leicht einsehen, wenn wir bedenken, daß in orientalischen Königsehen die ältere Frau durchaus keine Seltenheit ist. Die Begründung, daß Maacha nicht die Tochter Absaloms sein könne, stützt sich vor allem auf die geringfügige Abweichung in der Namensbezeichnung des Vaters der Maacha, der als Abisalom überliefert wird. Nun hieß aber auch die Mutter Absaloms Maacha. Die Tradition legt nahe, daß er auch seine Tochter so genannt haben wird.

Andere berufen sich auf eine Bibelstelle, die als einzige Tochter Absaloms Tamar nennt.[35] Wir haben gesehen, daß Tamar ein Kultname ist, hinter dem sich die Priesterinnenwürde einer königlichen Frau verbirgt. Maacha kann den Kultnamen Tamar getragen haben.

Maacha überlebt ihren Gemahl, Rehabeam. Sie ist Herrin im Lande Juda, als ihr Sohn Abiam die Thronfolge antritt.[36] Sie überlebt auch ihren Sohn und ist noch G^e^bira während der Regierungszeit ihres Enkels Asa.[37]

Mit diesem Enkelsohn gerät Maacha in Konflikt. Asa beseitigt

35 2. Sam. 14.27
36 1. Kön. 15.2
37 1. Kön. 15.10

die regierende Königin aus ihrem Amt, wie der hethitische König die Tawananna beseitigt hat. Nur hören wir nichts davon, daß Asa Gewissenskonflikte gehabt hätte. Allein die Tatsache, daß er eine Gebira abgesetzt hat, ist Grund für die deuteronomistische Redaktion, Asa hoch zu loben: „Er tat, was dem Herrn wohl gefiel, wie sein Vater David, und tat die Hurer aus dem Lande und tat ab alle Götzen, die seine Väter gemacht hatten. Dazu setzte er auch seine Mutter Maacha ab, daß sie nicht mehr Herrin war, weil sie ein Greuelbild gemacht hatte der Ašerat. Und Asa rottete aus ihr Greuelbild und verbrannte es am Bach Kidron."[38]

Doch verstrickt sich die levitische Geschichtsschreibung sogleich in Widersprüche, da sie zugeben muß, daß Asa doch „die Höhen nicht abgetan hat". Er hat also neben der Anbetung im Tempel zu Jerusalem auch an matriarchalen Kultstätten seine Verehrung dargebracht. Außerdem hat er den Tempelschatz genommen und nach Damaskus geschickt, um den syrischen König zu bestechen, daß er seinen Bund mit Israel breche.[39]

Über die Bestechung eines Fremdkönigs mit dem Tempelschatz, über die ewige Zwietracht Judas mit dem „Bruderstaat" Israel sieht die judäische Geschichtsschreibung schonend hinweg.

Der Herrin wohlgefällig dürften Kriege und der Einsatz des Tempelschatzes für Bestechungszwecke nicht gewesen sein. Die matriarchalen Gesellschaften liefern keine Dokumente, die auf aggressive Tendenzen schließen lassen. und das macht sie für die patriarchale Forschung so „langweilig". Unsummen von Tontafeln stammen aus den Magazinverwaltungen matriarchaler Königinnen. Sie liegen zum Teil noch unentziffert in den Kellern von Museen, denn sie stellen keine lohnenden Forschungsergebnisse in Aussicht. Sie liefern nichts als Mengenangaben und Verteilungsschlüssel für gespeicherte Waren.

Wenn sich wirklich bei Tontafeln eintausenddreihundertzwei eine Unterschrift findet, der Name einer Königin oder eines Königs – das Jahr seiner Regierung ist noch wichtiger! – dann hat die Wissenschaft wieder eine Perle gefunden, die sie aufreihen kann auf die Kette gesammelter Daten. Ordnung kann hergestellt werden, Chronologie.

38 1. Kön. 15.13
39 1. Kön. 15.14 ff.

Wenn wir trotz der Einblicke, die uns archäologische Funde bieten, noch immer recht wenig über matriarchale Gesellschaften wissen, so liegt das auch am Forschungsansatz. Die Fragen, die diese Dokumente beantworten können, werden gar nicht gestellt. Obwohl die Überlebensfähigkeit der Stämme und Völker vom sinnvollen Umgang mit der Natur abhing, interessiert es nur wenige Forscher, wie die matriarchale Gruppe mit den Lebens-Mitteln umging, welche Anpassungsleistungen an ihre Umwelt sie erbrachte, ob und wie sie ihre Bevölkerungsziffern konstant halten konnte.

In einer fast ununterbrochenen Kette werden die Namen der judäischen Königinnen auf dem Thron von Jerusalem genannt bis hin zur letzten Herrin auf dem Königinnenthrone, der unglücklichen Nehusta, die Nebukadnezar nach der Eroberung von Jerusalem im Jahre 597 v. Chr. nach Babylon in Gefangenschaft geführt hat.

Sie trug eine Krone auf dem Haupt. „Sage dem König und der G^{e}bira: ‚Setzt euch herunter; denn die Krone der Herrlichkeit ist von eurem Haupt gefallen!" klagt Jeremia.[40] Mehr wäre von ihr nicht zu sagen, wenn nicht ihr bedeutsamer Name aufhorchen ließe.

Nehustan ist der Name der Schlangengöttin, die im Tempel von Jerusalem angebetet worden ist. Lobend berichtet der Bibeltext von König Hiskia (725 bis 697): „Er war fünfundzwanzig Jahre alt, da er König ward und regierte neunundzwanzig Jahre zu Jerusalem. Seine Mutter hieß Abi, eine Tochter Sacharjas. Und er tat, was dem Herrn wohl gefiel, wie sein Vater David. Er tat ab die Höhen und zerbrach die Säulen und rottete aus das Ašerabild und zerstieß die eherne Schlange, die Moses gemacht hatte: denn bis zu der Zeit hatten ihr die Kinder Israel geräuchert, und man hieß sie Nehustan."[41]

So wenig die Anbetung der Ašerat beim jüdischen Volk und seinen Königen auszurotten gewesen ist, so wenig erfolgreich scheint die Vernichtung des Schlangenbildes durch König Hiskia zu sein. Daß eine regierende Königin den Namen einer verpönten Göttin getragen habe, ist völlig undenkbar. Der Kult der Schlangengöttin muß noch zu Beginn des sechsten Jahrhunderts in Juda gepflegt worden sein.

40 Jer. 13.18
41 2. Kön. 18.2-4

Wie manches Ašeratbild zerstört und wieder aufgerichtet worden ist, so muß auch des Mose eherne Schlange im Tempel von Jerusalem weiter verehrt worden sein. Sie ist dort in vergleichbarer Weise angebetet worden wie in Ägypten und Kreta. Die sich häutende Schlange spielt in matriarchalen Kulten eine Rolle als Symbol für die Fähigkeit der Erneuerung und Wiedergeburt. Als Sinnbild der ärztlichen Heilkraft kennen wir sie noch heute. Ihr gefährliches Wesen ist von ihren Verehrern als Schutz gegen feindliches Ansinnen betrachtet worden. An der Stirnseite der Krone hat der Pharao das Zeichen der ihn schützenden Schlangengöttin getragen.

Welche Rolle die Schlangengöttin in Israel gespielt hat, können wir nur aus ihrer Verteufelung ahnen. Seit wann aber haben die Juden die Schlange verteufelt? Wann ist der Text geschrieben worden, der die Schlange zur Abgesandten der Hölle macht? Sollte er wirklich auf Ebjathar zurückgehen, jenen Priester, den Salomo verbannt hat? Ist er zu Hiskias Zeiten geschrieben worden? Oder haben sich gar die levitischen Priester zu Jerusalem, als sie die Überlieferungen neu redigierten, die Sündenfallgeschichte und die Vertreibung der „ersten Menschen" aus dem Paradies einfallen lassen? Vielleicht hat die Vertreibung der Königin Nehusta aus Jerusalem ihrer Phantasie Pate gestanden und die Idee geliefert für die Geschichte von der „Vertreibung aus dem Paradies".

Die Königin hatte bis zur Eroberung Jerusalems durch Nebukadnezar unverändert ihre gewichtige Stellung inne. Die zeitgenössischen levitischen Redakteure kannten Amt und Würden der mit dem Titel G^e^bira ausgezeichneten Königin genau. Und auch das Volk liebte und verehrte seine Königinnen. Diesem Umstand haben wir die Nennung der G^e^bira in den jüdischen Annalen zu verdanken; denn was im Bewußtsein des Volkes noch lebendig ist, läßt sich nicht gänzlich verschweigen.

Anfänglich hat die Forschung den Ausdruck „G^e^bira" im Alten Testament als „Herrin" oder „Gebieterin" aufgefaßt und ist davon ausgegangen, daß damit die Vollmacht der Mutter über rechtsunfähige Familienangehörige im weitesten Sinne gemeint sein könne – so etwa, wenn eine G^e^bira die Regentschaft für ihren unmündigen Sohn versieht. Später hat man gesehen, daß die Bedeutung viel umfassender ist und auf eine Amtsbezeichnung schließen läßt, „die an einer weitgehend außerhalb des Familienrechts stehenden Institution haftet."[42]

Die Stellung der Gebira ist eine Lebensaufgabe gewesen. Eine Königin in diesem Amt kann Gattin, Mutter oder Großmutter des regierenden Königs sein, unabhängig von dessen Regierungszeit. Sie muß nicht unbedingt ein verwandtschaftliches Verhältnis zum König haben. Sie kann auch einen Fremdling „adoptieren", ihn kultisch zum König erhöhen. Umgekehrt haben Usurpatoren sich den Kult zunutze gemacht, um ihre Legitimation für die Königswürde zu erreichen.

Der Gebira untersteht der Kult. Sie ist die Hohepriesterin der höchsten Landesgöttin. Der Kult spielt eine so hervorragende Rolle und hat eine gesellschaftlich derart wichtige Bedeutung, daß die Gebira durch ihn auch mit dynastischen und politischen Funktionen verknüpft ist. Der sakrale Krönungsakt hat nach eigenem biblischen Zeugnis an den traditionellen Mutterheiligtümern, an Quellen, Flüssen, heiligen Steinmalen und heiligen Hainen stattgefunden.

An diesen Erkenntnissen kann auch die moderne Forschung nicht mehr vorbeisehen. Doch allgemein ist die Bereitschaft, eindeutige Folgerungen aus den neu gewonnenen Einsichten zu ziehen, sehr gering. Georg Molin drückt sich sehr zurückhaltend aus, wenn er zugesteht: „Man wird wohl auch in Juda an ein älteres mutterrechtliches Element denken müssen."[43] In dem geheimnisumwitterten Begriff „älteres mutterrechtliches Element" kommen alle Unwägbarkeiten zum Ausdruck, deren es bedarf, um eine Aussage wertlos zu machen. Wir hätten es nur mit einem „Element" innerhalb einer doch eher patriarchalen Kultur zu tun. In welcher Zeit das „ältere" Mutterrecht konkret zu suchen ist, bleibt völlig offen und braucht das patriarchale Bewußtsein nicht zu beunruhigen.

Indessen war die Stellung der Königin in Juda mit dem kultischen und politischen Rechtsstatus der Gebira verknüpft bis zum bitteren Ende des judäischen Staates. Der Jahwekult war in den Kult der Muttergottheiten eingebettet. Die Ašerat und die Schlangengöttin Nehustan wurden im Tempel zu Jerusalem noch bis zur Zeit der Eroberung durch Nebukadnezar offiziell verehrt. Bei Kultstreitigkeiten hat sich die Verehrung der Himmelskönigin Ašerat immer wieder als der durchsetzungsfähigere

42 H. Donner, „Art und Herkunft des Amtes der Königinmutter ...", S. 106
43 G. Molin, „Die Stellung der Gebira ...", S. 173

Kult erwiesen gegenüber dem Anspruch fanatischer levitischer Außenseiter. Die Himmelskönigin umfaßte mit ihrer integrierenden Kraft Männliches und Weibliches. Sie transzendierte die Gesamtheit der menschlichen Existenz.

Dagegen verkörpert der levitische Jahwe nur die abgespaltene aggressive Potenz des Männlichen, die, aus dem Zusammenhang mit der lebenserneuernden Kraft des Eros gelöst, die destruktiven menschlichen Tendenzen freisetzt.

Die Könige Judas bekennen sich fast ausnahmslos zu dem erhabeneren matriarchalen Glauben. Konkrete gesellschaftliche Wirklichkeit begegnet uns in dem Widerspruch der judäischen Bevölkerung gegen die Predigt des Jeremia angesichts der babylonischen Bedrohung:

„*Wir wollen dir nicht gehorchen!*
Sondern wollen tun nach allem Wort,
das aus unserem Munde geht,
und wollen der Himmelskönigin räuchern
und ihr Trankopfer darbringen,
wie wir und unsere Väter,
unsere Könige *und* Fürsten *getan haben*
in den Städten Judas
und auf den Gassen zu Jerusalem.
Da hatten wir auch Brot genug
Es ging uns wohl
und wir sahen kein Unglück!"[44]

44 Jeremia 44.16, 17 (Hervorhebung G. W.)

Israel wird verwüstet werden am Tage der Bestrafung

Patriarchale Geschichtsschreibung ist Kriegsberichterstattung. Sie erzählt die Geschichte der Macht.
Wenn unsere Eltern und Großeltern dem Auswendiglernen von Geschichtszahlen und der Rekapitulation von Schlachtenberichten Widerstände entgegensetzten, wurden sie ermahnt: „Wir sollen aus der Geschichte lernen!"

Was sollen wir lernen aus der Geschichte der Völker, die aus dem Dunkel der Vorzeit „ins Licht der Geschichte" treten, Macht entfalten und andere Völker unterdrücken? Sie sinken wieder ins Namenlose zurück. Auf den Landkarten werden ihre Reiche ausradiert:
Fünfhundert Jahre lang galt Ägypten als Weltmacht im Vorderen Orient, bis die unterworfenen Völker seine Herrschaft abschüttelten.
Um 1200 v. Chr. siedelten sich die Philister an der phönizischen Küste an und versuchten, ihre Macht ins Innere Palästinas auszudehnen.
Sie sind nicht mehr.
David schlug sie zurück. Aber seinem Großreich waren nur achtzig Jahre gegönnt.
Was können wir lernen aus der Geschichte der Macht, der Schlachten und Kriege?

Alle Eroberer, die das patriarchale Bewußtsein so bereitwillig „die Großen" nennt, haben zuerst das eigene Volk unterdrückt. Sie haben sich die eigenen Stämme unterworfen und von ihnen Tribute gefordert. Auf der Basis dieser Macht erst konnten sie ihre Herrschaft auf andere Länder ausdehnen.
Die ägyptischen Könige haben Ober- und Unterägypten „geeint".
David hat den „Gottesstaat des Jahwe" geschaffen.
Als der assyrische König Tiglatpileser III. die Voraussetzungen für den beispiellosen Aufstieg seines Reiches schuf, begann auch er zuerst damit, die Provinzen seines eigenen Landes zu beseiti-

gen, die Macht seiner Provinzstatthalter zu brechen, bevor er – von einer autoritären Zentralgewalt im eigenen Lande ausgehend – ganz Vorderasien unterwarf. Mehr als ein Jahrhundert lang hielt Assur die Welt des Vorderen Orient in Atem. Es löschte Israel nicht nur von der Landkarte, sondern rottete seine Bevölkerung auch biologisch aus.
Als 626 v. Chr. Babylon die Macht an sich riß, hörte auch der judäische Staat auf zu existieren. Nebukadnezar II. „führte weg das ganze Jerusalem, alle Obersten, alle Gewaltigen und alle Zimmerleute und Schmiede und ließ nichts übrig denn geringes Volk des Landes“[1], darunter auch jene levitischen Priester, die die alttestamentliche Überlieferung bearbeitet haben.
Von Dauer war das babylonische Reich nicht. Der Perserkönig Kyros zerschlug es im Jahre 539 v. Chr.
Und Alexander „der Große“ schlug die Perser 331 bei Gaugamela und zog bis nach Indien.
Ägypten, Syrien und Palästina wurden den Griechen tributpflichtig – doch nur für kurze Zeit ...

Macht hat keinen Bestand. Jede willkürliche Machtaneignung schließt den Keim zur Gegenmacht schon in sich. Alle Herrlichkeit der „Großen“ schwindet dahin, und nicht selten werden ihre Völker unter dem Ansturm der Widersacher völlig ausgerottet.

Wir könnten aus der Geschichte lernen, daß es keinen Sinn hat, sich für Macht zu engagieren, Zeit und Kraft und das kostbare Leben in ihren Dienst zu stellen.

Doch das patriarchale Bewußtsein kann von Macht nicht abstrahieren. Daher interessiert es sich wider alle Vernunft und Einsicht nur immer wieder für die Frage, wie Macht zu erhalten sei. Seine Frage an die Geschichtsforschung heißt: Warum haben alle diese Könige und Großreiche ihre Macht eingebüßt? Welche Fehler haben sie begangen?

Die levitische Schule in Jerusalem hat aus dieser Frage eine geschichtstheologische Theorie entwickelt und eine eindeutige Antwort postuliert: Wer Jahwe in absolutem Gehorsam ergeben ist und ihm allein dient – und selbstverständlich auf die Leviten hört und ihnen den Zehnten von allem gibt! –, der wird im Kriege siegreich sein. Wer jedoch andern Göttern folgt, den wird

1 2. Kön. 24.14

Jahwe vernichten.

Dieser Gott bedient sich durchgreifender, radikaler Maßnahmen, um die gewonnene Macht für alle Zukunft zu sichern. Die unterworfenen Völker müssen vernichtet werden bis zum letzten Mann. „Laß dir nicht grauen ... denn der Herr, dein Gott, ist unter dir, der große und schreckliche Gott. Er wird die Leute ausrotten vor dir her ... wird sie vor dir dahingeben und wird sie mit großer Schlacht schlagen, bis er sie vertilge und wird dir ihre Könige in die Hand geben, und du sollst ihren Namen umbringen unter dem Himmel! Es wird dir niemand widerstehen, bis du sie vertilgst."[2]

Das auserwählte Volk aber hat nicht gehorcht. Es hat versäumt, die besiegten Völker restlos auszurotten. Ja, es hat deren Frauen zu Weibern genommen und seine Töchter fremden Männern in die Ehe gegeben. Es hat sich von den Fremdvölkern verführen lassen und deren Göttern geräuchert. Darum wird Jahwe Israel verwüsten am Tage der Bestrafung. Konsequent und grausam ist Jahwe. Er ist der Herr der Geschichte. Er offenbart seine Macht, indem er Sieg und Niederlage im Sinne von „Lohn und Strafe" über sein Volk verhängt.

Diese simplifizierte geschichtstheologische Gottesschau entspringt der Phantasie einiger fanatischer levitischer Priester. Vor ihrem Anspruch besteht kaum ein judäischer König auf dem Thron Davids in Jerusalem. Erst recht die Geschichte des Nordvolkes Israel, das sich nach Salomos Tod abgelöst und seine eigenen Anbetungsstätten wieder ausgebaut hat, gerät aus der Sicht der jüdischen Leviten zu einer Abfolge ständig sich steigernden Ungehorsams gegen den Einen Gott Jahwe. Denn die Leviten betrachten Jerusalem als den Nabel der Welt und den Tempel auf dem Berge Zion als den Anbetungsort ihres unduldsam eifersüchtigen Jahwe. Nur aus levitischer Sicht – als Anspruch und als Maßstab für die Bewertung der Könige – wird Jahwe zum „Gott Davids". Für den geschichtlichen David ist Jahwe sehr nebensächlich gewesen.

Vorrangig für David war alles, was dem Ausbau seiner Macht diente. Nach der Eroberung Jerusalems nahm David den Kult des El-eljon an. Er diente dem „Obersten El", er übernahm den Priester Zadok vom kanaanitischen Heiligtum Jerusalems. David duldete, daß Jahwe im Pantheon der Götter in Jerusalem eine

2 5. Mose 7.21-24

zweitrangige Rolle spielte.[3]

Erst im deuteronomistischen Schrifttum wird die Geschichte der Könige unter einen einheitlichen Nenner gebracht. Erst um die Mitte des sechsten vorchristlichen Jahrhunderts wird die Geschichte des ,,Volkes Israel" ideologisiert und der Sichtweise der Leviten unterworfen. ,,Daran kann gar kein Zweifel sein, daß alle deuteronomistischen Erzählungen spezifisch jüdisch sind."[4] Im Vordergrund ihres Interesses steht der Staat Juda und die Herrlichkeit Jerusalems, der ,,Stuhl Davids" und die Nachfolge auf dessen Thron.

Salomos orientalisches Prunkkönigtum wird durch legendäre Hinzufügungen über Reichtum und Weisheit seines Königs aufgewertet; ihn umgibt eine Gloriole göttlichen Wohlwollens und göttlicher Gnade. Zwei ursprünglich selbständige Überlieferungen berichten von Salomos fremdländischen Frauen und von der Anbetung ,,fremder Götter" durch den König. Der Deuteronomist verknüpft die beiden Überlieferungsstränge derart miteinander, daß die ausländischen Frauen den Abfall Salomos von Jahwe verursacht haben sollen.[5] Zudem wird die ,,Verschuldung Salomos ... auf die Zeit seines Alters beschränkt"[6]. So kann der Zerfall des davidischen Großreichs nach Salomos Tod mit den ,,Alterssünden des Königs" ideologisch verknotet werden.

Dagegen weiß die Überlieferung von ,,Widersachern, die bereits zu Beginn von Salomos Herrschaft dessen Einfluß schmälern"[7]: Auf die Nachricht von Davids Tod kehrt Prinz Hadad aus Ägypten zurück, wohin er vor Davids Massaker in Edom entflohen war. Im Nordosten gewinnt Reson Damaskus zurück und wird König über Syrien. Gegen den Aufstand Israels unter Jerobeam kann sich Salomo gerade noch zur Wehr setzen. ,,Entgegen ihrem Inhalt" sind diese Ereignisse von der verfälschenden Berichterstattung des Deuteronomisten ,,in die letzte Zeit Salomos datiert"[8].

Da Jahwe das handelnde Subjekt der Geschichte ist, erweist sich noch im Abfall Israels von Juda das Wirken Gottes: Als Zeichen göttlicher Legitimation wird Jerobeam durch einen Pro-

3 Vergl. S. 99 und G. Widengren, ,,Sakrales Königtum ...", S. 11 u. 14
4 F. Bleek, ,,Einleitung in das Alte Testament", S. 213
5 M. Noth, ,,Das erste Buch der Könige 1-16", S. 244
6 ebd. S. 244
7 ebd. S. 245 (Vergl. 1. Kön. 11.14)
8 ebd. S. 246

pheten designiert. Ahia von Silo begegnet Jerobeam und reißt seinen neuen Mantel in zwölf Stücke: „Nimm dir zehn Stücke", fordert er Jerobeam auf, „denn Gott, der Herr Israels, wird das Königreich von der Hand Salomos reißen und dir zehn Stämme geben. Nur *einen* soll er behalten."[9] Höhere Mathematik ist offensichtlich nicht die Stärke der levitischen Priester.

Es entspricht der geschichtstheologischen Konzeption des Deuteronomisten, daß alle Ereignisse nach einem schon vorher kundgetanen Willen Jahwes geschehen. Jahwe erweist sich als der bessere Wahrsager! Die matriarchalen Kultstätten sind meist auch Orakel- und Wahrsagezentren gewesen. Im Kampf um die Durchsetzung seines Kultes legen die Leviten Jahwe unablässig Voraussagen in den Mund, um dessen Überlegenheit zu beweisen. Nachdem bei ihrer Niederschrift die Ereignisse längst der Vergangenheit angehören, läßt sich leicht phantasieren, Jahwe habe alles vorausgewußt.

Noch kann sich Israel gegen die Macht Judas nicht durchsetzen. „Salomo aber trachtete, Jerobeam zu töten. Da machte sich Jerobeam auf und floh nach Ägypten."[10] Nach Salomos Tod kehrt er nach Israel zurück und befreit sein Land endgültig von der Vorherrschaft Judas. Jerobeam wird König in Israel.

In Bethel und Dan erhebt der israelitische Herrscher uralte Kultstätten in den Rang von königlichen Heiligtümern. Jakob hatte einst Beth-El für seinen Stiergott El geheiligt. Debora, die „Amme Rebekkas", soll dort begraben sein.[11] Jerobeam stiftet neue Stierbilder und stellt sie seinem Volk vor als „die Götter, die Israel aus Ägypten heraufgeführt haben", eine Auffassung, die schon in der Stieranbetung am Sinai zum Ausdruck gekommen ist. Am fünfzehnten Tag des achten Monats begeht der König ein Kultfest zu Bethel[12], das nicht näher beschrieben ist. In Israel beginnt das Jahr im Herbst. Es handelt sich also um das Fest des Frühlingsvollmonds, das mit der Begehung der Heiligen Hochzeit zusammenfällt. Jerobeam habe sich diesen Tag „aus seinem Herzen erdacht"[13], behauptet die levitische Redaktion abwertend und polemisch gegenüber der kultischen Begehung eines Festes, das tief in der Tradition des Volkes verankert ist. Vor der angemaßten ausschließlichen Legitimierung des Jerusalemer Tempels geraten die Heiligtümer des Nordstaates Israel zu

9 1. Kön. 11.31 f.
10 1. Kön. 11.40
11 1. Mose 35.8
12 1. Kön. 12.32 f.
13 1. Kön. 12.33

heidnischen Kultstätten, obwohl die judäischen Altäre ebenso mit Stierhörnern versehen sind wie die israelitischen[14] und zwölf Stiere im Tempel das große Weihwasserbecken tragen, um von des Gottes matriarchaler Stiereskraft zu zeugen.

Jerobeam, von Jahwe ausersehen zum Werkzeug der Bestrafung Salomos, wird alsbald selbst zum Verworfenen.

Ist der weissagende Jahwe nicht weitsichtig genug, Jerobeams „Ungehorsam" vorauszusehen? Der menschenverachtende Fanatismus der levitischen Priester kommt voll zum Ausbruch, wenn sie ihren Gott gegen Jerobeam fluchen lassen: „Ich habe dich erhoben aus dem Volk und zum Fürsten über mein Volk Israel gesetzt und habe das Königreich von Davids Hause gerissen und dir gegeben. Du aber bist nicht gewesen wie mein Knecht David, der meine Gebote hielt und wandelte mir nach von ganzem Herzen, daß er tat, was mir nur wohl gefiel – und hast übel getan über alle, die vor dir gewesen sind. Du bist hingegangen und hast dir andere Götter gemacht und gegossene Bilder, daß du mich zum Zorne reizest, und hast mich hinter deinen Rücken geworfen. Darum siehe, ich will Unglück über (dein Haus) führen und ausrotten von dir alles, was männlich ist." „Alles, was gegen die Wand pißt", heißt der hebräische Text wörtlich. „Ich will ausfegen die Nachkommen deines Hauses, wie man Kot ausfegt, bis es ganz aus mit dir sei."[15] Gründlich und grausam ist der Herr! Endgültig ist der Tod. Da gibt es keine Verheißung mehr – nur Drohung.

Der Eroberer, der im Zuge einer bewaffneten Revolte Jerobeam vom Thron stürzt und die ganze Familie des Königs hinmordet, wird aus der geschichtstheologischen Sicht des Deuteronomisten zum vorbestimmten Werkzeug Jahwes. Im Vernichtungswahn eines brutalen Eroberers soll der Bibelleser den Ausdruck berechtigten göttlichen Zorns erkennen. In der Tat hat sich das patriarchale Bewußtsein daran gewöhnt, Vernichtungsfeldzüge gegen heidnische Völker und Folterungen Andersgläubiger als „Heilige Handlungen" aufzufassen.

Die Geschichte des Nordreiches Israel ist ein einziges brutales Kriegsschauspiel ohne Pause zum Atemholen, geschweige denn zum Leben. Blutige Kämpfe um die Königsherrschaft sind die Regel.

14 1. Kön. 2.28
15 1. Kön. 14.7-10

Mit ermüdender Eintönigkeit berichtet der Bibeltext, daß alle diese Könige taten, „was dem Herrn übel gefiel". Sie beteten die Ašerat an, taten „Greuel" und verehrten „Greuelbilder".

Das hebräische Wort, das Luther mit „Greuelbild" übersetzt, ist undurchsichtig. „Schon die alten Übersetzungen* haben es offenbar nicht mehr gekannt und haben anscheinend willkürlich und inkonsequent übersetzt ... Aus dem Zusammenhang ergibt sich nur, daß es sich um etwas Konkretes handelt, das man verbrennen konnte, und daß irgend etwas kultisch Illegitimes gemeint war."[16]

Die deuteronomistische Geschichtsschreibung nennt in unübersehbarer Vielzahl Heiligtümer „auf jedem hohen Berg und unter jedem üppigen Baum". Dort richteten die Israeliten „Säulen auf und Ašeratbilder, ... und räucherten daselbst wie die Heiden, die der Herr vor ihnen weggetrieben hatte, und trieben böse Stücke, den Herrn zu erzürnen."[17] „Du sollst keine Säule aufrichten, welche der Herr, dein Gott, haßt!"[18] gebieten die Leviten.

Die Masteben, einst Stätten der Anbetung Gottes, haßt Jahwe nun. Er hat sich gewandelt: Seine matriarchale Gestalt ging verloren. Er ist zum unbarmherzigen Kriegsgott geworden.

„Das Eigene des Deuteronomisten kommt vor allem in den Urteilen über das ‚Gute' bzw. ‚Böse' der einzelnen Könige zum Ausdruck; denn in diesen Urteilen werden die Könige an der kultischen Hauptforderung des deuteronomistischen Gesetzes gemessen."[19]

Die israelitischen Könige haben das deuteronomistische Gesetz nicht gekannt! Sie lebten im Einklang mit ihrer Tradition. Die Vorstellung eines patriarchalen Gottes, der eifersüchtig auf seine ausschließliche Anbetung pocht, war ihnen fremd.

Einst – zu Zeiten Ahabs, der von 871 bis 852 König in Israel war –, brachte ein Sommer unerträgliche Hitze. Die Bäche und Flüsse führten längst kein Wasser mehr. Selbst die tiefsten Brunnen drohten zu versiegen. Die Not war so groß, daß die Leute begannen, das Vieh notzuschlachten.

* Gemeint sind „Itala", die uneinheitlichen altlateinischen Bibelübersetzungen und die „Septuaginta", die griechische Bibelübersetzung, 3. bis 1. Jh. v. Chr.

16 M. Noth, „Das erste Buch der Könige 1-16", S. 324

17 2. Kön. 17.10 f.

18 5. Mose 16.22

19 M. Noth, „Das erste Buch der Könige 1-16", S. 327

Und Elia, der Prophet Jahwes, fordert König Ahab heraus, auf dem Berg Karmel mit den Ba'al-Priestern zu wettstreiten, wer den ersehnten Regen zu bringen imstande sei, Ba'al oder Jahwe.

„Bist du es, der Israel verwirrt?" weist König Ahab den Propheten Jahwes zurück.

Elia aber besteht auf dem Wettstreit: „Wohlan, so sende nun hin und versammle zu mir das ganze Israel auf den Berg Karmel und die vierhundertfünfzig Propheten Ba'als, auch die vierhundert Propheten der Ašera, die vom Tische Isebels essen."[20] Von *Priesterinnen* der Ašerat ist in der Bibel grundsätzlich nicht die Rede. Sie verkommen in der deuteronomistischen Sprache zu „Weibern, die vor dem Tempel Dienst tun ..."

Ahab sendet hin, läßt Volk und Priester an den traditionellen Kultort rufen. Hier hat Ba'al seine Anbetungsstätte von alters her. Aus den in Ras-Schamrah gefundenen Lesetexten – den Legenden zum Kultablauf – kennen wir die Gebete der Ba'al-Priester:

„Zugrunde gegangen ist Môt, der Sohn des El,
und siehe, der erhabene Ba'al ist am Leben!
Siehe, es lebt der erhabene Fürst, der Herr der Erde!
Laut rufe El zur Jungfrau Anat:
‚Höre, Jungfrau Anat,
sage der Leuchte der Götter, Schpsch:*
‚Ausgetrocknet sind die Felder, o Schpsch.
Ausgetrocknet sind die Furchen des El.
Wird Ba'al die Furchen des Ackerlandes wiederherstellen?'
Wo ist der erhabene Ba'al?
Wo ist der Fürst der Erde?"[21]

Rituelle Gesänge begleiten den Weg Anats, die Ba'al sucht und findet, sie preisen Ba'al, der endlich erscheint, seinen Blitzstrahl wirft und mit dem Gewitter den ersehnten Regen bringt. Doch in diesem Jahr scheinen alle Gebete der Priester nutzlos zu sein.

Der Bibeltext berichtet, daß die Ba'al-Priester vergeblich den Scheiterhaufen errichtet haben, vergeblich um den Blitzstrahl bitten, der das vorbereitete Brandopfer entzünden soll. Ba'al

20 1. Kön. 18.17 und 19
* Sonnengöttin im ugaritischen Pantheon
21 Ras-Schamrah-Texte I AB-III/IV

reagiert nicht.

Unbarmherzig scheint die Sonne über der betend versammelten Gemeinde. „Elia baute den Altar Jahwes wieder auf, der zerbrochen war ...“[22] Auch Jahwe hat einen Altar auf den verpönten „Höhen“, nur lehnt das Volk Israel ihn ab, denn es hat seinen Altar zerbrochen!

Einst wohnten auf dem Berg Karmel die matriarchalen „Götter“, die geschöpflichen Söhne der Großen Himmelsherrin. Neben der Anbetungsstätte des Ba'al hatte der matriarchale Jahwe seinen Altar. Das Bergheiligtum der Ašerat, der Karmel, spielt im traditionellen Jahwekult eine hervorragende Rolle. Die gehörnten Altäre, von denen die Bibeltexte sprechen, und die umfangreiche Ausgrabungen in Syrien und Palästina zutage fördern, zeugen von dem Stiergott Jahwe, dem sterblichen Gott, dessen Wiedergeburt durch das große Wunder auf dem Karmel demonstriert werden soll.

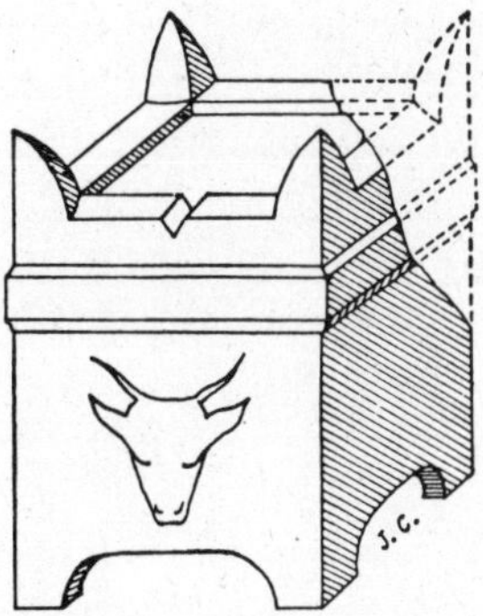

Elia schichtet Holz auf und fordert vom Volk, Wasser über den Scheiterhaufen zu schütten. Er legt den zerteilten Opferstier zum Brandopfer zurecht, und die Leute gießen vier Eimer Wasser darüber. „Tut's noch einmal!“ sagt Elia. „Und noch ein drittes Mal!“ fordert er, und die Menschen begießen sein Brandopfer, daß der Graben rundum mit Wasser gefüllt ist und das Holz vor Nässe trieft. Elia wendet sich im Gebet zu Jahwe, der sich herrlich offenbart mit einem Feuer, das Brandopfer, Stein und Erde und sogar das Wasser im Graben aufleckt. Die Menge des Volks läuft zu Elia und ruft: „Der Herr ist unser Gott! Adonai ist Gott!“

In ihrer Ekstase ergreift die Menge die Priester des Ba'al und der Ašera, und Elia richtet ein Blutbad unter ihnen an am Bach Kison. Dort ist – wie häufig an Quellen und Bächen – ein matriarchales Heiligtum zu vermuten, ein Ba'al-Heiligtum, das Elia entweiht durch die Hinrichtung der 850 Priesterinnen und Prie-

22 1. Kön. 18.30

ster.[23]

Auf dem Gipfel des Karmel betet nun Elia um Regen. Sein Diener hält derzeit Ausschau, ob sich eine Wolke am Himmel zeige. Doch weit und breit ist nichts zu sehen. Erst als der Diener zum siebenten Mal hingelaufen ist, nach dem Meer zu schauen, erscheint eine Wolke im Westen, so klein wie eines Mannes Hand. „Und ehe man zusah, ward der Himmel schwarz von Wolken, und es kam ein großer Regen."[24]

Jahwe offenbart sich – genau wie Ba'al – als Heilsbringer, der vom Berge kommt, als der matriarchale Erlösergott, der Messias und Menschensohn, der nach der Dürre und Unfruchtbarkeit in jedem Jahr vom Todesland her kommend wieder ins Fruchtland zurückkehrt.

Im neunten vorchristlichen Jahrhundert stoßen auf dem Karmel zwei gleichsinnige Kulte aufeinander, die durch Völkerwanderungen und Veränderungen in den politischen Herrschaftsstrukturen der Stämme in Konflikt miteinander geraten sind. Beide, Ba'al und Jahwe, sind auf dem Karmel im Kultgeschehen gegenwärtig. Von beiden wird das Heil erwartet. Beide sind mit dem erstorbenen Land identisch, sind eins mit der Natur. Mit dem Erwachen neuen Lebens ist auch ihre Wiedergeburt verknüpft.

Doch während die Ba'als-Gemeinde in tiefer Frömmigkeit auf die Offenbarung ihres Gottes wartet, verfügt Elia wie ein Magier über seinen Gott. Außerdem mutet die levitische Darstellung des „Gotteszeichens auf dem Karmel" dem Bibelleser erhebliche Ungereimtheiten zu.

Sollten Menschen, die wochenlang unter trostloser Dürre leiden, die begonnen haben, ihr Vieh notzuschlachten, wirklich noch so viel Wasser haben, um Elias Scheiterhaufen für eine sinnlose Demonstration zu durchnässen?

Worin besteht das „Wunder", das auf dem Berge Karmel demonstriert wird? Die Hitze ist derart unerträglich, daß selbst viele Eimer Wasser in kürzester Zeit von der sengenden Sonne aufgeleckt sind. Es entstehen Wald- und Flurbrände. Was ist so „wunderbar" daran, daß selbst das Holz auf dem Altar Feuer fängt?

Der ersehnte Regen aber bleibt noch immer aus. Erst am an-

23 1. Kön. 18.40
24 1. Kön. 18.45

deren Tag kommt der Regen vom Meer her. Der biblische Text schildert den Hergang, als habe Elia Jahwe den Regen durch sein Gebet abgetrotzt.

Das Wesentliche am matriarchalen Kult ist, daß die rituelle Handlung mit dem Ablauf der Natur in Einklang gebracht wird. Die Naturgesetze werden nicht durchbrochen. Ganz anders offenbart sich der Jahwe der levitischen Schriftstellerei beständig im Durchbrechen natürlicher Ordnungen und Gesetze und gehorcht seinen Frommen, wenn diese beten.

Wieviel perverse Phantasie bei der Schilderung des Schlachtfestes von 450 Ba'al- und 400 Astarte-Priesterinnen und Priester Pate gestanden hat, können wir nur ahnen. Eine solche Anzahl von Kultbeamten ist höchst unglaubwürdig.

Und wie sollen wir das Wunder auf dem Karmel überhaupt für möglich halten, da Elia trotz seines „Gottesbeweises" fliehen muß. Er hat weder König Ahab noch Königin Isebel noch das Volk überzeugt!

„Ahab sagte Isebel alles an, was Elia getan hatte und wie er alle Propheten Ba'als mit dem Schwert erwürgt hatte."[25] Isebel läßt Elia verfolgen.

Der Prophet „ging hin um seines Lebens willen und kam nach Beer-Seba in Juda"[26]. Dort ließ Elia seinen Diener zurück und floh selbst noch eine Tagereise weit in die Wüste hinein.

Konnte der Prophet noch nicht einmal in Juda bleiben? War er auch dort seines Lebens nicht sicher?

Offenbar war er ein Außenseiter der Gesellschaft, der Israel verwirrte mit dem Anspruch seines höchst unerwünschten Gottes Jahwe!

Isebel war die Hohepriesterin über 400 Ašeratpriester, die von ihrem Tisch aßen.[27] Wieviel Priesterinnen ihr unterstanden, verschweigt die deuteronomistische Redaktion, die über Isebel nur abwertende Urteile fällt. Sie wird der Zauberei und Abgötterei beschuldigt, sie soll einen Nachbarn um seinen Weinberg gebracht haben.

Isebel ist eine eindrucksvolle G^{e}bira in Israel. Ihr unterstehen die Staatsgeschäfte. Sie verfügt und gibt Anordnungen. Ihr berichtet König Ahab das Geschehene. Und *sie* gibt Anweisung, Elia zu verfolgen. Sie setzt die Fastentage fest und steht dem

25 1. Kön. 19.1
26 1. Kön. 19.3
27 1. Kön. 18.19

Kult vor. Sie führt den Schriftwechsel mit den Beamten im Lande.

Die levitische Geschichtsschreibung erzählt, Isebel habe Briefe unter Ahabs Namen geschrieben und „verbotenerweise" sein Siegel benutzt.[28] Sie hat die Regierungsgeschäfte geführt wie andere altorientalische Königinnen auch. Beweis dafür ist, daß Ahab ihr von allem Bericht erstattet, woraufhin *sie* aktiv wird.

Isebel ist auch noch G^e^bira im Lande, als ihr Sohn Joram König wird. Sie überlebt noch diesen Sohn, der von einem Usurpator, einem Heerbannführer namens Jehu, ermordet wird.

Es gehört zur geschichtstheologischen Konzeption des Deuteronomisten, daß er diesen Offizier durch einen Propheten zum König berufen und im Namen Jahwes salben läßt.

Was hat Gott damit zu tun, wenn ein Machthungriger das herrschende Königshaus brutal ausrottet und sich den Thron aneignet? Es ist unverständlich, daß moderne Alttestamentler in allem Ernst schreiben, daß „Jehu als ein durch den Propheten im Namen Jahwes designierter neuer König" in Israel aufgetreten sei.[29] Ganz eindeutig haben wir der levitischen Draufsicht derartige Einschübe zu verdanken, die kein Mensch ernst nehmen kann!

Welche Kompetenz sollten Jahwe-Priester im Nordstaat Israel gehabt haben? Israels Tradition geht auf Jakob zurück, der zum Isra-El geworden ist, zum Streiter Els, nicht Jahwes. In Nordisrael ist die heiligste Stätte Beth-El, jene Stätte der Gottesoffenbarung, die „Pforte des Himmels", die Jakob nach seinem Gott El benannt hat.

Nur ein am Jerusalemer Heiligtum wirkender Levit mit seinem unerträglichen Erwählungsdünkel kann sich erdacht haben, daß Jahwe für die Designation der Könige im Nordstaat zuständig sei.

Jehu ist kein von Gottes Gnaden eingesetzter König. Er rückt mit Heeresmacht gegen die Stadt Jesreel vor. Dort ist gerade Ahasja zu Gast, der König von Juda. Zufällig und für kurze Zeit herrscht zwischen den beiden Staaten, Juda und Israel, Frieden; denn Ahasja hat sich mit Joram verschwägert. So ist den ständigen kriegerischen Auseinandersetzungen zwischen Nord und Süd eine kurze Unterbrechung vergönnt.

28 1. Kön. 21.8
29 M. Noth, „Geschichte Israels", S. 210

Joram, der Sohn Ahabs, tritt seinem Herausforderer Jehu nur in Begleitung seines Schwagers entgegen.

Wo ist Jehus Gefolge geblieben? Der nun folgende Wagenkampf vor den Toren der Stadt mutet eher wie ein Ritualkampf kultischer Könige an.

Beim Einzug des siegreichen Eroberers in die Stadt schmückt sich die Königin Isebel. Geschminkt und in voller Kultkleidung schaut sie Jehu aus dem Fenster des Stadtturms entgegen.

Was ist geschichtlich an diesem Bericht? Was ist kultische Überlieferung?

Das Kultmotiv – die Königin im Fenster, die dem siegreichen König als dem Geliebten der bevorstehenden Heiligen Hochzeit entgegenwinkt – paßt nicht in die historische Szenerie.

„Was der Deuteronomist weggelassen hat, läßt sich nicht mehr ermitteln."[30] Was er verändert hat, können wir aus der Polemik seiner Texte und aus ihren Widersprüchen teilweise nachvollziehen. Blinde Vernichtungswut gegen die matriarchale Gebira und ihren Kult spricht aus dem biblischen Bericht.

Jehu fordert Isebels eigene Kämmerer auf, die Königin aus dem Fenster zu stürzen. „Und sie stürzten sie herab, daß die Wand und die Rosse mit ihrem Blut besprengt wurden; und sie ward zertreten.

Nachdem er hineinkam und gegessen und getrunken hatte, sprach er: ‚Sehet doch nach der Verfluchten und begrabet sie; denn sie ist eines Königs Tochter.' Da sie aber hingingen, sie zu begraben, fanden sie nichts von ihr denn den Schädel und die Füße und ihre flachen Hände, und sie kamen wieder und sagten's ihm an. Er aber sprach: ‚Es ist, was der Herr geredet hat: ‚Auf dem Acker von Jesreel sollen die Hunde der Isebel Fleisch fressen und das Aas Isebels soll wie Kot auf dem Felde sein im Acker Jesreels, daß man nicht sagen könne: das ist Isebel!'''[31]

Im Namen Jahwes hat Jehu Israels König Joram und dessen Mutter ermordet. Im Namen Jahwes läßt er den siebzig Söhnen Ahabs die Köpfe abschlagen. „Und sie schlachteten die siebzig Söhne Ahabs und legten ihre Häupter in Körbe und schickten sie zu Jehu nach Jesreel."[32]

Mit dem Königshaus Juda geht Jehu nicht wohlwollender um. Er trifft Brüder des Königs Ahasja von Jerusalem. „Greifet sie

30 M. Noth, „Das erste Buch der Könige 1-16", S. 128
31 2. Kön. 9.33-37
32 2. Kön. 10.7

lebendig!" befiehlt er seinen Knechten, und sie griffen sie und schlachteten die neunundvierzig Mann am Brunnen.

Jehu läßt die Ba'al-Priester abschlachten und den Tempel des Ba'al zerstören, nicht, um Jahwe zu dienen, sondern um die Basis der Macht zu zerstören, auf die sich die Dynastie seines Vorgängers gestützt hatte. Jehu selbst aber, angetreten, um nach „Jahwes Willen" die matriarchalen Kulte auszurotten, „ließ nicht von den goldenen Kälbern zu Bethel und Dan".[33] Wie hätte der Eroberer auch die Nationalheiligtümer vernachlässigen können? Die Empörung des gesamten Volkes hätte sich gegen ihn gerichtet!

Jehu betreibt eine für den Staat Israel unheilvolle Isolationspolitik. In Juda hat die Erbitterung über die Ermordung seiner Prinzen die alte Erbfeindschaft gegen Israel wieder belebt. Gegen die Philister im Westen grenzt Jehu sich betont ab. Im Nordosten wächst die Macht Assyriens, und Israel wird bereits unter Jehu der neuen Großmacht tributpflichtig.

Etwa hundert Jahre später versuchen Israel und Syrien, sich gemeinsam gegen die erdrückende Macht Assurs zur Wehr zu setzen. Die Verbündeten wollen den Südstaat Juda zum Mittun gewinnen. Doch Ahas, der König von Juda, hält diese Koalition für politisch unklug und will eine Herausforderung der assyrischen Großmacht vermeiden. Die Verbündeten zetteln einen Krieg an und rücken gegen Jerusalem vor. Sie wollen Ahas töten, um einen ihren Plänen wohlgesonnenen Herrscher über Juda zu setzen. In dieser Situation ruft Ahas den Großkönig Assyriens, Tiglatpileser III., um Hilfe gegen Israel an.

Im Jahre 733 v. Chr. wird Israel niedergeworfen, seine Städte annektiert und die Oberschicht deportiert. Nur Samaria bleibt als tributpflichtiger Reststaat „Israel" noch für kurze Zeit bestehen.

Als wenig später Tiglatpileser stirbt, ist der Vasallenkönig Hosea von Samaria so unklug, die Tributzahlung an Assur einzustellen und in Ägypten einen mächtigen Verbündeten zu suchen, um die Befreiung seines Landes zu erreichen.

Assur hat darauf wahrscheinlich nur mit einer kleinen Streitmacht reagiert, Samaria belagert und schließlich eingenommen. Das Land wurde endgültig besetzt und durch Besiedlung aus dem Osten die Reste der israelitischen Bevölkerung auch biolo-

33 2. Kön. 10,29

gisch aufgesogen, während die deportierte Oberschicht in der Bevölkerung Mesopotamiens aufgegangen ist. Israel existiert nicht mehr.

Juda kann sich als treuer Vasall der assyrischen Großmacht noch etwa ein Jahrhundert am Leben halten.

Unter dem Ansturm der neuen babylonischen Großmacht ereilt Jerusalem das gleiche Schicksal wie Samaria. Jojachin, der letzte König auf dem Thron Davids, wird nach Babylon in Gefangenschaft geführt mit seiner Mutter Nehusta und der gesamten Oberschicht der Stadt. Der von Babylons Gnaden eingesetzte König Zedekia begeht den gleichen Fehler wie einst Hosea von Samaria: er verweigert dem Mächtigen den Tribut.

„Da kam Nebukadnezar mit all seiner Macht wider Jerusalem; und sie lagerten sich dawider und bauten Bollwerke darum her. Und der Hunger war stark in der Stadt, daß das Volk nichts zu essen hatte."[34]

Der König und seine Krieger flohen, doch wurden sie ergriffen und verurteilt. Man schlachtete des Königs Kinder vor seinen Augen und blendete ihn anschließend. Tempel und Königspalast in Jerusalem wurden ihrer Schätze beraubt und verbrannt. Auch Juda hatte aufgehört zu existieren.

Im Alten Testament kommen nur die Leviten und Propheten zu Wort. Sie vertreten nicht die offizielle Staatsreligion, der die Könige gedient haben. Das Volk, die Könige und Fürsten können sich nicht verteidigen, denn ihre Stimme schweigt. Aber aus der Polemik der Propheten und der deuteronomistischen Geschichtsbücher können wir schließen, daß der matriarchale Glaube noch bis zum Untergang Jerusalems praktiziert worden ist.

Nach dem Zusammenbruch des Juda-Reiches floh eine nicht unbeträchtliche Zahl jüdischer Bürger nach Ägypten. Die Pharaonen siedelten die Flüchtlinge im äußersten Süden ihres Landes an. Dort, auf der Nilinsel Elephantine, bauten sie ein Bollwerk gegen Überfälle aus Nubien auf.

Ein bedeutender Papyrus-Fund von dieser Insel bezeugt, daß in dieser jüdischen Militärkolonie für eine Göttertrias Tempelsteuern entrichtet worden sind[35] : „Das Geld, das an jenem Tage einkam in die Hand Jedonjas, des Sohnes Gemarjas, im Monat Phamenoth, betrug 31 Kerašîn ..., darunter für Jahû 12 K., für

34 2. Kön. 25.1 f.
35 H. Gressmann, „Altorientalische Texte ...", S. 453 f.

Ašim-Bethel 7 K., für Anat-Bethel 12 K. ..."

Der Ašim-Bethel wird vom Propheten Amos verflucht[36]. Wen der Prophet verflucht, der wird von den Exil-Juden offiziell verehrt. Und selbst in Israel ist Amos zurückgewiesen worden: „Geh weg und flieh ins Land Juda und iß dein Brot daselbst und weissage daselbst. Und weissage nicht mehr in Beth-El. Denn es ist des Königs Haus und des Königs Heiligtum!"[37]

Gibt es einen eindeutigeren Beweis dafür, daß die Religion der Propheten nicht die Religion der Könige und des Volkes ist? Gibt es einen besseren Beweis, daß Jahwe zusammen mit Anat-Ašerat und einem Sohn, der im Alten Testament verschwiegen wird, verbunden gewesen ist?

Die Juden von Elephantine pflegten Verbindung mit Jerusalem. Aus dem Jahre 408 v. Chr. ist ein Schreiben an den Statthalter in Jerusalem erhalten geblieben.[38] Darin bitten sie um Fürsprache wegen des Wiederaufbaus eines Tempels. Ihr Kult muß demnach auch in Jerusalem anerkannt worden sein. Gegen die Durchsetzung patriarchaler Religions- und Gesellschaftsformen haben sich die Juden viele Jahrhunderte lang zur Wehr gesetzt.

Nicht das Festhalten an den matriarchalen Kulten führte Israel in den Untergang. Solange die Völker die Himmelskönigin verehrten, „da hatten sie auch Brot genug und kannten kein Unglück". Ihre Söhne bebauten die Äcker, statt das Schwert zu führen.

Jetzt zerstören diese Söhne das Land und die Lebensgrundlage ihrer Feinde und verlangen von den Unterworfenen Tribute, die gar nicht aufzubringen sind. Sie beschwören die mörderische Wut der Besiegten herauf, und im Gegenzug wird der Sieger unterworfen.

Israel ist dem Wechselspiel der Macht zum Opfer gefallen. Die Geschichte lehrt, daß ein Volk Subjekt oder Objekt der Machtausübung sein kann. Israel macht Erfahrungen mit beidem:

David baut Jerusalem zum Machtzentrum im Vorderen Orient aus. Unter der Herrschaft anderer Großreiche bricht sein „Gottesstaat" wie ein Kartenhaus zusammen.
Aus dieser Erfahrung entwickeln die levitischen Priester ihr geschichtstheologisches Konzept: Sie sprechen die Macht heilig!

36 Amos 8.14
37 Amos 7.12-13
38 H. Gressmann, „Altorientalische Texte ...", S. 450

An „seinem Volk" demonstriert Jahwe seine Herrlichkeit und Machtvollkommenheit, aber auch seine konsequente Grausamkeit und Unbarmherzigkeit. Herrlich und mächtig hat er sich den Tempel seiner Anbetung in Jerusalem erbaut – doch auch seine Gottesstadt wird niedergebrannt am Tage der Bestrafung. Noch im ausweglosen Hintreiben auf den endgültigen Untergang sieht der deuteronomistische Erwählungsdünkel das Handeln Gottes mit seinem „auserwählten Volk".

Wenn das Volk Israel dazu ausersehen ist, stellvertretend für die Völker der Erde den Weg menschlicher Verfehlungen zu demonstrieren, dann führt es uns mit seinem Untergang die Sinnwidrigkeit jeder Machtentfaltung vor Augen. Wo angemaßte Macht herrscht, da ist auch Zerstörung.

Die archäologischen Befunde machen den Niedergang der menschlichen Kultur mit dem Ausgang der Hochblüte bronzezeitlichen Städtelebens sichtbar.[39] Mit dem Beginn der Eisenzeit hat der Mensch zunehmend zerstörerische Waffen geschaffen. Er verwendet weniger Sorgfalt auf seine Töpferei, auf die Herstellung seiner Gebrauchsgegenstände.

„Die eisenzeitlichen alten Ortsanlagen sind daher meist auseinandergefallen, und ihre materiellen Überreste haben sich im Laufe der Zeit verstreut und sind verschwunden. An Ort und Stelle sind nur mehr oder weniger zahlreiche Überreste zurückgeblieben, meist ohne eine noch erkennbare Schichtung. Dazu kommt noch, daß die Kultur der beginnenden Eisenzeit sehr viel ärmlicher und weniger differenziert war als die vorausgegangene Bronzezeit."[40]

Wir erleben am Schicksal des „auserwählten Volkes", wohin der Weg des Menschen führt, der Aggressionen abspaltet und die Ordnungen der Großen Herrin des Lebens verläßt. Israel hat sich auf das Geschäft mit der Macht eingelassen. *Dafür* wird es „verwüstet am Tage der Bestrafung".

Was nützt der Menschheit die schöpferische Leistung von Männern, wenn sie vorrangig auf die Erfindung immer perfekter funktionierender Zerstörungswaffen gerichtet ist? Was nützen uns friedliche Kulturleistungen, wenn der Mensch immer wieder zerstört, was er aufgebaut hat?

39 Vergl. M. Noth, „Geschichte Israels", S. 131 f.
40 ebd. S. 80

Können wir uns vorstellen, welchen Verlauf die kulturelle Entwicklung der Menschheit genommen hätte, wenn sie sich nicht aus dem Integrationszusammenhang der matriarchalen Ordnung gelöst hätte? Wenn sie alle schöpferischen Leistungen in den Dienst des Lebens gestellt haben würde?

Reicht unsere Phantasie – die Phantasie des patriarchalen Bewußtseins – dazu aus?

Vom Schicksal des matriarchalen Bewußtseins

Die Geschichte des Patriarchats beginnt mit politischer Machtentfaltung. Das Streben der Großkönige ist auf Darstellung äußerster Pracht und Ansammlung unermeßlichen Reichtums gerichtet. Aber selbst völkerausmordende Kriege sichern dem Sieger keine bleibende Macht. Die tributpflichtig gewordenen Völker verausgaben ihre Kräfte und verarmen. Menschen, die zufrieden damit sein müssen, das nackte Überleben gerettet zu haben, richten ihre einzige Hoffnung darauf, die Großen in absehbarer Zeit niederzuringen.

Inzwischen erschöpfen sie sich in Demutsgebärden; ihre Briefe an den Großkönig zeugen von menschenunwürdiger Unterwürfigkeit. Des Herrschers Tyrannis äußert sich in menschenverachtender Überheblichkeit. In der Stille baut ein anderer Ehrgeiziger sein Machtpotential aus, ein neuer völkermordender Krieg verändert die bestehenden Herrschaftsverhältnisse.

Die gesellschaftlichen Strukturen bewahren dagegen die traditionelle Prägung. Die Stellung der Frau in der Gesellschaft, die Beibehaltung matriarchaler Eheformen zeugen davon. Die matriarchale kultische Tradition stellt der Patriarchalisierung den heftigsten Widerstand entgegen.

Am zähesten folgt die Sprache dem patriarchalen Weltbild. Die Verständigung läuft über matriarchale Bildsprache ab, und es ist ebenso interessant wie lehrreich, die Jahrhunderte währenden Prozesse zu verfolgen, die das ganzheitliche matriarchale Bewußtsein aufspalten. Unter dem Druck der Entwicklung zum patriarchalen Weltbild werden immer rigoroser männliche Qualitäten isoliert und zu alleingültigen gesellschaftsprägenden Werten hochstilisiert. Das „Weibliche" – im Gegensatz zum ganzheitlichen Begriff des Matriarchalen – wird zum abgespaltenen Schatten, zum Sammelbecken der menschlichen Wesensanteile, mit denen das Männliche sich nicht identifizieren kann.

An wenigen Beispielen wollen wir die Transformation matriarchalen Bewußtseins miterleben:

In einer Situation von höchster politischer Brisanz, als die Könige von Israel und Syrien gegen Juda rüsten, um Ahas vom Davidsthron zu stürzen, führt Jesaja eine Begegnung mit dem judäischen Königshaus herbei und rät zu Entscheidungen, die nur vom matriarchalen Denken her verständlich sind: „Hüte dich und sei still!“ sagt er zum König, „fürchte dich nicht, und dein Herz sei unverzagt!“

Noch bevor wir uns damit befassen, daß dieser Text der matriarchalen Kultsprache entnommen ist, fällt sein matriarchaler Sinngehalt auf. Das Vertrauen, angstfrei die Tiefen und Bedrohungen des Lebens durchzustehen, entstammt dem matriarchalen Lebensgefühl, das um die Wiedergeburt nach dem Tode, um das Heraufsteigen des Lichtes aus der Finsternis und um die Überwindung der Widrigkeiten des Daseins durch positive Kräfte weiß. Es verdankt seine Zuversicht der Erfahrung, daß alle lebendigen Prozesse in Rhythmen ablaufen.

Jesaja rät dem judäischen König, angesichts der Bedrohung aus dem Norden durch Israel und Syrien nicht beim assyrischen Großkönig Tiglatpileser um Hilfe nachzusuchen. Er müsse nicht um seinen Thron fürchten. Jesaja erinnert an die hohe Bedeutung des Ortskultes: Jeder König auf dem Thron ist der auserwählte Kultträger in der Nachfolge des uranfänglichen Stammesheros. Er *kann* gar nicht beseitigt werden: „Wie Damaskus das Haupt ist in Syrien, so soll Rezin das Haupt zu Damaskus sein, und wie Samaria das Haupt ist in Ephraim, so soll der Sohn Remaljahs das Haupt zu Samaria sein. Glaubt ihr nicht, so bleibt ihr der nicht.“[1] Jeder König gehört an seinen Kultort. Also kann auch Ahas, der auserwählte Kultträger in Jerusalem, nicht von seinem Thron gestürzt werden. Jesaja stützt seinen Rat auf tief verwurzelte matriarchale Kult- und Gesellschaftspraxis.

Obwohl Jesajas Mahnung, Ruhe zu bewahren, die Dinge an sich herankommen zu lassen, angesichts der Machtverhältnisse nicht realistisch erscheint, war sie doch im gegebenen Augenblick von höchster politischer Weisheit. Denn Tiglatpileser wäre dem judäischen König auch ohne dessen Hilferuf entgegengekommen. Assur bedurfte eines Pufferstaates gegen Ägypten im Süden. Tiglatpileser konnte nicht ruhig mit ansehen, daß Syrien und Israel den Südstaat Juda in ihre Abhängigkeit brachten. Aber „Ahas nahm das Silber und alles Gold, das in dem Hause

1 Jesaja 7.8 f.

des Herrn und in den Schätzen des Königshauses gefunden ward, und sandte dem König von Assyrien Geschenke."[2] Tiglatpileser ist darauf unverzüglich zur Stelle, woraus man sicher schließen kann, daß er bereits auf dem Wege gewesen ist. Ahas hätte sich Tributpflicht und Vasallenabhängigkeit ersparen können. Aber er klammert sich an einen Großmächtigen, der ihn nun nicht mehr als Bundesgenossen, sondern als Unterworfenen behandelt. *Wer Sicherheit sucht im Schatten patriarchaler Macht, muß Unfreiheit in Kauf nehmen.*

„Fürchte dich nicht und sei unverzagt!" ist eine Kultformel. Jesaja bedient sich ihrer bewußt und mit Nachdruck.
„Fürchte dich nicht, König!" ruft Ištar dem sterbenden König zu, „ich habe dich nicht verworfen, ich flöße dir Zuversicht ein!" Dem Zuspruch wohnt die ganze Wucht und Verheißungskraft des Wiedergeburtsglaubens inne. Als Jesaja, der Prophet, sich dieses Trostwortes bedient, dürfte die segensreiche Kraft des Heilswortes noch bewußt gewesen sein.

„Fürchte dich nicht! Stehe fest und unverzagt!" ruft Moses dem „Volk Israel" zu, als es ausweglos verzweifelt: Vor sich das Meer und im Rücken die herannahenden ägyptischen Krieger. Wir haben diesen Text als historisierten Kulttext verstehen gelernt.[3]

Als Abraham nach dem „Krieg der Könige" durch das Tal des Todes schreitet[4], ruft Jahwe ihm zu: „Fürchte dich nicht! Ich bin dein Schild!"[5] Auch hier richtet sich das Trostwort gegen Todesangst und tiefste Not des Menschen. Nicht die Himmelskönigin tröstet, sondern Jahwe – dafür hat die biblische Endredaktion gesorgt. Doch der Gott kann keine Wiedergeburt verheißen.

Die deuteronomistische Redaktion schließlich mißbraucht die Kultformel für ihre Kriegsideologie. „Wenn ihr zum Streit kommt, so soll der Priester herzutreten und sprechen: ‚Israel, höre zu! Ihr geht heute in den Streit wider eure Feinde; euer Herz verzage nicht! Fürchtet euch nicht und verzagt nicht und erschreckt nicht und laßt euch nicht grauen vor ihnen!'"[6]

„Ich will eure Feinde in eure Hand geben!" verspricht der Gott der deuteronomistischen Theologie dem Volke Israel in monotonen Wiederholungen. Das Bekenntnis: „Jahwe ist der

2 2. Könige 16.8
3 s. S. 175 f.
4 1. Mose Kap. 14
5 1. Mose 15.1
6 5. Mose 20.2 f.

rechte Kriegsmann!"[7] drückt die herrlichste Wesensseite des patriarchalen Gottes aus. Um sich als zuverlässiger Kriegsgott zu offenbaren, durchbricht Jahwe in heiligen Vernichtungshandlungen die Naturgesetze:
Das Volk Israel bläst die Posaunen. Und Gott läßt die Mauern von Jericho umfallen.[8] Das Volk jagt den Feinden nach. Da läßt Gott einen Hagelschauer niederprasseln, der gezielt nur die Feinde vernichtet, während die Israeliten verschont bleiben. Jahwe sorgt dafür, „daß mehr Feinde vom Hagel starben, als die Kinder Israel mit dem Schwert erwürgt hatten"[9]. Mit nur dreihundert Mann überfällt Jerub-Ba'al, den die deuteronomistische Schrift Gideon nennt[10], ein großes Heerlager der Midianiter und Amalekiter. Gideon läßt die Posaunen blasen und die Fackeln schwenken. Das feindliche Heer flieht in Auflösung und Panik: „Der Herr aber schaffte, daß im ganzen Heer eines jeglichen Schwert wider den anderen war."[11] „Jahwe donnert den ganzen Tag mit gewaltigem Getöse und bringt die Philister in Verwirrung"[12], so daß die Israeliten sie mit kleiner Kraft schlagen können. Jonathan, Sauls Sohn, schlägt – nur begleitet von seinem Waffenträger – ein ganzes Heerlager der Philister; denn „es kam ein Schrecken ins Lager auf dem Felde ... die Wachen und die streifenden Rotten erschraken auch, so daß das Land erbebte; denn es war ein Schrecken von Gott!"[13] David sucht fünf flache Bachkiesel und tötet damit einen schwer bewaffneten Philister ...

Jahwe kämpft auf wunderbare Weise für sein Volk. Seine Vernichtungsfeldzüge sind „heilige Kriege". „Fürchte dich nicht, sei getrost und unverzagt!" ruft er seinem Volk zu; denn er, Jahwe, wird das Schwert führen. „Ich will ausrotten viele Völker vor dir her!" verspricht er.

Verfolgen wir den Bewußtseinswandel, dem das heilige Wort unterworfen ist:
„Fürchte dich nicht! Sei getrost und unverzagt!" ruft die Himmelsherrin dem sterbenden König zu. „Ich habe dich nicht verworfen!" Der Kultformel wohnt eine beschwörende Kraft inne, die Zusage der Göttin: Du wirst leben!

In den ältesten Bibeltexten begegnet uns die Kultformel in ih-

7 2. Mose 15.3
8 Josua 6.20
9 Jos. 10.11
10 Richter 7.1
11 Richter 7.22
12 1. Samuel 7.10
13 1. Sam. 14.15

rer ganzheitlichen, umfassenden Bedeutung, im Sinnzusammenhang mit Tod und der Zusage auf Wiedergeburt. Sie findet sich im Anschluß an den „Tod der Könige“ und im Zusammenhang mit dem „Tod des Pharao“ im Meer. Ich habe bereits nachgewiesen, daß diese Texte ursprünglich den rituellen Tod des „alten“ Königs beschreiben, daß es sich um Ritualtexte handelt und nicht um „Geschichtsberichte“.* Die beschwörende Kultformel, die gerade im Zusammenhang mit diesen Texten stehengeblieben ist, beweist einmal mehr, daß der Verfasser jener Bibelstellen Ritualtexte historisiert hat.

Als Jesaja seinen König beschwört: „Fürchte dich nicht; denn du wirst leben!“ aktualisiert er die Kultformel, bedient sich der Wucht ihrer meditativen Suggestion. Er rät – so ließe es sich beschreiben – den matriarchalen Umgang mit der Macht: Laß die Mächtigen ihre Kriege führen! Misch dich nicht hinein! Geh nicht hin! Schließe kein Bündnis! Vertraue auf deine Bedeutung, auf den Stellenwert des Staates Juda zwischen den rivalisierenden Königreichen!

Aber die Welt leidet bereits an der Macht wie an einer zum Tode führenden chronischen Krankheit. Jesaja verwendet die Trostformel, aus ihrem kultischen Zusammenhang gelöst, wie eine Beschwörungsmagie. Der König aber starrt gelähmt auf die „Realitäten“ der Macht und wirft sich Sicherheit suchend dem assyrischen Großkönig zu Füßen.

Als Jahwe in der deuteronomistischen Ideologie endgültig zum Kriegsgott verkommt, pervertiert die matriarchale Kultformel.

Im matriarchalen Kult bedeutet sie Zuspruch an den Einen, den stellvertretend sich opfernden König. Sie verspricht Wiedergeburt. In Einklang mit der Natur beruft sie sich auf das Wissen vom ewigen Kreislauf des Lebens.

Der patriarchale Jahwe wendet sich mit der Kultformel an die Vielen, die für ihn in den Krieg ziehen. Er verspricht, Hagel, Blitz und Donner im Widerspruch zu den Naturgesetzen nur gegen die Feinde, nicht gegen Israel einzusetzen. Im Widerspruch zum Lebensrecht aller Völker verspricht er die Ausrottung der Fremdvölker.

Welch ein Paradoxon, daß das patriarchale Bewußtsein, dessen Selbstverständnis sich auf die Anerkennung der Naturgeset-

* Zum „Untergang Pharaos“ s. S. 176; zum „Tod der Könige“ s. S. 136

ze gründet, von einem Gott getragen wird, der eben diese Naturgesetze durchbricht.

Ein weiteres Beispiel für die tiefgreifende Bewußtseinsveränderung, die mit der Überwindung der matriarchalen Gesellschaftspraxis und der matriarchalen Kulte einhergeht, ist die Perversion des Begriffes „Jungfrau".

In den Ritualtexten aus Ugarit begegnet uns die Jungfrau Anat, die Geliebte des Ba'al. Ihre unerschöpfliche Sexualkraft garantiert den Fortbestand des Lebens. Die Liebe ist die Bewegung, die von der Starre des Todes erlöst. Anats Priesterinnen, die den Kultdienst der Heiligen Hochzeit versehen, sind Jungfrauen. Die Hohepriesterin wählt den Kultkönig und zeugt mit ihm den Nachfolger im königlichen Priesteramt. Sie gilt als Inkarnation der Himmelskönigin. Die Phönizier haben sie die Betulat genannt, die Jungfrau.

Das Alte Testament kennt neben der Betulat den Begriff „ha'almah", der gern im Sinne der jungen, heiratsfähigen, jedoch noch unverehelichten Frau gedeutet wird. Manche meinen, daß die jungen Mädchen in Altisrael Initiationsriten unterzogen worden seien.[14] In den Heiligtümern sei in Heiliger Hochzeit der erste Geschlechtsverkehr vollzogen worden, der die Betulat zur almah, zum „mannbaren Weib" gemacht habe. Die Auffassung, ein Mädchen werde „mannbar" – des Mannes fähig – sieht den Mann als Subjekt, das Weib als zuordnungsfähiges Objekt, eine patriarchale Sichtweise, mit der wir den ursprünglichen Sinn solcher Initiationsriten nicht erfassen können.

Wie die Heilige Hochzeit das größte Mysterium für den matriarchalen Menschen gewesen ist, so ist auch des „Mannes Weg mit ha'almah"[15] geheimnisvoll, „Erkenntnis ist ihm nicht gegeben"[16]. Die almah wird im Alten Testament nur im kultischen Zusammenhang erwähnt. Die zahllosen Jungfrauen im Hohenlied sind „alamôt", Priesterinnen, die beim Kult der Heiligen Hochzeit mitwirken.[17] Die almah versieht den Kultdienst und schlägt die Pauken.[18]

Auch der Prophet Jesaja nennt die almah in kultischem Zu-

14 Vergl. den Meinungsstreit zur Auslegung von Hosea 1.2 f. bei H. S. Nyberg, „Studien zum Hoseabuche"
15 Sprüche Salomos 30.19
16 ebd. 30.18
17 Hoheslied 6.8
18 2. Mose 15.20 / Ri. 11.34 / 1. Sam. 10.5

sammenhang. Er bietet seinem König den äußersten Offenbarungsbeweis Jahwes an, um ihm das Vertrauen und die Zuversicht einzuflößen, im politischen Ränkespiel abzuwarten, auf Gott zu hoffen.

Der Prophet spricht nicht allein mit dem König: „So höret nun, ihr vom Hause Davids“, beginnt er seine Rede.

Wer ist gemeint mit dem „Hause Davids“? Wendet sich Jesaja an den König und seine Gemahlin? Die Bibel gibt darüber keine Auskunft.

„Darum wird der Herr ein Zeichen geben“, fährt Jesaja fort, „eine almah ist schwanger und wird einen Sohn gebären, den wird sie Immanuel (Gott ist mit uns) heißen!“[19]

Auch mit diesem Bild will Jesaja Zuversicht vermitteln. Jahwe ist in dieser Vorstellung der matriarchale Gott, der durch die almah wiedergeboren wird und im König irdische Gestalt annimmt.

Wer ist die „almah“, von der Jesaja spricht? Sie kann nur die Königin selbst gewesen sein, die G^{e}bira, die Hohepriesterin auf dem Thron Jerusalems.

Denken wir noch einmal daran, daß *alle* alttestamentlichen Schriften durch die Zensur der patriarchalen Endredaktion gegangen sind. Jesajas Schrift hat mit Sicherheit ursprünglich eine deutlichere Sprache gesprochen. In seiner überlieferten Form läßt der Text nur vage Vermutungen zu. „Die Frage, wer ha‘almah in Jesaja 7.14 oder die Gebärende in Micha 5.2 sei, ist nur durch den Hinweis darauf zu beantworten, daß die Mutter des ‚Erretters‘ der Sache nach von verschiedenen religiösen Standorten aus in mannigfachen Gestalten gesehen werden kann, etwa in der Königin oder der Oberpriesterin, mit welcher der Herrscher den Hieros Gamos vollzieht.“[20]

Auch für den Alttestamentler ist der nächstliegende Gedanke, daß die almah die Königin selbst sein muß in ihrer Eigenschaft als Hohepriesterin, als G^{e}bira des Landes Juda. Doch das Zu-Ende-Denken wird auch diesmal verweigert: Wenn der judäische König noch zu Zeiten Jesajas, in der zweiten Hälfte des achten vorchristlichen Jahrhunderts, die Heilige Hochzeit gefeiert hat, dann ist auch Jahwe zu dieser Zeit noch als matriarchaler Gott verehrt worden. Denn die Heilige Hochzeit ist der zentrale Kult

19 Jesaja 7.14
20 Johannes Hempel, „Die Mehrdeutigkeit der Geschichte als Problem der prophetischen Theologie“, S. 35

des matriarchalen Glaubens.

Der etwa gleichzeitig mit Jesaja lebende Prophet Amos verwirft der Könige „Frevelregiment". Er klagt die Könige an: „... daß ihr schlaft in elfenbeinernen Betten und pranget auf euren Ruhebetten!"[21] Elfenbeinschnitzereien sind im Vorderen Orient an den Kultbetten üblich[22], und das Prangen und Schwelgen auf den Ruhebetten, das kultische Mahl gehört zum vielbezeugten Ritual der Heiligen Hochzeit.

Die almah erfüllt bei der Heiligen Hochzeit eine kultische Funktion. In ihr wird die hervorbringende Kraft gepriesen und verehrt. Die almah ist immer Priesterin, Trägerin heilbringender Kräfte. Erst das patriarchale Bewußtsein hat den Begriff almah zur „Mannbarkeit des jungen Weibes" profaniert.

Folgen wir der matriarchalen Sinngebung des Begriffes, fällt auch ein klärendes Licht auf zwei sehr alte Textstellen. Einmal wird die junge Rebekka am Brunnen als almah bezeichnet[23]; ein Beweis mehr, daß hinter den Familiengeschichten der Väter Kultlegenden verborgen sind. Und auch die Schwester des Mose wird almah genannt.[24] Wir wissen, daß auch sie Priesterin gewesen ist.

Die Begriffsverwirrung ist groß, wenn die priesterliche almah der matriarchalen Kultpraxis mit der Vorstellung patriarchaler „Jungfräulichkeit" in Verbindung gebracht wird. In Männergesellschaften hat die Frau den Beweis ihrer „Jungfräulichkeit" in der Brautnacht durch das intakte Hymen zu erbringen. Mancherorts herrscht der Brauch, am Morgen nach der Brautnacht ein blutiges Laken vors Fenster zu hängen, damit für die gesamte Dorfbevölkerung das unerläßliche Zeugnis der Jungfräulichkeit erbracht ist. Wie soll der Jesaja-Text noch verstanden werden, wenn die griechischen und lateinischen Bibelübersetzungen ha'almah im Sinne des patriarchalen Verständnisses mit „Parthenos" und „Virgo" übersetzen? Zwei Jahrtausende christlicher Exegese haben sich bemüht, das Jesajawort als Prophetie auf die „Jungfrau Maria" zu deuten. Die „Jungfrauen"-Geburt wird paradox, wenn die almah zur patriarchalen „Jungfrau" verkommt. Die Himmelskönigin verliert ihre integrierende Kraft und verblaßt zur spiritualisierten Madonna. Ihre „Jungfräulichkeit" wird mit Händen greifbar: „Nachdem sie geboren hatte, stand

21 Amos 6.3 f.
22 Jürgen Thimme' „Phönizische Elfenbeine", in: „Alte Welt" 1973/I., S. 22
23 1. Mose 24.43
24 2. Mose 2.8

eine Hebamme ihr zur Seite, und es wurde befunden, daß sie Jungfrau war." Eine Bürgerstochter mit Namen Salome, die das Wunder nicht glauben will, legt ihre Hand in den Schoß Mariens und bestätigt das unverletzte Hymen nach der Geburt![25]

Auch am Schicksal des messianischen Gedankens läßt sich die Bewußtseinsentwicklung vom matriarchalen zum patriarchalen Denken nachvollziehen. In den ältesten Kulten ist die Himmelskönigin nur von dem Einen Sohn begleitet. Er ist ihr Geschöpf und ihr Geliebter, er vertritt beides: den Lebens- und den Todesaspekt der Schöpfung.

Im ugaritischen Kult hat Ba'al, der Geliebte der Anat, in seinem Bruder Môt das „Böse" abgespalten. Die Kulte der israelitischen Stämme folgen *alle* dem Vorbild aus Ugarit. Dem Lichtsohn ist der Schattensohn beigestellt. Kain und Abel, Jakob und Esau, Isaak und Ismael oder die Zwillingssöhne der Tamar repräsentieren eine Welt, die schon als gut und böse geschaffen ist. Aus der doppelgesichtigen Schöpfung ist die gespaltene Schöpfung geworden.

Damit geht ein Bewußtseinsschub einher. Der Mythos erzählt nicht mehr die Geschichte des tapferen Helden, der mutig die Unterwelt durchschreitet, sondern des Helden, der gegen seinen „bösen" Widersacher kämpft. Der „gute" Heros rückt in den Mittelpunkt des Interesses. Er wird zum eigentlichen Kultträger. „Gott" ist gespalten in den lebendigen Herrn und seinen dämonischen Widersacher. Im Stammesfürst inkarniert sich der positive Aspekt der Schöpfung. Er ist das Ebenbild des lebendigen Gottes. Er ist selbst Gott, König, Priester und Richter in seinem Volk. Sein Kampf gilt dem Dämonischen in der Welt. Er ist Mittler zwischen den kosmischen und irdischen Kräften. Er ist Gegenstand der Verehrung und gleichzeitig der Hohepriester im Dienst der kosmischen Himmelskönigin und ihres Sohngeliebten. Er repräsentiert sein Volk auch nach außen. Bei seiner Erwählung oder Thronbesteigung umschreitet er die Stammesgrenzen, die von den Nachbarn respektiert werden; denn die Persönlichkeit des Kultträgers strahlt eine intensive Kraft aus, die Abstand gebietet und Tabus setzt. Daß die „göttliche" Ausstrahlungskraft des Kultträgers nicht respektiert werden könne, ist matriarchalem Bewußtsein unvorstellbar. Die Verletzung der

25 Apokryphisches Evangelium des Jakobus

Stammesgrenzen ist ein Sakrileg, gegen das sich matriarchale Gesellschaften mit der ganzen Wucht religiöser Überzeugungskraft zur Wehr setzten.[26] Sie stehen hinter ihren Stammesfürsten wie *ein* Mann und gehen mit ihm unter, wenn der Erfolg versagt bleibt. Das patriarchale Bewußtsein lehnt den erfolglosen König ab. Es erwartet mehr von seinem Kultkönig als die Überwindung der Todesmächte im Kreislauf des Jahres. Es setzt eine Prämie auf die Macht und verlangt, daß sein König siegreich sei. Wir können diese Bewußtseinsentwicklung, die mit dem Einbruch patriarchaler Machtansprüche einhergeht, am Schicksal des israelitischen Volkes nachvollziehen:

Die israelitischen Stämme treten friedlich in die Geschichte ein. Das locker besiedelte Land läßt den geregelten Weidenwechsel zu. Erst die deuteronomistische Geschichtsschreibung erfindet die völkerausmordenden Kriege im Zusammenhang mit der „Landnahme", um den Kriegsgott Jahwe zu verherrlichen.

Gegenüber landsuchenden, sich mit aggressiver Gewalt ausbreitenden Völkern versagt die matriarchale Selbstbehauptung der Stämme. Die kultische Ausstrahlung des Stammesfürsten reicht nicht mehr aus, um den grenzüberschreitenden Absichten der Eindringlinge mit einem wirksamen Tabu zu begegnen. Die Völker werden zur Verteidigung gezwungen.

Die Erwartung an den Stammesfürsten, den Messias und Erlöser, ändert sich. Von den Kultträgern im Richterbuch wird gesagt, daß sie „Israel erlösen von der Philister Hand".[27]

Eine einseitige, abgespaltene Erlösungserwartung wird damit formuliert. Der kultische Erlösungsgedanke tritt mit der patriarchalen Bewußtseinsentwicklung mehr und mehr in den Hintergrund.

In der Person des David wird die Abspaltung der Aggression aus dem Lebenszusammenhang für Israel geschichtswirksam. David hat den Krieg als Mittel zur Machtaneignung geheiligt. Macht wird zum Wert an sich.

In seiner Nachfolge soll der Messias stehen, der Israel „erlösen" soll – nicht mehr aus Tod und Dürre, sondern aus politischer Machtlosigkeit. Die Machtdurchsetzung des Volkes gegenüber seinen Nachbarn wird zur wichtigsten „Heilserwartung" an den Kultträger.

26 Ri. 4 und 5 / 1. Sam. 11.7
27 Ri. 3.31 und öfter

Generationen von Exegeten haben den Jesaja-Text: „Siehe, eine Jungfrau wird gebären ...“ als Prophetie auf Christus verstanden. Aber Jesaja hat nicht Christus gemeint, sondern *den* Sohn der almah, der die Nachfolge auf dem Thron Davids garantiert. Jesaja sagt: „Ehe der Knabe verstehen wird, das Böse zu verwerfen und das Gute zu tun, wird das Land verödet sein, vor dessen beiden Königen dir graut.“ Es geht um Syrien und Nordisrael, die das Königreich Juda bedrohen. Beide Länder werden von Tiglatpileser unterworfen sein, solange der Sohn der almah noch ein kleiner Knabe ist.

Als das Königreich Juda zweihundert Jahre später selbst zerschlagen ist, träumen die Propheten im Exil und die Leviten im zerstörten Jerusalem den gleichen Traum, den Traum von der Weltherrschaft Jahwes, die der neue Messias verwirklichen soll. „Denn der Herr, dein Gott, wird dich segnen, wie er dir verheißen hat ... du wirst über viele Völker herrschen, und über dich wird niemand herrschen!“[28]

Ein norwegischer Alttestamentler sagt, das Zentrale an der israelitischen Heilserwartung sei gewesen, „daß Jahwä einst als König in aller seiner Herrlichkeit kommen, sein Volk aus jeder Not befreien, die Feinde züchtigen, strafen und richten, Israel aber das höchste Glück bringen, kurz, sein Reich errichten werde. Das Reich Jahwäs soll natürlich ein Weltreich (sein), in dem er selbst als König regiert, während Israel seine Beamten, seinen Hof und sein Herrenvolk bilden wird ... Der Inhalt des Bundes (mit Gott) geht darauf hinaus, daß Israel das Haupt und der Herr aller Völker werden soll.“[29]

Während die einen darauf bestehen, daß der Messias, der die Weltherrschaft Jahwes begründen soll, ein Nachfahre aus dem Hause Davids sein müsse, richten andere ihre Augen gebannt auf die Macht.

Die prophetische Schrift des jüngeren Jesaja* knüpft die mes-

28 5. Mose 15.6

29 Sigmund Mowinckel, „Der Knecht Jahwäs“, Norsk Teologisk Tidsskrift, Beiheft 2, S. 22 f.

* Kapitel 1 bis 35 des Jesajabuches werden dem älteren Jesaja zugeschrieben, der etwa von 740 bis 690 in Jerusalem gewirkt hat. Die Kapitel 36 bis 39 erzählen judäische Geschichte und verbinden den Text mit der prophetischen Schrift des „jüngeren Jesaja“, der auch Deuterojesaja (der zweite Jesaja) genannt wird. Dieser hat zur Zeit der Babylonischen Gefangenschaft im Exil gelebt. Wahrscheinlich aus einem Kreis von Jüngern und Schülern des älteren Jesaja dürfte sich ein „Orden“ gebildet haben, dem Deuterojesaja vorgestanden hat. Von ihm stammen die Kapitel 40 bis 55, wäh-

sianische Hoffnung an den mächtigsten Herrscher im Vorderen Orient, an den Perserkönig Kyros. Kyros hat die Macht Babylons zerschlagen und den Judäern die Heimkehr nach Jerusalem versprochen. Unbeschadet der Tatsache, daß dieser große Perserkönig für die Juden ein Fremder ist, wird er, der alle Macht in Händen hält, als Messias verstanden, als der „Gesalbte des Herrn".[30] An ihm offenbart Jahwe seine Allmacht. Der Gott der Juden wird dem Mächtigen von Persien alle Schätze der Erde zu Füßen legen. Ägypter und Mohren sollen sich dem Kyros ergeben und sein eigen sein.[31] Die Versprechungen macht der jüngere Jesaja im Namen Jahwes, in der Hoffnung, daß Kyros den Glauben der judäischen Gefangenen in Babylon annehmen und sich zu Jahwe bekennen wird, damit die Welt sähe, daß Jahwe der Herr sei und sonst keiner mehr. Im Sinne alter matriarchaler kultischer Vorstellung wird Kyros als der Messias bezeichnet, der durch seine heilige Zeugung, von Mutterleib an, zum Erlöser und Heiland bestimmt ist: „Ich rief dich bei deinem Namen und nannte dich, da du mich noch nicht kanntest."[32] Kyros, der Beherrscher der irdischen Reiche, soll Jahwe, den Herrscher des Himmels, bestätigen.

Doch Kyros ist mißverstanden worden. Sein Zugeständnis an die Judäer in Babylon steht im Zusammenhang mit seiner grundsätzlichen toleranten Haltung. Kyros respektiert die ortsgebundenen Kulte. Er läßt die von den babylonischen Königen nach der Stadt Babylon verbrachten Götterbilder wieder an ihre traditionellen Kultorte zurückbringen. Darüber gibt der sogenannte Kyros-Zylinder Auskunft.[33] Kyros hat den Wiederaufbau des zerstörten Tempels in Jerusalem angeordnet; er hat sogar Staatsmittel für den Wiederaufbau zur Verfügung gestellt. Die Toleranz des Perserkönigs, seine Großzügigkeit gegenüber den Fremdkulten, ist ein politischer Schachzug. Sie erleichtert den unterworfenen Völkern die „freiwillige" Anerkennung des Eroberers. Sie können sich leichter damit abfinden, im Schatten des Großkönigs leben zu müssen.

Jahwe war für Kyros ein unbedeutender Gott, dessen Kult am

rend die Kapitel 56 bis 66 einem noch jüngeren, Tritojesaja genannten, Autor zugeschrieben werden.

30 Jesaja 44.1
31 Jesaja 44.14
32 Jesaja 44.5
33 F. H. Weißbach, „Die Keilinschriften der Achämeniden", S. 2 ff.

äußersten Rand seines Reiches beheimatet war, in einem Lande, das er selbst niemals betreten hat.

Die Priester vieler Götter begrüßen Kyros als Befreier, und es ist sehr zweifelhaft, ob der Großkönig überhaupt je erfahren hat, daß Jesaja ihn als den Auserwählten gepriesen hat, zu dem Jahwe spricht: „Der ist mein Hirte und soll meinen Willen vollenden, daß man sage zu Jerusalem: Sei gebaut! und zum Tempel: Sei gegründet!“[34]

Kyros ist nicht der Herrscher, der Jahwes irdisches Weltreich begründet. Deuterojesaja ist tief enttäuscht. Seine prophetische Schrift wendet sich von der blendenden Herrschergestalt ab, dem leidenden, duldenden Gottesknecht zu.

Der matriarchale Kultgedanke verehrt den heldischen Gottkönig, den Erlöser und Messias, auch als den leidenden und sterbenden, den die Todeswelt durchschreitenden Knecht. Jerusalem kennt den „Abdi-Hepa“, den „Knecht Evas“. Deuterojesajas prophetische Schrift wendet sich dem Ebed-Jahwe, dem „Knecht Jahwes“ zu.

„Der Verkünder des Heils war jetzt ein Verfolgter, ein Geächteter und Geschlagener, tief erniedrigt, von den Menschen ausgestoßen, von ihnen als ein von Gott Verfluchter und Verurteilter gerechnet.“[35] Wie in der matriarchalen Kultvorstellung erhofft sich Jesaja von dem leidenden Knecht die Gewißheit auf Wiedererweckung, Neugeburt. Durch Leiden und Sterben soll der Weg zu neuer Herrschaft und zum endgültigen Sieg Jahwes führen.

Jesajas Vorstellungswelt geht vom matriarchalen Kultgedanken aus, aber er wendet ihn auf die aktuelle geschichtliche Situation an. Das Leiden des Gottesknechtes wird Israel zum rechten Glauben zurückführen und Jahwes Weltherrschaft endgültig begründen.

Weltherrschaft bedeutet auch Jahwes Anerkennung durch die Fremdvölker. Deshalb wird der leidende Knecht zum „Licht der Heiden“, zum Erlöser-Heiland für die ganze Welt.

Der messianische Kultgedanke hat eine neue Dimension bekommen. Er spricht die ganze Menschheit an.

Andererseits fordert der Ausschließlichkeitsanspruch Jahwes die Ermordung aller Andersgläubigen. Die Knechte Jahwes

34 Jesaja 44.28
35 S. Mowinckel, „Der Knecht Jahwäs“, S. 41

„werden hinausgehen und schauen die Leichname der Leute, die an mir übel gehandelt haben".[36] Die Stuttgarter Jubiläumsbibel nennt das „ein ewig schauerliches Denkmal des göttlichen Strafernstes". (!)

Wenn die „so gebären soll, geboren habe", heißt es beim Propheten Micha, dann wird der Messias „auftreten und weiden in der Kraft des Herrn, seines Gottes ... und er wird unser Friede sein". Denn er wird „sieben Hirten und acht Fürsten ... bestellen, die das Land Assur verderben mit dem Schwert und das Land Nimrods mit ihren bloßen Waffen". Das Volk Israel aber wird unter den Heiden „sein wie ein Löwe unter vielen Tieren im Walde, wie ein junger Löwe unter einer Herde Schafe, welchem niemand wehren kann, wenn er dadurch geht, daß er zertritt und zerreißt". Er wird „siegen gegen alle Widersacher und alle Feinde müssen ausgerottet werden". Auch die „Ašerabilder müssen zerbrechen"; denn so spricht der Herr: „Ich will Rache üben mit Grimm und Zorn an allen Heiden, die nicht gehorchen wollen!"[37] Ein schauerliches Dokument patriarchaler Vorstellung vom „Frieden"!

Die Heilserwartung an den Messias hat sich mit der menschlichen Bewußtseinsentwicklung vom matriarchalen zum patriarchalen Denken grundlegend gewandelt:

– Vom matriarchalen Heiland und Erlöser wird Fruchtbarkeit erwartet und das Wiedererblühen der Vegetation.
  Mit unerträglicher Arroganz beschreibt die patriarchale Weltsicht die Vegetationskulte als „primitiv", und die Gottheiten der matriarchalen Frömmigkeit verkommen aus patriarchaler Sicht zu „nichts als Fruchtbarkeitsgöttern".
  Im matriarchalen Bewußtsein umfaßt Vegetation die Fülle des Daseins, Glück und Entfaltung aller Kräfte, Arbeit und Spiel, Denken und Schauen, aktiv und kontemplativ sein. Fruchtbarkeit beschreibt nicht nur die Fruchtbarkeit des Leibes, der Menschen, der Tiere und der Ackerfrucht. Sie umfaßt in ganzheitlicher Erlebnisweise die Fruchtbarkeit des Geistes und der Seele, meint schöpferische Kraft in ihrer irdischen und kosmischen Dimension. Matriarchale Symbolvorstellungen und matriarchale Bildsprache haben einen breiten Bedeutungsspielraum.
– Die Heilserwartung der alttestamentlichen Propheten an den

36 Jesaja 66,24
37 Micha Kap. 5

kommenden Messias ist von patriarchalen Idealen geprägt. Der neue Heiland soll Jahwes Allmacht im Himmel und auf Erden herbeiführen. Der mit politischer Herrschermacht ausgestattete Gott-König kommt und befreit sein Volk aus aller Not, er macht das Volk Israel endgültig und unwiderruflich zum Herrscher über alle Völker.

– Auch das Selbstbewußtsein des matriarchalen Menschen gründet sich auf die Erfahrung mit Macht und Stärke. Seine Heilserwartung richtet sich an eine kosmische Instanz, die *Macht ist.* Matriarchale Macht ist der Schöpfung immanent, ist die Naturkraft, die den Dingen innewohnt. Sie ist Seinsmacht – nicht Verfügungsmacht. Der matriarchale Mensch hat ein gesundes Selbstbewußtsein, er kann seine Fähigkeiten einschätzen, er weiß, wessen er mächtig ist. Im zwischenmenschlichen Bereich hat Macht – ebenso wie Aggression – eine positive Qualität, solange sie integriert bleibt. Matriarchale Macht wird erfahrbar als menschliche Ausstrahlung, als Medium persönlicher Ichbehauptung, ohne die Lebensrechte anderer zu verletzen. Sie lebt sich dar als schützende Instanz, ohne den Beschützten abhängig zu machen. Sie bleibt persönlichkeitsintegrierte Eigenmacht, die Grenzen setzt.

– Der patriarchale Mensch strebt nach ichüberschreitender Allmacht, die Grenzen mißachtet und verletzt. Wo sie Sicherheit bietet, macht sie auch abhängig. Mit ihrer Ichbehauptung greift sie in die Lebensrechte anderer ein. Patriarchale Mutterliebe ist dafür ebenso beispielhaft wie patriarchale Herrschaftspolitik.

  Im Laufe der patriarchalen Gesellschaftsentwicklung wird immer einseitiger nur noch von der Macht das Heil erwartet. Abgespalten, verselbständigt und zum Koloß gigantischer Allmacht aufgebläht, entwickelt die Ideologie von der Weltherrschaft ihr zerstörerisches Potential – ob sie nun als Herrschaft über „die Natur“, als Herrschaft des Menschen über den Menschen oder als Herrschaft des Mannes über die Frau angestrebt wird.

– Der Heiland der matriarchalen Kulte ist Priesterkönig seines Stammes. Er herrscht über ein überschaubares Gebiet, dessen Grenzen respektiert werden. Wer das Stammesgebiet verläßt, wer Gast in fremdem Lande ist, verehrt die Landesgottheiten des Gastlandes. Der matriarchale Heiland ist tolerant. Sein Volk erhofft von ihm die Erhaltung des Lebens.

- Der patriarchale Heiland soll über die ganze Welt herrschen. Er ist intolerant und respektiert niemandes Grenzen, sondern macht Israel stark, „daß ihr schlagen werdet alle festen Städte und alle auserwählten Städte und werdet fällen alle guten Bäume und werdet verstopfen alle Wasserbrunnen und werdet allen guten Acker mit Steinen verderben!“[38] Israel aber soll „Überfluß haben an Gütern, an der Frucht des Leibes, des Viehs, an der Frucht des Ackers ...“[39]
- Der matriarchale Heiland ist der Sohn/Geliebte der Himmelskönigin, von ihrer Hohenpriesterin wird er geboren.
- Der patriarchale Heiland ist der Sohn Gottes, die Mutter ist die namenlose almah wie bei Jesaja oder „die, die geboren haben wird“, wie beim Propheten Micha.
- Der matriarchale Heiland ist in den Kreislauf des Lebens eingebunden. Er wird immer wiederkehren.
- Der patriarchale Heiland wird als geschichtlicher Held und Erlöser in die Welt eintreten, seine Weltherrschaft aufrichten, Israels Macht begründen und alle „Ungläubigen“ ausrotten.

Wo immer sich die menschliche Aggression zu einem abgespaltenen Eigenwert entwickelt und andere bedroht, begibt sie sich ihrer integrierten positiven Qualität. Sie hindert den menschengemäßen Zugang zum andern; der Mensch kann sich vom andern nicht mehr ergreifen lassen. Im Ergreifen des anderen und Ergriffenwerden vom anderen, vom Menschen, von Aufgaben, von Ideen, erfährt der Mensch den Sinn des Lebens. Wenn das nicht mehr in seiner Totalität gelingt, wird auch die Sexualität abgespalten. Ich gehe davon aus, daß „Sexualität“ eine desintegrierte Fähigkeit des Menschen beschreibt, die der matriarchale Mensch nicht gekannt hat.

Wer von der Liebe ergriffen wird, räumt dem anderen Macht über sich ein, die nur im Vertrauen auf den integren Umgang mit der Macht – auf die Bereitschaft, Grenzen zu respektieren – ertragen werden kann.

Der patriarchale Jahwe, der dem Manne zusichert: „Du wirst über alle herrschen, aber über dich wird niemand herrschen!“, regelt die Liebesbeziehung unter den gleichen Bedingungen: „Du wirst ihr Herr sein; aber das Weib soll Verlangen nach dir tragen!“[40]

38 2. Könige 3.19
39 5. Mose 28.11
40 1. Mose 3.16

Um die Sexualität zu einem funktionierenden Instrument der Herrschaft des Mannes über die Frau zu machen, *muß der Lebensunterhalt der Frau vom Manne abhängen;* denn „wenn die Frau ihren Mann ernährt, so ist da eitel Hader, Verachtung und große Schmach!“[41]

Die Frau darf in der Liebe nicht die Werbende sein: „Ein Weib muß jeden Mann annehmen, aber der Mann nimmt unter den Töchtern die eine lieber als die andere!“[42]

Eine Frau darf den Mann nicht verführen, der Mann soll „verführerische Frauen meiden, daß er nicht in ihre Stricke falle.“[43]

Die Frau darf nicht frei über ihren Körper verfügen, daß sie etwa Geschlechtsverkehr ausübt und keine Kinder bekommt. Nichts ist verdammenswerter, als daß „der Mann ‚Hurerei‘ treiben und sich nicht ausbreiten“[44] würde.

Durch rigide Gesetze wird die Frau zu vorehelicher geschlechtlicher Enthaltsamkeit und absoluter ehelicher Treue verpflichtet.[45]

Noch immer steht die Heilige Hochzeit im Mittelpunkt der gesellschaftlichen Praxis. Vom matriarchalen Glauben und der kultischen Liebe geht eine starke Opposition gegen den patriarchalen Herrschaftsanspruch über die Frau aus, und nichts ist der patriarchalen Theologie so sehr ein Greuel wie die Verehrung der Himmelskönigin und die Begehung der kultischen Hochzeit an den Heiligtümern des Landes. „Oben auf den Bergen opfern sie, und auf den Hügeln räuchern sie, unter Eichen, Linden und Buchen. Darum werden eure Töchter auch zu Huren und eure Bräute zu Ehebrecherinnen.“[46] „Du sollst deine Tochter nicht zur Hurerei anhalten, daß das Land nicht Hurerei treibe ...“[47], denn es war noch immer üblich, daß junge Mädchen sich dem Tempeldienst verpflichteten. „Wenn eines Priesters Tocher anfängt zu huren, die soll man mit Feuer verbrennen; denn sie hat ihren Vater geschändet.“[48]

Die Propheten versuchen, die zentrale Bedeutung der Heiligen Hochzeit dadurch zu überwinden, daß sie die bildreiche Sprache der Kulttexte spiritualisieren. Indem sie die Sprache der Liebe als allegorische Bildsprache benutzen, entziehen sie ihr den ero-

41 Sirach 25.28
42 Sirach 37.23
43 Sirach 9.3
44 Hosea 4.10
45 5. Mose 22.20 / 4. Mose 5.12 ff.
46 Hosea 4.13
47 3. Mose 19.29
48 3. Mose 21.9

tischen Charakter. Jahwe ist der Liebhaber der „Jungfrau Israel", der Gatte der „Tochter Zion", aber seine „Liebe" bleibt im luftleeren Raum, sie wird niemals konkret. Niemals wird er sich in einem Kultträger der Priesterin nahen. Gerade das soll überwunden werden.

Wie der auserwählte Priesterkönig der hohen Braut Geschenke schickt, so wirbt auch Jahwe um seine „Braut": „Ich ging an dir vorüber und sah dich an; und siehe, es war die Zeit, um dich zu werben. Und ich gelobte dir's und begab mich mit dir in einen Bund, daß du solltest mein sein ... Ich salbte dich mit Balsam und kleidete dich mit gestickten Kleidern und zog dir Schuhe von feinem Leder an; ich gab dir köstliche leinene Kleider und seidene Schleier und zierte dich mit Kleinoden und legte dir Geschmeide an deine Arme und Kettlein an deinen Hals. Ich gab dir ein Haarband an deine Stirn und Ohrringe an deine Ohren und eine schöne Krone auf dein Haupt ... Du warst überaus schön und bekamst das Königreich. Und dein Ruhm erscholl unter den Heiden deiner Schöne halber, welche ganz vollkommen war ..."[49]

Hesekiel, von dem dieser Text stammt, ist im Jahre 623 geboren worden. Als Nebukadnezar 597 v. Chr. die Oberschicht der Bevölkerung Jerusalems nach Babylon in die Gefangenschaft führt, ist er unter denen, die den König in die Verbannung begleiten. Dort treffen wir ihn in einer kleinen Siedlung in der Nähe der Stadt Babylon an, wo eine regelrechte jüdische Exilgemeinde entstanden ist, deren Priester er ist. Er kann sich dieser Sprache nur mit Erfolg bedienen, weil seine Gemeinde in der matriarchalen Vorstellungswelt beheimatet ist. Die Texte lassen sich da und dort geradezu wörtlich mit dem Kulttext des Hohenliedes vergleichen. Und doch unterscheidet sich Hesekiels Allegorie von der Kultsprache des Hohenliedes grundlegend:
Die Braut ist verstummt!

Nirgendwo findet sich die aktiv werbende Sprache der Frau, mit keinem Wort reagiert die „Braut Israels" auf die Rede des göttlichen Bräutigams. Auf der einen Seite trägt der Prophet dem Bedürfnis der Gemeinde Rechnung und redet mit ihr in der gewohnten Bildsprache, andererseits prägt sein Text eine neue Norm, sie nimmt das Pauluswort: „Das Weib schweige in der Gemeinde!" vorweg. Die unbefangen freie Liebessprache der

49 Hesekiel 16.8 ff.

Abb. 12

Frau wird am leichtesten vergessen, wenn niemand mehr sie spricht.

Hesekiel geht noch einen Schritt weiter. Er benutzt das Bild von Gott und „seiner irdischen Braut Israel“, um seine Anklage gegen Jerusalem ins Bild zu fassen, und er bedient sich dabei eines frauenverachtenden Vokabulars: „Du Erzhure!“ donnert der Gott gegen seine königliche Braut. „Du Ehebrecherin, die anstatt ihres eigenen Mannes andere zuläßt!“ „Du machtest deine Schöne zu eitel Greuel; du spreiztest deine Beine gegen alle, so vorübergingen und triebest große Hurerei.“[50]

Diese Sprache hat im Hohenlied keine Entsprechung! Der Vergleich des Volkes mit der „Braut“ und ehebrecherischen Frau ist kollektivpsychologisch sehr bedeutsam, denn es wird die Überzeugung geschaffen, daß „Schuld“ immer mit dem Weiblichen in der Welt verknüpft sei. Ein Bewußtsein, das sich immer einseitiger patriarchal entwickelt, muß seinen „Schatten“ auf das „Weibliche“ projizieren.

Während die Liebessprache der Frau verstummt, verschafft sich männliche Kraft umso stärkeren Ausdruck. Das Sinnbild des Stieres eignet sich noch immer, männliche Stärke zu vermitteln, und auch die Bibel bezeugt die Bedeutung dieses Symbols.

Ebenso wie die Bildsprache, so verändert auch die bildende Kunst nicht ihre Thematik. Sie dokumentiert das patriarchale Bewußtsein durch Dimensionsverschiebung.

Zur Zeit Jesajas läßt der assyrische König Sargon II. in seinem Palast gewaltige Stierbilder errichten, die keinen Widerspruch duldende Allmacht ausdrücken. Nichts hat neben ihnen Platz; denn sie sind von riesenhafter Größe. Die Wucht ihrer Gestalt gibt einem Herrschaftsanspruch Ausdruck, vor dem jeder, der überleben will, sich ehrerbietig neigen muß (Abb. 12).

Einst waren die Flügel ein Attribut der Himmelskönigin[51], das Symbol ihrer umgreifenden kosmischen Kraftfülle. Der patriarchale Gott beansprucht die kosmische Dimension für sich. Der patriarchale Mann usurpiert die Kraft matriarchaler Weiblichkeit. Im Sinnbild des geflügelten Stiers vereinigt er die Potenzen matriarchaler Männlichkeit und matriarchaler Weiblichkeit zu absoluter Allmacht. Nichts umschließt und begrenzt ihn mehr. Kein kraftvoll Weibliches steht ihm ebenbürtig gegenüber. Kein übergreifender Lebenszusammenhang bindet den patriar-

50 Hesekiel 16.25
51 Lilith/Abb. 2

chalen Mann mehr ein, es gibt nichts mehr, was seine aggressive Kraft zügeln und ihr die Richtung weisen würde.

Sein Allmachtsrausch sprengt das matriarchale Zeitgefühl. Eines Königs Zeit wird nicht mehr durch den tröstend verjüngenden Tod in einen neuen Anfang und neues Leben hineingetragen. Das patriarchale Bewußtsein ordnet die Lebenszeit der antiken Könige in ein lineares System mit einer auf das fiktive Jahr „Null" bezogenen Chronologie. Mit dem Erleben der Zeit als fortschreitender ungehinderter Bewegung verbindet sich ideologisch die Vorstellung von unaufhörlichem Wachstum und beständiger „Entwicklung". Jeder neu gewonnene Gedanke ist dem vorausgegangenen überlegen, jede technische Erfindung ein „Fortschritt der Menschheit". Und weil alles Vorwärtsschreiten nur als Höherentwicklung und als Sieg des Überlegenen angesehen wird, beweist diese Ideologie, daß Patriarchate schon allein deshalb vollkommener und besser seien, weil sie die Matriarchate überwunden haben. Aber auch Krankheiten befallen den Gesunden und machen eine „Entwicklung" durch – in die Krise? in den Tod? Sie beweisen dadurch noch nicht, daß sie besser seien als Gesundheit.

Die patriarchale Religion verwirft die Naturanbetung, die Mond- und Jahreszeitenfeste. Und doch benutzt die lineare Zeitrechnung die rhythmisch wiederkehrenden Einheiten, die Tage, Monate und Jahre, um ein System fortlaufender Abläufe zu schaffen. Gäbe es die Rhythmen nicht, wäre kein lineares System denkbar.

Ohne die Mondfeste der matriarchalen Religion wüßte der patriarchale Jahwe nicht, wann er angebetet werden sollte. „Alles Fleisch wird einen Neumond nach dem andern und einen Sabbath nach dem andern kommen, anzubeten vor mir, spricht der Herr."[52] War der Neumond nicht das Fest des Mondgottes El, das ihn in tagelangem Liebesrausch mit der Sonnengöttin Aŝerat verband, wenn sie ihn, aufglühend im Abendrot und brennend im Morgenrot, an den beiden Horizonten empfing, im Westen und im Osten! Wegen der Liebe der Sonnengöttin war dieser Tag ursprünglich „tabu". Keine Arbeit durfte angerührt werden. So hat der Sabbat ursprünglich seine Beziehung zum Aŝerat-Kult gehabt. Jahwe kann den Anspruch auf diesen Feiertag nur daraus herleiten, daß er einst kultisch mit der Aŝerat verbunden war,

52 Jesaja 66.23

daß er – wie El – ihr Gatte war. „Auf diese Weise ist der Sabbat ursprünglich entstanden ... und hat sich später auf alle vier Mondphasentage ausgedehnt ...“[53] Bestätigt werden diese Zusammenhänge durch die häufigen Erwähnungen der Ašerat im Tempel zu Jerusalem.

Die Entwicklung des patriarchalen Bewußtseins ist ein Jahrtausende währender Desintegrationsprozeß. Dem Bewußtsein des modernen abendländischen Menschen ist ganzheitliche Erlebnisweise nicht mehr zugänglich. Er sucht sie in mystischen Erfahrungen und findet dort Allegorien, vergeistigte Symbole der verlorenen matriarchalen Welt. Er sucht sie in seinem Unbewußten und begegnet dort seinen Schattenbildern und seinen Träumen, seinen Ängsten und seinen sehnsüchtigen Wünschen. Dem Ganzen begegnet er nicht.

Was soll ihn trösten? Den Potentialen patriarchaler Macht und desintegrierter Aggression steht kein matriarchales Kraftfeld gegenüber, das die zerstörerische Entwicklung wieder ins Gleichgewicht bringen könnte. Was das patriarchale Bewußtsein als „weibliche Werte“ gelten läßt – Liebe und Mütterlichkeit, Zärtlichkeit und Friedfertigkeit – können die atomare Bedrohung nicht aus der Welt schaffen, werden die zerstörte Umwelt nicht heilen.

Weder die mystische Erfahrung noch der Umgang mit dem Unbewußten können eine Welt retten, die an ihrer eindimensionalen Entwicklung krankt. Die zerstörerische Wucht abgespaltener, einseitig entwickelter Macht läßt sich durch ein anderes eindimensional hochgezüchtetes Machtpotential nicht mildern, sondern nur noch mehr steigern.

Die Welt krankt an der Macht. Sie kann nur gesunden durch ein verändertes Bewußtsein, dem jede ichüberschreitende Macht ein Greuel und jede aggressive Willkür ein Unding ist.

53 S. Mowinckel, „Religion und Kultus“, S. 24

Geborgte Moral

„Siehe, ich habe euch gelehrt Gebote und Rechte, wie mir der Herr, mein Gott, geboten hat ... So behaltet's nun und tut es. Denn das wird eure Weisheit und Verstand sein bei allen Völkern, wenn sie hören werden alle diese Gebote, daß sie müssen sagen: ‚Ei, welch weise und verständige Leute sind das und ein herrlich Volk!' Und wo ist so ein herrlich Volk, das so gerechte Sitten und Gebote habe wie all dies Gesetz, das ich euch heutigentages vorlege?"[1]

So rühmt das Alte Testament Gesetz und Ordnung, die durch den patriarchalen Jahwe auf die Menschheit gekommen sind.

Vom Alten Testament geht die überwältigende Suggestion aus, daß erst patriarchale Sitten und Gesetze ein geordnetes Zusammenleben unter Menschen möglich gemacht haben.

Die ersten Forscher matriarchaler Gesellschaften haben diese Meinung nicht erschüttert. Johann Jakob Bachofen sieht in der Entwicklung zum Patriarchat „den Sieg der größern Herrlichkeit männlicher Kraft", „die siegreiche Überwindung des mütterlichen Dunkels". Der patriarchale Mensch wallt nicht mehr auf und ab zwischen Aufgang und Untergang der Sonne: „Er erhebt sich zur wechsellosen Quelle des Lichts, in das Reich des solarischen Seins, ... und läßt alle Sehnsucht nach der Mischung mit dem weiblichen Stoffe tief unter sich zurück."[2]

Wir verdanken Bachofen nicht nur die Erforschung matriarchaler Gesellschaften im griechischen Kulturraum. Er stabilisiert auch die Überzeugung, daß Wildheit und Barbarei, Promiskuität und Hetärismus die matriarchalen Gesellschaften gekennzeichnet haben.

Geprägt durch dieses Vor-Urteil sehen sich andere Forscher mit einem unerklärlichen Phänomen konfrontiert, wenn sie ent-

1 5. Mose 4.5-8
2 J. J. Bachofen, „Das Mutterrecht", S. 53

decken, daß Matriarchate sich durch ein hervorragend funktionierendes soziales System auszeichnen. Etwas scheint nicht zu stimmen an der überkommenen Meinung, daß alle Frauen-Unordnung erst durch Männer-Ordnung habe überwunden werden müssen.

Henry Lewis Morgan untersucht mutterrechtliche Bedingungen bei einem Indianerstamm Nordamerikas, den Irokesen.[3] Das Gesellschaftsleben dieser Gruppe kennt keine Gesetze. Für abendländisches, durch die Ideologien des alttestamentlichen Glaubens geprägtes Bewußtsein, bedeutet die Stammesordnung der Irokesen ein Paradoxon: die geordnete Anarchie!

Mit dem gleichen fassungslosen Staunen begegnet ein Erforscher der keltischen Kultur dem Unerklärlichen, das sich mit seinem patriarchalen Denken nicht vereinbaren läßt: Die Religion der Druiden mit ihren „Muttergottheiten" und ihren Priesterinnen, den „druidesses", entbehre – so der Autor – jeder ethischen Grundlage. Trotzdem muß er zugeben, daß von den Druiden Galliens eine moralische Kraft ausgeht, die für fünfhundert Stammeskönige die höchste Autorität darstellt: eine heilige Kraft, die dem Unendlichen entliehen und jeder diesseitigen Kraft weit überlegen ist.[4]

Selbst die alttestamentliche Forschung sieht sich im Blick auf die älteste israelitische Stammesordnung mit dem gleichen Phänomen konfrontiert: „Urwüchsig und kräftig, an keine ‚höhere Moral' gebunden und doch aus lebendigen Kräften einer in ihm selber wirksamen verborgenen Sittlichkeit sein Dasein führend ..., steht das alte Israel in seiner Geschichte, ein antikes Volk in der antiken Welt."[5] Das ist das Israel ohne patriarchale Gesetze. Der Alttestamentler benennt alle Eigenschaften, die den matriarchalen Menschen ausgezeichnet haben – aber er verweigert das Zu-Ende-Denken: Es bedarf nicht der „höheren Moral" des patriarchalen Gottes für ein geordnetes Zusammenleben in der menschlichen Gesellschaft. Der Mensch verfügt über innewohnende matriarchale Weisheit. Er führt sein Leben aus „einer in ihm selbst wirksamen verborgenen Sittlichkeit". Die Weisheit Israels ist viel älter als Jahwe. Die biblischen Autoren haben aus altorientalischen Weisheitsbüchern abgeschrieben und matriarchale Lebensregeln für Jahwe in Anspruch genommen, haben sie

3 H. L. Morgan, „Die Urgesellschaft"
4 A. Savoret, „Visage du Druidisme", S. 9
5 J. Hempel, „Das Ethos des Alten Testaments", S. 5

zur „Weisheit Jahwes" umgemünzt, die der patriarchale Gott „über seine Schöpfung ausgießt". Was die Bibel als „Gebote und Rechte, die mir der Herr, mein Gott, geboten hat" niederschreibt, ist entliehene Ethik, ist geborgte Moral.

Sie ist die Weisheit, mit der die matriarchale Herrin ihre Kinder beschenkt. Keine Gesellschaft kann sie entbehren. An patriarchaler Gesetzlichkeit würde jedes Gesellschaftsleben innerhalb kurzer Zeit zerbrechen, würden die Menschen nicht aus innerem Antrieb ihr Zusammenleben nach „Herzensregeln" ordnen. Ausgleichend, ergänzend und oft im Widerstand gegen patriarchale Gesetzgebung überläßt sich der Mensch seiner Intuition, seinem Gefühl für richtiges Handeln.

Die matriarchale Gesellschaft kennt keine Gesetze – weder in Nordamerika, noch in Europa oder Vorderasien. Trotzdem geht überall von ihr eine starke moralische Kraft aus, die Ordnungen setzt und soziales Miteinander möglich macht.

Woher kommt diese Ordnung?

Sie ist „dem Unendlichen entliehen" – „démembrée â l'infini ..." – der kosmischen Ordnung abgelauscht. Sie wohnt der geschaffenen Welt inne, ist ein Teil ihrer ewigen Weisheit. Der matriarchale Mensch gestaltet sein Leben durch Ordnungskräfte, die ihm selbst, der Natur und allen Dingen innewohnt.

Die ägyptischen Lebensregeln geben ein literarisches Zeugnis davon. Der Kult der ägyptischen Ma'at fordert dem Menschen die Anpassung an die ihn umgebende Welt ab. Ein Mensch muß mit seinem Leben und Tun „Ma'at verwirklichen". Er muß Naturgesetze nachvollziehen, über ihre Ordnung wachen. Der Himmel und seine Gestirne, das Land seiner Heimat, die Menschen seiner Umgebung sind das Umfeld, dem jeder sich weise zuordnet. Davon haben alle Gewinn: Mensch, Tier und Pflanze und die Weite des überwölbenden Himmels. Ein Mensch, der durch sein Leben und Werk die Gemeinschaft fördert, kommt auch gut mit sich selbst zurecht, er hat – im antiken Sinne – „tugendhaft" gelebt. Er hat „richtig" gehandelt. Manche Ägyptologen nennen die Ma'at die „Göttin der Richtigkeit", ... ein Zeichen für die Hilflosigkeit unserer Sprache gegenüber den gesellschaftsbildenden Kräften der Matriarchate.

Das patriarchale Bewußtsein hat kein Gespür für die regelnden Kräfte, die den Dingen immanent sind, es kann sie nicht benennen, und es verdrängt die Erkenntnis, daß sie aufgesetzten Ordnungen und Gesetzen weit überlegen sind.

Matriarchale Menschen streben nach Weisheit. Um weise zu handeln, bedarf es keiner Gesetze, sondern der Erfahrung. Die ägyptische Literatur verfügt daher über umfangreiche Empfehlungen, wie weise zu leben sei. Sie bietet Erfahrungsberichte, Lehrtexte und kluge Regeln, die aber niemals den Charakter von Gesetzen annehmen.

Auch die Weisheitsliteratur des Alten Testaments kennt eine Gattung weiser Lebensregeln, die sich „von selbst" verstehen. Für den, der solche Regeln sinnvoll verwirklicht, sich selbst und der Gemeinschaft zum Segen, kennt die hebräische Sprache das Wort „saddik". Wörtlich übersetzt heißt „saddik" gerecht. Doch bleiben wir vom antiken Verständnis des Begriffs „saddik" mit der Übersetzung „gerecht" genauso weit entfernt, wie wenn wir Ma'at die „Göttin der Richtigkeit" nennen. Wer „saddik" ist, handelt weise im allumfassenden Sinn.

Matriarchale Menschen sind klug, hilfreich, gütig, vernünftig. Sie empfangen Weisheit und Lebensgüter, verwalten sie verantwortungsbewußt und geben sie weiter. Sie sind eingebettet in natürliche Ordnungen, denen sie sittlich verpflichtet sind, ohne daß ihnen ein „Gesetz" übergestülpt worden wäre. Wir finden die Weisheitsregeln des Alten Testaments bei den Propheten, in den Sprüchen und dem Weisheitsbuch des Salomo, sie werden als „Lehre des Jesus Sirach" apokryphisch überliefert. Doch weder Salomo noch die Propheten oder Jesus Sirach sind die Urheber jener Gedanken.

„Die Spruchdichter betrachten das Leben in der Regel vom rein natürlichen Standpunkt und schalten den göttlichen Faktor aus ..."[6] Das heißt mit anderen Worten: sie sind so alt, daß sie von den jahwistischen Gesetzen noch nichts wissen, sie stammen aus einer Zeit, in der noch kein „Gott" dem Menschen seine Ordnungen aufgezwungen hat.

Johannes Hempel sagt, daß „mancher bisher als prophetisch geltende Zug... als kanaanäisches Erbgut erscheint".[7]

Der Ägyptologe Adolf Ermann stellt die Spruchweisheit Salomos und die ägyptische Spruchweisheit des Amen-em-ope nebeneinander.[8] Die meisten Sprüche lassen sich sinngemäß miteinander vergleichen. Viele stimmen wörtlich überein, ein Zei-

6 Hugo Gressmann, „Israels Spruchweisheit im Zusammenhang mit der Weltliteratur", S. 52
7 J. Hempel, „Die alttestamentliche Religion", S. 124
8 Adolf Ermann, Orientalische Literaturzeitung 1924, Nr. 5

chen dafür, wie eng die Geisteswelt Israels mit ihrer Umwelt verflochten ist.

Aus der Spruchweisheit *Salomos:*

Neige dein Ohr, höre meine Worte,
richte dein Herz, sie zu verstehn.
Denn schön ist es,
sie in deinem Innern zu bergen.
So stehen sie fest,
wie ein Pflock auf deinen Lippen.
Damit auf Jahwe dein Vertrauen stehe,
lehre ich dich heute.
Fürwahr, dreißig Sprüche
schreibe ich dir,
als Rat und Belehrung,
damit die Wahrheit du kundtust dem, der befiehlt,
und Meldung zurückbringst dem,
der dich sandte.
Beraube nicht den Armen;
denn er ist gering.
Zermalme nicht einen Elenden im Tor.
Denn Jahwe wird ihren Rechtsstreit führen,
und die berauben,
die sie des Lebens berauben.
Befreunde dich nicht
mit einem Zornigen,
und mit einem Hitzkopf
halte keinen Umgang.

Aus der Spruchweisheit des *Amen-em-ope:*

Gib deine Ohren, höre, was ich sage,
gib dein Herz, mich zu verstehn.
Nützlich ist, was ich sage,
in dein Herz zu geben!
So mögen sie wie ein Pflock
in deiner Zunge sein.
Diese dreißig Kapitel
sieh dir an.
Sie sind deine Unterhaltung und Lehre.
Damit du erwidern kannst eine Antwort dem, der sie sagt,
und Meldung zurückbringst dem,
der ihn sandte.
Hüte dich, einen Elenden zu berauben
und gegen einen Schwachen stark zu sein.
Befreunde dich nicht
mit einem Hitzigen
und nähere dich ihm nicht,
mit ihm zu plaudern.

Die Wahrheit soll zurückgegeben werden „dem“ (maskulinum), der sie sandte. Trotzdem begegnet uns hier das ursprüngliche Ma'at-Motiv: Der Mensch handelt klug, der die Ma'at verwirklicht, sie durch sein Wesen, seine Lebensführung hindurchlebt und sie sinnbildlich in jedem Gebet als Opfer darbringt.

Mit kleinen Einschüben werden die ägyptischen Weisheitslehren auf Jahwe bezogen. So einfach ist die Herstellung der „jahwistischen Ethik“!

Von der ägyptischen Ma'at heißt es, daß sie „am Anfang der

Dinge vom Himmel kam und gesellte sich zu denen, die auf der Erde lebten".[9] Sie, die im matriarchalen Glauben die Mutter des Sonnengottes Re war[10], wurde unter patriarchalem Anspruch zur Tochter des Gottes, wurde ein Teil seines Wesens.

Genauso heißt es von der jüdischen Weisheit: „Vor der Welt, von Anfang bin ich geschaffen und werde ewiglich bleiben."[11] „Ich schwebte über der ganzen Erde wie die Wolken. Mein Gezelt war in der Höhe und mein Stuhl in den Wolken. Ich allein wandelte allenthalben, so weit der Himmel ist und so tief der Abgrund ist, allenthalben im Meer und allenthalben auf Erden ..."[12]

Dann aber wird die erhabene Weisheit vom „Schöpfergott" usurpiert, und es heißt weiter: „Da gebot mir der Schöpfer aller Dinge; der mich geschaffen hat, bestellte mir eine Wohnung und sprach: ‚In Jakob sollst du wohnen und in Israel soll dein Erbe sein!'"[13]

Nun dient die jüdische Weisheit dem Jahwe wie die Ma'at dem Re dient, ihm innewohnt, ein Teil des Wesens der Gottheit wird.

Auf drastisch bestialische Weise verleibt sich der griechische „Göttervater" Zeus die Göttin der Weisheit, die Metis, ein. Er lockt sie zum Beischlaf und frißt die solcherart Überlistete kurzerhand auf – „auf daß sie von nun an in ihm wohne und ihm riete Gutes wie Böses". Die Sache hatte Folgen für den großen Zeus: Da Metis schwanger gewesen war, mußte nun Zeus schmerzhaft gebären. Er entband nach der üblichen Zeit von Athene, die seinem Haupt entsprang und fortan seinem Willen diente.[14]

Drei Kulturkreise – drei vergleichbare Mythen vom Umgang des Gottes mit der matriarchalen Weisheit!

Das Alte Testament läßt die Weisheit nur gelten als von Jahwe herkommend, die biblischen Kommentare sprechen geradezu von einem „Siegeszug der jahwistischen Ethik"[15]. Wir können lesen, daß sich „die tiefe religiöse Erkenntnis Israels in dem

9 K. Sethe, „Amun und die acht Urgötter von Hermopolis", in: Abhdlg. d. Preußischen Akademie der Wissenschaften, 1929, 4, § 119
10 Budge, „The Book of opening the Mouth" II, S. 113
11 Sirach 24.14
12 Sirach 24.5-9
13 Sirach 24.12 f.
14 Hesiod, „Theogonie", 886-900
15 Hartmut Schmökel, „Jahwe und die Fremdvölker", Kap. VI, passim

ausschließlichen Glauben an den allmächtigen Richter Jahwe den Weg zu reinerer Gottesschau freigemacht" habe. Es sei Jahwes Wille gewesen, Recht und Gerechtigkeit zur Lebensnorm seines Volkes zu machen.[16]

Ein anderer Alttestamentler sieht kritischer, daß die „Weisheit nichts anderes ist als die israelitische Spielform einer altorientalisch-internationalen geistigen wie kulturellen Bewegung größten Ausmaßes. Mit diesen Zusammenhängen ist abermals gegeben, daß auch die ethischen Einzelvorschriften nicht notwendig von der Jahwe-Religion her geschaffen sind."[17]

Um die ethischen Einzelvorschriften auf ihren Ursprung zu untersuchen, bedarf es einer kritischen Analyse ihres Inhaltes und ihrer Aussage. Manche Texte, die in sehr junger Zeit niedergeschrieben worden sind, erweisen sich als Abschriften sehr alter Weisheitslehren. Andere Texte sind erst spät entstanden und in rückwärts gerichteter Projektion Salomo oder gar Moses zugeschrieben worden.

Es gibt ein deutliches Kriterium, das uns erlaubt, matriarchale Weisheitslehren von patriarchaler Gesetzgebung zu unterscheiden: Die aus dem matriarchalen Erbe stammenden Texte sind *unverbindliche Regeln*, die dem praktischen Leben, der Erfahrung im Umgang mit Mensch und Natur, entnommen sind. Es sind Empfehlungen, niemals Gesetze. Sie betreffen meist den besonderen Fall, für den sie geschrieben worden sind. Sie beanspruchen *niemals Allgemeingültigkeit.* Die sittliche Verpflichtung der Menschen besteht darin, daß sie sich mit ihrer Umwelt zurechtfinden, daß sie nichts und niemanden schädigen.

Die Weisheit ist das höchste Gut, und wer sie sucht, wird sie finden:

> „Der Erwerb der Erkenntnis ist besser als Gold,
> und Erwerb von Einsicht besser als Silber."[18]
> „Habe Umgang mit Weisen,
> so wirst du selbst weise."[19]
> „Mächtiger ist ein Weiser als ein Starker,
> und ein Mann der Erkenntnis ist mehr als ein
> Kraftvoller."[20]

16 H. Schmökel, „Jahwe und die Fremdvölker", S. 61
17 J. Hempel, „Das Ethos des Alten Testamentes", S. 28
18 Sprüche Salomos 16.16
19 ebd. 13.20
20 ebd. 24.5

„Ein Langmütiger ist besser als ein Kriegsheld,
und besser ist einer, der sich selbst beherrscht,
als ein Städtebezwinger."[21]

Von Inhalt und Aussage her gehören diese Sprüche einem gänzlich anderen Weltbild an, als es uns die deuteronomistische Geschichtsideologie vermittelt. Der patriarchale Jahwe der levitischen Theologie spricht David heilig, den brutalen Eroberer, und verurteilt Saul, weil er einen besiegten König nicht zerstükkelt hat.

Die Sprüche dagegen zählen den „Städtebezwinger" nicht zu den angesehensten Menschen. Eine Gesellschaft entwickelt sich immer auch in die Richtung dessen, was sie achtet, hoch einschätzt und werthält. Berufe, die keine gesellschaftlich angesehene Stellung genießen, werden nicht bevorzugt erwählt. Zählt nicht der Soldat, und erst recht der hohe Offizier, in patriarchalen Gesellschaften zu den angesehensten und daher auch zu den erstrebenswertesten Berufen?

Die geringe Wertschätzung, die ein Kriegsheld, ein Starker und ein „Kraftvoller" in den Sprüchen genießen, läßt den Schluß auf die Herkunft dieser Weisheit aus dem matriarchalen Gedankengut zu. Ein „Starker" und ein „Kraftvoller" sind hier nicht Menschen, die ihre Lebensaufgaben stark und kraftvoll angehen, sondern solche, die mit wertvollen Anlagen einseitig umgehen, sie für Eroberung und Machtdurchsetzung entwickelt haben, während die Menschlichkeit auf der Strecke geblieben ist.

Ins Umfeld der matriarchalen Lebensweisheit gehören auch ganz einfache pragmatische Sprüche, die sich auf die Bewährung im Alltag beziehen:

„Am Felde eines faulen Menschen ging ich vorüber
und am Weinberg eines unvernünftigen Menschen.
Siehe, da waren eitel Nesseln drauf,
und er stand voll Disteln,
und die Mauer war eingefallen.
Da ich das sah, nahm ich's zu Herzen
und schaute und lernte daran.
Du willst ein wenig schlafen
und ein wenig schlummern
und ein wenig die Hände zusammentun,
daß du ruhtest;

21 Sprüche Salomos 16.32

aber es wird dir die Armut kommen
wie ein Wanderer über Nacht ..."[22]

Ein Mensch hat einen sinnvollen Zusammenhang erkannt, er hat gesehen, daß Fleiß eine nützliche Tugend ist. Er sagt: „Ich!" – Ich habe gesehen und danach gehandelt. Als Empfehlung gibt er es weiter an ein Du. Aber er sagt nicht: *Du mußt! Du sollst!* Er weist auf die Folgen der Faulheit hin: Die Armut wird dich überkommen, wie ein Wanderer kommt über Nacht.

Die elementaren Bezüge von Mensch zu Mensch werden ins rechte Licht gesetzt:

„Ehre ist es, dem Streit fernzuwohnen.
Aber jeder Narr fängt Streit an!"[23]
„Die Klugheit eines Menschen macht ihn langmütig,
und sein Ruhm ist es, an Verfehlungen vorüberzugehen."[24]
„Wie wenn man Wasser losläßt, ist der Anfang des Zanks;
Darum: ehe der Streit losbricht – laß ab!"[25]

Die Erfahrung, daß Freundschaft und Vertrauen nur allmählich wachsen wie starkes, gutes Holz und ausgereifte Früchte, fehlt in den Lebensregeln nicht:

„Erwirbst du einen Freund, erwirb ihn durch Erprobung,
und schenk ihm nicht zu schnell dein Vertraun!"[26]

Selbst im Umgang mit dem eigenen Körper unterscheiden sich die Geister:

„Prüfe, was deinem Leibe gesund ist,
und siehe, was ihm ungesund ist,
das gib ihm nicht!
Denn allerlei dient nicht jedermann,
so mag auch nicht jedermann allerlei."[27]

Dagegen verfügt das jahwistische Gesetz über einen ganzen Katalog verbotener Nahrung, der vom Schweinefleisch bis zum Weißen des Eies reicht. Der patriarchale Mensch verlernt unter der Gesetzlichkeit seiner aufgesetzten und aufgezwungenen Ordnungen, in sich selbst hineinzuhorchen, mit sich selbst und der eigenen Gesundheit klug umzugehen, er verlernt das Hinhorchen auf ein Du, die sensible Anpassung an die der Natur innewohnenden Ordnungsprinzipien. Er braucht nur noch eines: Gehorsam. Die eigene Verantwortung wird ihm erspart, wenn er nur dem Gesetz des patriarchalen Jahwe gehorcht.

22 Sprüche Salomos 24.30-34
23 Sprüche Salomos 20.3
24 ebd. 19.11
25 ebd. 17.14
26 Sirach 6.7
27 Sirach 37.30

Die Weisheit der Matriarchate ist ein Geschenk der Himmelskönigin an ihre Menschenkinder. Die Menschen gehen treuhänderisch mit dem wertvollen Geistesgut um, sie verwalten die kosmische Ordnung auf der Erde, durch sittlichen Lebenswandel erstatten sie das Geschenk zurück. Sittlichkeit, Tugend und Gerechtigkeit sind im matriarchalen Bewußtsein Begriffe, die Menschen beschreiben, die ihr Ich, ihre persönlichen Wünsche, ihre Ansprüche, ihre Fähigkeiten und Kräfte mit den Notwendigkeiten und dem Lebensrecht ihrer Umwelt im Ausgleich halten.

Dagegen versteht das patriarchale Bewußtsein unter „Sittlichkeit" und „Tugend" zuerst geschlechtliche „Sauberkeit" und „Reinheit". „Gerechtigkeit" wird in der patriarchalen Gesellschaft durch Gesetzgebung geregelt, nicht durch „Herzensregeln".

Die Zuordnung mancher Sprüche besagt für ihre Datierung gar nichts: So wenig die dem ägyptischen Weisheitsgut entnommenen Sprüche darum schon jahwistisch werden, weil da und dort der Jahwename eingefügt ist, haben die „Sprüche der Männer Hiskias, des Königs in Juda"[28] ihren Ursprung in der Zeit dieses Königs. Hiskia, der „die eherne Schlange zerstieß, die Mose gemacht hatte", der sich auch sonst manches Lob verdient hat, weil er kräftig zur Unterdrückung der matriarchalen Kulte beigetragen hat, wird durch die biblische Endredaktion aufgewertet mit einigen klugen Sprüchen, die ihm zugeschrieben werden. Von der Inhaltsanalyse her ist das Gedankengut dieser Sprüche meist viel älter. Es finden sich Lehren unter den „Sprüchen Hiskias", die zum Urbestand menschlichen sozialen Denkens gehören.

Als letztes Kapitel der Sprüche Salomos finden sich die „Worte des Königs Lamuel, die Lehre, die ihn seine Mutter lehrte".

„Ach, du mein Auserwählter,
du Sohn meines Leibes,
du mein erwünschter Sohn ..."

beginnt der Text und führt in eine matriarchale Welt, die ihr Wohlergehen der Tüchtigkeit von Frauen verdankt, Frauen, die frei sind, Äcker zu kaufen und mit Hab und Gut nach eigenem klugen Ermessen umzugehen. Frauen, die den Mund auftun, um Weisheit zu reden.

28 Sprüche Salomos Kap. 25

„Und auf ihrer Zunge ist holdselige Lehre!“[29]

Der Text redet von Frauen, die stark und kräftig sind und ihre Aufgaben anpacken zum Wohl aller:

„Sie gürtet ihre Lenden mit Kraft
und stärkt ihre Arme.
Sie merkt, wie ihr Handel Frommen bringt,
ihre Leuchte verlischt des Nachts nicht.
Sie streckt ihre Hand nach dem Rocken,
und ihre Finger fassen die Spindel.
Sie breitet ihre Hände aus zu dem Armen
und reicht ihre Hand dem Dürftigen.
Sie fürchtet für ihr Haus nicht den Schnee;
denn ihr ganzes Haus hat zwiefache Kleider.
Sie macht sich selbst Decken und feine Leinwand.
Aus Purpur ist ihr Kleid ...
Sie macht einen Rock und verkauft ihn,
einen Gürtel gibt sie dem Krämer ...“[30]

Trotz seiner Stellung am Ende der Spruchweisheit gehört dieser Text zum ältesten Überlieferungsgut der gesammelten Lehren. Eine königliche Mutter gibt sie ihrem auserwählten Sohn mit auf den Lebensweg, ihm, dem Erwünschten, dem priesterlichen Kultkönig. Wer Lamuel ist, wissen wir nicht. Er ist ein König von Massa, das in Nordarabien zu suchen ist. Dort haben die Mondgott-Religionen ihre Heimat. Der El von Ugarit ist wahrscheinlich aus Arabien gekommen, Jahwe stammt aus Midian, und Allah herrscht in Arabien.

Der Lamuel-Text in der Bibel bestätigt, daß Israel mit Arabien durch eine gemeinsame kulturelle Vergangenheit verbunden ist.

Lamu-El ist der König eines Stammes, der El anbetet, lange bevor die El-Religion nach Palästina übergegriffen hat. Sein Königtum beweist, daß die Religionen der „Weißen Götter“ die Gesellschaftspraxis des Kultkönigtums nach Palästina mitgebracht haben.

Von seinem Vater hören wir nichts. Seine Mutter, die priesterliche Herrin, spricht zu ihm. Eine ungeschickte Schlußfloskel versucht, die weisen Lehren, die eine Priesterkönigin ihrem auserwählten Sohn gibt, zu jahwisieren: „Ein Weib, das den Herrn

29 Sprüche Salomos 31,26
30 Sprüche Salomos 31,17 ff.

fürchtet, soll man loben!"[31]

Der Text aber spricht von einer Frau, die nicht von der Furcht, sondern von der Weisheit ergriffen ist. Diese Frau ist klug und zupackend. Sie verfügt über die kulturbildenden Kenntnisse. Sogar ihr Haus weiß sie zu bauen und versieht es mit einer zwiefachen Hülle ...

„Die Propheten haben in und auf Israel einen großen Einfluß ausgeübt. Sie haben aber ebensowenig Israels Moral und geistige Kultur wie seine Sprache geschaffen. Sie setzen ein bestimmtes anerkanntes Ethos voraus."[32]

Aber die Propheten und alle anderen Dichter der alttestamentlichen Weisheitsliteratur sprechen eine Sprache, als hätten sie dieses Ethos erdacht oder als sei es der Eingebung ihres Jahwe zu verdanken. Mit seinem matriarchalen Gedankengut stellt dieses „bestimmte anerkannte Ethos" einen hohen Überlieferungsschatz dar, der als Not wendende Opposition dem schrecklichen Gesetzesgott vom Sinai gegenübersteht.

Der Umbruch von der matriarchalen zur patriarchalen Gesellschaft geht nicht plötzlich vor sich, und die Lebensregelung durch matriarchale innewohnende Ordnungen kann niemals völlig aufgegeben werden, wenn eine Gesellschaft lebensfähig bleiben will.

So begegnet uns oft beides – die tief in den Herzen der Menschen verwurzelte Weisheit matriarchaler Lebensführung und die aufgesetzte, vom patriarchalen Machtanspruch diktierte Gesetzeswelt – in einer einzigen Erzählung, manchmal sogar in einer einzigen „Vorschrift" des gesellschaftlich erwünschten Verhaltens.

Wir haben Moses erlebt als „Wanderer zwischen beiden Welten". Er hatte die matriarchale Regel: „Du sollst nicht töten!" als Gesetz in Stein gehauen, und gleichzeitig ließ er dreitausend töten – im Namen des Herrn, weil sie das Stierbild Jahwes angebetet hatten, dessen Stiermaske er trug!

Schon Luther sieht, daß der patriarchale Gott vom Sinai „natürliche, jedermann ins Herz geschriebene" – das heißt matriarchale, innewohnende – Lebensweisheit borgt, als er seine Gesetze formuliert: „Also ist das auch nicht allein des Mose Gesetz: du sollst nicht morden, ehebrechen, stehlen, falsch Zeugnis re-

31 Sprüche Salomos 31,30
32 J. Pedersen, „Die Auffassung vom Alten Testament", S. 180

den usw., sondern auch das natürliche Gesetz, in jedermanns Herz geschrieben."

Nun ist aber schon mit der Tatsache, daß eine Lebensregel als „Gesetz" in Stein gemeißelt werden muß, die matriarchale natürliche innewohnende Ordnung verlassen worden. Der Mensch hat nicht mehr die Freiheit, mit Empfehlungen weise umzugehen, er wird durch Gesetze reglementiert. Aus dem lebendigen Umgang mit der Erfahrung und der flexiblen Anwendung auf vergleichbare Lebenssituationen wird starre Gesetzeshandhabung.

Patriarchale Gesetzgebung geht vorrangig vom Recht des Mächtigen aus. So kann ein Gesetz, das fordert: „Du sollst nicht stehlen!" ein Gut schützen, dessen Besitz in matriarchalen Gesellschaften suspekt gewesen ist:

„Mühe dich nicht ab, reich zu werden,
laß ab vom Übervorteilen!"[33]

sagt ein Spruch.

Wo immer Jahwe als Herr der „natürlichen Gesetze" betrachtet wird, verknüpft die biblische Schriftstellerei den patriarchalen Gott mit der Weisheit matriarchaler Gesellschaften. „Jahwes natürliche Lebensregeln, jedermann ins Herz geschrieben", sind entliehene Weisheit, sind geborgte Moral!

Lehren, die das Wohl von Witwen und Waisen zum Gegenstand haben, gehören dem patriarchalen Umfeld an. Denn erst die patriarchale Gesellschaftsform hat das Problem von Witwen und Waisen überhaupt geschaffen! Solange Frauen unter sich beieinander wohnten, während der Mann nur zu Besuch kam, gehörte der Acker der Frau, und das Vieh war ihr Eigentum. Wenn der Mann starb, war sie keine Witwe, die der Fürsorge bedurfte, und falls sie selbst starb, sorgten ihre Schwestern für die Kinder.

„Verrücke nicht die uralte Grenze
und greife nicht die Äcker der Waisen an!
Denn ihr Schutzherr ist stark,
er wird die Sache wider dich führen!"[34]

lautet ein Text, der von seinem Inhalt her der patriarchalen Gesellschaftsordnung zugehört.

„Die Fürsorge für die Armen und Notleidenden ist für den ba-

33 Sprüche Salomos 23.4
34 ebd. 23.10

bylonischen König wie für den ägyptischen oder phönizischen Großen Ehrensache"[35], ein Schutz, den der König großzügig denjenigen gewährt, deren Elend durch den patriarchalen Besitzstand erst in die Welt gekommen ist. Aber in Israel wird unter der Ideologie, daß Gesundheit und Lebenserfolg ein Geschenk Jahwes an die Gesetzestreuen ist, der Arme gleichzeitig zum Verfluchten. Denn seine Armut ist das äußere sichtbare Zeichen für seine Gottlosigkeit.

„Harre auf den Herrn und halte seinen Weg, so wird er dich erhöh'n, und du wirst das Land erben. Du wirst sehen, daß die Gottlosen ausgerottet werden. Ich habe einen Gottlosen gesehen, der war trotzig und breitete sich aus und grünte wie ein Lorbeerbaum. Da man vorüberging, sieh, da war er dahin! Ich fragte nach ihm, da war er nirgends gefunden! Bleibe fromm und halte dich recht; denn solchem wird's zuletzt wohlgehen! Die Übertreter aber werden getilgt miteinander, und die Gottlosen werden zuletzt ausgerottet."[36]

„Die Frömmigkeit gewinnt weithin den Charakter der Besitzsicherung"; denn der Besitz irdischer Güter und diesseitiger Werte mußte als „*die* Gabe erscheinen, durch die Gott dem Menschen seine Huld erweist und bekräftigt".[37]

Das Ethos des patriarchalen Jahwe läßt keinen Raum für Unterstützung der Armen und Fürsorge für die Bedürftigen. Eine Frau, die „Jahwe fürchtet", wird einen Bedürftigen eher verachten, als „die Hände zu ihm auszubreiten", wie es in den weisen Lehren für König Lamuel heißt.

Seit es Menschen gab, bewältigten sie ihre Gemeinschaft durch natürliche Regeln, die „jedermann ins Herz geschrieben sind". Auch der matriarchale Jahwe, dessen Name in der Geschichte der Religion um 1200 v. Chr. beim Zusammenstoß südpalästinensischer Gruppen mit den nordarabischen Stämmen zum ersten Mal auftauchte, war eingebettet in die Ordnungen der Natur. Er wohnte auf den Bergen, brachte den Regen, verhieß Sommer und Winter, Frost und Hitze und offenbarte sich als das Geschöpf, das die Himmelskönigin ins Dasein gesetzt hatte.

Es ist ein weiter Weg patriarchalen Widerstandes gegen die Verehrung der Naturkräfte, bis Trito-Jesaja das Paradoxon for-

35 J. Hempel, „Das Ethos des Alten Testamentes", S. 28
36 Psalm 37,34-38
37 J. Hempel, „Das Ethos des Alten Testamentes", S. 31

mulieren kann: „Die Sonne soll nicht mehr des Tages dir scheinen und der Glanz des Mondes soll dir nicht leuchten, sondern Jahwe wird dein ewiges Licht und dein Gott wird dein Preis sein."[38]

Betrachtet man die jüdische Geisteshaltung vom Anspruch des patriarchalen Jahwe her, läßt sich mit voller Berechtigung sagen: „Nichts erscheint der jüdischen Anschauungsweise so sehr als Greuel als eben die göttliche Verehrung, gezollt den Manifestationen des Naturlebens; ja, wo diese in augenfällige Erscheinung sich als wirksame Potenz erwies, mußte es geradezu als unberechtigt, als unheilig, als nichtig zurückgedrängt werden."[39]

Die Polemik gegen matriarchale Kulte, gegen die Tradition der Heiligen Hochzeit besonders, geht von den Propheten aus: „Ihr Land ist voll Götzen; sie beten an ihrer Hände Werk, das ihre Finger gemacht haben. Da bückt sich der Pöbel, da demütigen sich die Herren. Das wirst du ihnen nicht vergeben!"[40] wettert Jesaja. Hosea flucht: „Dein Kalb, Samaria, verwirft er; mein Zorn ist über sie ergrimmt. Es kann nicht lange anstehen, sie müssen gestraft werden. Denn das Kalb ist aus Israel gekommen, und ein Werkmann hat's gemacht, und es kann ja kein Gott sein; darum soll das Kalb Samarias zerpulvert werden."[41] Der Prophet Amos wendet sich gegen „Frevelregimenter" und das „Schlafen in elfenbeinernen Betten". Er nennt die matriarchalen Kulte nicht mit Namen. „Solch Schweigen ist vielleicht kraftvoller als alle ‚monotheistischen' Bekenntnisse der Späteren, sogar als die schwungvollen Hymnen Deutero-Jesajas, dessen Spott über die heidnischen Bilderfabriken das Wesen der heidnischen Religion nicht genau genug trifft, um sie wirklich zu überwinden."[42] Jesajas Spott trifft die „heidnische" Religion überhaupt nicht, er versteht nicht oder will nicht verstehen.

Wo immer überlieferte literarische Zeugnisse den Sinn antiker Bildwerke interpretieren, erscheint das „Werk des Bildhauers" als komplexes Symbol übergreifender umfassender Vorstellungen. Das Bild als verdichteter Ausdruck einer immanenten Geisteswelt hat sich gegen jede Bilderstürmerei immer wieder als

38 Jesaja 60.19
39 Heinrich Grätz, „Über die Konstruktion der jüdischen Geschichte", S. 110
40 Jesaja 2.8 f.
41 Hosea 8.5 f.
42 J. Hempel, „Das Ethos des Alten Testamentes", S. 106

das menschengemäßere Medium im „Gespräch" mit dem Transzendenten erwiesen. Und wo es verweigert wird, flüchtet es in die Traumwelt.

Der patriarchale Jahwe setzt gegen die Verehrung des Transzendenten im Symbol sein Gebot: „Du sollst dir kein Bildnis machen!"

Gegen die Regelung des Gesellschaftslebens durch innewohnende Ordnung und matriarchale Weisheit setzt Jahwe sein Gesetz. Jahwistische Ethik ist Gehorsamsethik:

„Wenn du nicht gehorchen wirst der Stimme des Herrn,
deines Gottes,
daß du hältst und tust
*alle** seine Gebote und Rechte,
die ich dir heute gebiete,
so werden alle diese Flüche über dich kommen
und dich treffen:
Verflucht wirst du sein in der Stadt,
verflucht auf dem Acker.
Verflucht wird sein dein Korb und dein Backtrog.
Verflucht wird sein die Frucht deines Leibes,
die Frucht deines Landes,
die Frucht deiner Rinder
und die Frucht deiner Schafe!
Verflucht wirst du sein, wenn du eingehst,
verflucht, wenn du ausgehst!
Der Herr wird unter dich senden
Unfall, Unruhe und Unglück,
in allem, was du in die Hand nimmst,
in allem, was du tust,
bis du vertilgt werdest und bald untergehest
um deines bösen Wesens willen,
darum, daß du mich verlassen hast.
Der Herr wird dir Pestilenz anhängen,
bis daß er dich vertilge.
Der Herr wird dich schlagen
mit Fieber, Hitze, Brand und Dürre,
giftiger Luft und Gelbsucht.
Er wird dich verfolgen, bis daß er dich umbringe!
Dein Himmel, der über deinem Haupte ist, wird ehern sein,

* Hervorhebung G. W.

und die Erde unter dir eisern.
Der Herr wird deinem Lande Staub und Asche für Regen geben
vom Himmel auf dich, bis daß du vertilgt werdest.
Der Herr wird dich vor deinen Feinden schlagen, ...
daß du wirst ausziehen und wirst zerstreut werden
unter alle Reiche auf Erden.
Dein Leichnam wird eine Speise sein
allen Vögeln des Himmels und allen Tieren auf Erden,
und niemand wird sein, der sie scheucht!
Der Herr wird dich schlagen mit Drüsen Ägyptens,
mit Feigwarzen, Grind und Krätze,
daß du nicht kannst heil werden!
Der Herr wird dich schlagen
mit Wahnsinn, Blindheit und Rasen des Herzens!
Du wirst Gewalt und Unrecht leiden müssen dein Leben lang,
und niemand wird dir helfen."[43]

Die perverse Phantasie des Fanatikers ist mit diesen Versen bei weitem nicht erschöpft. In noch vierzig weiteren Versen wiederholt und steigert sich die Wut des Deuteronomisten auf den, der dem patriarchalen Jahwe nicht gehorcht:

„Du wirst die Frucht deines Leibes essen,
das Fleisch deiner Söhne und deiner Töchter ..."[44]

Die Weisheitsregeln, die die Bibel dem matriarchalen Gedankengut entliehen hat, sind von den Gesetzen des patriarchalen Jahwe durch Welten getrennt. Dem matriarchalen Bewußtsein liegen Fanatismus, Rechthaberei und die Verurteilung des anderen fern.

In der deuteronomistischen Schule steigerte sich der Widerstand gegen die Naturverehrung zum radikalen Vernichtungswahn gegen die „Heiden". „Heiden" wurde zum Schimpfwort für die Anhänger der Naturreligionen, in deren Mittelpunkt die Verehrung der Himmelskönigin stand. Es wurde zum Schimpfwort auch für Gesellschaftsstrukturen, die der Frau eine zentrale Stellung bewahrten.

Bei der „Emanzipation des Mannes aus dem Reiche der Mütter" löste sich der Mensch aus der Einbindung in den Naturzu-

43 5. Mose 28.15-29
44 5. Mose 28.53

sammenhang und sah sich als das erkennende Subjekt der Natur als Objekt gegenüber. Bei dieser Differenzierung zwischen Mensch und Natur wurde nicht der Mensch als Mann und Frau zum Subjekt der Erkenntnis. Das patriarchale Bewußtsein betrachtete als Subjekt allein den Mann, der sich die Natur und die Frau in gleicher Weise unterwarf. So konnte es nicht ausbleiben, daß mit der Entwicklung der patriarchalen Großreligionen auch die Stellung der Frau in der Gesellschaft erschüttert wurde. Beides – Natur- und Frauenverehrung – verlangte Anpassungsleistungen, Zuordnungsfähigkeit und Rücksichtnahme im ausgewogenen Verhältnis zu persönlichen Durchsetzungswünschen und individueller Kraftentfaltung.

Mit dem Siegeszug der deuteronomistischen Geisteshaltung in Juda setzte sich die radikale Unterdrückung der Frau durch. Von Anweisungen kleinlichster Einschränkung des Verfügungsrechts der Frau im Alltag bis zur Rechtfertigung brutalen Frauenmordes reicht die Palette der frauenverachtenden Polemik im Alten Testament. „Schäme dich nicht, vor einem bösen Weib das Deine wohl zu bewahren: wo viel Zugreifens ist, alles wohl verschließen! Was man ihnen unter die Hände geben muß, alles zählen und abwägen! Alle Ausgabe und Einnahme anschreiben! ... also wirst du ein recht wohlgeschickter Mensch und bei allen gelobt!“[45]

Töchter, die ein Erbe haben, sind nicht frei in ihrer Gattenwahl, sondern müssen innerhalb ihres Stammes heiraten. „Das ist's, was der Herr gebietet ..., daß alle Töchter in Israel, die Erbteil besitzen, sollen freien einen vom Stamme ihres Vaters, damit ein jeglicher unter den Kindern Israel seiner Väter Erbe behalte. Und die Töchter taten, wie der Herr dem Mose geboten hatte, und freiten die Kinder ihrer Vettern.“[46] Was ist das für ein herr-licher Gott, der sich sorgt um den Besitz der Männer und dadurch die Freiheit der Frauen beschneidet, der sich des Mose als Sprachrohr für die Kundgabe seines wahrhaft erhabenen Ratschlusses bedient, daß Geld beim Gelde bleiben müsse!

Ehen werden nur noch vom Standpunkt der Besitzsicherung und -erhaltung gegründet. Die Geschlechtsliebe wird dermaßen verpönt, daß sogar der legitime eheliche Verkehr den Mann verunreinigt. Als sich die Israeliten dem heiligen Berg nahen wol-

45 Sirach 42.6
46 4. Mose 36.6 ff.

len, mahnt Moses: „Seid bereit auf den dritten Tag, und keiner nahe sich dem Weibe!"[47]

Als David dem Priester Ahimelech die Schaubrote abfordert, die für den Kult am Heiligtum geweiht sind, wehrt der fromme Mann dieses Ansinnen ab. Doch David besteht auf der Herausgabe des Brotes an seine Söldner und sagt: „Es sind die Weiber drei Tage uns versperrt gewesen ..." „Da gab ihm der Priester von dem heiligen Brot, weil kein anderes da war denn die Schaubrote."[48] David erzwingt die Hergabe der heiligen Brote. Er holt sich rücksichtslos, was er bekommen kann und scheut kein Sakrileg.

Die levitische Moral betrachtet drei Tage Enthaltsamkeit des Mannes vom Weibe für eine heiligmachende Askese, die dem Manne erlaubt, die heiligen Tempelbrote als gewöhnliche Nahrung zu verlangen. Die Geschlechtsfeindlichkeit, die aus dieser Textüberarbeitung spricht, zeugt von der Geisteshaltung des Deuteronomisten.

Johannes Hempel sieht sogar die „Eingrenzung des außerehelichen Verkehrs einer Unverlobten überwiegend von der wirtschaftlichen Seite her."[49] Um den vorehelichen Verkehr zu verhindern, droht das deuteronomistische Gesetz brutale Strafen an: Wenn eine Tochter im Hause ihres Vaters „nicht Jungfrau gefunden ist, so soll man sie heraus vor die Tür ihres Vaters Hauses führen, und die Leute der Stadt sollen sie zu Tode steinigen ... darum, daß sie in ihres Vaters Hause gehurt hat."[50] Die Tochter ist der Besitz des Vaters, den dieser zum vollen Preis an den künftigen Ehemann veräußern will. Der Geldwert einer Frau mit verletztem Hymen ist aber gleich Null im patriarchalen Wertesystem. Man töte sie also!

Unabdingbar wie das Eigentumsrecht des Vaters an der Tochter sind die Rechte des Ehemanns an seiner für teures Geld erworbenen Frau. Um die Rechte des Ehemanns gegen weibliche Untreue zu schützen, schuf der patriarchale Gott in seiner unerforschlichen Gerechtigkeit das Eifergesetz, das selbst den grundlos eifersüchtigen Mann rechtfertigt.

Und wieder wurde Moses, der einstmals erhabene Kultträger matriarchaler Gläubigkeit, zum Sprachrohr erniedrigt für das wi-

47 2. Mose 19.15
48 1. Samuel 21.4 ff.
49 J. Hempel, „Das Ethos des Alten Testamentes", S. 166
50 5. Mose 22.20

derwärtigste Gesetz, das patriarchale Frauenfeindlichkeit sich erdacht hat:
„Und der Herr redete mit Moses und sprach: ‚Sage den Kindern Israel und sprich zu ihnen: Wenn irgend eines Mannes Weib untreu würde und sich an ihm versündigte und jemand bei ihr liegt, und es würde doch dem Mann verborgen vor seinen Augen und würde verdeckt, daß sie unrein geworden ist, und er kann sie nicht überführen, denn sie ist nicht dabei ergriffen, und die Eifersucht entzündet ihn, sei die Frau rein oder unrein (!) ... so soll er sie zum Priester bringen ... da soll sie der Priester vor den Herrn stellen und ihr Haupt entblößen. Und der Priester soll in seiner Hand bitteres, verfluchtes Wasser haben und soll das Wasser beschwören und sagen: Hat kein Mann bei dir gelegen, und du bist deinem Mann nicht untreu geworden, so soll dir dieses bittere Wasser nicht schaden. Wo du aber untreu geworden bist, setze dich der Herr zum Fluch, daß deine Hüfte schwinden und dein Bauch schwellen soll. So gehe nun das verfluchte Wasser in deinen Leib! Ist solch ein Weib nicht verunreinigt, sondern rein, so wird's ihr nicht schaden ... Dies ist das Eifergesetz ... der Mann soll unschuldig sein an der Missetat; aber das Weib soll ihre Missetat tragen!“[51]

Männer unter sich, ein Gott, ein Ehemann und ein Priester, haben sich gegen die Frau verschworen und dabei eine Kultur geschaffen, die nicht mehr menschlich, sondern nur mehr männlich ist. Die unterschiedliche Behandlung von Frauen und Männern bei Eifersuchtsdelikten hat sich bis auf den heutigen Tag erhalten.[52] Die Überzeugung, daß „der Mann unschuldig sei an der Missetat, die Frau aber ihre Schuld tragen müsse“, beeinflußt unterschwellig noch manches Gerichtsurteil im 20. Jahrhundert.

Die abartige Frauenverachtung des Deuteronomisten kommt am deutlichsten dort zum Ausdruck, wo es ihm darum geht, eine alte Kultlegende gründlich zu verdrängen und mit patriarchaler Phantasie zu überlagern. Eine solche redaktionelle Verarbeitung alter Überlieferung findet sich im 19. Kapitel des Rich-

51 4. Mose 5.11-31 (gekürzt)
52 Elisabeth Trube-Becker, „Frauen als Mörder“. Die Autorin berichtet in erschütternden Fallbeispielen, daß Frauen für Eifersuchtsdelikte schwerer bestraft, seltener begnadigt und im Strafvollzug härter behandelt werden. Sie schildert einen Mord, den ein Mann am Gatten seiner Freundin begangen hat. Die Frau, der Mittäterschaft nicht nachgewiesen werden konnte, sitzt lebenslänglich, während der Mörder nach acht Jahren begnadigt worden ist.

terbuches:
„Ein levitischer Mann lebte als Fremdling in Ephraim. Er hatte sich ein Kebsweib aus Juda genommen. Die hatte neben ihm gehurt. Deshalb lief sie zu ihrem Vater und blieb vier Monate dort. Doch der levitische Mann zog ihr nach, um sie wieder zu sich zu holen. Im Hause ihres Vaters in Bethlehem wurde er freundlich empfangen und viele Tage zu Gast gebeten.

Als nun der Mann eines Abends reisen will, nötigt ihn der Schwiegervater mit den kultisch bedeutsamen Worten zum Bleiben: „Herr bleibe bei uns; denn es will Abend werden, und der Tag hat sich geneiget."[53] Der levitische Mann zieht schließlich fort mit seinen beladenen Eseln, seinem Weib und seinem Knecht. In der benjaminitischen Stadt Gibea will er des Nachts bleiben; doch niemand gewährt ihm Unterkunft. Endlich kommt ein alter Mann vom Felde heim, der freundlich mit dem Fremden spricht und ihn samt Frau, Knecht und Eseln unter sein Dach bittet.

„Da kamen die Leute der Stadt, böse Buben, und umgaben das Haus und pochten an die Tür und sprachen zu dem alten Mann, dem Hauswirt: ‚Bringe den Mann heraus, der in dein Haus gekommen ist, daß wir ihn erkennen!' Der Mann aber, der Hauswirt, sprach zu ihnen: ‚Tut nicht übel an dem Mann, der in mein Haus gekommen ist. Siehe, ich habe eine Tochter, die noch Jungfrau ist, und dieser hat ein Kebsweib. Die will ich zu euch herausbringen. Die mögt ihr zu Schanden machen. Tut mit ihr, was euch gefällt!'
Da brachte der levitische Mann sein Kebsweib heraus zu den Männern. Die erkannten sie und trieben ihren Mutwillen an ihr die ganze Nacht bis an den Morgen. Da die Morgenröte anbrach, ließen sie sie gehen."

Das Weib kam bis zur Tür des Hauses des Mannes, darin ihr Ehemann war, und brach dort tot zusammen!

Als der fromme Levit sein Weib tot findet, zerstückelt er den Leichnam und sendet ihn „in alle Grenzen Israels", um zu einem Rachefeldzug gegen den Stamm Benjamin aufzurufen. Soweit die deuteronomistische Redaktion.

Die Fehde des Stammes Benjamin mit den übrigen israelitischen Stämmen war ursprünglich ein selbständiger Überlieferungsstrang, der erst in der deuteronomistischen Überarbeitung

53 Richter 19.9; vergl. Lukas 24.29

mit der entstellten Kultlegende in einen Erzählzusammenhang gebracht worden ist.
Der Bericht von einem Leviten, der in Ephraim ein Fremder ist, dem man in Benjamin feindselig begegnet, während er in Bethlehem freundlich aufgenommen worden ist, dürfte geschichtliche Tatsachen widerspiegeln. Wir denken daran, daß die Forschung die Leviten als einen von Süden kommenden fanatischen religiösen Orden ansieht, der zuerst bei den Südstämmen Anerkennung gefunden hat, sich später in Jerusalem festsetzen konnte und dort nach und nach den Kult am Tempel auf dem Berg Zion jahwisiert hat.

Hinter dem Frauenschicksal verbirgt sich eine kultische Überlieferung. Priesterinnen werden so oft zu „Kebsweibern" und „Nebenfrauen", die Heilige Hochzeit so oft zu „Hurerei" umgemünzt, daß selbst konservative Alttestamentler die kultische Tradition nicht verleugnen können, die sich in der Endredaktion der Bibel erhalten hat. An der Zähigkeit der kultischen Überlieferung „ist noch der Radikalismus der deuteronomistischen Schule in der Ausschaltung alten Gutes ... letztlich gescheitert."[54] Doch die alte Kultlegende, die hinter der Erzählung noch durchschimmert, soll uns in diesem Zusammenhang weniger interessieren als die perverse Frauenverachtung, die aus dem Text der alttestamentlichen Endredaktion spricht.

Die patriarchale Gesinnung Frauen gegenüber sucht sich noch immer dadurch zu rechtfertigen, daß der Mann vorgibt, der Frau Schutz zu gewähren gegenüber Angriffen von seinesgleichen. Im deuteronomistischen Gesellschaftsbild ist selbst diese Schutzideologie brutaler Frauenverachtung zum Opfer gefallen. Ich bezweifle den Wahrheitsgehalt der Geschichte „vom Leviten und seinem zu Tode vergewaltigten Kebsweib". Der Deuteronomist hat eine alte Kultlegende überarbeitet und seiner entarteten Phantasie bei der Gestaltung der Erzählung Raum gelassen. Die Frau – hinter der sich eine Kultpriesterin verbirgt – lief nicht weg, weil sie neben ihrem Mann gehurt hatte. Sie trennte sich von ihrem Geliebten nach der Feier der Heiligen Hochzeit. Zur gegebenen Zeit kehrte der Priester zu seiner Geliebten zurück, wie Simson zur Zeit der Weizenernte zu seiner Frau zurückkehrte.

Die Aufforderung zum Bleiben, Festmahl und Feier deuten

54 J. Hempel, „Das Ethos des Alten Testamentes", S. 2

die ursprüngliche Kulthandlung an. In der biblischen Endredaktion werden die Kulttexte als Vorlage für eine widerwärtige Vergewaltigungsgeschichte benutzt: Der fromme Levit behandelt seine Frau wie ein Stück Vieh in seinem Stall. Als er sie zerstükkelt und an alle Stämme Israels entsendet, werden ihre Leichenteile den israelitischen Kriegern ein Zeichen zum Aufbruch – zur Mobilmachung – wie später Sauls Rinder, deren zerhackte Teile der König zu den Stämmen sendet mit der Kunde: „Wer nicht auszieht, Saul nach, des Rindern soll man also tun!"

Die feige Zuhälterei im Dienst der eigenen Sicherheit wird von einem männermordenden Krieg nicht aus der Welt geschafft. Beide Scheußlichkeiten addieren einander.

„Die Achtung vor dem Menschen macht den Menschen erst zum Menschen", sagt eine moderne Philosophin.[55] Dieses lapidare Postulat legt die kritische Schwelle für jedes ehtische Handeln fest.

Der patriarchale Jahwe bleibt jenseits dieser Schwelle. Seine Gesetze sprechen die zynische Sprache der Macht und Unmenschlichkeit.

Die Menschlichkeit der Frauen wird mißachtet. Die jahwistische „Ethik" macht Frauen zum Besitz des Mannes, zum Ding, zum Objekt ohne Rechte und ohne Entscheidungsfreiheit.

Die Menschlichkeit Andersgläubiger wird mißachtet. Ihnen droht ein menschenverachtendes Ausmordungsprogramm, das selbst vor der Ermordung des Bruders und des „Freundes, der dir ist wie dein Herz", nicht halt macht, falls der Freund andern Göttern anhängt.[56] Der patriarchale Jahwe ist es nicht, der fordert: „Du sollst nicht töten!" Der patriarchale Jahwe ist „der rechte Kriegsmann. Herr ist sein Name!"[57]

Die Menschlichkeit der Völker Palästinas wird mißachtet. Denn dieses Land ist das „Gelobte Land", das Jahwe seinem auserwählten Volk zugesagt hat. Deshalb wird Jahwe „ausrotten viele Völker vor dir her: die Hethiter, Girgasiter, Amoriter, Kanaaniter, Pheresiter, Heviter und Jebusiter ...[58] Jahwe gibt seinem Volk „große und feine Städte, die du nicht gebaut hast, und Häuser, allen Gutes voll, die du nicht gefüllt hast, und aus-

55 Imelda Abbt, „Ethik der Zwischenmenschlichkeit", S. 214, in: „Was Philosophinnen denken", Hrg. von Halina Bendowski u. Brigitte Weisshaupt
56 5. Mose 13.7
57 2. Mose 15.3
58 5. Mose 7.1

gehauene Brunnen, die du nicht ausgehauen hast, und Weinberge und Ölberge, die du nicht gepflanzt hast, daß du essest und satt werdest".[59] Der patriarchale Jahwe ist es nicht, der sagt: „Du sollst nicht stehlen!"

Wer das Alte Testament nur aus dem Blickwinkel patriarchaler Männlichkeit betrachtet, kann wohl sagen: „Das Kriegslager, die Wiege der Nation, war auch das älteste Heiligtum. Da war Israel. Da war auch Jahwe!"[60]

Die ältesten Heiligtümer Israels waren matriarchale Kultstätten. Sollte an einigen von ihnen auch Jahwe verehrt worden sein, so in seiner Eigenschaft als matriarchaler Rettergott und Erlöser, als der sanfte Gott der Vegetation.

Der patriarchale Jahwe fordert unbedingten Gehorsam. „Es gibt darüber kein Verstehen, es gibt nur ein Gehorchen."[61] Die Gesetzlichkeit des patriarchalen Jahwe „prägt ... dem israelitischen Ethos den *Gehorsam als solchen* (Hervorhebung G. W.) als zentrale sittliche Forderung auf".[62] Die Menschlichkeit – die Entscheidungsfreiheit des einzelnen von Fall zu Fall – wird mißachtet. Entscheiden kann sich der Mensch nur für oder gegen Jahwe; und allzu oft konnte der patriarchale Jahwe gar nicht halten, was er versprach, weil „im Gange der Sozialgeschichte gerade die zu diesem Gott und seinem Recht sich haltenden Kreise wirtschaftlich immer stärker verelendeten".[63]

Die „Ethik" des patriarchalen Jahwe ist diesseitig. „Es gibt kein Heil durch den Tod hindurch, das man erlangen könnte, keine Paradieseswonnen."[64] Jahwe verspricht Land, Besitz, viele Söhne, Sieg gegen alle Feinde. Dafür verlangt er die alleinige Anbetung, völlige Unterwerfung und absoluten Gehorsam. „Dem israelitischen Ethos fehlt daher ein entscheidender Antrieb zur Ausbildung eines persönlichen Ethos."[65]

Der Mensch hat keine Möglichkeit, sein Leben auf diesen Gott hin zu transzendieren. „Ein Gott, der niemals gestorben ist, und dem man keinen Auferstehungshymnus singt, ist kein Gott, der als ‚erlöster Erlöser' Menschen die Auferstehung sichern kann. Er, der nicht selbst den Descensus ad inferos durch-

59 5. Mose 6.10 f.
60 J. Wellhausen, „Die israelitisch-jüdische Geschichte", S. 26
61 J. Hempel, „Das Ethos des Alten Testamentes", S. 182
62 ebd. S. 183
63 J. Hempel, „Die Mehrdeutigkeit der Geschichte ...", S. 13
64 J. Hempel, „Das Ethos des Alten Testamentes", S. 139
65 ebd. S. 139

kämpft hat, steht jener Welt der Toten zu fern, als daß die Hoffnung auf Rettung aus ihrer Tiefe sich an ihn heften könnte."[66]

Doch bleibt der Alttestamentler den Durchbruch zum Kern der betrachteten Problematik schuldig. Er stellt die letzten Fragen nicht: Wer war dieser „erlöste Erlöser"? Welche Kraft half dem Helden aus „jener Welt der Toten" ans Licht des Lebens zurück?

Welcher Glaube band einst den Menschen im Transzendenten ein und blieb nicht in der Diesseitigkeit patriarchaler Gehorsamsfrömmigkeit stecken?

Weil der Alttestamentler nicht bis zum Urgrund fragt, kommt er auch nur bis zum Begriff der „Auferstehung". Auferstehung aber geschieht am „jüngsten Tag", am Ende aller Zeiten. Sie ist das ferne Heil, das Schlußereignis der linearen Abfolge der Menschheitsgeschichte.

Der Auferstehungsbegriff war der Kompromiß, den der matriarchale Wiedergeburtsglaube, als er noch einmal – ein letztes Mal – Ereignis werden wollte, mit dem linearen patriarchalen Denken einging. Die Erlösung geschah nicht mehr mit jeder neuen Wiedergeburt. Die zyklische Erlebnisfähigkeit wurde aufgegeben.

Nicht mehr der Kreis galt als Symbol ewig sich erneuernden Heils. Das Heil wurde auf seine Tangente gesetzt und ins All geschleudert ... ins Unendliche ... ewig unerreichbar ...

Niemals fand der patriarchale Jahwe – der Schreckensgott vom Sinai – in Israel offizielle Anerkennung! Es waren immer – in alten Zeiten und bis auf den heutigen Tag – Fanatiker, die ihn gepredigt haben.

Seine Gesetzesreligion ist keine Ethik! Sie bedient sich des patriarchalen Erziehungsprinzips, das mit Lohn und Strafe lockt und droht und am Ende nicht durchhalten kann, was es angekündigt hat: Es kann weder den Lohn bieten, den es versprochen, noch die Strafe konsequent durchführen, die es angedroht hat.

Jahwe bedurfte der mildernden Züge, um anerkannt zu werden. Er bedurfte der matriarchalen Ethik, um menschlich zu sein. Er, der Gesetzgebergott, mußte eine notwendige Bindung eingehen mit dem Rettergott der matriarchalen Vorstellung.

Alle Moral, mit der sich die Jahwe-Religion ins Transzendente

66 J. Hempel, „Das Ethos des Alten Testamentes", S. 140

einbindet, mit der auch der einzelne Mensch sein Ego überschreitet, ist *geborgte Moral*!

Alle Weisheit, die Jahwe „ausschüttet über seine Werke“[67], ist vereinnahmte Weisheit! Jahwe hat sich die matriarchale Weisheit dienstbar gemacht. Damit gewinnt er nicht seine ursprünglich menschengemäße Göttlichkeit zurück. Einst war er eingebettet ins umgreifend kosmisch Weibliche. Er war der matriarchale Jahwe.

Zwar wird der patriarchale Jahwe gemildert durch die Einverleibung der matriarchalen Weisheit in sein furchtbar unduldsames Wesen. Doch das Grauen bleibt! Denn die Ausbildung patriarchaler Macht und die einseitige gigantische Entfaltung abgespaltener aggressiver Potenz bleibt das oberste Prinzip in patriarchalen Gesellschaften. Solange die Menschlichkeit matriarchaler Weisheitsgrundsätze dem eindimensional entwickelten Anspruch patriarchaler Durchsetzung unterworfen bleibt, ist sie kein hilfreiches Gegengewicht zu aggressiver Macht.

Die Menschheit bedarf der Re-Integration des Männlichen ins matriarchal Umgreifende, um wieder heil zu werden. Sie muß die einseitigen aggressiven Machtstrebungen der ewigen Ordnung matriarchaler Weisheit anheimgeben, jener Weisheit, die am Urgrund der Dinge war.

Keine Revolution kann Macht abschaffen und Kriege vermeidbar machen. Aber durch evolutionäre Prozesse kann aggressives Machtverhalten gesellschaftlich unlebbar gemacht werden. Machtverhalten kann verachtet und ins gesellschaftliche Abseits verdrängt werden:
„Besser ist ein Weiser als ein Kriegsheld!“

Jede anders gelebte Beziehung von Mensch zu Mensch kann patriarchale Macht abbauen helfen.

Eine der matriarchalen Weisheit verpflichtete Einsicht wird die eindimensional gerichtete Forschung in Frage stellen, deren Potentiale heute vorwiegend der Rüstung und dem Machtapparat dienen.

Der menschliche Geist hat Erstaunliches geleistet. Trotzdem kann er nur Einzelheiten erkennen und legt sich immer spezialisierter auf Einzelheiten fest. Keine Forschung kann das Zusammenspiel aller Kräfte ergründen, die das Leben ausmachen.

Im Leben verbirgt sich das Ordnungsgeheimnis, das am An-

67 Sirach 1,10

fang der Dinge stand, dem der Mensch auch heute verpflichtet ist im Umgang mit seiner Umwelt. Im gesellschaftlichen Bewußtsein gewinnt die Einsicht, daß alle Forschung dem Leben verpflichtet sein muß, immer mehr Raum, und jedes andes gelebte Leben kann die Urordnung wiederherstellen helfen, kann die Weisheit der kosmischen Herrin aus der Umklammerung durch das patriarchale Bewußtsein befreien.

Das Schwungrad des Lebens ist immer in Bewegung.
Der patriarchale Gott wird wieder vergehen –
wie ein flüchtiger Fußstapfen im Sand, den der Wind verweht.
Auch Jahwe ist sterblich.

Es ist Zeit, die matriarchale Weisheit wiederzuentdecken. So spricht die Große Herrin, die Seele des Alls:

„*Bevor die Welt geschaffen wurde,*
war ich da. Ich, die heilige Weisheit.
Ich bin eingesetzt von Anfang her,
von Ewigkeit zu Ewigkeit.
Ich war da, bevor die Erde geschaffen wurde,
da die Tiefen noch nicht waren,
da war ich schon geboren,
da die Brunnen noch nicht mit Wasser quollen.
Ehe denn die Berge eingesetzt waren,
vor den Hügeln war ich geboren.
Noch bevor der Himmel feststand,
bevor die Wolken zogen,
bevor das Meer der Erde Grenzen setzte,
da war ich da,
ich, die Mutter alles Lebendigen.
Ich bin die Mutter des Gottes,
er spielte auf dem Erdboden vor mir.
Meine Lust ist bei den Menschenkindern.
So erlauschet sorgsam meine Stimme!
Wohl denen, die in meinen Wegen wandeln!
Wer mich findet, der findet das Leben,
wer an mir vorübergeht, der verletzt seine Seele.
Alle, die mich hassen, lieben den Tod.“[68]

68 Sprüche Salomos 8.22-36 ... aus der Umklammerung durch die patriarchale alttestamentliche Überarbeitung befreit.

Zeittafel[1]

DIE KÖNIGE VON JUDA		DIE KÖNIGE VON ISRAEL	
		Saul[2]	1012 – 1004
David	1004 – 965	Eschba'al	1004 – 1003
Salomo	965 – 926		
Rehabeam	926 – 910	Jerobeam	927 – 907
Abia	910 – 908		
Asa	908 – 868	Nadab	907 – 906
		Baesa	906 – 883
		Ela	883 – 882
		Omri	882 – 871
		Ahab	871 – 852
Josaphat	868 – 847	Ahasja	852 – 851
Joram	847 – 845	Joram	851 – 845
Ahasja	845		
Athalja	845 – 840	Jehu	845 – 818
Joas	840 – 801		
		Joahas	818 – 802
		Joas	802 – 787
Amasja	801 – 773		
Asarja	787 – 736	Jerobeam II.	787 – 747
		Menahem	747 – 738
Jotham	750 – 741		
Ahas	741 – 729	Peqachja	737 – 736
		Peqach	735 – 732
		Hosea	731 – 723
Hiskia	725 – 697		
Manasse	696 – 642		
Amon	641 – 640		
Josia	639 – 609		
Joahas	609		
Jojakim	608 – 593		
Jojachin	593		
Zedekia	597 – 587		

1 Nach Alfred Jepsen, „Zur Chronologie von Israel und Juda", in: Zeitschrift für alttestamentliche Wissenschaft, Beiheft 88, 1964

2 Sauls Geburt wird im Jahre 1051 angenommen, sein „Sohn" Eschba'al müßte daher geboren worden sein, als Saul sieben Jahre alt war; denn Eš-Ba'al „war vierzig Jahre alt, da er König ward über Israel". (2. Samuel 2.10)

Zeittafel zur Religionsgeschichte Palästinas

Um 3000 v. Chr.	Die Ba'alat von Byblos wird als kosmische Herrin allein verehrt.
2600 – 2480 v. Chr.	Ägyptische Gastgeschenke, kostbare Gefäße mit Widmungen der Könige Cheops und Mykerinos für die Ba'alat, die Herrin von Byblos, bezeugen den Kult dieser syrischen Himmelsherrin.
Erste Hälfte des 2. Jahrtausends v. Chr.	An der syrischen Küste südlich von Byblos wird die Himmelskönigin Aŝerat verehrt. Ihr irdischer Heros ist Aŝer, der Fürst des Stammes Aŝer. Von der arabischen Halbinsel wandern einzelne Stämme an der Mittelmeerküste nach Norden. Sie verehren den Mondgott El (Il oder Al).
Mitte des 2. Jahrtausends v. Chr.	Die Aŝerat- und El-Religionen gehen eine friedliche Verbindung miteinander ein. Als Sonnengöttin und Mondgott werden Aŝerat und El die „Göttereltern" eines Pantheons. Die Stämme Aŝer und El verbinden sich zu Aŝer-El (Iŝra-El). Im Landesinnern ist Anat die kosmische Herrin. Ihre „Wohnstädte" sind Beth-Anat, Anatôt und Quiriat-Anat. Ausgrabungen in Beisan, im oberen Jordantal, bezeugen die Anat noch um 1300 als die Königin des Himmels und Herrin aller Götter.
1500 – 1400 v. Chr.	Die Ausgrabungen in Ras-Schamrah machen uns mit der kanaanäischen Kultur und Religion des Stadtstaates Ugarit bekannt. Anat und ihr Bruder-Gatte Ba'al begegnen uns hier als „Tochter" und „Sohn" von Aŝerat und El.
1365 – 1345 v. Chr.	Die Korrespondenz des Pharao Echnaton mit dem Stammesfürsten von Jerusalem, der Ägypten tributpflichtig ist, bezeugt den Abdi-Heba (den „Knecht der Heba/Eva") auf dem Thron Jerusalems. Das 8 km südlich von Jerusalem gelegene Bethlehem gehört zum Bauernland des Stadtstaates Jerusalem.
1300 – 1200 v. Chr.	Die Habiru (Eber/Ibri/Hebräer), seit 2600 in Babylonien als Söldnervolk bekannt, tauchen etwa ein Jahrtausend später als Söldnertruppe der He-

thiter auf. Als Ägypten unter der Herrschaft Echnatons die Zügel in Syrien-Palästina lockerer läßt, reißen die Habiru da und dort die Macht an sich. Der Habiru Jakob verbindet sich mit den Israel-Stämmen und nimmt den Namen Israel an.
Im Westjordanland siedelt der Stamm Ruben, dessen Kultheroin Lea ist, die im Sinnbild der Wildkuh verehrt wird, wie die ägyptische Hathor und die kanaanäische Ašerat.
Nördlich des kanaanäischen Staates Jerusalem siedelt der Stamm Benjamin, dessen Kultheroin Rahel ist.
Benjamin grenzt im Norden an das Gebiet Ephraims. Dort wird Debora verehrt. Sie ist der ägyptischen Neith vergleichbar. Beide Namen bedeuten die „Biene“.

1290 – 1224 v. Chr. Ramses II. baut Pithon und Ramses-Stadt aus. Dabei soll er Habiru (Hebräer) zu Frondiensten gezwungen haben. Nach übereinstimmender Lehrmeinung kann es sich dabei nur um kleine Gruppen gehandelt haben, deren Tradition später zur Vorgeschichte „des Volkes Israel“ verallgemeinert worden ist.

Um 1200 v. Chr. Die Philister besetzen die Küstenebene, teils auf dem Landwege, teils übers Meer kommend. Sie setzen sich in fünf Küstenstaaten fest und versuchen von hier aus, das Landesinnere zu erobern. Gegen die philistäische Übermacht schließen sich die in Palästina ansässigen Stämme zusammen.
In Midian – östlich des Golfes von El’akaba – und bei den südpalästinensischen Stämmen wird Jahwe als Gott eines tätigen Vulkans verehrt.

Um 1000 v. Chr. schlägt David die Philister entscheidend zurück und macht sich die Stämme Nordisraels, das ostjordanische Gebiet und den Süden bis an den Golf von El’akaba, dazu die kanaanitische Stadt Jerusalem, untertan.

965 – 926 v. Chr. Unter der Regierung des Königs Salomo wird auf dem Berg Zion ein Tempel nach kanaanäischem Vorbild gebaut. Von Salomo wird berichtet, daß er die Himmelskönigin Ašerat verehrt hat.

Zu Beginn des 1. Jahrtausend v. Chr.	Die Leviten, ein aus Arabien kommender Orden fanatischer Jahwepriester durchziehen Palästina als Wanderpriester.
927 v. Chr.	König Jerobeam von Israel schüttelt das judäische Joch ab und baut die altisraelitischen Stierheiligtümer wieder aus. Die Leviten versuchen, den Kult auf dem Zion zu jahwisieren.
722/21 v. Chr.	Die Assyrer schlagen Israel vernichtend. Das Königreich Juda wird Assur tributpflichtig.
639 – 609 v. Chr.	König Josia von Juda nutzt den Niedergang der assyrischen Großmacht, um seine Herrschaftsansprüche auf Israel und einige Gebiete Syrien-Palästinas auszudehnen. In seine Regierungszeit fällt der „Fund eines Gesetzbuches", den manche für das Deuteronomium (5. Buch Mose), andere für „einen frommen Betrug" halten. Josia scheiterte mit seinen Restaurationsabsichten und fiel 609 in der Schlacht bei Megiddo.
598 v. Chr.	Nebukadnezar erobert Jerusalem und führt die Oberschicht der Bevölkerung nach Babylon in die Gefangenschaft.
589 v. Chr.	Als der von Nebukadnezar in Jerusalem eingesetzte König Zedekia dem Babylonier den Tribut verweigert, wird Jerusalem belagert, geplündert, der Tempelschatz nach Babylon gebracht, der Tempel selbst niedergebrannt. Erst während der Zeit der babylonischen Gefangenschaft entstehen die ersten Niederschriften der biblischen Geschichte, werden die prophetischen Überlieferungen bearbeitet und zu Büchern zusammengefaßt.
419 v. Chr.	Jüdische Flüchtlinge sind von den Pharaonen im Süden Ägyptens, in der Militärkolonie Elephantine zum Schutz gegen Überfälle aus Nubien angesiedelt worden. Von diesen Judäern ist aus dem Jahre 419 die Tempelsteuerliste erhalten und belegt Abgaben für eine Göttertrias, für Jahu, Anat-Bethel und deren „Sohn" Ašim-Bethel.

Literaturverzeichnis

ABBT, Imelda: Ethik der Zwischenmenschlichkeit, in: Was Philosophinden denken, Hrsg. Halina Bendowski/Brigitte Weißhaupt, Zürich, 1983

AISTLEITNER, Joseph: Die Nikal-Hymne aus Ras-Schamrah, Zeitschrift der deutschen Morgenländischen Gesellschaft, Nr. 18, 1939

– ders.: Die mythologischen und kultischen Texte aus Ras-Schamrah, Budapest, 1959

ALBRIGHT, William Foxwell: Von der Steinzeit zum Christentum, Lehnen/München, 1949

ALT, Alfred: Der Gott der Väter. Kleine Schriften zur Geschichte des Volkes Israel, in: Beiträge zur Wissenschaft vom Alten und Neuen Testament, Bd. I, 1953

ARISTOTELES: De animalibus historia, hrsg. von L. Dittmeyer, Leipzig, 1907

ASTOUR, Michael C.: Yaweh in Egyptian Topographic Lists in Ägypten und Altes Testament, Festschrift für Elmar Edel, Hrsg. Manfred Gorg und Edgar Pusch, Bamberg, 1979

BACHOFEN, Johann J.: Das Mutterrecht, Suhrkamp Taschenbuch W. 135

BAUDISSIN Wolf Wilhelm, Graf von: Kyrios als Gottesname im Judentum und seine Stelle in der Religionsgeschichte, hrg. von Otto Eißfeld bei A. Töpelmann, Gießen, 1926

BAUMGARTNER, Walter: Ugaritische Probleme und ihre Tragweite für das Alte Testament, Theologische Zeitschrift Basel, April 1947, Heft 2

BENTZEN, Aage: Messias – Moses redivivus – Menschensohn, Zürich, 1948

– ders.: Daniel. Handbuch zum Alten Testament, hrg. von Otto Eißfeld seit 1937, Tübingen, Bd. 19, I, 1952

BENZINGER, Immanuel: Die Bücher der Könige, Freiburg i. B., 1899

BERNHARDT, Karl-Heinz: Das Problem der altorientalischen Königsideologie im Alten Testament, Leiden, 1961

– ders.: Gott und Bild, Berlin, 1956

BERTHOLET, Alfred: Die Religion in Geschichte und Gegenwart, Handwörterbuch für Theologie und Religionswissenschaft, hrsg. von Gunter und Leopold Zscharnack, Tübingen, 1927-31

BLEEK, Friedrich: Einleitung in das Alte Testament, 4. Auflage, Hrsg. Wellhausen, Berlin, 1878

BRUNNER, Hellmut: Eine neue Amarna-Prinzessin, in: Zeitschrift für Ägyptische Sprache und Altertumsforschung, Band 74, Leipzig

BUDGE, Ernst Alfred W.: The book of opening the Mouth, zitiert in: Bonnet Hans, Reallexikon der ägyptischen Religionsgeschichte, S. 432, Berlin, 1971

DAUBE, David: Rechtsgedanken in den Erzählungen des Pentateuch, in: Studies of Biblical Law, Cambridge, 1947

DONNER, Herbert: Art und Herkunft des Amtes der Königinmutter im Alten Testament, in: Festschrift für Johannes Friedrich zum 65. Geburtstag, Heidelberg, 1959

DUSSAUD, René: L'oevre scientifique d'Ernest Renan, Paris, 1951

EISSFELD, Otto: Die Komposition der Samuelisbücher, Leipzig, 1931

– ders.: Jahwe als König, in: Zeitschrift für Alttestamentliche Wissenschaft, Band 46, Basel, 1928

– ders.: Kanaanäisch-Ugaritische Religion, in: Religionsgeschichte des Alten Orient, Leiden/Köln, 1964

– ders.: Partikularismus und Universalismus in der israelitisch-jüdischen Religionsgeschichte, in: Theologische Literaturzeitung, Bd. 79, 1954

ERMAN, Adolf: Die Lehre des Amen-em-ope, in: Orientalische Literaturzeitung 1924, Nr. 5

FALKENSTEIN, Adam/VON SODEN, Wolfgang: Sumerische und akkadische Hymnen und Gebete, Zürich, 1953

FALKENSTEIN, Adam: Compte rendu de la troisième rencontre assyriologique international, Leiden, 1954

FREUD, Sigmund: Der Mann Moses und die montheistische Religion, Frankfurt, 1970

GALL, August von: ΒΑΣΙΛΕΙΑ ΤΟΥ ΘΕΟΥ, Heidelberg, 1926

GADD, Cyrill John: Ideas of Divine Rule, in: Ancient East, London, 1948

GASTER, Theodor Herzl: Thespis. Ritual, Myth and Drama in the Ancient Near East, New York, 1950

GENNEP, Arnold van: Les rites du passage, Paris, 1909

GENOUILLAC, Henry de: Textes réligieux sumériens, Paris, 1930, Nr. 8

Das GILGAMESCH-EPOS: Reclam Universal-Bibliothek Nr. 7235 (2), Stuttgart, 1958

GORDON, C. H.: Ugarit Handbook, Rom, 1947

GÖTTNER-ABENDROTH, Heide: Die Göttin und ihr Heros, München, 1980

GRÄTZ, Heinrich: Die Konstruktion der jüdischen Geschichte, Berlin, 1848, Neuaufl., Berlin, 1936

GRESSMANN, Hugo: Sage und Geschichte in den Patriarchenerzählungen, Zeitschrift für Altertumswissenschaften 30, 1910

– ders.: Moses und seine Zeit, Göttingen, 1913

– ders.: Die Lade Jahwes und das Allerheiligste des Salomonischen Tempels, Leipzig, 1920

– ders.: Altorientalische Texte zum Alten Testament, Berlin, 1926

– ders.: Israels Spruchweisheit im Zusammenhang mit der Weltliteratur, Berlin, 1925

HEMPEL, Johannes: Das Ethos des Alten Testaments, Berlin, 1938

– ders.: Geschichten und Geschichte im Alten Testament bis zur persischen Zeit, Gütersloh, 1964

– ders.: Die alttestamentliche Religion, in: Religionsgeschichte des Alten Orient, Leiden/Köln, 1964

– ders.: Althebräische Literatur und ihr hellenistisch-jüdisches Nachleben, Wildpark-Potsdam, 1934

– ders.: Jahwegleichnisse der israelitischen Propheten, in: Zeitschrift für alttestamentliche Wissenschaft Nr. 42, 1924

– ders.: Die Mehrdeutigkeit der Geschichte als Problem der prophetischen Theologie, Göttingen, 1936

HERTZBERG, Hans Wilhelm: Die Samuelisbücher, Das Alte Testament Deutsch, Göttingen, 1973

HEYM, Stefan: Der König David Bericht, Frankfurt a. M., 1974

HÖLSCHER, Gustav: Studie über das Deuteronomium, Leipzig, 1903

HORNUNG, Erik: Der Eine und die Vielen, Darmstadt, 1971

JIRKU, Anton: Die Wanderungen der Hebräer im dritten und zweiten vorchristlichen Jahrtausend, in: Der Alte Orient, Bd. 24, 1925

– ders.: Von Jerusalem nach Ugarit, Graz, 1966

– ders.: Kanaanäische Mythen und Epen aus Ras-Schamrah-Ugarit, Gütersloh, 1962

JEPSEN, Alfred: Zur Überlieferungsgeschichte der Vätergestalten, in: Festschrift für Alfred Alt, Leipzig, 1953/54

– ders.: Untersuchungen zur israelitisch-jüdischen Chronologie, Berlin, 1964

KEES, Hermann: Der Götterglaube im Alten Ägypten, Berlin, 1977

KITTEL, Rudolf: Geschichte des Volkes Israel, 5./6. Aufl., Stuttgart/Gotha, 1923

LENZEN, Heinz: Die Sumerer, Berlin, 1948

MELLAART, James: Çatal Hüjük – Stadt aus der Steinzeit, Bergisch-Gladbach, 1967

MOLIN, Georg: Die Stellung der G^{e}bira im Staate Juda, Theologische Zeitschrift, Basel, 10. Jhrg., 1954

MOORTGAT, Anton: Die Entstehung der sumerischen Hochkultur, in: Der Alte Orient, Nr. 43, Leipzig, 1945

MORGAN, Lewis Henry: Die Urgesellschaft, Stuttgart, 1891

MOWINCKEL, Sigmund: Erwägungen zur Pentateuchquellenfrage, Oslo, 1964

– ders.: Rahelstämme und Leastämme, in: Von Ugarit nach Qumran, Beiträge zur alttestamentlichen und altorientalischen Forschung, Berlin, 1958

– ders.: Religion und Kultus, Göttingen, 1953

– ders.: Der Knecht Jahwäs, Gießen, 1921

MÜLLER, Ernst: Der Sahar, Das Heilige Buch der Kabbala nach dem Urtext, Wien, 1932

MÜNSTER, Maria: Studien zur Göttin Isis, Münchner Ägyptologische Studien Dissertation, 1966

NAOR, Menahem: Mitteilungen zu den Namen Israel, Jakob und Jesurum, Zeitschrift für Alttestamentliche Wissenschaft, Nr. 49, 1931

NEUMANN, Erich: Die Große Mutter – Eine Phänomenologie der weiblichen Gestaltungen des Unbewußten, Zürich/Olten, 1956

– ders.: Ursprungsgeschichte des Bewußtseins, Kindler-Taschenbuch 2042, München, 1974

NIELSEN, Ditlef: Ras-Schamrah-Mythologie und biblische Theologie, in: Abhandlungen für die Kunde des Morgenlandes XXI, 4, 1936

NOTH, Martin: Geschichte Israels, Göttingen, 1956

– ders.: Das erste Buch der Könige 1 – 16, Neukirchen/Vluyn, 1968

– ders.: Die Landnahme des Stammes Juda auf dem Boden Palästinas, in: Palästina-Jahrbuch 30., Jahrgang 1934

NYBERG, Henrik Samuel: Studien zum Hoseabuche, zugleich ein Beitrag zur Klärung des Problems der alttestamentlichen Textkritik, Upsala, 1935

PEDERSEN, Josef: Die Auffassung vom Alten Testament, Zeitschrift für alttestamentliche Wissenschaft, Nr. 49, 1931

RANKE-GRAVES, Robert: Griechische Mythologie – Quellen und Deutung, Reinbek, 1974

– ders.: Die Weiße Göttin, Berlin, 1981

RINGGREN, Helmer: Das Hohelied, in: Das Alte Testament Deutsch, neues Göttinger Bibelwerk, Göttingen, 1981

SAVORET, André: Visage du Druidisme, Collection Histoire et Tradition, Dervy-Livres, 1977

SCHNEIDER, Grete/KRAUS, Hans-Joachim, Hrsg.: Gott kommt. Neukirchen/Vluyn, 5. Auflage, 1980

SCHMIDT, Hans: Die Thronfahrt Jahwes am Fest der Jahreswende im alten Israel, Tübingen, 1927

SCHMÖKEL, Hartmut: Jahwe und die Fremdvölker, Leipzig, 1934

– ders.: Heilige Hochzeit und Hohes Lied, in: Abhandlungen für die Kunde des Morgenlandes, Wiesbaden, 1956

SETHE, Kurt: Ammun und die acht Urgötter von Hermopolis, in: Abhandlungen der Preußischen Akademie der Wissenschaften, 1929/4

SPIEGELBERG, Wilhelm: Der Aufenthalt Israels in Ägypten im Lichte der ägyptischen Monumente, Straßburg, 1904

STÈVE, Marie-Joseph: Auf den Wegen der Bibel, Mainz, 1961

THIMME, Jürgen: Phönizische Elfenbeine, in: Alte Welt 1./1973, Bildhefte des Bad. Landesmuseums, Karlsruhe, 1973

TRUBE-BECKER, Elisabeth, Frauen als Mörder. Mit 86 Falldarstellungen und 34 Tabellen, München, 1974

VIROLLEAUD, Charles: Die Große Göttin in Babylonien, Ägypten und Phönizien, Eranos-Jahrbuch 1938, Zürich, 1939

– ders.: Ras-Schamrah-Texte, in: Zeitschrift Syria, ab Bd. 10, 1929

VOLZ, Paul: Das Neujahrsfest Jahwes, Tübingen, 1912

VRIES, Anne de: Kinderbibel, Konstanz, 1963

WASSERZIEHER, Ernst: Hans und Grete, zweitausend Vornamen, Bonn/Hannover/Stuttgart, 1955

WEIDNER, Ernst F.: Handbuch der babylonischen Astrologie, Hrg. F. Delitzsch und P. Haupt, Leipzig, 1915

WEIDMANN, Helmut: Die Patriarchen und ihre Religion im Licht der Forschung seit Julius Wellhausen, Göttingen, 1968

WEISSBACH, Franz Heinrich: Die Keilinschriften der Achämeniden, Leipzig, 1911

WELLHAUSEN, Julius: Die Israelitisch-jüdische Geschichte, 9. Auflage, Berlin, 1958

WESTERMANN, Claus: Genesis I (1-11) 1976; II (12-36) 1981; III (37-50) 1982; Neukirchen/Vluyn

WIDENGREN, Geo: Sakrales Königtum im Alten Testament und im Judentum, Franz-Delitzsch-Vorlesungen 1952, Stuttgart, 1955

ZIMMERN, Heinrich: Sumerisch-babylonische Tammuz-Lieder, Leipzig, 1907

Bildnachweis

Abb. 1 aus „Lexikon der ägyptischen Kultur", Knaur-TB, S. 230
Abb. 2 aus Hugo Greßmann, „Die Lade Jahwes", Leipzig 1920, S. 1
S. 23, Abb. 4, Abb. 11
aus Frank Teichmann, „Der Mensch und sein Tempel. Ägypten", Urachhaus, Stuttgart 1978, S. 57, 64,72
Abb. 3 aus Ilse Seibert, „Woman in Ancient Near East", Edition Leipzig, Tafel 30
Abb. 5 aus Phillip Vandenberg, „Nofretete, Echnaton und ihre Zeit", Scherz Verlag, München/Bern 1978, S. 77
S. 79, 254
aus Marie-Joseph Stève, „Auf den Wegen der Bibel", Math. Grünewald Verlag, Mainz 1961
Abb. 6 aus Hugo Gressmann, „Die Lade Jahwes", Leipzig 1920, S. 17
Abb. 7 aus Marie-Joseph Stève, „Sur les chemins de la Bible", Edition Arthaud, Paris
Abb. 8 aus Reinhard Wortmann, „Das Ulmer Münster", Müller-Schindler, Stuttgart 1972
Abb. 9 aus Bildarchiv: Forschungsinstitut für Kunstgeschichte der Universität Marburg
Abb. 10 aus Anton Jirku, „Von Jerusalem nach Ugarit", Akademische Druck- und Verlagsanstalt, Graz 1966, S. 44
S. 337 aus James A. Michener, „Die Quelle", Drömer-Knaur, München 1966, S. 65
Abb. 12 aus Piere Amiet: „L'art antique du Proche-Orient", Ed. D'Art, Lucien Mazenod, Paris, Abb. 606
Dt. Ausgabe: „Die Kunst des Alten Orient", Herder Verlag, Freiburg 1977

REGISTER

GERDA WEILER

geboren 1921 in Berlin, war Lehrerin mit Schwerpunkt Religion. Später studierte sie Psychologie, brach aber aus familiären Gründen das Studium ab. Sie machte eine Zusatzausbildung für Erwachsenenbildung und wurde an der Volkshochschule tätig. Seit 1974 ist sie in der Frauenbewegung aktiv. 1977 gründete sie zusammen mit zwei Diplom-Pädagoginnen am Frauenzentrum in Freiburg/Br. den Verein „Frauen lernen gemeinsam“.